Filho meu, não te esqueças da minha lei, e o teu coração guarde os meus mandamentos.

Porque eles aumentarão os teus dias e te acrescentarão anos de vida e paz.

Não te desamparem a benignidade e a fidelidade; ata-as ao teu pescoço; escreve-as na tábua do teu coração.

E acharás graça e bom entendimento aos olhos de Deus e dos homens.

Confia no Senhor de todo o teu coração, e não te estribes no teu próprio entendimento.

Reconhece-O em todos os teus caminhos e Ele endireitará as tuas veredas.

Provérbios de Salomão

Lei nº 8.112/90
Estatuto dos Servidores Públicos Federais

ELYESLEY SILVA DO NASCIMENTO

Lei nº 8.112/90
Estatuto dos Servidores Públicos Federais

Síntese do conteúdo em mais de 50 mapas mentais e quadros esquemáticos distribuídos ao longo do livro

4ª edição,
Revista, ampliada e atualizada

Niterói, RJ
2018

 © 2018, Editora Impetus Ltda.

Editora Impetus Ltda.
Rua Alexandre Moura, 51 – Gragoatá – Niterói – RJ
CEP: 24210-200 – Telefax: (21) 2621-7007

CONSELHO EDITORIAL:
ANA PAULA CALDEIRA • BENJAMIN CESAR DE AZEVEDO COSTA
ED LUIZ FERRARI • EUGÊNIO ROSA DE ARAÚJO
FÁBIO ZAMBITTE IBRAHIM • FERNANDA PONTES PIMENTEL
IZEQUIAS ESTEVAM DOS SANTOS • MARCELO LEONARDO TAVARES
RENATO MONTEIRO DE AQUINO • ROGÉRIO GRECO
VITOR MARCELO ARANHA AFONSO RODRIGUES • WILLIAM DOUGLAS

EDITORAÇÃO ELETRÔNICA: EDITORA IMPETUS LTDA.
CAPA: EDITORA IMPETUS LTDA.
REVISÃO DE PORTUGUÊS: C&C CRIAÇÕES E TEXTOS LTDA.
IMPRESSÃO E ENCADERNAÇÃO: EDITORA E GRÁFICA VOZES LTDA.

N194L
    Nascimento, Elyesley Silva do.
    Lei nº 8.112/90: estatuto dos servidores públicos federais / Elyesley Silva do Nascimento. 4. ed. – Niterói, RJ: Impetus, 2018.
    312 p.; 16cm x 23cm.

    Síntese dos conteúdos em mais de 50 mapas mentais e quadros esquemáticos distribuídos ao longo do livro.
    ISBN 978-85-7626-984-7

    1. Brasil. [Regime jurídico único (1990)] 2. Serviço público – Brasil – Concursos. 3. Servidores públicos – Brasil – Estatuto legal, leis, etc.
    I. Título.
                                          CDD – 351.81076

O autor é seu professor; respeite-o: não faça cópia ilegal.
TODOS OS DIREITOS RESERVADOS – É proibida a reprodução, salvo pequenos trechos, mencionando-se a fonte. A violação dos direitos autorais (Lei nº 9.610/98) é crime (art. 184 do Código Penal). Depósito legal na Biblioteca Nacional, conforme Decreto nº 1.825, de 20/12/1907.

A Editora Impetus informa que se responsabiliza pelos defeitos gráficos da obra. Quaisquer vícios do produto concernentes aos conceitos doutrinários, às concepções ideológicas, às referências, à originalidade e à atualização da obra são de total responsabilidade do autor/atualizador.

www.impetus.com.br

Dedicatória

Aos meus pais, pelo caráter e incentivo que foram fundamentais na minha formação. Devo tudo a vocês.

À minha esposa, incansável companheira de todas as horas, que com seu amor e paciência me mostra diariamente o caminho da eternidade.

Ao Espírito Santo, meu fiel amigo e conselheiro.

O Autor

Elyesley Silva do Nascimento

- Assistente Técnico-Jurídico na área de Direito Administrativo e Constitucional da Câmara dos Deputados.
- Pós-graduado *lato sensu* em Direito Constitucional.
- Instrutor do Centro de Formação, Treinamento e Aperfeiçoamento da Câmara dos Deputados.
- Professor de Direito Administrativo e Constitucional.
- Idealizador do projeto "Escola de Concurso" e dos cursos on-line "Direito Administrativo – Tríade da Alta Performance", "Direito Constitucional – Tríade da Alta Performance" e "Lei 8.666/93 Descomplicada".
- Ex-membro de Comissão Permanente de Licitações e Pregoeiro Oficial.
- Autor da obra *Curso de Direito Administrativo*, pela Editora Impetus;
- Autor das obras *Direito Administrativo – Questões Comentadas – Cespe/UnB* e *Os Sete Hábitos do Concurseiro*.
- Coautor da obra *Lei nº 8.666/93 Anotada pelas Bancas Examinadoras*, pela Editora Método.
- Coach Integral Sistêmico, palestrante e conferencista.
- Website: <http://www.elyesleysilva.com.br>.

Apresentação

Esta obra vem a lume como resultado de intenso trabalho de pesquisa e docência. Ao longo desses anos, temos percebido que o estudo do Direito Administrativo e, consequemente, do Regime Estatutário dos Servidores Públicos Federais (Lei nº 8.112/90), que é uma pequena partição daquele, cada vez mais requer abordagem sistêmica do conteúdo, iniciando pela literalidade da lei e pela contemplação dos princípios gerais do Direito, passando pelas opiniões dos mais brilhantes juristas e, por fim, enveredando pelas constantes evoluções jurisprudenciais dos tribunais brasileiros.

Nesse pensamento, esta obra procura levar a cabo a intenção de oferecer um curso completo do Regime Estatutário Federal, abordado em sua completude, indo dos pontos mais elementares e comezinhos até os assuntos de maior complexidade.

A obra está estruturada da seguinte forma: exposição teórica do conteúdo e síntese em mapas mentais e quadros esquemáticos. Assim, o leitor, a cada tópico, encontrará explicação pormenorizada dos dispositivos legais, aliada aos esclarecimentos doutrinários e às posições jurisprudenciais correlatas. Em seguida, os mapas mentais e quadros esquemáticos abordarão os tópicos principais, de modo a facilitar a memorização do conteúdo, bem como sua rápida revisão.

No âmbito das Ciências Jurídicas é muito comum encontrarmos autores que concebem obras com o único propósito de despejar sobre o leitor o vasto conhecimento que adquiriram ao longo da vida acadêmica, sem qualquer preocupação com a eficácia do aprendizado. Não raro, o leitor é apenas uma pessoa simples que deposita no livro a esperança de aplacar a sensação de "ignorância" a respeito de determinado tema. Mas, ao fim de tudo, acaba ainda mais frustrado por não ter conseguido "alcançar" o padrão de complexidade das ideias veiculadas na obra jurídica, tampouco conseguido "fechar" conclusões a respeito do que leu. É uma pena que muitos autores tenham esquecido que um livro não pode ser visto como um "patrimônio individual", um "trunfo pessoal", mas como uma contribuição à humanidade, um "patrimônio universal" a ser compartilhado, sem embaraços ou complicações, com todos os que dele tenham sede.

Nesse contexto, o *Lei nº 8.112/90 – Servidores Públicos Federais* nasce de um sincero desejo de descortinar diante de todos os leitores, desde o mais erudito ao mais singelo, as maravilhas e delícias que envolvem o estudo da matéria, valendo-se dos mais diversos mecanismos de aprendizagem, para que, ao fim da obra, o leitor seja tomado pela mais arrebatadora paixão e ânimo para ir adiante. Senão assim, de nada adiantaria o imenso trabalho vertido na produção desta obra.

Com tudo que temos dito, convém esclarecer que o mais eficaz trabalho de aperfeiçoamento, e a constante atualização desta obra, será levado a efeito pelos ilustres leitores que, por meio de suas críticas, elogios e sugestões, nos ajudarão a manter a excelência deste trabalho.

Brasília, Outono de 2012.

O Autor
professor@elyesleysilva.com.br
www.elyesleysilva.com.br

SUMÁRIO

Capítulo 1 – Noções Preliminares 1
1. Introdução 1
2. Agentes públicos: conceito e classificação 2
3. Regime de pessoal 5
   3.1. Estatutário 5
   3.2. Celetista 6
   3.3. Especial 7
   3.4. Regime Jurídico Único (RJU) 8
4. Regime jurídico e direito adquirido 10
5. Cargos, empregos e funções públicas 14
   5.1. Cargos públicos 14
      5.1.1. Cargos efetivos, cargos em comissão e funções de confiança 16
         5.1.1.1. Cargos de Natureza Especial (CNE) 19
   5.2. Empregos públicos 20
   5.3. Funções públicas 20

Capítulo 2 – Provimento, Vacância, Remoção, Redistribuição e Substituição ... 23
1. Concurso público 23
   1.1. Edital 25
   1.2. Modalidades 27
   1.3. Prazo de validade 31
   1.4. Concurso público e direito à nomeação 32
   1.5. Concurso público e cadastro de reserva 42
   1.6. Abertura de novo concurso público 44
   1.7. Reserva de vagas para deficientes 45
2. Nomeação 52

3. Posse 55
   3.1. Disposições gerais 55
   3.2. Requisitos básicos para investidura 57
   3.3. Declaração de exercício ou não de outro cargo público 61
   3.4. Declaração de bens e valores 62
4. Exercício 65
5. Estabilidade 68
6. Estágio probatório 76
7. Formas de provimento 84
   7.1. Promoção 86
   7.2. Readaptação 88
   7.3. Reversão 90
   7.4. Aproveitamento 93
   7.5. Reintegração 96
   7.6. Recondução 98
8. Vacância 101
9. Remoção 107
10. Redistribuição 112
11. Substituição 115
12. Disponibilidade, exercício como excedente e exercício provisório 118

Capítulo 3 – Direitos e Vantagens 121

1. Vencimento e remuneração 121
2. Vantagens 129
   2.1. Indenizações 131
      2.1.1. Ajuda de custo 131
      2.1.2. Diárias 135
      2.1.3. Transporte 138
      2.1.4. Auxílio-moradia 138
   2.2. Gratificações e adicionais 143
      2.2.1. Retribuição pelo exercício de função de direção, chefia e assessoramento 143
      2.2.2. Gratificação natalina 144
      2.2.3. Gratificação por encargo de curso ou concurso 145
      2.2.4. Adicional pelo exercício de atividades insalubres, perigosas ou penosas 149
      2.2.5. Adicional pela prestação de serviço extraordinário 150
      2.2.6. Adicional noturno 151
      2.2.7. Adicional de férias 153

3. Licenças..158
   3.1. Licença por motivo de doença em pessoa da família...............................158
   3.2. Licença por motivo de afastamento do cônjuge ou companheiro........159
   3.3. Licença para serviço militar...162
   3.4. Licença para atividade política..162
   3.5. Licença para capacitação..163
   3.6. Licença para tratar de interesses particulares..163
   3.7. Licença para desempenho de mandato classista......................................164
4. Afastamentos...165
   4.1. Afastamento para servir em outro órgão ou entidade............................165
   4.2. Afastamento para exercício de mandato eletivo......................................167
   4.3. Afastamento para estudo ou missão no exterior.....................................168
   4.4. Afastamento para participação em programa de pós-graduação *stricto sensu* no país..169
5. Concessões...172
6. Tempo de serviço..176
7. Direito de petição...179

Capítulo 4 – Regime Disciplinar... 185

1. Deveres...185
2. Proibições..191
3. Acumulação remunerada de cargos, empregos e funções públicas...............196
4. Responsabilidades..201
5. Penalidades...210

Capítulo 5 – Processo Administrativo Disciplinar 225

1. Disposições gerais..225
2. Afastamento preventivo..228
3. Sindicância..230
4. Processo administrativo disciplinar..234
   4.1. Instauração..237
   4.2. Inquérito administrativo..239
        4.2.1. Instrução...239
        4.2.2. Defesa..242
        4.2.3. Relatório..243
   4.3. Julgamento..244

5. Processo administrativo disciplinar em rito sumário 247
   5.1. Diferenças entre o PAD ordinário e o PAD sumário 251
6. Revisão 252

Capítulo 6 – Seguridade Social 255
1. Disposições gerais 255
2. Aposentadoria 257
3. Pensão por morte 269
4. Licença para tratamento da própria saúde 279
5. Licença por acidente em serviço 279
6. Auxílio-natalidade 280
7. Salário-família 280
8. Licença à gestante, adotante e licença-paternidade 281
9. Auxílio funeral 282
10. Auxílio-reclusão 283
11. Assistência à saúde 284

Capítulo 7 – Disposições Gerais, Transitórias e Finais 289

Referências Bibliográficas 293

Índice Remissivo 295

Capítulo 1
Noções Preliminares

1. INTRODUÇÃO

Toda vez que ouvimos falar em Poder Público, Estado, Administração Pública, e outros termos usualmente utilizados no campo jurídico, não nos referimos a coisas reais, palpáveis, mas a conceitos abstratos que expressam a ideia de alguma atividade realizada por pessoas físicas.

Por exemplo, quando falamos que o Poder Público interditou um estabelecimento comercial por descumprimento de normas de vigilância sanitária, entendemos que, nesse caso, algum ser humano atuou em nome do Estado, ao fiscalizar o cumprimento de atos normativos e ao aplicar sanção ao eventual infrator dessas normas.

Assim, podemos concluir que, toda vez que nos referimos à atuação do Poder Público estamos, em verdade, falando sobre comportamentos humanos, que podem ser considerados como a vontade do Estado, naquele momento específico. Nesse contexto, surge a figura do agente público, que é o sujeito que detém e exerce poderes de manifestar a vontade do Estado. Não há como imaginar que o Estado faça algo que não seja por meio de seus agentes públicos.

Se é verdade que o Estado não atua senão por meios de seus agentes, também é verdadeiro que a relação desses agentes com o Estado não pode se dar de maneira casual, aleatória, desregrada. É necessário que sejam estabelecidas normas que incidam sobre a relação jurídica existente entre o Estado e o agente público. A esse conjunto de regras e princípios, que incidem sobre a relação jurídica entre o Estado e os seus agentes, damos o nome de Regime Jurídico.

Em nosso sistema jurídico, temos basicamente três regimes jurídicos de pessoal: estatutário, celetista e especial. Nesta obra, faremos breves comentários acerca de cada um desses regimes, sem com isso perdermos de vista o foco principal, que é o regime estatutário dos servidores públicos federais. Todavia, antes de adentrarmos nesse assunto, vale fazermos breve revista sobre o conceito e classificação dos agentes públicos.

2. AGENTES PÚBLICOS: CONCEITO E CLASSIFICAÇÃO

Agente público é toda **pessoa física** que, com ou sem vínculo profissional, gratuita ou remunerada, permanente ou transitoriamente, por qualquer forma de investidura ou vínculo, presta serviços de interesse do Estado, exercendo mandato, cargo, emprego ou função pública.

Para o professor Carvalho Filho, agentes públicos são "o conjunto de pessoas que, a qualquer título, exercem uma função pública como prepostos do Estado".[1]

Segundo a classificação de Hely Lopes Meirelles, agente público é gênero do qual são espécies: agentes políticos, agentes administrativos, agentes honoríficos, agentes delegados e agentes credenciados.[2]

Os **agentes políticos** são os agentes públicos que estão no ápice da estrutura hierárquica do Estado, e têm as suas atribuições previstas diretamente no texto constitucional. Exemplificativamente, temos os Chefes do Poder Executivo (Presidente da República, Governadores e Prefeitos), seus auxiliares imediatos (Ministros ou Secretários de Estado ou municipais), parlamentares, membros do Poder Judiciário (Ministros de Tribunal, Juízes e Desembargadores), do Ministério Público e dos Tribunais de Contas. De modo geral, esses agentes não estão subordinados hierarquicamente a nenhuma outra categoria. Observe que acabamos de afirmar que se trata de regra geral, pois se bem observarmos, perceberemos que os Ministros de Estado, por exemplo, são subordinados diretamente ao Presidente da República.

Já os **agentes administrativos** são pessoas físicas que prestam serviços ao Estado, mediante **vínculo profissional** e **remuneração** paga pelos cofres públicos. Fazem parte dessa categoria os servidores públicos (estatutários), os empregados públicos (ocupantes de empregos públicos nas fundações públicas de direito privado, empresas públicas e sociedades de economia mista) e os servidores temporários, contratados para atender necessidade temporária de excepcional interesse público (CF, art. 37, IX).

---

[1] CARVALHO FILHO, José dos Santos. *Manual de Direito Administrativo*. 20ª ed. Rio de Janeiro: Lumen Juris, p. 555.
[2] *Direito Administrativo Brasileiro*. 34ª ed. São Paulo: Malheiros, 2007, p. 76.

Cabe aqui uma breve distinção entre servidor público em **sentido estrito** e em **sentido amplo**. A expressão "servidores públicos em sentido amplo" corresponde aos agentes administrativos em geral (também chamados de servidores estatais pelo professor Celso Antônio Bandeira de Mello).[3] Em sentido estrito, abrange apenas os servidores públicos estatutários (regidos pela Lei nº 8.112/90).

Os **agentes honoríficos**, **delegados** e **credenciados** são os particulares em colaboração com o Poder Público. Ou seja, pessoas físicas que prestam serviços ao Estado, sem vínculo empregatício, com ou sem remuneração. Como o objetivo de nosso estudo é a Lei nº 8.112/90, e consequentemente os **servidores públicos federais**, não há necessidade de estudarmos minuciosamente cada uma dessas categorias de agentes públicos, sendo suficiente a simples menção a elas.

A Constituição Federal e, consequentemente, o Regime Jurídico Estatutário consagram a expressão **servidor público** em substituição às denominações anteriores de **funcionários públicos** e **servidores celetistas**. Estes últimos passaram a ser chamados de empregados públicos, regidos pela CLT (Consolidação das Leis do Trabalho). Quanto aos primeiros (funcionários públicos), a Constituição Federal e a legislação administrativa superveniente não mais fizeram uso da mencionada expressão, até então largamente adotada pela doutrina e por diversos diplomas legais. Todavia, a legislação penal continua utilizando o termo, a exemplo do art. 327 do Código Penal, segundo o qual se denomina funcionário público todo aquele que, "embora transitoriamente ou sem remuneração, exerce cargo, emprego ou função pública". Perceba que o conceito de funcionário público, para fins penais, vai além da categoria dos agentes administrativos – equivale a todos os agentes públicos. Em conclusão, podemos afirmar que no Direito Administrativo a locução funcionário público encontra-se em franco desuso, ao passo que no Direito Penal continua sendo de uso corrente para designar os agentes públicos em geral.

---

3   *Curso de Direito Administrativo*. 25ª ed. São Paulo: Malheiros, 2007, p. 246.

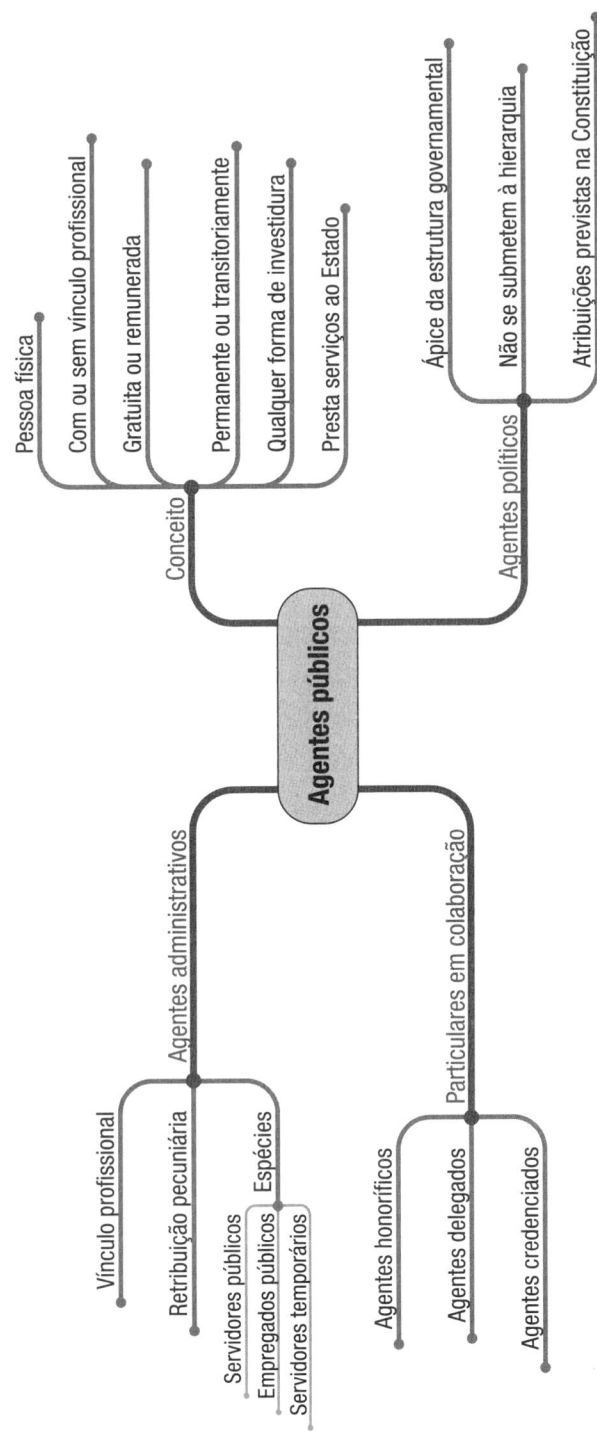

3. REGIME DE PESSOAL

Todo agente público se vincula ao Estado sob o influxo de determinadas regras que delimitarão a sua relação profissional com o Poder Público. A esse conjunto de regras e princípios que incidirão sobre a relação agente X Estado, denomina-se regime de pessoal.

Há basicamente três regimes de pessoal em nosso sistema jurídico: estatutário, celetista e especial.

3.1. Estatutário

O regime estatutário é o conjunto de regras e princípios que incidem sobre a relação jurídica que os **servidores públicos** mantêm com o Estado, e têm como características principais:

a) alcançam os servidores públicos da Administração Direta (conjunto de **órgãos** dos Poderes Executivo, Legislativo e Judiciário), autárquica e fundacional (**entidades administrativas** da Administração Indireta);

b) objeto: cargos públicos;

c) pluralidade normativa: cada ente da Federação no exercício de sua competência legislativa tem autonomia para elaborar o Estatuto dos seus respectivos servidores públicos. Na União, temos a Lei nº 8.112/90, cujo projeto é de iniciativa privativa do Presidente da República, nos termos do art. 61, § 1º, II, "c" da Constituição;[4, 5, 6]

d) natureza **legal** (estatutária) e **unilateral** do regime jurídico: o servidor público tem a sua relação com o Estado regulada por lei, na esfera federal, a Lei nº 8.112/90. A materialização do vínculo com o Estado se dá por meio da assinatura do Termo de Posse, e não por contrato de trabalho. A consequência disso é que o servidor público não tem direito adquirido à manutenção dos direitos e vantagens previstas no Estatuto. A qualquer momento, tais benefícios podem ser extintos. Isso porque todos os aspectos jurídicos atinentes ao vínculo estatutário decorrem diretamente da lei e, se esta for alterada, os servidores públicos serão imediatamente atingidos por essas alterações, ressalvadas as situações jurídicas já consolidadas. Se, ao contrário, o vínculo do servidor público se desse por meio de contrato de trabalho (ajuste bilateral de vontades), o Estado não

---

4 Os militares das Forças Armadas têm Estatuto próprio (Lei nº 6.880/80). Não se submetem à Lei nº 8.112/90 e nem à CLT.

5 O servidor público brasileiro que presta serviço no exterior é regido, não pela Lei nº 8.112/90, mas, pelo Regime Jurídico do Serviço Exterior Brasileiro – Lei nº 11.440, de 29 de dezembro de 2006.

6 Dessa forma, é inconstitucional o projeto de lei de iniciativa do Poder Legislativo que disponha sobre regime jurídico de servidores públicos (STF, ADI nº 341/PR, Rel. Min. EROS GRAU, DJe 10.06.2010).

poderia alterar disposições contratuais sem prévia anuência do trabalhador;[7]

e) acesso mediante prévia aprovação em concurso de provas ou provas e títulos;

f) submetem-se ao Regime Próprio de Previdência Social (RPPS);

g) ações judiciais que envolvam servidores públicos são processadas e julgadas na Justiça Comum, e não na Trabalhista. No caso dos servidores da União, na Justiça Federal;[8]

h) garantia de estabilidade àqueles servidores nomeados para cargo de provimento efetivo em virtude de concurso público ao atingirem três anos de efetivo exercício com desempenho satisfatório em avaliação especial; e

i) institutos como a reintegração, recondução, aproveitamento e disponibilidade, entre outros.

A partir do que foi exposto, podemos concluir que a relação dos **servidores públicos** com o Estado é regida pelo Estatuto – na esfera federal, a Lei nº 8.112/90. Qualquer dúvida quanto a direitos, deveres, processo disciplinar ou quaisquer outros temas relacionados a servidores públicos deve ser sanada, em primeiro plano, na Lei nº 8.112/90, e posteriormente nas normas internas da repartição em que o servidor desempenha suas atribuições.

3.2. Celetista

Regime Celetista é o conjunto de regras que regulam a relação jurídica entre o Estado e seus **empregados públicos**, e tem como principais características:

a) alcança os empregados públicos das fundações públicas de direito privado, empresas públicas e sociedades de economia mista (entidade administrativas de direito privado da Administração Indireta);

b) objeto: empregos públicos;

c) unicidade normativa: são regidos pela Consolidação das Leis do Trabalho (Decreto-Lei nº 5.452/43), diploma legal único para todos os entes da Federação (União, Estados, Distrito Federal e Municípios);

---

7 Mais detalhes sobre assunto, consulte o tópico 4 (Regime jurídico e direito adquirido).

8 Não obstante o art. 114 da CF estabeleça que as ações oriundas da relação de trabalho, envolvendo entes políticos da Administração Direta e entidades da Administração Indireta, serão processadas e julgadas na Justiça do Trabalho, o STF, liminarmente, concedeu interpretação conforme à Constituição ao citado dispositivo para excluir as relações de ordem estatutária entre os servidores públicos e as pessoas de direito público da Administração. Vale dizer, litígios entre Poder Público e servidores estatutários são de competência da Justiça Federal (ADI 3.395 MC/DF, Rel. Min. CEZAR PELUSO, DJ 05.04.2006).

d) natureza contratual e bilateral do regime: os empregados públicos celebram contrato de trabalho com o Estado sob a regência das normas da CLT. Assim, a força normativa da relação de emprego advém diretamente do contrato, de sorte que eventuais modificações na Consolidação não poderão alterar as situações jurídicas vigentes (os contratos de trabalho já celebrados), mas tão somente as que se constituírem dali por diante;

e) necessidade de prévia aprovação em concurso público;

f) submetem-se ao Regime Geral de Previdência Social (RGPS);

g) os processos que envolvam empregados públicos são processados e julgados na Justiça do Trabalho; e

h) não há garantia de estabilidade, reintegração, recondução, aproveitamento e disponibilidade. Mas, por outro lado, há o direito à percepção de verbas indenizatórias em decorrência da despedida sem justa causa (fundo de garantia do tempo de serviço, seguro-desemprego).[9]

3.3. Especial

O regime especial é aquele que incide sobre os servidores contratados temporariamente para atender necessidade temporária de excepcional interesse público. O art. 37, IX, da Constituição dispõe que "a lei estabelecerá os casos de contratação por tempo determinado para atender a necessidade temporária de excepcional interesse público".

Em cumprimento ao comando constitucional, na esfera federal, foi editada a Lei nº 8.745, de 9 de dezembro de 1993, alterada pela Lei nº 12.314, de 19 de agosto de 2010, que estabelece normas de contratação por tempo determinado de servidores temporários.[10]

Da leitura do dispositivo supramencionado e da disciplina doutrinária sobre a matéria sobressaem algumas características importantes:

a) alcança os **servidores temporários** de quaisquer órgãos ou entidades da Administração Direta e Indireta;

b) pluralidade normativa: cada ente da Federação no exercício de sua competência legislativa tem autonomia para elaborar a lei dos seus respectivos servidores temporários (na União, temos a Lei nº 8.745/93);

---

9 É vedada a demissão imotivada de empregados públicos das empresas públicas e sociedades de economia mista (STF, RE 589.998/PI, Rel. Min. RICARDO LEWANDOWSKI, julg.: 24.02.2010).

10 No Distrito Federal, a Lei nº 1.169, de 24 de julho de 1996, autoriza a contratação de pessoal por tempo determinado para atender a necessidade temporária de excepcional interesse público.

c) os processos que envolvam servidores temporários são processados e julgados na Justiça comum, federal ou estadual, conforme o caso;

d) os servidores temporários não titularizam cargos nem empregos públicos. Em verdade, os servidores temporários desempenham função pública;

e) não há necessidade de aprovação em concurso público. Para recrutar e selecionar pessoal temporário, é suficiente processo seletivo simplificado;

f) os contratos temporários, por óbvio, têm prazo de vigência sempre determinado e, em regra, são improrrogáveis;

g) os contratos temporários podem terminar antes do decurso do prazo, a pedido do contratado ou pelo simples transcurso do seu período de duração (advento do termo contratual). Em ambos os casos, a rescisão dá-se sem ônus para qualquer das partes. A Administração também poderá rescindir o contrato antes do término do prazo, mas neste caso deverá indenizar o contratado em valor correspondente à metade do que lhe caberia se o contrato fosse cumprido integralmente (art. 12, Lei nº 8.745/93). Por exemplo, se a Administração rescinde o contrato seis meses antes do término, a indenização corresponderá à metade das remunerações a que o servidor teria direito até o término do contrato. Se o valor estimado fosse de R$ 6.000,00, a indenização corresponderia a R$ 3.000,00;

h) os servidores temporários são abrangidos pelo Regime Geral de Previdência Social (RGPS).

3.4. Regime Jurídico Único (RJU)

A Constituição Federal de 1988, inicialmente, em seu art. 39, previa a criação de regime jurídico único para os ocupantes de cargos públicos na Administração Direta, Autárquica e Fundacional de cada ente político (União, Estados, Distrito Federal e Municípios). Dessa maneira, os referidos entes deveriam ter, em suas administrações diretas, autárquicas e fundacionais, um único regime de pessoal, que, em tese, poderia ser estatutário ou celetista. A ideia era conceder tratamento isonômico aos servidores públicos de cada ente político (União, Estados, Distrito Federal e Municípios), além de facilitar a gestão de pessoal na Administração, o que era sobremodo difícil com a diversidade de regimes.

Exemplificando o sobredito, um consultor legislativo do Senado Federal (órgão público federal), um técnico do Banco Central (autarquia federal) e um Analista do IBGE (fundação pública federal) teriam em comum o fato de serem regidos por um mesmo regime de pessoal – no caso, a Lei nº 8.112/90.

Contudo, em 1998, com a Emenda Constitucional nº 19, da Reforma Administrativa, o art. 39 passou a ter a seguinte redação: "A União, os Estados, o Distrito Federal e os Municípios instituirão Conselho de Política de Administração e remuneração de pessoal, integrado por servidores designados pelos respectivos Poderes." Como se percebe, não houve qualquer menção ao Regime Jurídico Único dos Servidores. Com isso, passou-se a entender que, a partir da Reforma Administrativa, não havia mais a obrigatoriedade de adoção de Regime Jurídico Único para cada pessoa política, admitindo-se a coexistência, em uma mesma esfera de governo, de diversos regimes de pessoal (estatutário, celetista ou qualquer outro que fosse criado). Nesse ensejo, foi editada a Lei nº 9.962, de 22 de fevereiro de 2000, que autorizava a instituição do regime de emprego na Administração Federal Direta, Autárquica e Fundacional.

Todavia, em agosto de 2007, a aplicabilidade do art. 39 da Constituição, com redação dada pela EC nº 19/98, foi suspensa liminarmente pelo STF, que apontou a inconstitucionalidade formal do referido dispositivo constitucional por não ter seguido o rito processual estabelecido no art. 60, § 2º, da Constituição, mormente no que tange à aprovação em dois turnos em cada Casa Legislativa. Essa decisão, sem efeitos retroativos, da Corte Suprema trouxe novamente à existência, pelo menos por enquanto, o Regime Jurídico Único, e tornou inaplicável *ex nunc* (a partir de então) a Lei nº 9.962/2000.[11]

Vale dizer, até que o STF profira decisão de mérito, fica restaurada a redação original do art. 39 da Constituição Federal:

> A União, os Estados, o Distrito Federal e os Municípios instituirão, no âmbito de sua competência, regime jurídico único e planos de carreira para os servidores da administração pública direta, das autarquias e das fundações públicas.

---

11 ADI nº 2.135/MC, Rel.ª Min.ª ELLEN GRACIE, DJe 02.08.2007.

4. REGIME JURÍDICO E DIREITO ADQUIRIDO

Imaginemos o caso de José, analista judiciário do TST desde 1995. À época do ingresso de José no serviço público federal, o Estatuto previa a licença-prêmio por assiduidade com duração de três meses para aqueles servidores que completassem cinco anos de exercício ininterrupto. Porém, em 1997 (ano em que José completava dois anos de exercício ininterrupto), por força da Lei nº 9.527, a licença-prêmio foi retirada do Estatuto. Indagamos: Se José entrou no serviço público em momento anterior à lei que extinguiu a licença-prêmio, seria atingido por essa alteração? Isto é, José perderia o direito à licença-prêmio?

Inicialmente, é preciso notar que o entendimento pacífico da Corte Suprema é no sentido de que **não há direito adquirido que garanta a imutabilidade do regime jurídico**.[12] Isso implica dizer que pode a lei nova, ao criar direito novo para o servidor público, estabelecer exigência que não observe o regime jurídico anterior. O servidor não tem nenhuma garantia de que a relação funcional originária permanecerá inalterada até a extinção do vínculo laboral. Como esse vínculo entre o Estado e o servidor não tem natureza contratual, não há falar em direito adquirido à manutenção das relações estatutárias inicialmente estipuladas.

Ademais, se o Poder Público se furtasse ao direito de alteração das regras do Estatuto, estaria abrindo mão de defender os interesses públicos que lhe cabe cuidar e dos quais não pode dispor livremente. Em outras palavras, pode a Lei nº 8.112/90 ser alterada, inclusive para suprimir direitos e vantagens de servidores, sem que estes possam invocar direitos adquiridos. Tanto é assim que vários direitos já foram retirados do Regime Jurídico, tais como a supracitada licença-prêmio e o adicional por tempo de serviço, sem que se admitisse qualquer alegação de direito adquirido.

Retomando o caso concreto em análise, podemos afirmar que José não terá direito ao gozo de licença-prêmio, haja vista que à data da alteração legislativa não havia cumprido os requisitos para a fruição do benefício. Significa dizer que José tinha apenas expectativa de direito à licença-prêmio.

É preciso notar que toda aquisição de direito depende da consumação de determinada situação fática. Nesse sentido, afirma Carvalho Filho que "se se consuma o suporte fático previsto na lei e se são preenchidos os requisitos para o seu exercício, o servidor passa a ter direito adquirido ao benefício ou vantagem que o favorece".[13]

---

12 STF, RE 600.837 AgR / DF, Rel. Min. CELSO DE MELLO, DJe 04.12.2009.
13 CARVALHO FILHO, José dos Santos. *Manual de Direito Administrativo*. 20ª ed. Rio de Janeiro: Lumen Juris, 2008, p. 585.

Assim, devemos distinguir entre as situações jurídicas que estão em curso à data da alteração do regime e as que a essa época já estavam consolidadas. Com relação às primeiras, não há qualquer direito adquirido por parte do servidor, por não ter satisfeito os necessários requisitos para o gozo dos referidos direitos. Em verdade, nessas situações ainda não ocorreu o fato gerador do direito, perfazendo **mera expectativa de direito**. No exemplo dado, é exatamente essa a situação de José.

Entretanto, **as situações já consolidadas devem ser respeitadas**. Alterando a situação hipotética, se José, à época da extinção da licença-prêmio, tivesse cumprido **todos os requisitos** para o gozo daquele direito (ou seja, contasse cinco anos de exercício ininterrupto), teria direito adquirido ao gozo de **um período** de três meses a título de licença-prêmio. Note que dali em diante não caberá mais a invocação de direito adquirido, pois José já não terá mais atendido o requisito de novos cinco anos de exercício ininterrupto.

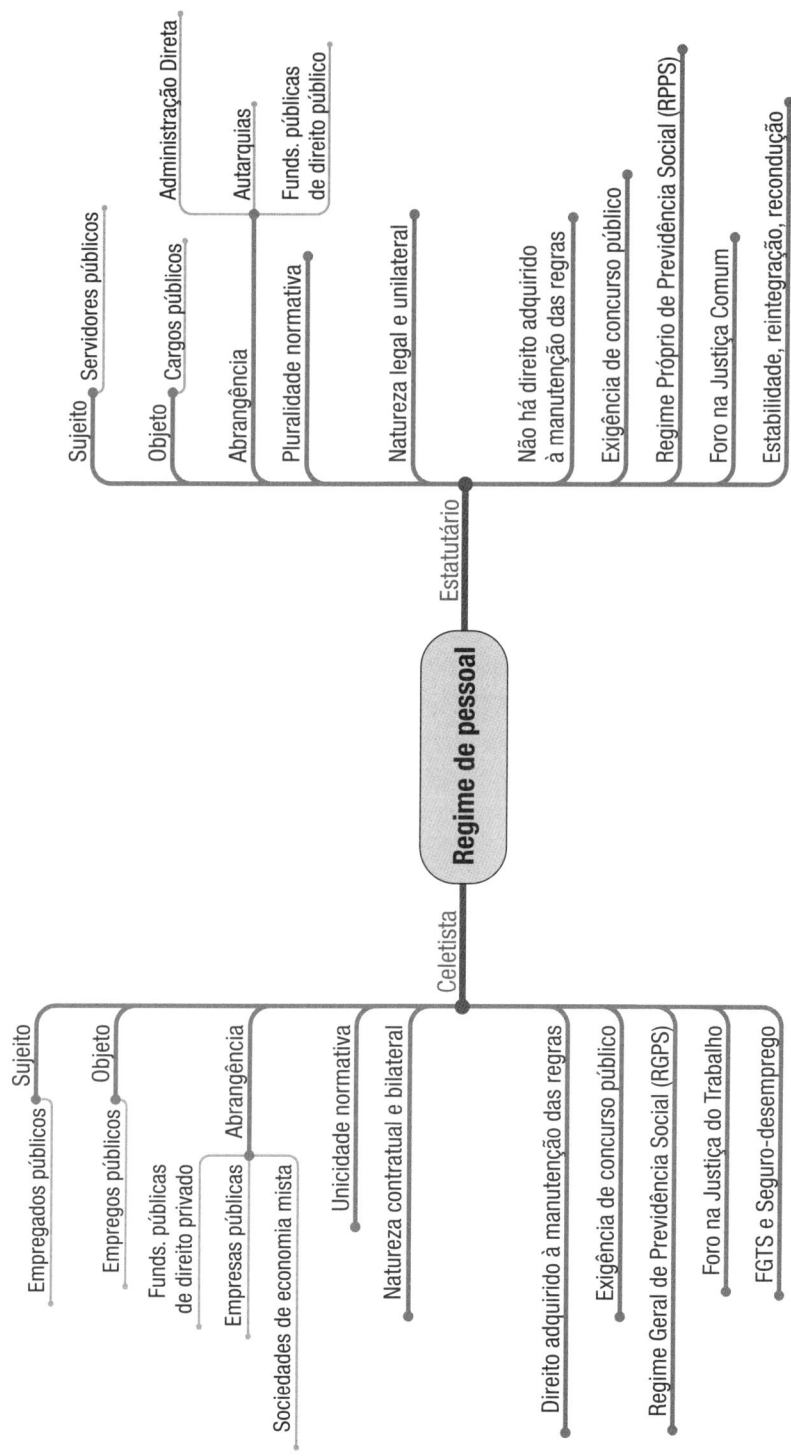

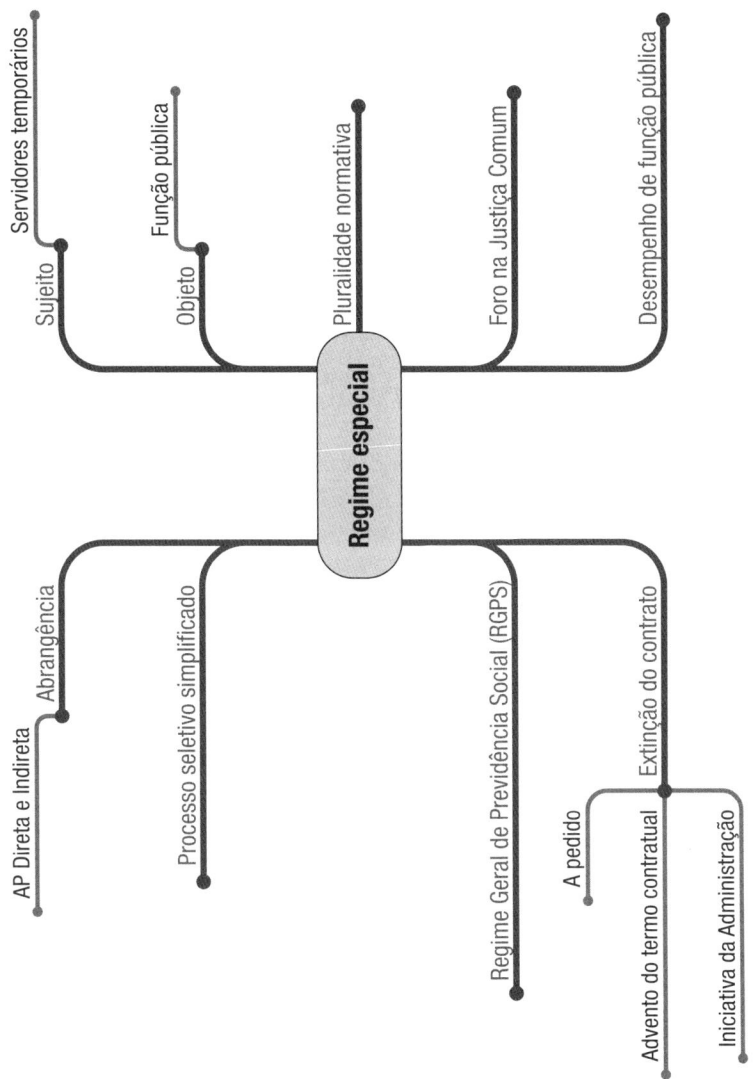

5. CARGOS, EMPREGOS E FUNÇÕES PÚBLICAS
5.1. Cargos públicos

Na doutrina de Celso Antônio Bandeira de Mello, os cargos públicos são "as mais simples e indivisíveis unidades de competência a serem expressadas por um agente, previstas em número certo, com denominação própria, retribuídas por pessoas jurídicas de Direito Público e criadas por lei, salvo quando concernentes aos serviços auxiliares do Legislativo, caso em que se criam por resolução, da Câmara ou do Senado, conforme se trate de serviços de uma ou de outra destas Casas".[14]

Em outras palavras, os cargos públicos correspondem ao conjunto de atribuições e responsabilidades previstas na estrutura organizacional, cometidas a um **servidor público**, submetido ao regime estatutário e previamente aprovado em concurso público de provas ou provas e títulos (art. 3º, Lei nº 8.112/90).

Os cargos públicos são acessíveis aos **brasileiros** que preencham os requisitos previstos em lei, bem como aos **estrangeiros**, na forma da lei (art. 37, I, CF/88). São **criados por lei**, com **denominação própria** (todo cargo deve ter um nome que lhe seja próprio e, portanto, o diferencie dos demais cargos) e **vencimentos pagos pelos cofres públicos**, o que afasta, de pronto, a prestação de serviços gratuitos ao Estado, salvo naqueles casos previstos em lei (ex.: cidadãos convocados para prestação de serviços eleitorais, os membros do júri popular etc.).

Apesar de termos afirmado que os cargos públicos são criados por lei, é imperioso notar que tal regramento aplica-se a cargos dos Poderes Executivo e Judiciário, ao Ministério Público e ao Tribunal de Contas. Quanto aos cargos do Legislativo, nos termos dos arts. 51, IV, e 52, XIII, da Constituição Federal, são criados por **resolução** de cada Casa, ainda que posteriormente seja imprescindível a edição de lei para indicar-lhes os respectivos vencimentos. Em síntese, embora os cargos públicos do Poder Legislativo possam ser criados por resolução, a fixação ou alteração dos vencimentos relativos a estes cargos será sempre feita por meio de lei formal, nos termos do inciso X do art. 37 da Constituição.

A EC nº 19/98 inovou ao estabelecer que, além dos brasileiros, natos ou naturalizados, os estrangeiros também podem ocupar cargos públicos, nos casos e condições previstos em lei. O art. 5º, § 3º, da Lei nº 8.112/90 prevê que as universidades e instituições de pesquisa federais poderão prover

---
14 *Curso de Direito Administrativo.* 25ª ed. São Paulo: Malheiros, 2007, p. 250.

seus cargos públicos com professores, técnicos e cientistas estrangeiros, observados os requisitos legais para tanto.

Perceba que todos os brasileiros podem ocupar qualquer cargo público, ressalvados os casos previstos no texto constitucional. É assim porque a Constituição é o único instrumento que pode estabelecer diferenças entre brasileiros natos e naturalizados. O art. 12, § 3º, da Constituição relaciona os cargos privativos de brasileiros natos, a saber: Presidente e Vice-Presidente da República; Presidente da Câmara dos Deputados; Presidente do Senado Federal; Ministro do Supremo Tribunal Federal; membro da carreira diplomática; oficial das Forças Armadas e Ministro de Estado da Defesa.

Todavia, quanto aos estrangeiros, o regramento é distinto, pois a legislação infraconstitucional poderá estabelecer diferenças entre brasileiros e estrangeiros, podendo inclusive vedar aos estrangeiros a ocupação de determinados cargos públicos. Nesse esteio, cite-se o exemplo da Lei nº 9.986, de 18 de julho de 2000, que restringe aos brasileiros os cargos de direção das agências reguladoras.

Por derradeiro, é imperioso sublinhar ainda que os cargos públicos são ocupados segundo requisitos e condições estabelecidos diretamente em lei. Desse modo, editais de concurso público ou outros atos normativos da Administração não se prestam a estabelecer exigências para investidura em cargo público. Somente a lei é instrumento idôneo para tanto.

Sem embargo do que dissemos, devemos ainda acrescentar que a mera previsão em lei, por si só, não é suficiente para estabelecimento de requisitos para investidura em cargos públicos, pois a lei não pode estabelecer exigências discriminatórias, incoerentes, sem qualquer nexo com as atribuições do cargo a ser preenchido.

Em outras palavras, qualquer exigência para investidura deve obedecer ao princípio da razoabilidade. Isso porque, em tese, o estabelecimento de tais exigências fere o princípio da isonomia. Vejamos um exemplo.

Imagine que uma lei estabeleça como requisito para preenchimento de determinado cargo público que o candidato seja do sexo feminino. Ora, tal requisito é em tese inconstitucional, pois institui discriminação entre homens e mulheres. Mas se imaginarmos que o cargo regulamentado pela referida lei é o de agente penitenciário em cárcere feminino, a violação ao princípio da isonomia desaparece, pois cede espaço ao princípio da razoabilidade. Uma vez que não é razoável que, em uma penitenciária feminina, os agentes penitenciários sejam do sexo masculino. O mesmo raciocínio pode ser aplicado ao caso de limite de idade, altura, entre outros. Se houver razoabilidade, são permitidos. Caso contrário, revelam-se ilícitos por violarem o princípio da isonomia.

Nesse passo, é útil trazer à baila a doutrina do professor Carvalho Filho, propugnada nos seguintes termos:

> "não só o legislador como o administrador público estão impedidos de criar requisitos objetivos ou subjetivos de exclusivo caráter discriminatório. E o que é mais grave: sem qualquer relação direta com as funções atribuídas ao cargo. Na verdade, requisitos de acesso só se legitimam se estiver rigorosamente comprovado que foram fixados levando em conta as funções a serem exercidas, vale dizer, a missão destinada ao servidor dentro do cenário da Administração Pública".[15]

No mesmo sentido do que temos aqui exposto, reza a Súmula nº 683 do STF:

> *O limite de idade para a inscrição em concurso público só se legitima em face do art. 7º, XXX, da Constituição, quando possa ser justificado pela natureza das atribuições do cargo a ser preenchido.*

Ainda acerca da limitação de idade em concurso público, prevê o art. 27 do Estatuto do Idoso que: "Na admissão do idoso em qualquer trabalho ou emprego, é vedada a discriminação e a fixação de limite máximo de idade, inclusive para concursos, ressalvados os casos em que a natureza do cargo o exigir." Em complemento, o parágrafo único do mesmo dispositivo assegura que: "O primeiro critério de desempate em concurso público será a idade, dando-se preferência ao de idade mais elevada."

5.1.1. Cargos efetivos, cargos em comissão e funções de confiança

Quando, para o cargo público, é requerida do seu ocupante prévia aprovação em concurso público, e se garante a este estabilidade após três anos de efetivo exercício, diz-se que trata-se de **cargo efetivo**. Ao contrário, quando a investidura no cargo se dá por livre nomeação da autoridade competente, temos **cargo em comissão**. Sobre o tema, cite-se o art. 37, V, da Constituição:

> As funções de confiança, exercidas exclusivamente por servidores ocupantes de cargo efetivo, e os cargos em comissão, a serem preenchidos por servidores de carreira nos casos, condições e percentuais mínimos previstos em lei, destinam-se apenas às atribuições de direção, chefia e assessoramento.

---

15 CARVALHO FILHO, José dos Santos. *Manual de Direito Administrativo*. 20ª ed. Rio de Janeiro: Lumen Juris, 2008, p. 605.

Os cargos em comissão ou cargos de confiança, também chamados de cargos comissionados, são destinados às atribuições de **direção, chefia e assessoramento**, providos a critério da autoridade competente, que é livre para nomear ou exonerar seus ocupantes – que inclusive podem não ter qualquer vínculo com a Administração Pública. No entanto, devemos atentar para o fato de que, embora possam ser ocupados por pessoas estranhas aos quadros da Administração, haverá um percentual mínimo dos cargos em comissão a serem reservados aos servidores efetivos. Por exemplo, no âmbito do Poder Judiciário da União, por força da Lei nº 11.416/2006, no mínimo 50% dos cargos em comissão deverão ser preenchidos por servidores efetivos.[16]

A investidura em cargo comissionado independe de aprovação em concurso público, mas isso não libera o eventual ocupante do preenchimento de determinados requisitos legais para a investidura, a exemplo da nacionalidade brasileira, pleno gozo dos direitos políticos, escolaridade, idade mínima, aptidão física e mental, entre outros.

Não é demais repisar que o ocupante de cargo em comissão não tem qualquer direito de permanência no cargo, podendo ser a qualquer tempo exonerado pela autoridade competente, sem necessidade, sequer, de motivação do ato. Isso decorre do indeclinável vínculo de confiança que deve haver entre a autoridade nomeante e o servidor comissionado. Sendo assim, uma vez que seja quebrado esse vínculo de confiança, o administrador terá total liberdade para exonerar o ocupante do cargo comissionado.

Outro ponto que merece especial atenção é o que concerne às atribuições que podem ser desempenhadas por servidor comissionado. O art. 37, V, da Constituição determina que os cargos em comissão se destinam exclusivamente às atribuições de Direção, Chefia e Assessoramento. Por isso, como ressalta José Maria Pinheiro Madeira,

> "não se vislumbra a criação por lei de cargos em comissão para atribuições meramente burocráticas, que podem perfeitamente ser exercidas por pessoas sem qualquer qualificação especial, tampouco desnecessários à típica confiança e o comprometimento que se requer para os cargos em comissão".[17, 18]

---

16   O Decreto nº 5.497, de 21 de julho de 2005, estabelece percentuais mínimos dos cargos em comissão da administração direta, autárquica e fundacional a serem preenchidos por servidores de carreira, a saber: 75% dos cargos em comissão DAS 1,2 e 3; 50% dos cargos em comissão DAS 4 e inteira liberdade quanto às nomeações para DAS 5 e 6.

17 *O servidor público na atualidade*. 6ª ed. Rio de Janeiro: Lumen Juris, 2007, p. 57.

18 Com base nesse entendimento, o STF julgou inconstitucional lei que previa a criação de cargo em comissão para agente de vigilância (ADI 3.233/PB, Rel. Min. JOAQUIM BARBOSA, DJ 14.09.2007).

As **funções de confiança** ou funções comissionadas são o conjunto de atribuições relacionadas a Direção, Chefia e Assessoramento, que devem ser ocupadas exclusivamente por servidores, mediante livre designação e dispensa.

Esclarece Ivan Barbosa Rigolin que

> "*cargos em comissão* são postos de trabalho autônomos, a serem preenchidos pelo critério da confiança pessoal da autoridade nomeadora, sem concurso, enquanto que *funções de confiança* são modalidades de trabalho, competências ou atribuições adicionais a um cargo efetivo, que por sua singeleza não justifica a criação de um cargo autônomo, e que são remuneradas por uma parcela acessória, em geral denominada adicional de função, ou gratificação de função".[19]

O mesmo autor em outra de suas obras ensina que função de confiança

> "é o encargo de chefia, direção ou encarregadura que por sua natureza ou pouca complexidade não justifica a criação de um cargo, considerando-se apenas uma especialização de certos cargos efetivos, a ser exercida, repita-se, exclusivamente por servidor ocupante de cargo de provimento efetivo – e presumivelmente do mesmo quadro de pessoal, pois que não faz muito sentido, salvo em situações excepcionais, imaginar um servidor efetivo de determinado quadro exercendo função de confiança em outro quadro, em outra repartição".[20]

O servidor ocupante de cargo em comissão ou função de confiança submete-se a **regime integral de dedicação ao serviço**, podendo ser convocado sempre que houver interesse da Administração (art. 19, § 1º, Lei nº 8.112/90).

Interessante que não se confunda regime integral com **regime exclusivo de dedicação**, pois no primeiro é possível que o servidor exerça outras ocupações profissionais, desde que atenda prioritariamente às convocações que forem feitas, a qualquer tempo, no interesse do serviço público. No regime exclusivo, diversamente, o servidor está impedido de exercer qualquer outra atividade profissional, ainda que demonstrada a ausência de prejuízo ao regular exercício do cargo público. Isto é, não se trata apenas de o cargo ou a função ter primazia, mas de expressa vedação ao exercício de qualquer outra ocupação profissional. O regime de dedicação exclusiva é apropriado aos cargos públicos cujas atribuições envolvam constantes

---
19 *O servidor público nas reformas constitucionais.* 2ª ed. Belo Horizonte: Fórum, 2006, p. 32.
20 Comentários ao Regime Único dos Servidores Públicos Civis. 5ª ed. São Paulo: Saraiva, 2007, p. 60.

conflitos de interesse entre a esfera pública e a esfera privada, a exemplo das carreiras policiais. A ideia central é evitar que ocupações profissionais outras possam comprometer a necessária e exigível impessoalidade que deve nortear a conduta dos agentes públicos em toda sua atuação.

5.1.1.1. Cargos de natureza especial (CNE)

Os **cargos de natureza especial** nada mais são que espécies de cargos em comissão em que não há percentuais mínimos de ocupação por servidores efetivos. Podem ser ocupados em sua totalidade por pessoas estranhas aos quadros efetivos da Administração Pública.

Seria o caso dos cargos de Consultor Jurídico, Chefe de Gabinete de Governador, Chefe de Cerimonial, entre outros.

Cargos isolados e de carreira

Os **cargos isolados** são aqueles que são únicos, não se escalonam em classes e padrões, a exemplo do cargo de Diretor-Geral do Senado, que é cargo em comissão.

Os **cargos de carreira** são os que preveem em sua estrutura diversas classes[21] e padrões a que o servidor periodicamente tem acesso por promoção ou progressão (desenvolvimento na carreira). Assim são a maioria dos cargos públicos da Administração Federal. Ex.: O ingresso na carreira da Advocacia da União dá-se pelo cargo de Advogado da União Segunda Categoria, depois, mediante promoção, passa-se a Advogado da União Primeira Categoria e, finalmente, passa-se a Advogado da União de Categoria Especial.[22]

Note que somente os cargos efetivos poderão ser dispostos em carreira. Os cargos em comissão serão necessariamente cargos isolados. Sendo assim, podemos sintetizar desta forma: o cargo efetivo pode ser em carreira ou isolado, ao passo que todo cargo em comissão é necessariamente isolado.

Quanto aos cargos de carreira, é importante frisar que os demais requisitos para o ingresso e o desenvolvimento do servidor na carreira, mediante promoção, serão estabelecidos pela lei que fixar as diretrizes do sistema de carreira na Administração Pública Federal e seus regulamentos (art. 10, parágrafo único, Lei nº 8.112/90). Voltamos a exemplificar a Lei nº 11.416/2006, que regulamenta a carreira dos servidores do Poder Judiciário da União.

---

21 Classe é o conjunto de cargos da mesma natureza de trabalho, de idênticas atribuições, responsabilidades e remuneração. Carreira é o agrupamento de classes da mesma profissão, escalonadas segundo a hierarquia do serviço, para acesso privativo dos cargos que a integram. Por final, quadro é a reunião de carreiras, cargos isolados e funções de confiança de um mesmo serviço, órgão ou Poder.
22 Art. 20 da Lei Complementar nº 73, de 10 de fevereiro de 1993.

5.2. Empregos públicos

Os empregos públicos também se referem a um conjunto de atribuições e responsabilidades que devem ser cometidas a um **empregado público**. O regime de emprego na Administração é regulado pela Consolidação das Leis Trabalhistas (CLT), logo os direitos previstos na Lei nº 8.112/90, tais como estabilidade, licença-capacitação, afastamento para acompanhar cônjuge, dentre outros, não se aplicam aos empregados públicos que, repita-se, ocupam empregos públicos nas entidades de direito privado da Administração Pública (Fundações de Direito Privado, Empresas Públicas ou Sociedades de Economia Mista).[23]

5.3. Funções públicas

Às funções públicas deve ser dado um conceito residual, pois corresponde ao conjunto de deveres e atribuições que **não correspondem necessariamente a um cargo ou emprego**. Observe, qualquer agente que ocupe um cargo ou um emprego na Administração também necessariamente desempenha função pública, todavia nem todos os agentes que desempenham função pública ocuparão necessariamente cargos ou empregos públicos. Exemplificando, imagine um mesário eleitoral. No momento em que ele exerce as atividades relacionadas ao processo eleitoral, exerce função pública. No entanto, não podemos afirmar que, nesse caso, ocupa necessariamente cargo ou emprego público.

Segundo Maria Sylvia Zanella Di Pietro, a Constituição Federal, quando se refere a funções públicas, distingue duas espécies: as funções públicas temporárias para atender necessidade de excepcional interesse público (art. 37, XI) e as funções de confiança que correspondem às atividades de direção, chefia e assessoramento, que não justificam a criação de cargo público e que são desempenhadas exclusivamente por servidor efetivo (art. 37, V).[24] Daí a afirmação de que as funções permanentes da Administração são exclusivas de servidores efetivos, enquanto as funções transitórias podem ser desempenhadas por servidores designados, admitidos ou contratados precariamente.[25]

---

23 O STF já se manifestou no sentido de que para os servidores estatutários não cabe a celebração de convenções e acordos coletivos de trabalho, direitos exclusivos dos trabalhadores vinculados à CLT (ADI 554/MG, Rel. Min. EROS GRAU, DJ 05.05.2006). Todavia, a questão não parece definitivamente resolvida, pois em 6 de março de 2013 foi publicado o Decreto nº 7.944, que regulamenta a Convenção nº 151 (estabelece o princípio da negociação coletiva para trabalhadores do setor público) da Organização Internacional do Trabalho – OIT. Com a edição do decreto, pode-se começar a discutir a regulamentação para colocar em prática os princípios da convenção. Aguardemos a disciplina normativa a ser firmada pelo Congresso Nacional.

24 *Direito Administrativo*. 20ª ed. São Paulo: Atlas, 2006, p. 484.

25 MEIRELLES, Hely Lopes. *Direito Administrativo Brasileiro*. 34ª ed. São Paulo: Malheiros, 2007, p. 424.

Partindo da doutrina da eminente administrativista ousamos acrescentar ainda outra espécie de função pública: a função pública honorífica, decorrente da convocação de pessoas, no exercício de *múnus público*, para a prestação de serviços ao Estado, normalmente de maneira gratuita, a exemplo dos mesários eleitorais e jurados populares.

Em suma, pode-se perceber, em verdade, quatro espécies de função pública: a que decorre de cargo ou emprego público, a temporária, a de confiança e a honorífica.

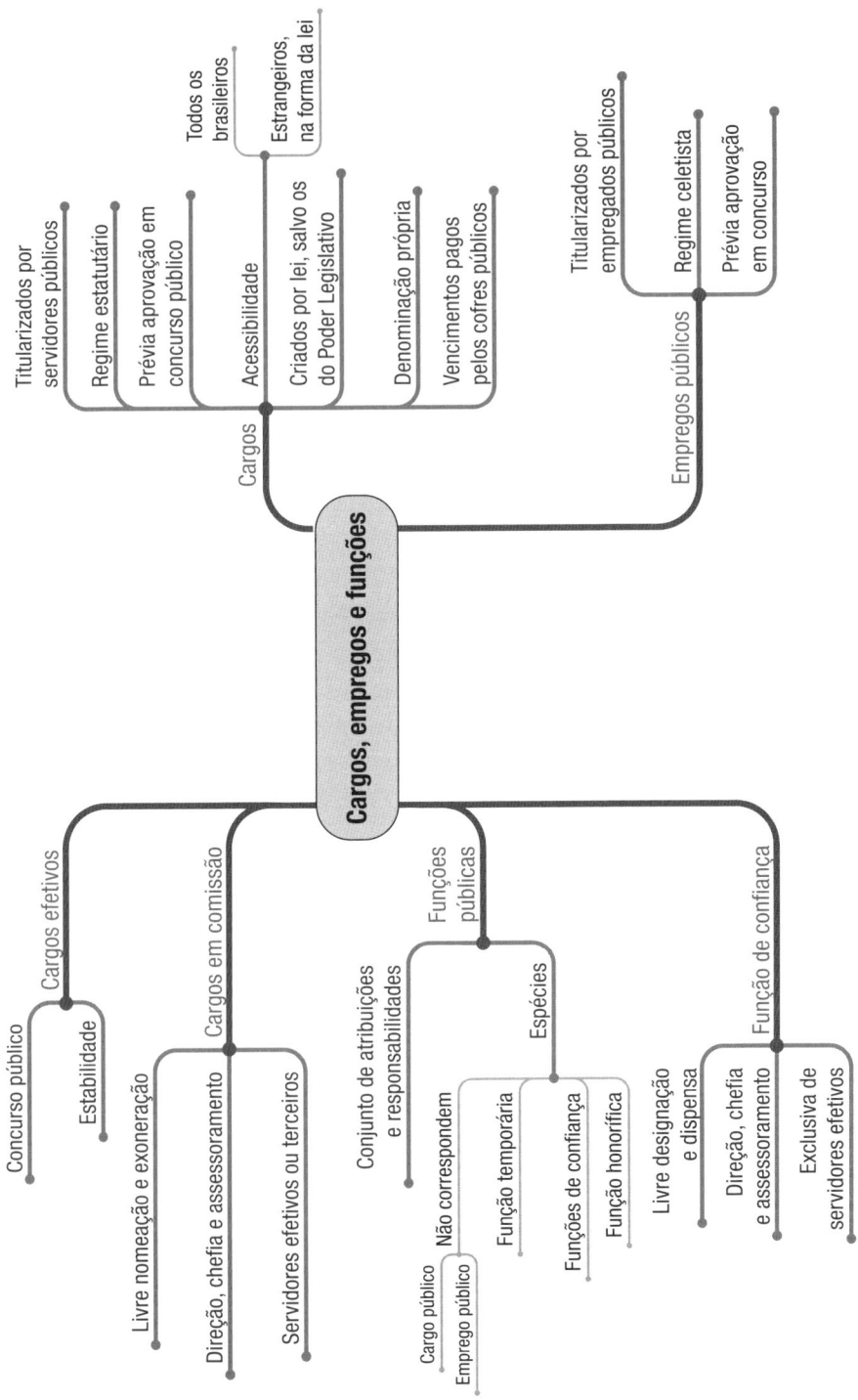

Capítulo 2
Provimento, Vacância, Remoção, Redistribuição e Substituição

1. CONCURSO PÚBLICO

O concurso público configura um meio isonômico e moral de acesso aos cargos públicos. Se não é a melhor forma de seleção de pessoal para a Administração Pública, certamente é a mais justa e democrática. É a prática usual para admissão de pessoal, excetuadas as hipóteses de investidura em cargo em comissão e a contratação destinada a atender necessidade temporária de excepcional interesse público, entre outras.

O eminente Prof. Pinheiro Madeira conceitua concurso público como

> "uma série complexa de procedimentos para apurar as aptidões pessoais apresentadas por um ou vários candidatos que se empenham para a obtenção de uma ou mais vagas, em que se submetem voluntariamente aos trabalhos de julgamento de uma comissão examinadora".[1]

Para complementar o conceito, vale trazer a definição de Francisco Lobello de Oliveira Rocha, para quem concurso público é

> "o procedimento administrativo, subordinado a um ato administrativo prévio, o edital – que por sua vez subordina-se a todo o ordenamento jurídico preexistente –, destinado a propiciar a mais perfeita seleção entre os candidatos que preencherem as necessidades da Administração, garantindo-se a igualdade de oportunidades na concretização do direito fundamental ao livre acesso a cargos e empregos públicos."[2]

---
1 MADEIRA, José Maria Pinheiro. *O servidor público na atualidade*. 6ª ed. Rio de Janeiro: Lumen Juris, 2007, p. 84.
2 *Regime Jurídico dos Concursos Públicos*. São Paulo: Dialética, 2006, p. 57.

O concurso público é exigência constitucional que atende, a um só tempo, aos princípios da isonomia, da moralidade e da eficiência. Observa-se o princípio da isonomia ao abrir possibilidade de que qualquer brasileiro, e até mesmo estrangeiros, na forma da lei, concorra em situação de igualdade com os demais interessados. A moralidade é levada a efeito por impedir que os cargos e empregos públicos efetivos sejam providos mediante critérios desonestos e discriminatórios, mediante favorecimento deste ou daquele, parente, ou não, da autoridade competente para nomear. Por fim, o concurso público proporciona a concretização do princípio da eficiência, haja vista que seleciona aqueles candidatos que demonstrarem nível intelectual mínimo para exercer as atribuições do cargo.[3]

Em que pese se tenha notícia da realização de processos de seleção pública de pessoal na China desde o ano 2220 a.C., na retrospectiva constitucional brasileira, nossas Constituições, desde a de 1824 até a de 1967, sempre fizeram referência implícita ou expressa ao concurso, mas não o instituíram efetivamente para todos os cargos e empregos públicos efetivos.[4] Isso só ocorreu com a Constituição Federal de 1988.

O inciso II do art. 37 da Constituição determina que a investidura em cargo ou emprego público depende de prévia aprovação em concurso público de provas ou de provas e títulos, de acordo com a natureza e o grau de complexidade do cargo ou emprego, na forma prevista em lei, ressalvadas as nomeações para cargo em comissão declarado em lei de livre nomeação ou exoneração. Assim, fica claro que o concurso público é procedimento administrativo obrigatório para o provimento de cargos efetivos e empregos públicos.

Nesse exato sentido, vale trazer à colação a Súmula nº 685 do STF, que preconiza o entendimento de que "é inconstitucional toda modalidade de provimento que propicie ao servidor investir-se, sem prévia aprovação em concurso público destinado ao provimento, em cargo que não integra a

---

3 Aproveitamos o ensejo para expressarmos nossa indignação com o fato de não haver no Brasil lei alguma que trate especificamente sobre os concursos públicos, na área federal. Em um país em que mais de cinco milhões de pessoas participam anualmente de certames públicos, é inadmissível que a matéria prossiga sem que tenha recebido o devido tratamento legal. O que se tem sobre o assunto são regras esparsas plasmadas no art. 37 da Constituição Federal e nos arts. 11 e 12 da Lei nº 8.112/90, e outros escassos atos normativos infralegais. Diante disso, não raro, as bancas examinadoras cometem arbitrariedades contra os candidatos, que, quando invocam a tutela jurisdicional do Estado, caem na vetusta justificativa do "mérito da banca". Faz-se necessário, e com urgência, a edição do *Estatuto do Concursando*, que estabeleça regras específicas acerca do edital, das inscrições, da anulação e revogação do certame, da elaboração, aplicação e correção das provas, cronograma de nomeação de candidatos, dentre outros pontos relevantes. Há, inclusive, projeto de lei que cuida desse assunto tramitando no Congresso Nacional. O que falta é vontade política de aprovar medidas que beneficiem todos aqueles que lutam aguerrida e licitamente por uma vaga no serviço público (e não são poucos, advirta-se).

4 A título de curiosidade, tal é a relevância da isonomia para o acesso a cargos públicos, que o art. XXI da Declaração Universal dos Direitos Humanos de 1948 prevê que "Toda pessoa tem igual direito de acesso ao serviço público do seu país."

carreira na qual anteriormente investido". Tanto é assim que o § 2º do art. 37 da Constituição prevê as consequências de sua não realização, quando obrigatória: a **nulidade do ato irregular de provimento** e a **punição da autoridade responsável**.[5]

Nessa mesma linha, tratando acerca do alcance da obrigatoriedade de realização de concurso público, o Tribunal de Contas da União elaborou a Súmula nº 231, segundo a qual:

> *A exigência de concurso público para admissão de pessoal se estende a toda a Administração Indireta, nela compreendidas as Autarquias, as Fundações instituídas e mantidas pelo Poder Público, as Sociedades de Economia Mista, as Empresas Públicas e, ainda, as demais entidades controladas direta ou indiretamente pela União, mesmo que visem a objetivos estritamente econômicos, em regime de competitividade com a iniciativa privada.*

No mesmo sentido, o art. 10 da Lei nº 8.112/90 reza que a nomeação para cargo de carreira ou cargo isolado de provimento efetivo depende de prévia habilitação em concurso público de provas ou de provas e títulos, obedecidos a ordem de classificação e o prazo de sua validade.

A nomeação para cargo em comissão não se submete à obrigatoriedade de realização de concurso público, posto que se refere a atribuições de direção, chefia e assessoramento. Atividades essas que serão melhor desempenhadas por quem seja da confiança da autoridade competente, que escolherá livremente o ocupante do cargo, segundo critérios de conveniência e oportunidade.

As funções de confiança também são preenchidas mediante livre designação da autoridade competente. Não há necessidade de concurso público, pois somente podem ser designados servidores público ocupantes de cargo efetivo, que já foram aprovados em concurso quando do seu ingresso no serviço público.

1.1. Edital

Na dicção de Francisco Lobello de Oliveira Rocha, edital é o "ato convocatório que dá ciência à coletividade da existência de cargos vagos a

---

5 Nesse esteio, o 4º, I, da Lei nº 4.717/1965 dá ensejo à propositura de ação popular visando a anular ato irregular de ingresso de servidor: são nulos os atos de "admissão ao serviço público remunerado, com desobediência quanto às condições de habilitação, das normas legais, regulamentares ou constantes de instruções legais". Em complemento, a Lei nº 8.429/92 (art. 11, V) prevê que frustrar a licitude de concurso público constitui ato de improbidade administrativa que atenta contra os princípios da Administração Pública. Também o Código Penal (art. 311-A, redação dada pela Lei nº 12.555/2011) define como crime de "Fraudes em certames de interesse público" a conduta de utilizar ou divulgar, indevidamente, com o fim de beneficiar a si ou a outrem, ou de comprometer a credibilidade do certame, conteúdo sigiloso de concurso público e afins.

serem preenchidos pela Administração Pública e fixa o procedimento e os critérios que serão obedecidos no seu provimento."[6]

Como visto, o edital do concurso público é o instrumento que estabelece as regras que serão aplicadas especificamente àquele certame: em quantas etapas será realizado, locais e datas em que ocorrerão as provas, cargos ofertados (atribuições, nível de escolaridade, jornada de trabalho, remuneração, número de vagas, lotação), período de inscrições, critérios de avaliação e de desempate, vigência do concurso, conteúdo programático, homologação do resultado, entre outros pontos de relevo.

Sobre a importância da clareza e da suficiência do edital para reger a realização do concurso público, Francisco Lobello enfatiza que:

> "Não basta [...] que o edital contenha os critérios de avaliação dos candidatos. É imperioso que descreva, de forma minudente e exaustiva, a forma de avaliação e pontuação atribuída a cada critério. Isto porque, após a publicação do edital, não pode restar ao administrador qualquer margem de discricionariedade que pudesse ter sido exaurida no momento de sua elaboração."[7]

Uma vez estabelecidas essas regras, ficam vinculados tanto a Administração Pública quanto os candidatos, de modo que se estabelece uma **via de mão dupla** quanto ao cumprimento das disposições editalícias: a Administração e os candidatos podem fazer exigências recíprocas no tocante à sua observância. Nessa esteira, a jurisprudência sedimentada do STJ e STF é no sentido de que:

> "o edital é a lei do concurso. Desta forma, estabelece-se um vínculo entre a Administração e os candidatos, igualmente ao descrito na Lei de Licitações Públicas, já que o escopo principal do certame é propiciar a toda coletividade igualdade de condições no serviço público. Pactuam-se, assim, normas preexistentes entre os dois sujeitos da relação editalícia. De um lado, a Administração. De outro, os candidatos. Com isso, é defeso a qualquer candidato vindicar direito alusivo à quebra das condutas lineares, universais e imparciais adotadas no certame."[8]

---

6 *Regime Jurídico dos Concursos Públicos*. São Paulo: Dialética, 2006, p. 56.
7 ROCHA, Francisco Lobello de Oliveira. *Regime Jurídico dos Concursos Públicos*. São Paulo: Dialética, 2006, p. 57.
8 MS nº 9.253/DF, Rel. Min. GILSON DIPP, julg.: 25.05.2005; REspe nº 441.121/DF, Rel. Min. VICENTE LEAL, julg.: 17.10.2002.

"Esse apego da Administração Pública às normas editalícias, por ela mesma publicadas, homenageia a um só tempo o princípio da segurança jurídica – as partes querem estar seguras de que o edital será respeitado – o princípio da lealdade, naquele sentido de que a Administração Pública tem que corresponder às expectativas por ela mesma geradas nos administrados".[9]

Além desta função vinculante, o edital do concurso público também prestigia o **princípio da padronização**, amplamente consagrado no domínio das licitações públicas, pois mantém os candidatos submetidos às mesmas regras, o que concretiza simultaneamente o princípio da constitucional isonomia.

1.2. Modalidades

O art. 37, II, da Carta Magna dispõe que o concurso público é de provas ou de provas e títulos. Assim, temos duas modalidades de concurso público: a) provas; e b) provas e títulos.

As provas constituem testes de conhecimentos ou de verificação de aptidão física e mental a que se submete o candidato, conforme o disposto na lei que regulamenta a carreira para a qual se está realizando o concurso. Dessa maneira, provas objetivas, discursivas, orais, testes físicos, psicotécnicos são espécies de provas a que podem ser submetidos os candidatos.

Os títulos são documentos que se relacionam direta ou indiretamente com as atribuições a serem desempenhadas pelo candidato e comprovam sua habilitação para o desempenho das atribuições do cargo ou emprego público, tais como diplomas universitários, certificados de cursos, experiência profissional, publicação de livros e artigos científicos, entre outros definidos em edital. No concurso público, conforme dispuser o instrumento convocatório do certame, os títulos somam pontos na nota final e interferem na classificação dos candidatos.

A exigência de títulos não pode ser gratuita e nem despropositada, de modo a se aplicar em todo e qualquer caso. Ao contrário, deve ser restrita aos cargos públicos que efetivamente exijam conhecimento e experiência específicos em determinado campo do saber para o seu exercício. Isto é, cargos em que a simples prova objetiva seja insuficiente para se aferir o grau de aptidão do candidato para o desempenho das atribuições. E, exatamente por isso, os títulos exigidos devem guardar correlação lógica

---

9   STF, RE 434.708, Rel. Min. SEPÚLVEDA PERTENCE, DJ 09.09.2005. Trecho do voto do Min. Ayres Britto.

com a natureza do cargo ou emprego a ser preenchido. Desse modo, não seria razoável em um concurso público para magistratura aceitar-se como título a comprovação pelo candidato de ter concluído o "Curso teórico e prático de violão erudito".

A lei que regulamenta o cargo ou emprego é que define a modalidade de concurso público aplicável ao caso específico. Não obstante, a Constituição se antecipou em relação a algumas carreiras ao exigir a obrigatoriedade de concurso público de provas e títulos para o seu ingresso. É o caso da Magistratura (art. 93, I), dos membros do Ministério Público (art. 129, § 3º), da Advocacia Pública (art. 131, § 2º) e da Defensoria Pública (art. 134, § 1º).

É expressamente proibida a realização de concurso público exclusivamente de títulos, pois isso equipararia o processo de seleção do Poder Público com o da iniciativa particular: o candidato é escolhido mediante mera análise curricular.

O estabelecimento de provas como modalidade obrigatória em todo e qualquer concurso público tem finalidade dupla: garantir igualdade de condições àqueles que desejam ocupar cargos e empregos públicos e afastar do procedimento qualquer método de seleção que possa oferecer margem de subjetividade suficiente para que haja violação à obrigatoriedade do concurso público. Assim, em todas as espécies de provas, os critérios de avaliação devem ser transparentes de modo a permitir ao candidato saber em que está sendo avaliado e o porquê da nota obtida, até mesmo para que possa oferecer eventuais recursos.

Nesse passo, é importante tratarmos sumariamente dos exames psicotécnicos, que consistem na aferição, com emprego de procedimentos científicos, da sanidade mental dos candidatos com o objetivo de identificar e inabilitar indivíduos cujas características psicológicas revelem traços de personalidade incompatíveis com o desempenho de determinadas funções. O STF entende que é admissível a sujeição do candidato a testes psicotécnicos, desde que observados os seguintes requisitos:[10]

a) previsão legal da exigência;

b) estabelecimento de critérios objetivos de caráter notadamente científico para a avaliação do candidato; e

c) possibilidade de recurso contra eventual resultado desfavorável.[11]

---

10 Vide RE 188.234/DF, Rel. Min. NÉRI DA SILVEIRA, DJ 24.05.2004; RE 232.571-7/RS, Rel. Min. CARLOS VELLOSO, DJ 05.02.1999. STJ, REsp 1.429.656-PR, Rel. Min. MAURO CAMPBELL MARQUES, Julg.: 11.02.2014; STJ, AgRg no REsp 1.404.261/DF, Rel. Min. MAURO CAMPBELL MARQUES, Julg.: 11.02.2014.

11 É importante notar que, declarada a nulidade do exame psicotécnico, deve o candidato se submeter a novo exame, não podendo dele se eximir (STJ, AgRg no Ag 1.291.819/DF, Rel. Min. HUMBERTO MARTINS, DJe 21.06.2010; AgRg no REsp 112.560/RJ, Rel.ª Min.ª MARIA THEREZA DE ASSIS MOURA, DJe 14.12.2009).

Em relação ao primeiro requisito, vale mencionar a Súmula Vinculante nº 44 (antiga Súmula nº 686 do STF): "Só por lei se pode sujeitar a exame psicotécnico a habilitação de candidato a cargo público".

O art. 14, § 3º, do Decreto nº 6.944/2009, com redação alterada pelo Decreto nº 7.308, de 22 de setembro de 2010, dispõe que

> "os requisitos psicológicos para o desempenho no cargo deverão ser estabelecidos previamente, por meio de estudo científico das atribuições e responsabilidades dos cargos, descrição detalhada das atividades e tarefas, identificação dos conhecimentos, habilidades e características pessoais necessários para sua execução e identificação de características restritivas ou impeditivas para o cargo."

Pela regra do art. 14-A do mesmo Decreto,

> "todas as avaliações psicológicas serão fundamentadas e os candidatos poderão obter cópia de todo o processado envolvendo sua avaliação, independentemente de requerimento específico e ainda que o candidato tenha sido considerado apto."

Ainda sobre os exames psicotécnicos, é interessante ventilar a hipótese aceita pela doutrina e jurisprudência de o candidato já ter sido submetido anteriormente a exame psicotécnico, e sendo aprovado em concurso para cargo de atribuições semelhantes, em que se exija exame psicotécnico, ser dispensado de novo exame dessa natureza. A respeito, o STF expressou o seguinte entendimento:

> EMENTA: CONCURSO PÚBLICO. EXAME PSICOTÉCNICO. O acórdão recorrido não negou que "os cargos, empregos e funções públicas são acessíveis aos brasileiros que preencham os requisitos estabelecidos em lei", mas, interpretando a lei que exige o exame psicotécnico (art. 9º, VII, da Lei 4.878/65), entendeu que essa exigência tem como escopo preponderante a apreciação da existência, ou não, no candidato, de "temperamento adequado ao exercício da função policial", razão por que **não se pode exigir a submissão a novo teste psicológico de candidato que exerce função policial e já demonstrou, em teste anterior, aptidão para o exercício de tal função**. Essa interpretação foi acolhida, no caso, pelo STJ que, por isso, não conheceu do recurso especial. – Portanto,

para se chegar a conclusão contrária à que chegou o acórdão recorrido, seria mister que se reexaminasse a interpretação dada por ele à lei que estabeleceu esse requisito, o que implica dizer que a alegada ofensa ao artigo 37, I, da Constituição é indireta ou reflexa, não dando margem, assim, ao cabimento do recurso extraordinário. É bem de ver que, quando a Constituição, em dispositivo seu, remete aos requisitos da lei, o estabelecido nesta não se transforma em norma constitucional para o efeito de se considerar que a má interpretação dela é ofensa direta à própria Constituição. Recurso extraordinário não conhecido.[12]

Inicialmente, o posicionamento do STJ era nesse mesmo sentido.[13] Entretanto, o Tribunal da Cidadania modificou o entendimento para perfilhar a tese de que "é **inaproveitável anterior aprovação**, pois a finalidade do aludido exame é a avaliação psíquica-intelectual do candidato para aferir sua compatibilidade com o cargo que pleiteia, cujas atribuições são distintas do anterior".[14]

Avulta ainda mencionar que o veto à participação de candidato em determinado concurso, em decorrência do não atendimento dos requisitos legais, deve ser necessariamente **motivado**. Ou seja, o candidato tem direito a saber o porquê de sua exclusão do concurso público, a fim de que possa exercer contraditório e ampla defesa. A exclusão de candidato sob a alegação genérica de que "não preencheu os requisitos legais" é ilícita e, como tal, deve ser combatida pelo Poder Judiciário. Inclusive, o STF já se manifestou sobre esse assunto e editou a Súmula nº 684, segundo a qual: "**É inconstitucional o veto não motivado à participação de candidato a concurso público.**"

O Supremo Tribunal Federal tem entendido estar em consonância com o princípio constitucional da isonomia a realização de concurso público em que a classificação se faça por regiões, ou para áreas de especialização. Na situação em apreço, a Suprema Corte denegou mandado de segurança de candidatos ao cargo de Auditor-Fiscal que se insurgiam contra dispositivo do edital que estabelecia que a classificação seria feita de acordo com a região fiscal, não obstante a unidade da carreira.[15]

---

12 RE 174.361/DF, Rel. Min. MOREIRA ALVES, julg.: 09.05.2000.
13 REsp 24.558/DF, Rel. Min. AMÉRICO LUZ, DJ 7.11.1994.
14 EREsp 479.214/BA, Rel.ª Min.ª LAURITA VAZ, DJ 10.10.2005 e REsp 328.748/PR, Rel. Min. VICENTE LEAL, julg.: 22.10.2002.
15 RMS 23.432/DF, Rel. Min. OCTAVIO GALLOTTI, julg.: 04.04.2000; e MS 29.350/PB, Rel. Min. Luiz Fux, julg.: 20.06.2012.

1.3. Prazo de validade

O prazo de validade do concurso público assinala o período no qual é possível a nomeação ou a contratação do candidato a ocupar o cargo ou o emprego público, respectivamente. Escoado esse prazo, a Administração não poderá nomear nenhum candidato daquele certame.

José Maria Pinheiro Madeira esclarece que

> "decorrendo o prazo de validade do concurso e não havendo prorrogação, este é considerado caduco, cessando, destarte, sua eficácia de título de aprovação em concurso público. Extingue-se, portanto, qualquer vínculo entre a Administração e os concursados aprovados que não foram aproveitados, que passam a ter condição idêntica à de qualquer outro cidadão, não mais podendo haver a investidura no cargo. A nomeação com base em concurso com prazo de validade expirado equipara-se verdadeiramente, portanto, à nomeação sem prévia aprovação em concurso público, sendo igualmente ilegal, contrariando a Constituição Federal."[16]

O inciso III do art. 37 da Constituição Federal dispõe que o prazo de validade do concurso público será de até dois anos, e pode ser prorrogado, uma única vez, por igual período. Sobre o dispositivo, vale a pena enunciarmos alguns pontos básicos:

a) o texto constitucional, ao estabelecer o prazo de validade do concurso público, utilizou a expressão "até" com o objetivo de dar ideia de limite máximo, mas não limite mínimo. Dessa forma, o concurso público pode ter prazo de validade de dois anos, um ano, seis meses, dois meses, enfim, o prazo que for suficiente para que a Administração possa nomear os candidatos, desde que não ultrapasse dois anos;

b) a prorrogação do concurso público é ato discricionário da Administração, podendo esta optar simplesmente por não prorrogá-lo, observados, logicamente, os princípios da impessoalidade, moralidade, eficiência e motivação. Não há por parte do candidato qualquer direito subjetivo a que seja o concurso prorrogado, pois tal hipótese fica a critério da conveniência da Administração. Perceba que existe a possibilidade de prorrogação, e não uma certeza insofismável de que esta ocorrerá;[17]

---
16 *O servidor público na atualidade.* 6ª ed. Rio de Janeiro: Lumen Juris, 2007, p. 103.
17 STJ, AgRg no AREsp 128.916-SP, Rel. Min. BENEDITO GONÇALVES, julg.: 23.10.2012; RMS 25.501-RS, Rel. Min. ARNALDO ESTEVES LIMA, DJe 14.09.2009.

c) uma vez que a Administração opte por prorrogar o prazo de validade do concurso, deve obedecer a duas condições: prorrogação por período idêntico ao fixado para o prazo de validade e realização de um única prorrogação. Assim, tenha o concurso público dois anos ou seis meses de validade, somente poderá ser prorrogado uma única vez, por mais dois anos ou seis meses, respectivamente; e

d) a prorrogação deve ser concedida antes do término do prazo inicial, a fim de que não haja um só dia de interrupção entre o interstício inicial e o período de prorrogação. Vale dizer, é ilícita a prorrogação efetivada após o transcurso do prazo inicial de validade do certame.[18]

O prazo de validade do concurso é contado a partir da homologação do resultado do certame pela autoridade competente, e não da realização das provas ou da divulgação do resultado final. Por homologação, entende-se o ato administrativo por meio do qual a autoridade competente declara a lisura do procedimento e a observância de todas as normas constitucionais e legais pertinentes. Somente após a homologação do concurso é que se inicia o transcurso do prazo de validade, e consequentemente se torna possível a nomeação dos candidatos aprovados.

1.4. Concurso público e direito à nomeação

Este tópico trata de um dos assuntos mais intrigantes na jurisprudência dos tribunais brasileiros. Dada a lacuna legislativa em matéria de concursos públicos, como mencionado alhures, é o Poder Judiciário quem tem "legislado" (digo isso sem qualquer teor crítico ou pejorativo, mas apenas como lamento pela inversão de papéis republicanos) para garantir o legítimo direito daqueles que se esforçam braviamente para alcançar um posto de trabalho efetivo no serviço público.

Até pouco tempo, era pacífico na jurisprudência o entendimento de que a Administração Pública, ao realizar concursos públicos, poderia nomear candidatos em número inferior às vagas ofertadas, ou até mesmo não nomear nenhum candidato. Uma vez encerrado o prazo de vigência do concurso, instantaneamente poderia se abrir novo concurso visando a preencher as mesmas vagas que não foram preenchidas no certame anterior. Aos candidatos aprovados que se sentissem lesados por serem "passados para trás" não havia possibilidade de exigir administrativa ou judicialmente seu ingresso no serviço público, pois a aprovação em concurso público gerava tão somente "**expectativa de direito à nomeação**".

---

18 STF, RE 352.258/BA, Rel.ª Min.ª ELLEN GRACIE, DJ 14.05.2004.

À época, a jurisprudência do STF e do STJ era pacífica no sentido de que o candidato aprovado em concurso público, mesmo dentro do número de vagas, teria mera expectativa de direito à nomeação, podendo a Administração, motivadamente, optar por não nomear nenhum candidato aprovado.[19]

Todavia, com a crescente realização de concursos públicos em todo o país, mormente de 2004 aos dias atuais, a jurisprudência não poderia permanecer a mesma, posto que a conduta de não nomear nenhum candidato ou nomear em número inferior às vagas notoriamente vai de encontro aos princípios da segurança jurídica e da proteção à confiança gerada nos administrados.

Assim, esses mesmos Tribunais, em julgados mais recentes, adotaram posicionamento distinto: **o candidato aprovado em concurso público dentro do número de vagas tem direito subjetivo à nomeação.** Fica, portanto, a Administração Pública vinculada às normas do edital e obrigada a preencher as vagas previstas para o certame dentro do prazo de validade do concurso.

Transcrevemos a seguir, em função da riqueza de argumentação e da clareza, a íntegra do extenso acórdão do STF que melhor sintetizou o novo entendimento (destacamos):

> RECURSO EXTRAORDINÁRIO. REPERCUSSÃO GERAL. CONCURSO PÚBLICO. PREVISÃO DE VAGAS EM EDITAL. DIREITO À NOMEAÇÃO DOS CANDIDATOS APROVADOS.
>
> I. DIREITO À NOMEAÇÃO. CANDIDATO APROVADO DENTRO DO NÚMERO DE VAGAS PREVISTAS NO EDITAL. Dentro do prazo de validade do concurso, a Administração **poderá escolher o momento no qual se realizará a nomeação, mas não poderá dispor sobre a própria nomeação**, a qual, de acordo com o edital, passa a constituir um direito do concursando aprovado e, dessa forma, um dever imposto ao poder público. Uma vez publicado o edital do concurso com número específico de vagas, o ato da Administração que declara os candidatos aprovados no certame cria um **dever de nomeação** para a própria Administração e, portanto, um direito à nomeação titularizado pelo candidato **aprovado dentro desse número de vagas**.
>
> II. ADMINISTRAÇÃO PÚBLICA. PRINCÍPIO DA SEGURANÇA JURÍDICA. BOA-FÉ. PROTEÇÃO À CONFIANÇA. O dever de boa-fé da Administração Pública exige o respeito incondicional às regras do edital, inclusive quanto à previsão das vagas do

---

19 STF: AI 373.054/SP, Rel.ª Min.ª ELLEN GRACIE, DJ 27.09.2002; RE-AgR 421.938/DF, Rel. Min. SEPÚLVEDA PERTENCE, DJ 02.06.2006. STJ: RMS 11.986/ES, Rel. Min. GILSON DIPP, DJ 10.02.2003; RMS 15.203/PE, Rel. Min. FELIX FISCHER, DJ 17.02.2003; MS 9.909/DF, Rel.ª Min.ª LAURITA VAZ, DJ 30.03.2005.

concurso público. Isso igualmente decorre de um necessário e incondicional respeito à segurança jurídica como princípio do Estado de Direito. Tem-se, aqui, o princípio da segurança jurídica como princípio de proteção à confiança. **Quando a Administração torna público um edital de concurso, convocando todos os cidadãos a participarem de seleção para o preenchimento de determinadas vagas no serviço público, ela impreterivelmente gera uma expectativa quanto ao seu comportamento segundo as regras previstas nesse edital.** Aqueles cidadãos que decidem se inscrever e participar do certame público depositam sua confiança no Estado administrador, que deve atuar de forma responsável quanto às normas do edital e observar o princípio da segurança jurídica como guia de comportamento. Isso quer dizer, em outros termos, que o comportamento da Administração Pública no decorrer do concurso público deve se pautar pela boa-fé, tanto no sentido objetivo quanto no aspecto subjetivo de respeito à confiança nela depositada por todos os cidadãos.

III. SITUAÇÕES EXCEPCIONAIS. NECESSIDADE DE MOTIVAÇÃO. CONTROLE PELO PODER JUDICIÁRIO. Quando se afirma que a Administração Pública tem a obrigação de nomear os aprovados dentro do número de vagas previsto no edital, deve-se levar em consideração a possibilidade de situações excepcionalíssimas que justifiquem soluções diferenciadas, devidamente motivadas de acordo com o interesse público. Não se pode ignorar que determinadas situações excepcionais podem exigir a recusa da Administração Pública de nomear novos servidores. Para justificar o excepcionalíssimo não cumprimento do dever de nomeação por parte da Administração Pública, é necessário que a situação justificadora seja dotada das seguintes características: a) **Superveniência**: os eventuais fatos ensejadores de uma situação excepcional devem ser necessariamente posteriores à publicação do edital do certame público; b) **Imprevisibilidade**: a situação deve ser determinada por circunstâncias extraordinárias, imprevisíveis à época da publicação do edital; c) **Gravidade**: os acontecimentos extraordinários e imprevisíveis devem ser extremamente graves, implicando onerosidade excessiva, dificuldade ou mesmo impossibilidade de cumprimento efetivo das regras do edital; d) **Necessidade**: a solução drástica e excepcional de não cumprimento do dever de nomeação deve ser extremamente necessária, de forma que a Administração somente pode adotar tal medida quando absolutamente não existirem outros meios menos gravosos para lidar com a situação excepcional e imprevisível. De toda forma, a recusa de nomear candidato aprovado dentro do número de vagas deve ser devidamente motivada e, dessa forma, passível de controle pelo Poder Judiciário. IV. FORÇA NORMATIVA DO PRINCÍPIO DO CONCURSO PÚBLICO. Esse entendimento, na medida em que atesta a existência de um direito subjetivo à nomeação, reconhece e preserva da melhor forma a força normativa do princípio do concurso público, que vincula diretamente a Administração. É preciso reconhecer que a efetividade da exigência constitucional do concurso público, como uma incomensurável conquista da cidadania no Brasil, permanece condicionada à observância, pelo Poder Público, de normas de organização e procedimento e, principalmente, de garantias fundamentais que possibilitem o seu pleno exercício pelos cidadãos. O reconhecimento de um direito subjetivo à nomeação deve passar a impor limites à atuação da Administração Pública e dela exigir o estrito cumprimento das normas que regem os certames, com especial observância dos deveres de boa-fé e incondicional respeito à confiança dos cidadãos. O princípio constitucional do concurso público é fortalecido quando o Poder Público assegura e observa as garantias fundamentais que viabilizam a efetividade desse princípio. Ao lado das garantias de publicidade, isonomia, transparência, impessoalidade, entre outras, o direito à nomeação representa também uma garantia fundamental da plena efetividade do princípio do concurso público. V. NEGADO PROVIMENTO AO RECURSO EXTRAORDINÁRIO.[20]

Do aresto supratranscrito, é possível extrair algumas conclusões:

a) o princípio da segurança jurídica como **princípio de proteção à confiança e o princípio da boa-fé** aplicam-se ao caso no sentido de que a Administração Pública deve honrar a legítima expectativa suscitada nos candidatos ao fixar número de vagas a serem preenchidas ao longo da vigência do certame;

---

20 STF, RE 598.099/MS, Rel. Min. GILMAR MENDES, julg.: 10.8.2011. Precedente: RE 227.480/RJ, Rel. Min. MENEZES DIREITO, Rel.ª p/ o acórdão Min.ª CÁRMEN LÚCIA, DJe 16.09.2008. Alguns precedentes no STJ: RMS 27.508/DF, Rel. Min. ARNALDO ESTEVES LIMA, DJe 18.05.2009. No mesmo sentido: REsp 1.220.684/AM, Rel. Min. CASTRO MEIRA, julg.: 03.02.2011.

b) a nomeação de candidatos classificados dentro do número de vagas, portanto, é **ato vinculado** ao passo que aqueles que estão além deste número têm mera expectativa de direito (ato **discricionário**)[21] ; e

c) o dever da Administração Pública de nomear os candidatos dentro do número de vagas **só não é exigível em hipóteses extremas**, devidamente amparadas na superveniência, imprevisibilidade, gravidade e necessidade.

Imperioso ressaltar que o dever de nomear candidatos aprovados dentro do número de vagas não significa que a Administração deva nomear todos os candidatos de **uma só vez**, assim que homologado o concurso público. Isso equivaleria a subtrair da Administração o poder discricionário que teria para avaliar o momento apropriado para cada nomeação. Desse modo, a Administração, em que pese tenha o **dever de nomear** os candidatos aprovados no número de vagas, poderá fazê-lo parceladamente **ao longo do prazo de vigência do concurso público**, que poderá ser de até dois anos, prorrogável uma única vez por igual período.

Tendo assentado que candidatos classificados no número de vagas previsto em edital, passaremos a avaliar em quais outros casos os candidatos, ainda que aprovados para integrar **somente cadastro de reserva**, terão direito subjetivo à nomeação.

A primeira situação a ser apreciada ocorre quando a Administração convoca candidato classificado em posição inferior à daquele que deveria efetivamente ser nomeado, violando a ordem de classificação. Exemplificativamente, considere uma candidata que foi aprovada em sétimo lugar em concurso público que oferecia cinco vagas para o cargo ao qual concorria. Caso a Administração nomeasse qualquer outro candidato de posição inferior à da referida candidata (oitava, nona, décima etc.), sem tê-la nomeado, haveria para ela direito à nomeação. Note-se que a mera expectativa de direito à nomeação de quem estava no cadastro de reserva converteu-se em **direito subjetivo** em razão da **não observância da ordem de classificação**. A respeito, o STF estatuiu na Súmula nº 15 que:

> *Dentro do prazo de validade do concurso, o candidato aprovado tem o direito à nomeação, quando o cargo for preenchido sem observância da classificação.*

Em situações como essas, o candidato preterido pode, inclusive, pleitear **indenização** que vise a ressarcir os prejuízos sofridos em decorrência de

---

21 STJ, RMS 24971/BA, Rel. Min. NAPOLEÃO NUNES MAIS FILHO, DJe 22.09.2008; RMS 25.502, Rel. Min. ARNALDO ESTEVES LIMA, DJe 14.09.2009; MS 14.149/DF, Rel. Min. ARNALDO ESTEVES LIMA, julg.: 14.04.2010; RMS 21.528/MA, Rel.ª Min.ª MARIA THEREZA DE ASSIS MOURA, julg.: 24.08.2010.

erro da Administração. O *quantum* indenizatório levará em consideração os vencimentos e demais vantagens pecuniárias que tenha deixado de perceber em virtude da preterição da ordem de classificação.[22, 23]

Outra situação que enseja o direito à nomeação é aquela em que, a despeito de haver candidato aprovado em concurso público em vigência, a Administração contrata ou mantém contratados funcionários terceirizados, servidores temporários, servidores requisitados de outros órgãos ou exclusivamente comissionados exercendo exatamente a mesma função ou cargo para o qual foi realizado o certame. Nesse caso, há direito subjetivo à nomeação por parte do candidato aprovado em concurso, "sob pena de vir a sofrer enorme prejuízo e ante a responsabilidade de lesão irreversível ao direito, visto que, expirado o prazo de validade do concurso, ficará impedido de ser nomeado."[24]

Sobre o tema, não vacila a jurisprudência dos nossos tribunais ao advogar a tese da procedência do direito à nomeação quando há candidato aprovado em concurso público e a Administração Pública, ao invés de nomeá-lo, contrata ou mantém contratados funcionários **terceirizados**, contratados **temporários, requisitados, servidores comissionados** ou **contratação de terceiros precariamente** (p. ex., por convênios) exercendo exatamente a mesma função ou cargo para o qual foi realizado o concurso público.[25]

Note que não se está declarando que a Administração Pública esteja obrigada a nomear candidato aprovado fora do número de vagas previstas, simplesmente pela **existência ou surgimento de nova vaga**, seja por nova lei, seja decorrente de vacância. O que se está afirmando é que, caso haja cargos vagos e as atribuições respectivas estejam sendo desempenhadas por terceiros contratados precariamente, haverá direito à nomeação para os candidatos aprovados, mesmo fora do número de vagas, em concurso público com prazo de validade em vigência. Sobre o ponto, assim já se manifestou o Superior Tribunal de Justiça (grifamos):

---

22 Segundo entendimento do STJ, "é cabível a condenação do Estado ao pagamento de indenização aos candidatos que foram preteridos na ordem classificatória do concurso, por erro da Administração. Não há qualquer óbice jurídico para que o valor da indenização corresponda aos vencimentos e demais vantagens inerentes ao cargo, porquanto seria o valor que teriam percebido à época, caso observada a ordem classificatória do certame". (REsp 825.037-DF, Rel. Min. LUIZ FUX, julg.: 23.10.2007).

23 Caso semelhante foi enfrentado pelo STF (RE 724.347/DF, Rel. Min. MARCO AURÉLIO, julg.: 29.08.2013) ao reconhecer que "possui repercussão geral a controvérsia relativa ao direito de candidatos aprovados em concurso público à indenização por danos materiais em decorrência da demora na nomeação determinada judicialmente."

24 MADEIRA, José Maria Pinheiro. *O servidor público na atualidade*. 6ª ed. Rio de Janeiro: Lumen Juris, 2007, p. 100.

25 O STF já decidiu que a contratação de pessoal por meio de ajuste civil de locação de serviços, nos termos da Lei nº 8.666/93, é "escapismo" à exigência constitucional de concurso público, e afronta o art. 37, II, da Constituição Federal (ADI nº 890/DF, Rel. Min. MAURÍCIO CORRÊA, DJ 26.2.2004).

"**Não é a simples contratação temporária** de terceiros no prazo de validade do certame que gera **direito subjetivo** do candidato aprovado à nomeação. Impõe-se que se comprove que essas contratações ocorreram, não obstante existissem cargos de provimento efetivo desocupados. Se a Administração preencheu as vagas existentes de cargos de provimento efetivo de acordo com a ordem classificatória do concurso público e, além disso, contratou terceiros de forma temporária, presume-se que há excepcional interesse público a demandar essa conduta, razão por que não se pode entender tenha atuado de forma ilegal ou mediante abuso de poder."[26]

"A orientação jurisprudencial desta Corte Superior reconhece a existência de **direito líquido e certo à nomeação** de candidatos aprovados **dentro do número de vagas** previsto no edital. Por outro lado, eventuais vagas criadas/surgidas no decorrer da vigência do concurso público, por si só, geram apenas mera expectativa de direito ao candidato aprovado em concurso público, pois o preenchimento das referidas vagas está submetido à discricionariedade da Administração Pública. Entretanto, tal expectativa de direito é transformada em direito subjetivo à nomeação do candidato aprovado se, no decorrer do prazo de validade do edital, houver a **contratação precária** de terceiros para o exercício dos cargos vagos, salvo situações excepcionais plenamente justificadas pela Administração, de acordo com o interesse público."[27]

"Ainda que sejam **criados novos cargos** durante a validade do concurso, a Administração Pública **não poderá ser compelida a nomear** candidato aprovado fora do número de vagas oferecidas no edital de abertura do certame na hipótese em que **inexista dotação orçamentária específica**."[28]

---

26 MS 13.823/DF, Rel. Min. ARNALDO ESTEVES LIMA, DJe 12.05.2010.
27 RMS 31.847/RS, Rel. Min. MAURO CAMPBELL MARQUES, julg.: 22.11.2011. **Outros precedentes no STJ:** RMS 29.227/RJ, Rel. Min. FELIX FISCHER, DJe 03.08.2009; RMS 18.990/MG, Rel.ª Min.ª LAURITA VAZ, DJ 25.09.2006; RMS 16.489/PR, Rel. Min. OG FERNANDES, DJ 10.11.2008. **Na mesma linha, precedentes do STF:** AI-AgR 440.895/SE, Rel. Min. SEPÚLVEDA PERTENCE, DJ 20.10.2006; AI 820.065 AgR/GO, Rel.ª Min.ª ROSA WEBER, julg.: 21.08.2012; RMS 29.915/DF, Rel. Min. DIAS TOFFOLI, DJe 26.09.2012.
28 RMS 37.700-RO, Rel. Min. MAURO CAMPBELL MARQUES, julg.: 04.04.2013.

Nessa mesma linha de raciocínio, a celebração de **acordos de cooperação** entre a União e Municípios, por meio dos quais pessoas que são **estranhas aos quadros efetivos** da Administração Pública Federal passam, sob a supervisão e controle da União, a exercer funções por lei atribuídas a servidores públicos federais, faz surgir o direito à nomeação dos candidatos aprovados em concurso público para o aludido cargo, desde que comprovada a existência de vaga. Nesse caso, embora a União não contrate diretamente terceiros, em caráter precário, para desempenhar as funções públicas, ela o faz de maneira indireta, ao passar a se utilizar da mão de obra de servidores municipais disponibilizados pelas prefeituras, os quais passam a exercer funções próprias da Administração Federal. Sendo assim, o candidato aprovado em concurso público para o cargo público federal terá direito à nomeação.[29]

Por outro lado, se o **edital dispuser que serão providas as vagas** oferecidas e outras que vierem a existir durante a validade do concurso, os candidatos aprovados fora do número de vagas oferecidas – mas dentro do número das vagas posteriormente surgidas ou criadas – têm direito líquido e certo à nomeação no cargo público. Foi exatamente esse o entendimento adotado pelo STJ em concurso público destinado ao preenchimento de sete vagas, bem como daquelas que viessem a existir durante o período em que tivesse validade o certame. Após a realização do concurso, foram convocados os cem candidatos aprovados para o curso de formação. Durante a validade do concurso, foram nomeados os sete mais bem classificados, mais 84 aprovados que não passaram dentro das vagas, restando nove candidatos na lista de espera. Após as mencionadas nomeações, o órgão deixou de nomear os candidatos remanescentes ao argumento de que não havia vagas. Menos de seis meses após o fim da validade do concurso, o órgão lançou novo concurso para preenchimento de trinta vagas. Por não considerar crível a versão de que não havia vagas, visto que, seis meses depois, sem nenhum fato extraordinário, o órgão lançou novo certame, o Tribunal entendeu que não houve motivação idônea para preterição dos nove candidatos remanescentes, razão pela qual assiste direito aos candidatos do cadastro de reserva.[30]

Em complemento, pode-se destacar que a cessão de servidor para servir em outro órgão ou entidade **sem ônus** para o órgão cedente **não**

---

29 STJ, MS 13.575/DF, Rel.ª Min.ª JANE SILVA, DJe 01.10.2008.
30 RMS 27.389-PB, Rel. Min. SEBASTIÃO REIS JÚNIOR, julg.: 14.08.2012. **Precedentes do STF:** RE 598.099-MS, Rel. Min. GILMAR MENDES, DJe 03.10.2011; RE 581.113-SC, Rel. Min. DIAS TOFFOLI, DJe 31.05.2011; **Precedentes do STJ:** RMS 34.789-PB, Rel. Min. TEORI ALBINO ZAVASCKI, DJe 25.10.2011; AgRg no RMS 34.975-DF, Rel. Min. HUMBERTO MARTINS, DJe 16.11.2011.

gera direito à nomeação de candidato aprovado em concurso público para cargo público de atribuições idênticas. O STJ apreciou caso em que candidata aprovada em concurso para escrevente judicial do Tribunal de Justiça do Mato Grosso do Sul (TJ/MS) pleiteou o direito à nomeação em função de ter sido cedido por Município, às suas expensas, servidor da Prefeitura para exercer funções no Fórum local, sem qualquer ônus para o Poder Judiciário. Na situação em epígrafe, resta claro que embora esteja exercendo a função de escrevente em virtude de cessão, o servidor da prefeitura não foi nomeado para o cargo efetivo, nem está recebendo sua remuneração dos cofres estaduais, pois o Município assumiu o ônus da remuneração. Sendo assim, não há falar em direito à nomeação da candidata aprovada no concurso.[31]

Outra questão relacionada ao direito à nomeação de candidatos aprovados em concursos públicos cujos contornos já foram delineados pelo STJ é a seguinte. Determinado candidato classificou-se em 49º lugar no concurso público para o cargo de auditor-fiscal, cujo edital previa 48 vagas. O classificado na 32ª posição não compareceu à fase de realização dos exames médicos, nem apresentou os documentos solicitados apesar de devidamente notificado. Por conta disso, tal candidato foi automaticamente eliminado do concurso, conforme cláusula do edital. O classificado na posição subsequente ao número de vagas (49º colocado) entrou com ação judicial sustentando que ficou pendente o preenchimento de uma vaga em razão da exclusão de um dos aprovados, e que a Administração estaria obrigada a nomear o próximo candidato na ordem de classificação. O Tribunal de Justiça da Bahia negou o pedido do candidato e este recorreu ao STJ, que adotou o seguinte posicionamento (destaque nosso):

> 2. O **não preenchimento de todas as vagas ofertadas** dentro do prazo de validade do concurso, em razão da **eliminação** de candidato inicialmente habilitado dentro do número previsto em Edital, gera o **direito subjetivo à nomeação** do candidato classificado na posição imediatamente subsequente na lista de classificados.
> 3. Explicitada a necessidade de a Administração nomear 48 Auditores-Fiscais, o ato de nomeação do recorrente, diante do desinteresse de candidato aprovado em tomar posse, deixou de ser discricionário para se tornar vinculado, uma vez que passou a se enquadrar dentro do número de vagas previstas no Edital do certame.[32]

---
31 STJ,RMS 26.044/MS, Rel.ª Min.ª MARIA THEREZA DE ASSIS MOURA, DJe 28.06.2011.
32 RMS 27.575, Rel. Min. NAPOLEÃO NUNES MAIA FILHO, DJe 16.09.2009.

Também foi apreciado pelo Tribunal da Cidadania o caso de uma candidata que foi aprovada na primeira colocação em concurso público que não previa número de vagas, mas tão somente cadastro de reserva. Transcorrido todo o prazo de validade do certame, e não tendo sido nomeada, a candidata intentou ação judicial invocando direito líquido e certo à nomeação. O Tribunal de Justiça local denegou a segurança, asseverando que não lhe assistiria o direito à nomeação, uma vez que a candidata não teria sido preterida na ordem de classificação e a Administração não estaria adotando mecanismos precários de preenchimento da vaga existente. Não obstante, em sede de recurso o STJ entendeu que, se a Administração abriu concurso público, é porque pelo menos uma vaga efetivamente existiria. Caso contrário, seria ilógica a abertura de novo concurso público. Logo, a **candidata aprovada na primeira colocação** tem **direito subjetivo** a ser nomeada para esta vaga.[33]

Sinteticamente, o candidato aprovado em concursos públicos tem direito à nomeação quando:

a) aprovado dentro do número de vagas previstas em edital;

b) ocorrer nomeação de candidato com classificação inferior a outro não nomeado, ou quando ocorrer nomeação, para o mesmo cargo, de pessoa não aprovada em concurso público;

c) houver candidato aprovado em um concurso público, e a Administração Pública publicar edital de novo concurso para o mesmo cargo efetivo ou emprego público, e realizar nomeação de candidato aprovado no concurso mais recente, ignorando o candidato aprovado do concurso anterior que ainda se encontra em seu prazo de validade;[34]

d) houver candidato aprovado em concurso público não expirado e a Administração Pública, ao invés de nomeá-lo, contratar ou manter contratados funcionários terceirizados, temporários, comissionados, requisitados ou terceiros admitidos precariamente exercendo a mesma função ou cargo para o qual foi realizado o certame;

e) não forem preenchidas todas as vagas ofertadas dentro do prazo de validade no concurso, em razão da eliminação ou desistência de candidato nomeado; e

f) aprovado na primeira colocação, mesmo que para cadastro de reserva.

---

33 AgRg no RMS 33.426/RS, Rel. Min. HAMILTON CARVALHIDO, DJe 30.08.2011.
34 Tratamos acerca dessa hipótese de abertura de novo concurso público em tópico anterior deste mesmo Capítulo.

Vale citar ainda o caso do candidato que, insatisfeito com reprovação em teste psicotécnico e consequente impossibilidade de participar do curso de formação, ingressa com ação judicial e obtém decisão liminar (precária) no sentido de poder frequentar as aulas do curso de formação enquanto a decisão de mérito (definitiva) não é prolatada. Nesse caso, tal candidato, caso conclua o curso de formação e nele seja aprovado, **não terá direito à nomeação** enquanto não exarada decisão de mérito no processo judicial. A finalidade é impedir que este candidato seja nomeado e, posteriormente, com a decisão de mérito a seu desfavor, tenha a sua nomeação desfeita, causando com isso prejuízos à Administração Pública.[35]

Da mesma forma, é possível verificar a situação do candidato que, nomeado pela Administração e impossibilitado de atender a esta convocação, requer a inclusão no último lugar da lista total de aprovados. O STJ também tem se posicionado no sentido de que tal candidato não têm direito subjetivo à nomeação, caso o número de aprovados seja superior ao número de vagas e as nomeações não alcancem a nova classificação (inferior) em que foi posto voluntariamente este candidato.[36]

1.5. Concurso público e cadastro de reserva

Ultimamente temos visto a utilização indevida de um moderno instrumento de administração gerencial: o **cadastro de reserva**. Antes de adentrarmos na malfadada utilização, devemos explicar o mecanismo em si, sua finalidade.

Imaginemos o exemplo de órgão da Administração Direta que, além de dez cargos vagos no quadro efetivo de pessoal, poderá "perder" algo em torno de 35% dos seus servidores nos próximos quatro anos em decorrência de consumação da idade mínima para o gozo de aposentadoria voluntária, segundo estimativas do setor de pessoal. Tendo em vista que estas vagas surgirão a "conta-gotas" no transcorrer desses quatro anos e que podem até mesmo não surgir se alguns servidores optarem por continuar trabalhando, o que poderá fazer o citado órgão para manter a continuidade dos serviços prestados pelos servidores que optarem pela aposentadoria? A solução encontra-se na realização de concurso público em que haja número certo de vagas (no caso, dez), e também cadastro de reserva. Com isso, preenchidas as vagas preexistentes, a cada vez que surgir nova vaga, poderá a Administração convocar, conforme a ordem de classificação, candidato

---
35 STJ, MS 12.786/DF, Rel. Min. ARNALDO ESTEVES LIMA, DJe 21.11.2008; RMS 24.975/MS, Rel. Min. NAPOLEÃO NUNES MAIA FILHO, DJe 29.09.2008.
36 STJ, RMS 27.575/BA, Rel. Min. NAPOLEÃO NUNES MAIA FILHO, DJe 30.11.2009; RMS 19.110/SE, Rel.ª Min.ª MARIA THEREZA DE ASSIS MOURA, DJe 26.05.2008.

que se encontra no cadastro de reserva. Desse modo, a administração fica desobrigada de nomear todos os aprovados, uma vez que não sabe ao certo quantas vagas surgirão no transcurso do prazo de vigência do concurso. Vê-se, portanto, que o cadastro de reserva é um eficiente instrumento que visa a evitar que postos de trabalho no setor público fiquem vagos durante longo período de tempo. Não fosse assim, ou seria deixado vago o cargo ou se faria concurso público apenas para preencher aquela vaga. Nada mais inócuo!

Assim, conclui-se pela vantagem notória do cadastro de reserva. Entretanto, como em nosso país quase tudo o que é bom acaba sendo manobrado de maneira a atender interesses espúrios de quem detém o poder, o mecanismo do cadastro de reserva tem sido indevidamente utilizado por diversos órgãos e entidades que querem se ver livres da obrigatoriedade de nomear candidatos que estariam, não fosse a manobra imoral, entre o número de vagas disponíveis e necessárias. Isto é, se não há número de vagas previstos no edital, mas mero cadastro de reserva, não haverá direito subjetivo à nomeação por parte dos candidatos. A boa notícia é que a jurisprudência dos nossos tribunais, como já demonstrado no tópico acima, vem evoluindo no sentido de impedir que a Administração Pública utilize o sistema de cadastro de reserva como meio escuso de escape à obrigatoriedade de nomeação de candidatos quando as vagas efetivamente surgirem e forem preenchidas precariamente.

Por fim, importante considerar entendimento do STJ[37] quanto à situação em que o edital prevê número específico de vagas para cadastro de reserva. Nessa situação, o Tribunal da Cidadania assentou a tese de que não há possibilidade de aproveitamento de outros candidatos que não se classificaram dentro do limite estabelecido. O caso concreto era o de uma candidata que, após ser considerada apta em todas as etapas do concurso, alcançou a sexta colocação. Contudo, o concurso era apenas para formação de cadastro de reserva, e o edital previa somente a classificação de cinco candidatos. As excedentes seriam eliminadas do certame. Com a desistência da candidata classificada em quarto lugar, a sexta colocada impetrou mandado de segurança com o intuito de assumir o lugar da desistente no cadastro. Assim, o STJ considerou que a candidata não poderia nem mesmo ser considerada aprovada no certame, muito menos detentora de direito líquido e certo à nomeação. Isso porque, em seu entendimento, o edital não deixou margem para a formação de "cadastro de reserva do cadastro de reserva".

---

[37] RMS 44.433/GO, Rel. Min. HUMBERTO MARTINS, DJe 17.02.2014.

1.6. Abertura de novo concurso público

Quanto à possibilidade de abertura de novo concurso enquanto válido certame anterior para o preenchimento dos mesmos cargos, vejamos o art. 37, IV, da CF/88 (destaque nosso):

> Durante o **prazo improrrogável** previsto no edital de convocação, aquele aprovado em concurso público de provas ou de provas e títulos será convocado com prioridade sobre novos concursados para assumir cargo ou emprego, na carreira.

A professora Di Pietro averba que

> "essa norma significa que, enquanto houver candidatos aprovados em concurso e este estiver dentro do prazo de validade fixado no edital, eles terão prioridade para a nomeação, ainda que a Administração tenha feito outro concurso, também com candidatos habilitados".[38]

Há no dispositivo em comento certa dificuldade de compreensão acerca do alcance da expressão "prazo improrrogável". Não obstante, firmou-se o entendimento de que o "prazo improrrogável" a que se refere o texto constitucional deve ser entendido como o prazo de prorrogação do certame, pois somente é possível uma prorrogação, tornando-se, após isso, improrrogável. Dessa forma, a abertura de novo concurso público durante o seu prazo inicial de validade é terminantemente vedada, sendo possível apenas se ocorrer dentro do período de prorrogação do certame.

Ainda que se abra um segundo concurso público dentro do período de prorrogação de concurso anterior para preenchimento das mesmas vagas, deve-se obedecer outra limitação: a de que os candidatos aprovados no concurso anterior (entenda-se: todos aqueles que atingiram a pontuação mínima exigida) tenham direito de preferência nas nomeações em relação aos novos aprovados. Enquanto houver candidatos aprovados em concurso anterior ainda válido, esses serão nomeados precedentemente aos novos aprovados no segundo concurso.

Isso que foi dito alcança os concursos públicos realizados na Administração Direta e Indireta da União, Estados, Distrito Federal e Municípios. Todavia, especificamente na esfera federal, essa afirmativa deve ser vista com cautela, pois em relação à Administração Direta, autárquica e fundacional da União, a Lei nº 8.112/90 estabeleceu disciplina mais rígida

---

38 DI PIETRO, Maria Sylvia Zanella. *Direito Administrativo*. 20ª ed. São Paulo: Atlas, 2006, p. 490.

na matéria. O regime jurídico dos servidores públicos federais, estabelece em seu art. 11, § 2º, que "**Não se abrirá novo concurso enquanto houver candidato aprovado em concurso anterior com prazo de validade não expirado.**" Perceba que aqui não há qualquer distinção entre prazo inicial de validade e prorrogação. Enquanto houver candidato aprovado e não convocado, somente após o escoamento do prazo total de validade do concurso é que a Administração poderá abrir novo concurso para preenchimento do mesmo cargo.

Impende sublinhar que, não havendo mais candidatos aprovados, pode a Administração abrir novo concurso ainda que aquele esteja dentro do seu prazo de validade. É que, em não havendo mais candidatos aprovados (ou porque foram todos nomeados ou porque nenhum deles logrou aprovação), não há qualquer efeito jurídico que o concurso anterior possa produzir. Logicamente, não faria sentido a Administração ser obrigada a aguardar o término do prazo de validade de um concurso público em que já não há mais candidatos a serem nomeados.

É preciso entender que o objetivo das regras que tratam da abertura de novo concurso é sempre o mesmo: resguardar o direito do candidato que foi aprovado em concurso em vigência de não ser "passado para trás" por novos candidatos aprovados em novo concurso para o mesmo cargo ou emprego. Se tal objetivo for alcançado, não há óbice à abertura de novo concurso.

1.7. Reserva de vagas para deficientes

O inciso VIII do art. 37 da Constituição prevê que "a lei reservará percentual dos cargos e empregos públicos para as pessoas portadoras de deficiência e definirá os critérios de sua admissão".[39]

Em razão das necessidades especiais de que são portadoras essas pessoas, e para dar efetividade ao princípio da isonomia, a Constituição estabeleceu proteção especial aos portadores de deficiência. É importante atentar para o fato de que a norma não está a liberar essas pessoas da obrigatoriedade de prévia aprovação em concurso público, como requisito para a investidura mas apenas determinando que tais pessoas concorram entre si por meio da reserva de vagas, pois assim estar-se-á tratando os desiguais na medida de suas desigualdades.

---

[39] O art. 4º do Decreto nº 3.298, de 20 de dezembro de 1999, alterado pelo Decreto nº 5.296/04, estabelece as categorias de deficiências (deficiência física, auditiva, visual, mental e múltipla) que caracterizam a pessoa portadora de deficiência para efeito de reserva de vagas em concurso público.

O art. 5º, § 2º, da Lei nº 8.112/90 determina que às pessoas portadoras de deficiência é assegurado o direito de se inscreverem em concurso público para provimento de cargo cujas atribuições sejam compatíveis com a deficiência de que são portadoras; para tais pessoas serão reservadas até 20% das vagas oferecidas no concurso.

O Decreto nº 3.298/99 estabelece, no art. 37, § 1º, que o candidato portador de deficiência, em razão da necessária igualdade de condições, concorrerá a todas as vagas, sendo reservado no mínimo o percentual de 5% em face da classificação obtida.

O STF entende que na hipótese de a divisão resultar em número fracionado – não importando que a fração seja inferior a meio –, impõe-se o arredondamento para cima: "a exigência constitucional de reserva de vagas para portadores de deficiência em concurso público se impõe ainda que o percentual legalmente previsto seja inferior a um, hipótese em que a fração deve ser arredondada".[40]

Uma situação interessante tem ocorrido quando os editais de concurso preveem apenas **duas vagas** a serem preenchidas no concurso público. Nesse caso, se houver reserva de vagas, o percentual das vagas que se estará reservando, de fato, é de 50% – e não de até 20%, como fixa a Lei nº 8.112/90. Nessa situação considerou o STF que não se reserve vaga alguma para portadores de deficiência física.[41]

Outro tema relevante é o que trata da **comunicabilidade das vagas--reservas para deficientes com as vagas gerais**. Imagine que em um concurso público sejam oferecidas quatro vagas para portadores de necessidades especiais e 25 vagas para os demais candidatos. Suponha que João, que concorre às vagas reservadas, tenha obtido 78,00 pontos, obtendo a quinta colocação nas vagas especiais. O candidato que acumulou a 25º colocação das vagas gerais fez na mesma prova 75,00 pontos. Nesse caso, João não obteve pontuação suficiente para se classificar dentro do número de vagas destinadas a deficientes físicos, mas sua pontuação o classificaria dentro do número das vagas gerais. João teria direito a concorrer às vagas gerais? Tudo depende do que dispuser o edital sobre o assunto: se haverá comunicabilidade entre as vagas reservadas e as vagas em geral ou se seguem restritas aos deficientes, mesmo que esses venham a não ocupá-las por inteiro.

Em caso de haver comunicabilidade, e essa é a opção mais adotada atualmente, os candidatos portadores de deficiência física que não

---
40 RE 227.299-MG, Rel. Min. ILMAR GALVÃO, DJ 14.6.2000.
41 MS 26.310, Rel. Min. MARCO AURÉLIO, DJ 31.10.2007.

conseguirem ser aprovados dentro do número de vagas reservadas serão nomeados conforme a lista geral de classificação, de acordo com a nota obtida no certame. Se não houver deficientes aprovados em número suficiente para preencher completamente o número de vagas a eles destinado, essas podem ser legitimamente ocupadas pelos demais aprovados, seguindo a ordem de classificação.

Interessante solução adotou o STJ no caso em que o edital nada dispôs acerca da comunicabilidade: o candidato cuja deficiência alegada quando da inscrição no concurso público não se confirma por ocasião da posse, por meio de laudo pericial, pode, à míngua de disposição no edital em sentido contrário, ser nomeado, observando-se a ordem de classificação geral do certame, desde que não demonstrada a existência de má-fé.[42]

Quando em um concurso se tem aprovados nas vagas gerais e nas reservadas a portadores de deficiência física, conforme entendimento do STJ, se não há nomeação dos aprovados de uma só vez, deverá haver **alternância entre os aprovados**. Assim, nomear-se-á um candidato não deficiente, seguido de um deficiente, depois outro não deficiente e assim por diante. Abaixo a transcrição do acórdão:

> EMENTA: ADMINISTRATIVO – CONCURSO PÚBLICO – ANALISTA JUDICIÁRIO – ESPECIALIDADE ODONTOLOGIA – CANDIDATO DEFICIENTE – PRETERIÇÃO – OCORRÊNCIA – INOBSERVÂNCIA DO ART. 37, § 2º, DO DECRETO Nº 3.298/99 – RELATIVIZAÇÃO DO PRINCÍPIO DA ISONOMIA – ALTERNÂNCIA ENTRE UM CANDIDATO DEFICIENTE E OUTRO NÃO, ATÉ QUE SE ATINJA O LIMITE DE VAGAS PARA OS PORTADORES DE DEFICIÊNCIA ESTABELECIDO NO EDITAL – RECURSO CONHECIDO E PARCIALMENTE PROVIDO.
>
> I – A Constituição Federal, em seu art. 37, inciso VIII, assegura aos portadores de deficiência física a reserva de percentual dos cargos e empregos públicos. A Administração regula a situação através da Lei nº 8.112/90 e do Decreto nº 3.298/99, estabelecendo que serão reservadas até 20% (vinte por cento) das vagas oferecidas no concurso, bem como que o número de vagas correspondente à reserva destinada à pessoa portadora de deficiência deve estar inserta no Edital, respectivamente.
>
> II – Estatui o brocardo jurídico: "O edital é a lei do concurso." Desta forma, estabelece-se um vínculo entre a Administração e os candidatos, igualmente ao descrito na Lei de Licitações

---

42 STJ, RMS 28.355/MG, Rel. Min. ARNALDO ESTEVES LIMA, DJe 02.08.2010.

Públicas, já que o escopo principal do certame é propiciar a toda coletividade igualdade de condições no ingresso ao serviço público. Pactuam-se, assim, normas preexistentes entre os dois sujeitos da relação editalícia. De um lado, a Administração. De outro, os candidatos. Com isso, é defeso a qualquer candidato vindicar direito alusivo à quebra das condutas lineares, universais e imparciais adotadas no certame.

III – O candidato portador de deficiência física concorre em condições de igualdade com os demais não portadores, na medida das suas desigualdades. Caso contrário, a garantia de reserva de vagas nos concursos para provimento de cargos públicos aos candidatos deficientes não teria razão de ser.

IV – No caso dos autos, o impetrante, primeiro colocado entre os deficientes físicos, deve ocupar uma das vagas ofertadas ao cargo de Analista Judiciário – especialidade Odontologia, para que seja efetivada a vontade insculpida no art. 37, § 2º, do Decreto nº 3.298/99. Entenda-se que não se pode considerar que as primeiras vagas se destinam a candidatos não deficientes e apenas as eventuais ou últimas a candidatos deficientes. Ao contrário, o que deve ser feito é a **nomeação alternada de um e outro, até que seja alcançado o percentual limítrofe de vagas oferecidas pelo Edital a esses últimos**.

V – O tratamento relativamente diferenciado, ou por outro lado, a "preferência" que se dá aos deficientes físicos foi o modo que encontrou o legislador constituinte de minorar o *deficit* de que são acometidos. A convocação da candidata deficiente para participar do Curso de Formação, ao invés do impetrante, consiste na obediência às normas que regem a situação.

VI – Recurso conhecido e provido.[43]

Questão interessante aborda a seguinte indagação: é obrigatória a reserva de vagas para candidatos portadores de deficiência em todos os concursos públicos, independentemente da natureza das atribuições do cargo público em oferta? Tradicionalmente, a opinião predominante entre os administrativistas era no sentido negativo. Isto é, a reserva de vagas em concurso público depende da natureza das atribuições do cargo. Nessa esteira, ilustrativamente, muitos dos concursos públicos para as carreiras policiais sequer previam reserva de vagas para deficientes em seus editais.

---

[43] MS 18.669/RJ, Rel. Min. GILSON DIPP, DJ 29.11.2004.

Entretanto, os notáveis avanços da medicina de atenção às pessoas portadoras de necessidades especiais, aliados à consolidação paulatina das políticas afirmativas de acessibilidade (o que representa franca concretização do princípio constitucional da dignidade da pessoa humana), produziram mutação no sentido de que **não se pode, simples e preliminarmente, impedir que pessoas portadoras de deficiência acessem cargos públicos de determinada carreira profissional**. Há que se avaliar em cada caso concreto, mediante inspeção médica específica, quais candidatos têm limitações compatíveis ou não com as atribuições dos cargos públicos em disputa nos concursos públicos. Em termos mais simples, não se pode simplesmente "barrar" a participação de candidatos portadores de deficiência em determinado concurso público, partindo da premissa de que o exercício do cargo é incompatível com qualquer tipo de deficiência. Ao contrário, deve-se franquear o acesso ao certame, inclusive a candidatos portadores de deficiência e, na fase de inspeção médica oficial, apurar quais deles têm limitações compatíveis com o desempenho das atribuições exigidas no exercício do cargo.

Com base nessa premissa, o STF determinou que no concurso público para provimento dos cargos de escrivão, perito criminal e delegado do Departamento de Polícia Federal (DPF) no ano de 2012 fosse garantida a reserva de vagas para candidatos com deficiência. Nas palavras da relatora, Min. Cármen Lúcia, é inadmissível a alegação de que os cargos públicos da área policial "não são compatíveis com nenhum tipo de deficiência física", tendo em vista que seus titulares "estarão sujeitos a atuar em campo, durante atividades de investigação", e poderiam "ser expostos a situações de conflito armado que demandam o pleno domínio dos sentidos e das funções motoras e intelectuais". Por conseguinte, "cabe à Administração Pública examinar, com critérios objetivos, se a deficiência apresentada é ou não compatível com o exercício do cargo, assegurando a ampla defesa e o contraditório ao candidato, sem restringir a participação no certame de todos e de quaisquer candidatos portadores de deficiência".[44]

Por derradeiro, impende dar especial enfoque para o fato de que há determinadas limitações que obstam o ingresso no serviço público por serem consideradas doenças graves, que geram direito à aposentadoria por invalidez permanente, nos termos do art. 40, § 1º, I, da Constituição Federal. A Lei nº 8.112/90, em seu art. 186, § 1º, elenca algumas das doenças consideradas graves: tuberculose ativa, alienação mental,

---

[44] STF, Rcl 14,145/MG, Rel.ª Min.ª CÁRMEN LÚCIA, julg.: 28.11.2012.

esclerose múltipla, neoplasia maligna, cegueira posterior ao ingresso no serviço público, hanseníase, cardiopatia grave, doença de Parkinson, paralisia irreversível e incapacitante, espondiloartrose anquilosante, nefropatia grave, estados avançados do mal de Paget (osteíte deformante), síndrome de imunodeficiência adquirida – SIDA[45] (AIDS), e outras a serem indicadas por lei, com base na medicina especializada.[46] O candidato que apresentar quaisquer desses males estará impossibilitado de ser investido no serviço público. Com efeito, nesse caso, não há que falar em reserva de vagas em concurso público.

---

[45] *Acquired Immuno Deficiency Syndrome*.
[46] A respeito, a Súmula nº 377 do STJ: "O portador de visão monocular tem direito de concorrer, em concurso público, às vagas reservadas aos deficientes". Com a mesma redação, Súmula Administrativa AGU nº 45, 14 de setembro de 2009.

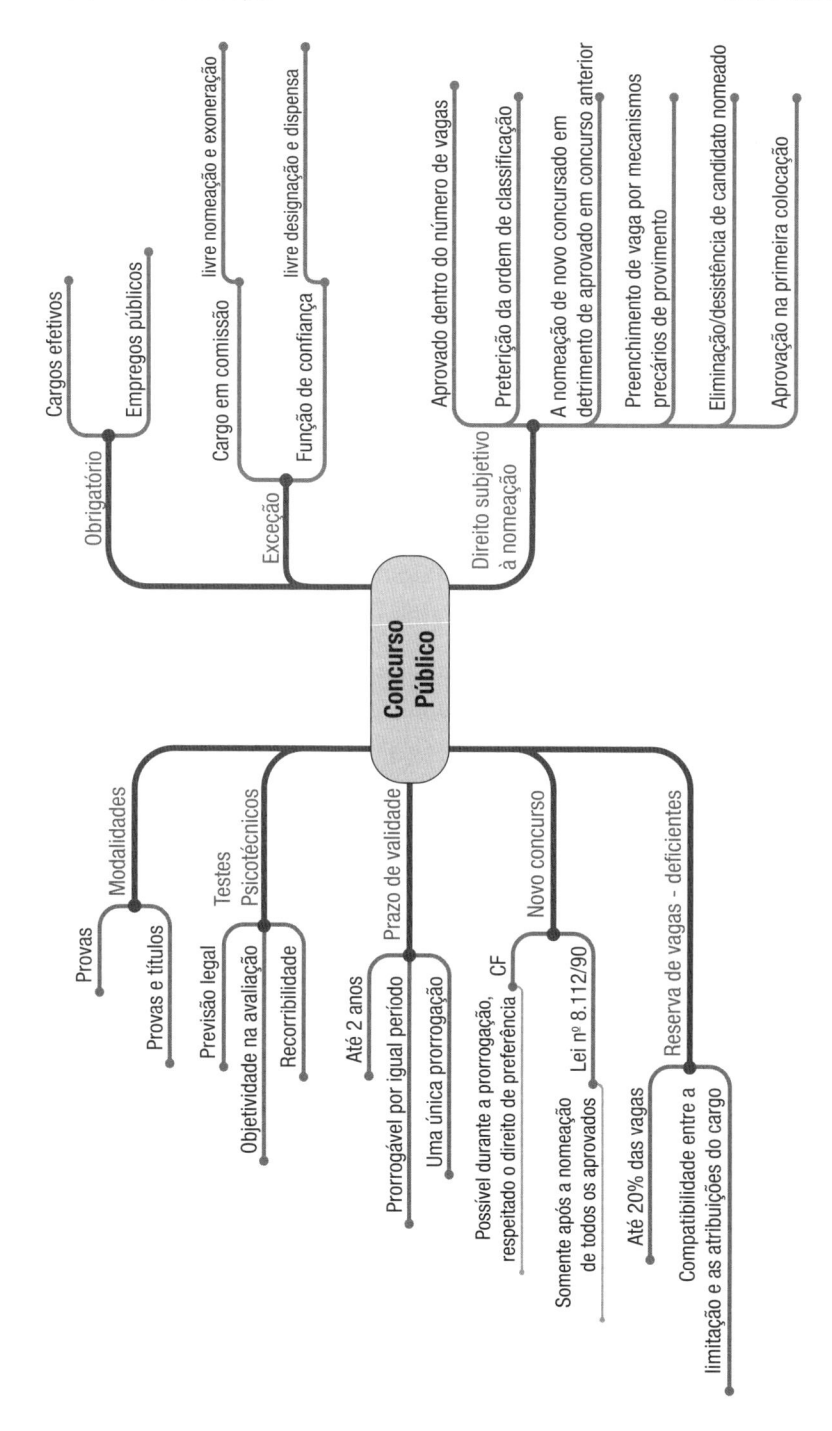

Concurso Público

Modalidades
- Provas
- Provas e títulos

Testes Psicotécnicos
- Previsão legal
- Objetividade na avaliação
- Recorribilidade

Prazo de validade
- Até 2 anos
- Prorrogável por igual período
- Uma única prorrogação
- Possível durante a prorrogação, respeitado o direito de preferência

Novo concurso
- Somente após a nomeação de todos os aprovados
- Lei nº 8.112/90
- CF

Reserva de vagas - deficientes
- Até 20% das vagas
- Compatibilidade entre a limitação e as atribuições do cargo

Obrigatório
- Cargos efetivos
- Empregos públicos

Exceção
- Cargo em comissão — livre nomeação e exoneração
- Função de confiança — livre designação e dispensa

Direito subjetivo à nomeação
- Aprovado dentro do número de vagas
- Preterição da ordem de classificação
- A nomeação de novo concursado em detrimento de aprovado em concurso anterior
- Preenchimento de vaga por mecanismos precários de provimento
- Eliminação/desistência de candidato nomeado
- Aprovação na primeira colocação

2. NOMEAÇÃO

A nomeação é ato da Administração Pública por meio do qual se aponta o possível ocupante à vaga que se quer preencher. Diz-se possível ocupante porque a nomeação por si só não é capaz de gerar investidura no cargo. Só com a posse e o exercício é que, de fato, haverá a investidura e o efetivo desempenho de atividade laboral por parte do agente. Nessa esteira, ensina Hely Lopes Meirelles, "a nomeação é ato de provimento do cargo, que se completa com a posse e o exercício".[47] Assim, resumidamente, pela nomeação a Administração apenas aponta o possível futuro ocupante do cargo público vago.

O provimento dos cargos públicos far-se-á mediante ato da autoridade competente de cada Poder (art. 6º). A nomeação normalmente ocorre por portaria, que é a forma afeta aos atos administrativos que visam a produzir efeitos individuais. Entretanto, poderá ocorrer de o ato de nomeação ser praticado por meio de decreto, mormente para os cargos de alto escalão do Estado.

Há duas espécies de nomeação no Estatuto: em caráter efetivo ou em comissão. A diferença básica é que, enquanto nesta o ingresso se dá por livre nomeação pela autoridade competente, naquela o provimento pressupõe prévia aprovação em concurso público. Assim, a nomeação poderá ocorrer em caráter efetivo, mediante prévia aprovação em concurso público, quando se tratar de cargo isolado de provimento efetivo ou de carreira. Ou poderá ocorrer para o provimento de cargos em comissão, inclusive na condição de interino,[48] para cargos de confiança vagos (art. 9º). O servidor nomeado para cargo em comissão não goza, em situação alguma, de estabilidade no serviço público.

Nesse ponto, vale relembrar que a diferença básica entre cargo em comissão e função de confiança é que, enquanto esta é exclusiva de servidores efetivos, aquele pode ser livremente ocupado por servidores efetivos ou pessoas estranhas aos quadros da Administração Pública. O art. 37, V, da Constituição prevê que:

> As funções de confiança, exercidas exclusivamente por servidores ocupantes de cargo efetivo, e os cargos em comissão, a serem preenchidos por servidores de carreira nos casos, condições e percentuais mínimos previstos em lei, destinam-se apenas às atribuições de direção, chefia e assessoramento.

---

47 *Direito Administrativo Brasileiro*. 34ª ed. São Paulo: Malheiros, 2007, p. 443.
48 Interino, nas palavras de Plácido e Silva (DE PLÁCIDO E SILVA. *Vocabulário Jurídico*. 20ª ed. Rio de Janeiro: Forense, 2002), é a "qualidade ou caráter do funcionário ou do empregado público que exerce o cargo ou a função em situação de temporário ou provisório, em virtude de vaga ou por afastamento do titular efetivo".

O professor Pinheiro Madeira ressalta, com propriedade, que

> "o ato administrativo de nomeação não pode ser confundido com o de designação. Isto porque nomeação é a forma de provimento operada para o preenchimento de cargos públicos efetivos ou em comissão; já a designação é o termo utilizado para indicar o acesso às diversas funções da Administração Pública para as quais não há previsão de cargo, não implicando provimento, pois se refere à assunção de responsabilidades extraordinárias que, em razão de seu desempenho, o servidor receberá uma retribuição pecuniária, daí advindo as funções gratificadas, também denominadas comissionadas. Embora cargo em comissão e função gratificada/comissionada sejam atividades de confiança, ligadas à chefia, direção e assessoramento, a diferença fundamental entre ambos reside no fato de que o primeiro tem suas atribuições associadas aos níveis superiores e intermediários de Administração Pública; já o segundo destina-se às atividades desempenhadas em níveis subalternos de administração".[49]

---

49 MADEIRA, José Maria Pinheiro. *O servidor público na atualidade*. 6ª ed. Rio de Janeiro: Lumen Juris, 2007, p. 474.

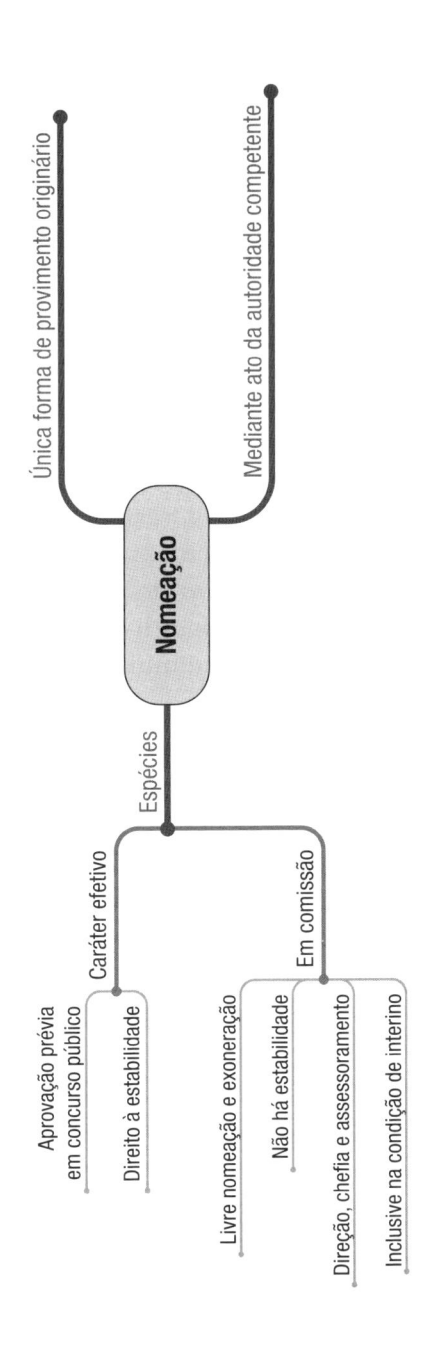

Nomeação

- Única forma de provimento originário
- Mediante ato da autoridade competente

Espécies

Caráter efetivo
- Aprovação prévia em concurso público
- Direito à estabilidade

Em comissão
- Livre nomeação e exoneração
- Não há estabilidade
- Direção, chefia e assessoramento
- Inclusive na condição de interino

3. POSSE

3.1. Disposições gerais

Ensina Bandeira de Mello que "não basta a nomeação para que se aperfeiçoe a relação entre o Estado e o nomeado. Cumpre que este tome posse, que é o ato de aceitação do cargo e um compromisso de bem--servir".[50] Em suma, a posse é ato solene em que o Estado e o nomeado assinam o respectivo termo, em que constam as atribuições, os deveres, as responsabilidades e os direitos inerentes ao cargo ocupado.

Assim sendo, uma vez nomeado, o candidato deverá tomar posse para completar o ciclo de ocupação do cargo. Inclusive, o STF entende que a posse é direito do servidor nomeado para ocupar cargo efetivo. É o teor da Súmula nº 16 desta Corte: "**Funcionário nomeado por concurso tem direito à posse.**"

Sobre o assunto, Hely Lopes Meirelles afirma que "sem a posse o provimento não se completa, nem pode haver exercício da função pública. É a posse que marca o início dos direitos e deveres funcionais, como, também, gera as restrições, impedimentos e incompatibilidades para o exercício de outros cargos, funções ou mandatos".[51] Na mesma esteira, vale trazer à baila o magistério de Ivan Barbosa Rigolin para quem "nomeação, posse, provimento, investidura: um instituto completa e integra o sentido do outro, sendo que se pode afirmar que, pela nomeação, o cidadão é designado para cargo público; pela posse, toma ele lugar ou assento na Administração, ocupando efetivamente o cargo no qual desse modo é investido, para o qual foi nomeado".[52]

A posse dar-se-á pela assinatura do respectivo termo, no qual deverão constar as atribuições, os deveres, as responsabilidades e os direitos inerentes ao cargo ocupado, que não poderão ser alterados unilateralmente, por qualquer das partes, ressalvados os atos de ofício previstos em lei (art. 13). A posse **poderá ocorrer** mediante procuração específica (art. 13, § 4º).

A posse ocorrerá no prazo de **trinta dias** contados da publicação da nomeação.[53] Expirado este prazo e não havendo posse, será **tornado sem efeito o ato do provimento** (art. 13, § 6º). Note que não ocorrerá a exoneração do candidato, pois, se ele ainda não tomou posse, não é

---

50 BANDEIRA DE MELLO, Celso Antônio. *Curso de Direito Administrativo*. 25ª ed. São Paulo: Malheiros, 2007, p. 304.
51 *Direito Administrativo Brasileiro*. 34ª ed. São Paulo: Malheiros, 2007, p. 444.
52 *Comentários ao regime único dos servidores públicos civis*. 5ª ed. São Paulo: Saraiva, 2007, p. 20.
53 Preliminarmente, é útil invocar as disposições do art. 238 da Lei nº 8.112/90, quando dispõe que os prazos serão contados em dias corridos, excluindo-se o dia do começo e incluindo-se o do vencimento, ficando prorrogado, para o primeiro dia útil seguinte, o prazo vencido em dia em que não haja expediente.

servidor. A **investidura em cargo público ocorrerá com a posse** (art. 7º). Logo, aquele que ainda não tomou posse não pode ser exonerado, pois não é considerado servidor público. A consequência da perda do prazo para posse é que torna sem efeito o ato de nomeação.

O prazo para posse será contado a partir do término do impedimento em se tratando de servidor afastado ou licenciado, nos seguintes casos (art. 13, § 2º):

> I – licença por motivo de doença em pessoa da família;
>
> II – licença para o serviço militar;
>
> III – licença para capacitação;
>
> IV – férias;
>
> V – participação em programa de treinamento regularmente instituído, conforme dispuser o regulamento;
>
> VI – júri e outros serviços obrigatórios por lei;
>
> VII – licença à gestante, à adotante e à paternidade;
>
> VII – licença para tratamento da própria saúde, até o limite de vinte e quatro meses, cumulativo ao longo do tempo de serviço público prestado à União, em cargo de provimento efetivo;
>
> IX – licença por motivo de acidente em serviço ou doença profissional;
>
> X – deslocamento para nova sede por remoção, redistribuição, requisição, cessão ou exercício provisório; e
>
> XI – participação em competição desportiva nacional ou convocação para integrar representação desportiva nacional, no País ou no exterior, conforme disposto em lei específica.

Isto é, o servidor que sendo nomeado estiver gozando de algumas dessas licenças, afastamentos ou ausências terá o prazo para a posse, que é de 30 dias, contados a partir do momento em que cessar a licença.

Questão importante é a que se refere à investidura de candidato quando já transcorrido razoável lapso temporal entre a data de homologação do concurso público e a de sua nomeação. Nesses casos, o entendimento do STJ é o de que, ainda que o edital estabeleça que é de inteira responsabilidade do candidato o acompanhamento dos atos relativos ao certame, devendo manter atualizados endereço e telefone, a Administração Pública deverá efetuar a **intimação pessoal** acerca da nomeação, e não somente via imprensa oficial (Diário Oficial). O fundamento desse entendimento são os princípios da publicidade e da razoabilidade. À medida que o prazo de vigência do concurso transcorre, diminui no candidato a real expectativa de ser nomeado. Não seria razoável exigir que ficasse por anos a fio consultando o Diário Oficial diariamente para se certificar da publicação de sua nomeação. Assim, a Administração Pública deverá intimá-lo pessoalmente da nomeação (ex.: via postal), sem prejuízo da regular publicação do ato na imprensa oficial.[54]

Só haverá posse nos casos de provimento de cargo por **nomeação** (art. 13, § 4º). Em nenhuma outra forma de provimento haverá posse (assunto que veremos adiante), mas somente na nomeação. O servidor que desempenha função de confiança não toma posse, pois não há nomeação, mas designação. Isso significa que no momento em que é designado para a função de confiança o exercício é imediato.

3.2. Requisitos básicos para investidura

Reza o texto constitucional que os cargos públicos são ocupados mediante o preenchimento de requisitos básicos previstos em lei (art. 37, I). Note bem que esses requisitos são estabelecidos por lei, e não por ato normativo qualquer. Somente a lei é instrumento idôneo para estabelecer requisitos para investidura em cargos públicos. O edital de concurso público, ato normativo de caráter infralegal e, portanto, subordinado à lei, não pode, por si só, dispor sobre requisitos para investidura ainda não previstos em lei. Neste ponto, será sempre reprodução fiel do disposto na lei que regulamenta o cargo público.

A Lei nº 8.112/90 estabelece os **requisitos básicos** para investidura em cargos públicos:

a) nacionalidade brasileira;

b) pleno gozo dos direitos políticos;

c) quitação com as obrigações militares e eleitorais;

d) escolaridade exigida para o exercício do cargo;

---

[54] AgRg no RMS 37.227-RS, Rel. Min. MAURO CAMPBELL MARQUES, julg.: 06.12.2012. RMS 23.106/RR, Rel.ª Min.ª LAURITA VAZ, julg.: 18.11.2010; RMS 21.554/MG, Rel.ª Min.ª MARIA THEREZA DE ASSIS MOURA, DJe 02.08.2010; e RMS 24.716/BA, Rel. Min. NAPOLEÃO NUNES MAIA FILHO, DJc 22.09.2008.

e) idade mínima de 18 anos;[55] e

f) aptidão física e mental.

Entretanto, além das já mencionadas, as atribuições do cargo podem justificar a exigência de **outros requisitos** (art. 5º, § 1º), pois a relação do Estatuto é meramente exemplificativa. Note que há necessidade de previsão legal para que tais requisitos sejam exigidos.[56]

Sem embargo, conforme dito alhures, além de ser fixado por lei, todo requisito para a investidura em cargo público deve guardar estrita relação com as atribuições do próprio cargo. Assim, nem todo requisito para investidura, mesmo que seja estabelecido em lei, será irrestritamente aceito. De modo geral, quaisquer restrições ao ingresso em cargo público, em princípio, ferem a isonomia (art. 7º, XXX, CF: É direito do trabalhador a proibição de diferença de salários, de exercício de funções e de critério de admissão por motivo de sexo, idade, cor ou estado civil). Todavia, o princípio da isonomia pode sofrer mitigação quando estiver em jogo outro princípio que também deve ser observado: o princípio da razoabilidade. Assim, hipoteticamente, a previsão de que um dos requisitos para a investidura no cargo de escrivão da polícia civil é ser o candidato do sexo masculino será inconstitucional por ferir o princípio da isonomia. Mas se pensarmos que tal exigência foi feita em relação ao cargo de agente penitenciário em cárcere masculino, tal exigência se justifica pela observância do princípio da razoabilidade da Administração Pública.

Nesse sentido, tem se posicionado a jurisprudência do STF:

> O limite de idade para a inscrição em concurso público só se legitima em face do art. 7º, XXX, da Constituição, quando possa ser justificado pela natureza das atribuições do cargo a ser preenchido.[57]

> Só por lei se pode sujeitar a exame psicotécnico a habilitação de candidato a cargo público.[58]

---

55 O STJ (REsp 1.462.659-RS, Rel. Min. HERMAN BENJAMIN, julg.: 1º/12/2015) vem admitindo a investidura em cargo público de candidato menor de idade já emancipado voluntariamente pelos pais. O caso concreto dizia respeito a um jovem de 17 anos e 10 meses (emancipado pelos pais há 4 meses) que pretendia tomar posse no cargo de auxiliar de biblioteca, e ao qual foi assegurado pelo Tribunal o direito à investidura.

56 Com fulcro nesse entendimento, o STF concedeu liminar a candidato a cargo público para garantir a participação nas demais etapas do concurso público, independente de sua aprovação no teste de aptidão física. O fundamento da decisão foi o de que a exigência de teste físico possivelmente não estaria prevista na Lei nº 11.415/06, lei que regulamenta a carreira para a qual concorre o candidato. Sendo assim, o edital não poderia, por si só, versar sobre o tema (MS 29.799/DF, Rel.ª Min.ª CÁRMEN LÚCIA, DJe 19.11.2010).

57 STF, Súmula nº 683.

58 STF, Súmula nº 686.

A lei pode limitar o acesso a cargos públicos, desde que as exigências sejam razoáveis e não violem o art. 7º, XXX, da Constituição.[59]

Não seria desarrazoado estendermos a exigência dos requisitos básicos, previstos na Lei nº 8.112/90, para os servidores públicos ocupantes de cargo em comissão, uma vez que o Estatuto não fez referência expressa a que tais requisitos sejam exclusivos de servidores efetivos. Assim, todas as exigências mencionadas valem para a investidura em **cargos comissionados**, declarados em lei de livre nomeação e exoneração.

Conforme entendimento da Corte Suprema, a comprovação do preenchimento do conjunto de exigências de habilitação para o exercício do cargo objeto do certame dar-se-á no ato da **posse** e não no da inscrição do concurso.[60] Excetua-se dessa regra a documentação relativa à comprovação dos três anos de atividade jurídica para ingresso na Magistratura e no Ministério Público, que deve ocorrer na data da **inscrição** no concurso, de modo a promover maior segurança jurídica tanto à sociedade quanto aos candidatos.[61]

Feita esse breve análise, passemos a comentar cada um dos requisitos básicos previstos no Estatuto, a começar pela **nacionalidade brasileira**. Não importa a condição de brasileiro nato ou naturalizado, terão indistintamente direito de acesso a cargos públicos, pois a lei não poderá estabelecer distinção entre brasileiros natos e naturalizados, exceto nos casos previstos na própria Constituição em seu art. 12, § 3º: São privativos de brasileiro nato os cargos de Presidente e Vice-Presidente da República, Presidente da Câmara dos Deputados, Presidente do Senado Federal, Ministro do Supremo Tribunal Federal, membro da carreira diplomática, oficial das Forças Armadas e Ministro de Estado da Defesa.

O acesso aos cargos públicos também é garantido aos estrangeiros, na forma da lei (art. 37, I, CF/88). O art. 5º, § 3º, da Lei nº 8.112/90 dispõe: "As

---

59 STF, AI- AgR 413.149/DF, Rel. Min. JOAQUIM BARBOSA, DJ 22.09.2006.
60 Nesse sentido, vide **STF**, RE 392.976/MG, Rel. Min. SEPÚLVEDA PERTENCE, DJ 08.10.2004; RE 184.425/RS, Rel. Min. CARLOS VELLOSO, DJ 12.06.98. Também, do mesmo modo, o **STJ**: RMS 22.392/MS, Rel.ª Min.ª LAURITA VAZ, julg.: 25.11.2010; RMS 11.861/TO, Rel. Min. PAULO MEDINA, DJ 17.05.2004; **STJ**, Súmula nº 266: "O diploma ou habilitação legal para o exercício do cargo deve ser exigido na posse e não na inscrição para o concurso público"; **AGU**, Orientação Administrativa nº 22: "Não se exigirá prova de escolaridade ou habilitação legal para inscrição em concurso público destinado ao provimento de cargo público, salvo se a exigência decorrer de disposição legal ou, quando for o caso, na segunda etapa de concurso que se realize em duas etapas."
Por outro lado, em se tratando de limite de idade (ex.: 30 anos para o cargo de soldado de polícia militar), a comprovação de idade é feito no momento da inscrição no concurso, e não na posse, pela impossibilidade de se prever com exatidão o momento em que será a fase final do concurso ou a posse (**STF**, ARE 840.592/CE, Rel. Min. ROBERTO BARROSO, julg.: 23/06/2015; ARE 685.870 AgR, Rel. Min.).
61 A respeito, consultar STF, ADI 3.460, Rel. Min. CARLOS BRITTO, DJ 31.08.2006.

universidades e instituições de pesquisa científica e tecnológica federais poderão prover seus cargos com professores, técnicos e cientistas estrangeiros."

Como segundo requisito, temos que o **gozo dos direitos políticos** pressupõe o direito de votar (direito político ativo) e de ser votado (direito político passivo). Dessa forma, o analfabeto e aqueles que tiverem seus direitos políticos suspensos, como os conscritos, não poderão ingressar em cargos públicos.

Direitos políticos, no dizer de José Maria Pinheiro Madeira,

> "são as prerrogativas, atributos, faculdades, ou poder de intervenção dos cidadãos ativos no governo de seu país, intervenção direta ou indireta, mais ou menos ampla, segundo a intensidade do gozo desses direitos. Os direitos políticos garantem a participação do povo no poder de dominação política por meio das mais diversas modalidades de direito de sufrágio: direito de voto nas eleições, direito de ser votado nos plebiscitos e referendos, assim como por outros direitos de participação popular, como o direito de iniciativa popular, o direito de propor ação popular e o de participar de partidos políticos".[62]

O art. 15 da Constituição Federal prevê que é vedada a cassação de direitos políticos, cuja perda dar-se-á nos seguintes casos: cancelamento da naturalização por sentença judicial transitada em julgado; incapacidade civil absoluta; condenação criminal transitada em julgado, enquanto durarem seus efeitos; recusa de cumprir obrigação a todos imposta ou prestação alternativa; e improbidade administrativa, nos termos do art. 37, § 4º, CF/88.

A **quitação com as obrigações militares e eleitorais** dar-se-á, respectivamente, por meio da comprovação da dispensa de serviço militar obrigatório (certificado de reservista) para os homens, e pelo alistamento eleitoral e comprovantes de votação.[63] Mais uma vez nos valemos da preciosa lição de Pinheiro Madeira ao averbar que

> "o fundamento dessa exigência é que não se pode admitir que o cidadão, usufruindo diversas regalias concedidas pelo Estado, não tenha o dever de, em retribuição, suportar um ônus relativamente pequeno, qual seja, o de dedicar pequeno período de sua vida em adestrar-se no exercício da atividade concernente à defesa da pátria,

---

62 *O servidor público na atualidade*. 6ª ed. Rio de Janeiro: Lumen Juris, 2007, p. 96.
63 A título de curiosidade, no sítio no Tribunal Superior Eleitoral <http://www.tse.jus.br>. o eleitor poderá obter, mediante o fornecimento de alguns dados pessoais, a certidão de quitação com as obrigações eleitorais, não necessitando de se dirigir ao cartório eleitoral com este propósito.

a fim de que possa defendê-la no caso em que isso se faça necessário. Por outro lado, a exigência desse requisito facilita a possibilidade de convocação rápida de homens com que o Estado pode contar, em casos de emergência".[64]

É requisito básico, também, a **comprovação da escolaridade** exigida para o ingresso no cargo: nível fundamental, médio ou superior.

A **idade mínima de 18 anos** é condição de investidura pelo fato de ser a partir dessa idade que a pessoa torna-se plenamente capaz para a prática de atos na vida civil, podendo contrair direitos e obrigações em nome próprio. Embora não haja menção expressa à idade-limite para ingresso no serviço público, podemos afirmar que esta é de 69 anos, em virtude de a aposentadoria compulsória dar-se com o advento de 70 anos de idade (art. 40, § 1º, II, CF/88). Devemos notar que esse limite não se aplica aos ocupantes de cargo em comissão e aos titulares de mandato eletivo.

Por fim, temos a comprovação de **aptidão física e mental** para o exercício do cargo. Inclusive, estabelece a Lei nº 8.112/90 que a posse em cargo público dependerá de prévia inspeção médica oficial (art. 14). Tanto é assim que o servidor só poderá ser empossado se for julgado apto física e mentalmente para o exercício do cargo. Da mesma forma, os candidatos portadores de deficiência física serão avaliados a fim de se comprovar que suas limitações são compatíveis ou não com o exercício do cargo.

3.3. Declaração de exercício ou não de outro cargo público

Em nosso sistema constitucional, vige a regra da não acumulação remunerada de cargos públicos. O art. 37, XVI, dispõe:

> É vedada a acumulação remunerada de cargos públicos, exceto quando houver compatibilidade de horários, observado em qualquer caso o disposto no inciso XI.
>
> a) A de dois cargos de professor;
>
> b) A de um cargo de professor com outro técnico ou científico; e
>
> c) A de dois cargos ou empregos privativos de profissionais de saúde, com profissões regulamentadas;

---

64 MADEIRA, José Maria Pinheiro. *O servidor público na atualidade*. 6ª ed. Rio de Janeiro: Lumen Juris, 2007, p. 97.

A estas exceções constitucionais podemos acrescer a de que o servidor efetivo eleito para mandato eletivo de vereador, quando houver compatibilidade de horários, poderá acumular o exercício do mandato eletivo com o cargo efetivo, sendo obviamente remunerado nos dois casos (art. 38, III, CF).

O servidor, ao ser investido no cargo, deve apresentar **declaração quanto ao exercício ou não de outro cargo, emprego ou função pública** (art. 13, § 5º). Inclusive, o ato da posse fica condicionado à apresentação desta declaração, sem a qual aquele não poderá ocorrer.

Há uma questão interessante, que é a que verifica a possibilidade de o servidor pedir licença para tratar de interesses particulares, sem remuneração, e assim tomar posse em outro cargo público inacumulável. Tal situação afigura-se inviável do ponto de vista jurídico, pois o servidor que se licencia continua ocupando o cargo. Licenças ou afastamentos, como veremos adiante, não geram vacância de cargo público – não há ruptura do vínculo com o Estado, mas mera interrupção do efetivo exercício. Com efeito, o servidor que pede licença para tratar de interesses particulares e toma posse em outro cargo inacumulável estará acumulando ilicitamente cargo, emprego ou função pública, conforme o caso. A respeito, a Súmula nº 246 do TCU:

> O fato de o servidor licenciar-se, sem vencimentos, do cargo público ou emprego que exerça em órgão ou entidade da administração direta ou indireta não o habilita a tomar posse em outro cargo ou emprego público sem incidir no exercício cumulativo vedado pelo artigo 37 da Constituição Federal, pois que o instituto da acumulação de cargos se dirige à titularidade de cargos, empregos e funções públicas, e não apenas à percepção de vantagens pecuniárias.[65]

3.4. Declaração de bens e valores

Juntamente com a declaração quanto ao exercício ou não de outro cargo, emprego ou função, o servidor também deverá apresentar declaração de bens e valores que constituem seu patrimônio pessoal. Essa declaração atualizada anualmente tem por fim o acompanhamento da evolução do patrimônio do servidor, evitando com isso a perpetuação de condutas vedadas no seio da Administração Pública.

---

65 No mesmo diapasão, STF, RE 180.597/CE, Rel. Min. ILMAR GALVÃO, julg.: 18.11.2007.

Embora a Lei nº 8.112/90 refira-se à declaração de bens que compõem o patrimônio do **servidor, e só dele**, a Lei nº 8.429/92 (Lei de Improbidade Administrativa) dispõe em seu art. 13, § 1º, que (destaque nosso):

> "A declaração compreenderá imóveis, móveis, semoventes, dinheiro, títulos, ações, e qualquer outra espécie de bens e valores patrimoniais, localizados no País ou no exterior, e, quando for o caso, abrangerá os bens e valores patrimoniais do **cônjuge ou companheiro, dos filhos e de outras pessoas que vivam sob a dependência econômica do declarante**, excluídos apenas os objetos e utensílios de uso doméstico.

Para corroborar com a justeza da Lei nº 8.429/92, o Decreto nº 5.483, de 30 de junho de 2005, determina que a declaração dos bens e valores abranja os que integram o patrimônio do servidor, bem como os do cônjuge, companheiro, filhos ou outras pessoas que vivam sob a sua dependência econômica, excluídos apenas os objetos e utensílios de uso doméstico (art. 2º).

Em seguida, o art. 3º do mesmo Decreto estatui que os agentes públicos atualizarão, em formulário próprio, **anualmente** e **no momento em que deixarem o cargo**, emprego ou função, a declaração dos bens e valores, com a indicação da respectiva variação patrimonial ocorrida. O § 2º do mesmo artigo prevê que a prestação de declaração de bens e valores poderá, a critério do agente público, realizar-se mediante autorização de acesso à declaração anual apresentada à Secretaria da Receita Federal, com as respectivas retificações.

Será instaurado processo administrativo disciplinar contra o agente público que se recusar a apresentar declaração dos bens e valores na data própria, ou que a prestar falsa, ficando sujeito à penalidade de demissão (art. 5º, Decreto nº 5.483/2005).

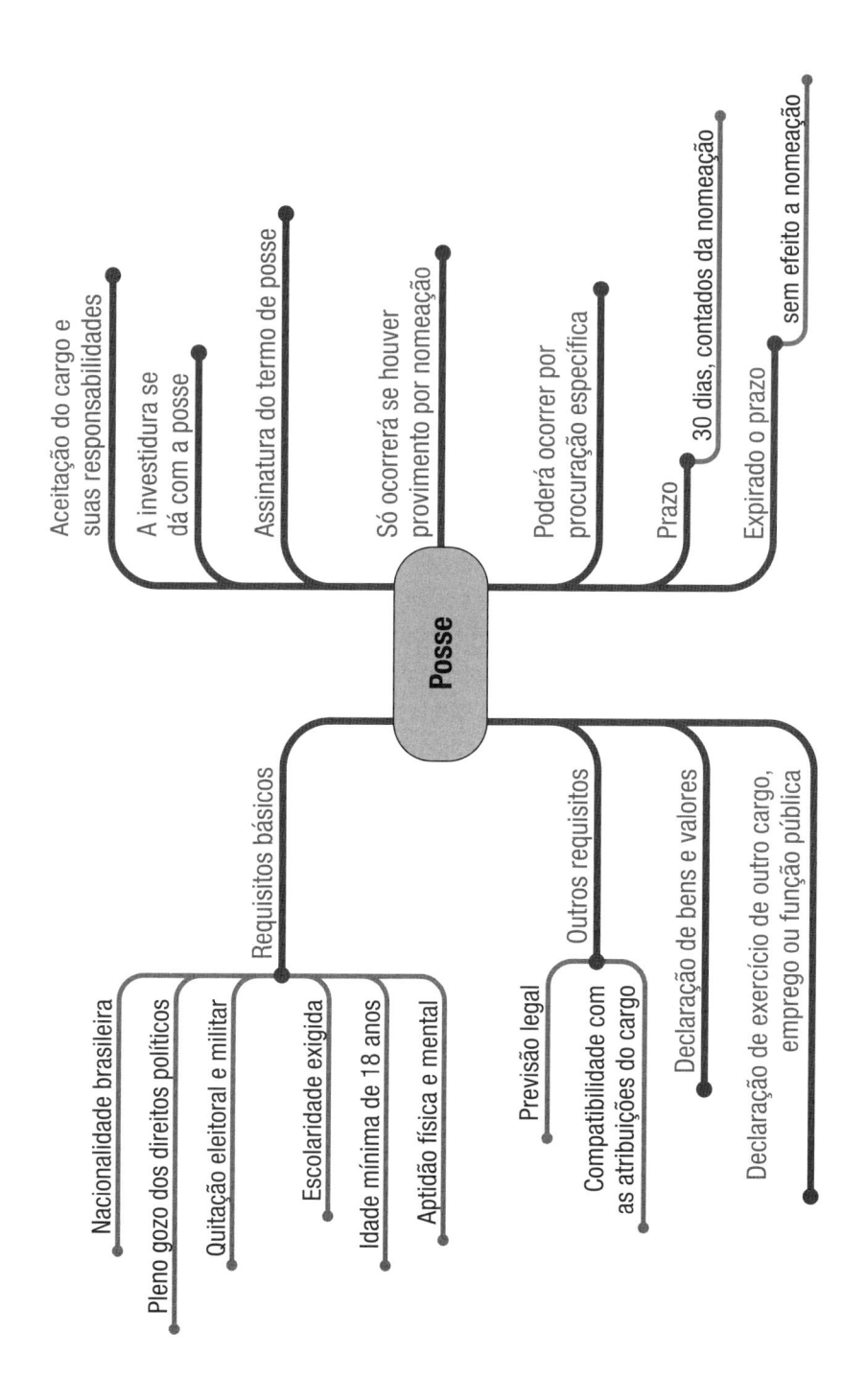

Posse

Requisitos básicos
- Nacionalidade brasileira
- Pleno gozo dos direitos políticos
- Quitação eleitoral e militar
- Escolaridade exigida
- Idade mínima de 18 anos
- Aptidão física e mental

Outros requisitos
- Previsão legal
- Compatibilidade com as atribuições do cargo
- Declaração de bens e valores
- Declaração de exercício de outro cargo, emprego ou função pública

Características
- Aceitação do cargo e suas responsabilidades
- A investidura se dá com a posse
- Assinatura do termo de posse
- Só ocorrerá se houver provimento por nomeação
- Poderá ocorrer por procuração específica
- Prazo
  - 30 dias, contados da nomeação
- Expirado o prazo
  - sem efeito a nomeação

4. EXERCÍCIO

Exercício é o **efetivo desempenho das atribuições** do cargo público ou da função de confiança (art. 15). Com o exercício, o servidor passa a desempenhar legalmente suas funções e a adquirir as vantagens do cargo e a contraprestação pecuniária devida pelo Poder Público.

Depois de empossado, o servidor terá o prazo de **15 dias** para entrar em exercício. Tal prazo é contado a partir da data da posse. O servidor será **exonerado** do cargo se não entrar em exercício no prazo de 15 dias (art. 15, § 2º).

À autoridade competente do órgão ou entidade para onde for nomeado ou designado o servidor cabe dar-lhe exercício (art. 15, § 3º).

O início do exercício de **função de confiança** coincidirá com a data de publicação do ato de designação, salvo quando o servidor estiver em licença ou afastado por qualquer outro motivo legal, hipótese em que recairá no primeiro dia útil após o término do impedimento, que não poderá exceder a 30 dias da publicação (art. 15, § 4º). A pessoa designada para função de confiança não toma posse, pois não há nomeação, e sim designação. Motivo pelo qual o exercício da função de confiança coincide com a data de publicação da designação.

O início, a suspensão, a interrupção e o reinício do exercício serão registrados no assentamento individual do servidor (art. 16). O tempo de efetivo exercício é contado para várias finalidades: estabilidade (três anos de efetivo exercício), licença-capacitação (cinco anos de efetivo exercício), disponibilidade, cancelamento dos registros de advertência e suspensão (três e cinco anos, respectivamente).

Ao entrar em exercício, o servidor apresentará ao órgão competente os elementos necessários ao seu assentamento individual (art. 16, parágrafo único).

O servidor que deva ter exercício em outro município em razão de ter sido **removido**, **redistribuído**, **requisitado**, **cedido** ou posto em **exercício provisório** precisa de um tempo para realizar a própria mudança (móveis, pertences pessoais, automóvel, bagagens, familiares) e retomar o efetivo desempenho das atribuições do cargo. Este prazo será de, **no mínimo**, **10 e**, **no máximo**, **30 dias**, contados da publicação do ato, incluído nesse prazo o tempo necessário para o deslocamento para a nova sede (art. 18).[66] Vale ressaltar que o servidor pode declinar desse prazo, ou seja, apresentar-se

---

[66] "Para os fins desta Lei, considera-se sede o município onde a repartição estiver instalada e onde o servidor tiver exercício, em caráter permanente" (art. 242).

na nova sede antes dos 10 dias. Na hipótese de o servidor encontrar-se em licença ou afastado legalmente, o prazo supramencionado será contado a partir do término do impedimento (art. 18, § 1º).

Os servidores cumprirão jornada de trabalho fixada em razão das atribuições pertinentes aos respectivos cargos, respeitada a **duração máxima** do trabalho semanal de **40 horas** e observados os **limites mínimo e máximo de seis horas e oito horas diárias**, respectivamente (art. 19). O ocupante de cargo em comissão ou função de confiança submete-se a regime de **integral dedicação ao serviço**, podendo ser convocado sempre que houver interesse da Administração (art. 19, § 2º). Pode haver afastamentos de tais disposições relativas à duração máxima e mínima da jornada de trabalho semanal, à vista de situações especiais como servidores que trabalham em regime de plantão, que exercem atividades penosas ou insalubres, assim previstas em lei.

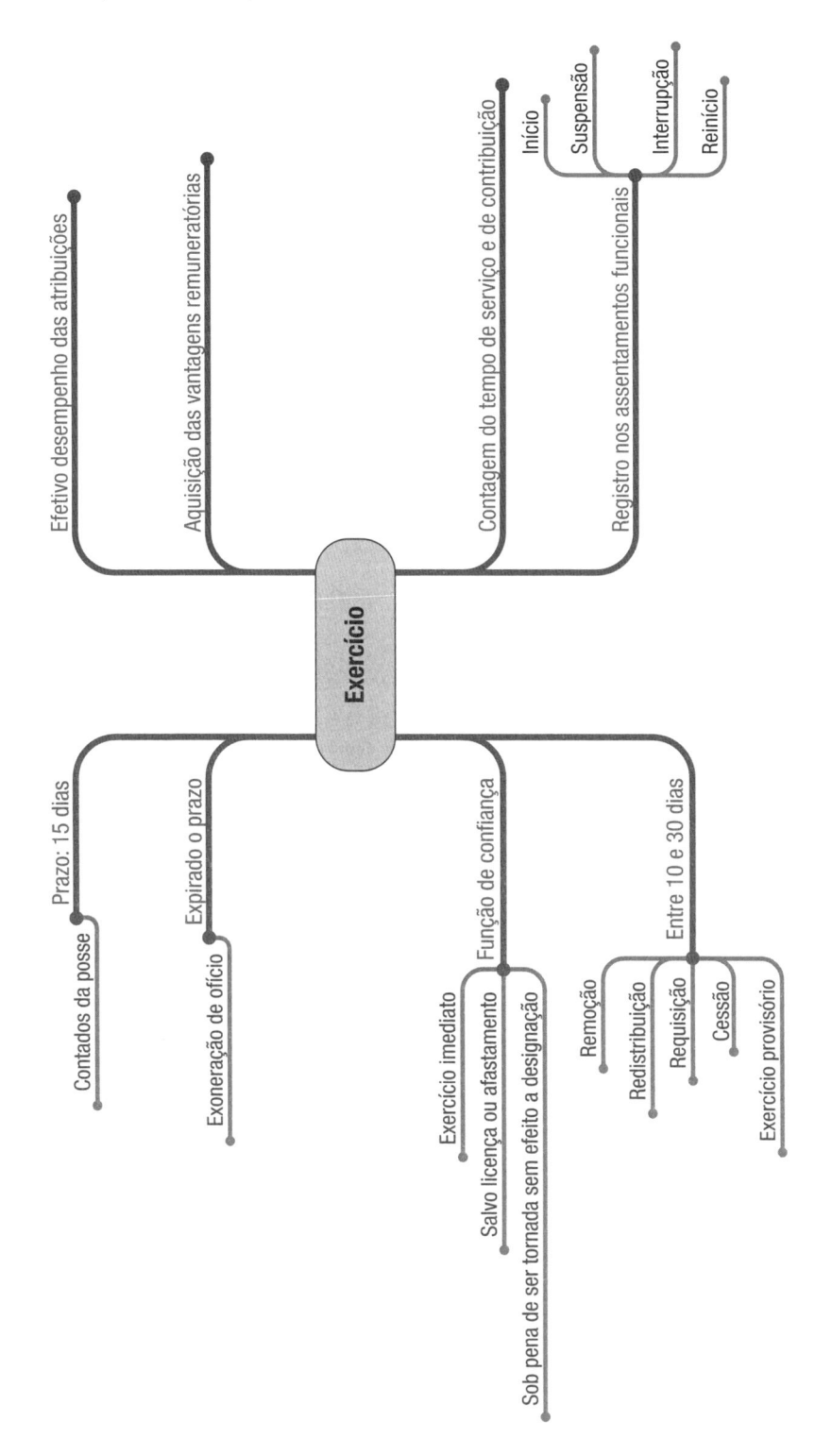

Exercício

- Efetivo desempenho das atribuições
- Aquisição das vantagens remuneratórias
- Contagem do tempo de serviço e de contribuição
  - Início
  - Suspensão
  - Interrupção
  - Reinício
- Registro nos assentamentos funcionais
- Prazo: 15 dias
  - Contados da posse
- Expirado o prazo
  - Exoneração de ofício
- Função de confiança
  - Exercício imediato
  - Salvo licença ou afastamento
  - Sob pena de ser tornada sem efeito a designação
- Entre 10 e 30 dias
  - Remoção
  - Redistribuição
  - Requisição
  - Cessão
  - Exercício provisório

5. ESTABILIDADE

A estabilidade é o **direito de permanência no serviço público** que é conferido ao servidor efetivo nomeado em virtude de concurso público, após o decurso de três anos de efetivo exercício e mediante avaliação especial de desempenho feita por Comissão instituída para esta finalidade.

Trata-se de um instrumento de proteção ao servidor contra interferências políticas indevidas no âmbito da Administração Pública. Imagine a situação de um auditor fiscal da Receita Federal que se deparasse com um grande esquema de sonegação de impostos empreendido por uma empresa do ramo de construção civil. Será que este servidor desempenharia com impessoalidade o exercício de suas funções, sabendo que poderia perder o cargo por causar "transtornos" a pessoas de tamanha influência? É bem provável que não! Por isso, o instituto da estabilidade, que dá certeza ao servidor de que somente perderá o cargo nos casos estabelecidos na Constituição e no ordenamento jurídico infraconstitucional.

A estabilidade é prerrogativa restrita aos servidores ocupantes de **cargo efetivo**, não se estendendo aos empregados públicos[67] nem aos ocupantes de cargo em comissão, providos por livre nomeação e exoneração, muito menos aos servidores temporários.[68]

O art. 41 da Constituição disciplina o assunto ao estabelecer que "são estáveis após três anos de efetivo exercício os servidores nomeados para cargo de provimento efetivo em virtude de concurso público". Pela leitura do dispositivo, depreendemos os quatro requisitos para aquisição de estabilidade:

a) aprovação em concurso público de provas ou provas e títulos;

b) nomeação para cargo de provimento efetivo;

c) três anos de efetivo exercício; e[69]

d) desempenho satisfatório em avaliação especial feita por Comissão instituída para essa finalidade.

A estabilidade não significa, em absoluto, que o servidor não poderá perder o cargo, mas tão somente que a perda do cargo ocorrerá apenas

---

[67] Os servidores concursados de empresas públicas e sociedades de economia mista prestadoras de serviços públicos não gozam de estabilidade (art. 41 da CF/88), mas caso sejam demitidos, este ato de demissão deve ser sempre motivado. STF, RE 589.998/PI, Rel. Min. RICARDO LEWANDOWSKI, Julg.: 20.03.2013 (Info 699).

[68] Nesse sentido, correto é o posicionamento do STJ ao asseverar que os servidores temporários não fazem jus à estabilidade (AgRg no RMS 19.415/MG, Rel.ª Min.ª LAURITA VAZ, DJ 12.06.2006).

[69] É interessante notar que, embora o art. 21 da Lei nº 8.112/90, se refira ao prazo de estabilidade como sendo de dois anos, prevalece o texto da Constituição Federal, alterado pela EC nº 19/98, que aumentou para três anos o prazo para se adquirir estabilidade no serviço público (art. 41, CF).

naqueles casos expressamente assinalados pelo sistema jurídico, a saber (art. 41, § 1º, CF/88):

a) **sentença judicial transitada em julgado**: a perda de cargo por sentença judicial transitada em julgado dar-se-á quando (art. 92, Código Penal):

> I – for aplicada pena privativa de liberdade por tempo igual ou superior a **um ano**, nos crimes praticados com **abuso de poder** ou **violação de dever para com a Administração Pública**;
>
> II – for aplicada pena privativa de liberdade por tempo superior a **quatro anos nos demais casos**.[70]

b) **processo administrativo disciplinar**: o processo administrativo disciplinar (PAD) é aquele instituído para apurar ilícitos administrativos cometidos por servidores e ocorre no âmbito interno da Administração Pública;

c) **desempenho insatisfatório em avaliação especial de desempenho**: o *modus operandi* dessa avaliação periódica de desempenho será definido em lei complementar. Entretanto, até o presente momento, não foi editada a mencionada norma. A consequência disso é que, não obstante haja a possibilidade teórica de perda de cargo nessa hipótese, esse dispositivo não pode ser aplicado aos servidores. Isto é, nenhum servidor estável atualmente poderá perder o cargo com fundamento em desempenho insatisfatório em avaliação periódica – norma constitucional de eficácia limitada;

d) **excesso de despesa com pessoal, na forma do art. 169, CF/88** (destaque nosso):[71]

> Art. 169. A despesa com pessoal ativo e inativo da União, dos Estados, do Distrito Federal e dos Municípios não poderá exceder os limites estabelecidos em lei complementar. [...]
>
> § 3º Para o cumprimento dos limites estabelecidos com base neste artigo, durante o prazo fixado na lei complementar referida no *caput*, a União, os Estados,

---

70 Segundo o entendimento do STJ, a condenação penal por fato cometido por servidor público em atividade poderá causar a perda do cargo mesmo que já esteja aposentado. Note bem que se trata de perda do cargo, e não de cassação de aposentadoria (REsp 914.405/RS, Rel.ª Min.ª LAURITA VAZ, julg.: 23.11.2010).

71 Os critérios para a perda do cargo público por excesso de despesa com pessoal estão disciplinados na Lei nº 9.801, de 14 de junho de 1999.

o Distrito Federal e os Municípios adotarão as seguintes providências:

I – redução em pelo menos **vinte por cento** das despesas com **cargos em comissão** e **funções de confiança**;

II – **exoneração dos servidores não estáveis**.[72]

§ 4º Se as medidas adotadas com base no parágrafo anterior não forem suficientes para assegurar o cumprimento da determinação da lei complementar referida neste artigo, o **servidor estável poderá perder o cargo**, desde que ato normativo motivado de cada um dos Poderes especifique a atividade funcional, o órgão ou unidade administrativa objeto da redução de pessoal.

§ 5º O servidor que perder o cargo na forma do parágrafo anterior fará jus a **indenização correspondente a um mês de remuneração por ano de serviço**.

§ 6º O cargo objeto da redução prevista nos parágrafos anteriores será considerado extinto, **vedada a criação de cargo, emprego ou função com atribuições iguais ou assemelhadas pelo prazo de quatro anos**.

O servidor perderá ainda o cargo que ocupa em virtude de, ao ser colocado em disponibilidade, não entrar em exercício em outro cargo por aproveitamento no prazo legal (art. 32). Nesse caso, a perda logicamente não se dará por exoneração, pois o servidor sequer está ocupando cargo público. Sendo assim, será **cassada a sua disponibilidade e tornado sem efeito o ato de aproveitamento**.

A estabilidade ocorre no serviço público como um todo, e não no cargo que o servidor ocupa. Ou seja, uma vez estável no serviço público, estável definitivamente. A estabilidade não protege o servidor contra a extinção do cargo. Nesses casos, o servidor estável tem direito de permanência no serviço público em cargo de mesmo nível de escolaridade, atribuições afins e equivalência de vencimentos, seja pelo aproveitamento imediato, seja pela colocação em disponibilidade para posterior aproveitamento. Em sintonia, Celso Antônio Bandeira de Mello faz interessante observação acerca da estabilidade ao afirmar que esta "confere o direito de permanecer

---

72 Consideram-se servidores não estáveis, para fins do art. 169, § 3º, II, da Constituição Federal aqueles admitidos na Administração Direta, autárquica e fundacional sem concurso público de provas ou de provas e títulos após o dia 5 de outubro de 1983 (art. 33 da EC nº 19/98). Apesar de não constituir penalidade, a exoneração de servidores não estáveis deverá ser precedida de contraditório e de ampla defesa, sob pena de nulidade do ato de exoneração (STF, RE 223.904/MG, Rel.ª Min.ª ELLEN GRACIE, DJ 08.06.2004).

no serviço público vinculado à atividade da mesma natureza de trabalho para a qual o servidor ingressou".[73]

O fato de a estabilidade dar-se no serviço público, e não no cargo, não significa que a cada nova investidura o servidor não deva passar por novo estágio probatório. Apesar de intimamente relacionados, a estabilidade não se confunde com o estágio probatório. Este visa a aferir a aptidão do servidor para ocupar determinado cargo, enquanto a estabilidade é apenas uma garantia de permanência no serviço público conferida ao servidor com o intuito de que este exerça suas atribuições com imparcialidade, livre de pressões ou ingerências políticas de qualquer natureza. Pelo exposto, fica claro que a cada nova nomeação em caráter efetivo o servidor cumprirá novo estágio probatório relativo àquele novo cargo. O que se assegura com a estabilidade é que, uma vez estável no serviço público, o servidor que se submeta a novo estágio probatório em decorrência de aprovação em outro concurso, se inabilitado, tenha direito à recondução ao cargo que anteriormente ocupava e que serviu de base para aquisição de estabilidade.

Tanto o STJ quanto o STF têm reconhecido o direito à **estabilidade provisória**, prevista no art. 10, II, "b", do ADCT, que proíbe a dispensa arbitrária de **empregada gestante** desde a confirmação da gravidez até cinco meses após o parto, às servidoras públicas estatutárias, salvo se praticarem faltas graves neste período.[74]

Situação ligeiramente diversa ocorre no caso da servidora pública comissionada que é exonerada do cargo ainda gestante. Nesse caso, entendem nossos Tribunais que se a exoneração se deu em virtude da própria gravidez, há que se proteger essa servidora, senão com a permanência no cargo, pelo menos com indenização substitutiva correspondente às remunerações que perceberia desde a exoneração até cinco meses após o parto.[75] Todavia, se a exoneração provém de ato discricionário da Administração em face de circunstâncias outras que não a apontada, essa servidora não terá direito de permanência nem à indenização.[76]

Neste passo, é importante estabelecermos as devidas diferenças entre **estabilidade e efetividade**. "Aquela é atributo do cargo, designando o funcionário desde o instante da nomeação; a estabilidade é aderência,

---
73 Curso de Direito Administrativo. 25ª ed. São Paulo: Malheiros, 2007, p. 301.
74 STF, RE 24.263/DF, Rel. Min. CARLOS VELLOSO, DJ 09.05.2003. STJ, RMS 25.555/MG, Rel. Min. VASCO DELLA GIUSTINA, DJe 09.11.2011; RMS 22.361/RJ, Rel. Min. ARNALDO ESTEVES LIMA, DJe 07.02.2008.
75 STJ, RMS 25.274/MG, Rel. Min. NAPOLEÃO NUNES MAIA FILHO, DJ 17.12.2007; RMS 3.313/SC, Rel. Min. ADHEMAR MACIEL, DJ 20.03.95.
76 STJ, RMS 25.138/MG, Rel. Min. FELIX FISCHER, DJe 30.06.2008; STJ, RMS 18.887/MS, Rel. Min. ARNALDO ESTEVES LIMA, DJ 27.11.2006.

é integração no serviço público, depois de preenchidas determinadas condições fixadas em lei, e adquirida pelo decurso de tempo".[77] Assim, o servidor que ingressa em cargo público efetivo tem efetividade desde o primeiro dia de exercício (pois esta é inerente ao cargo), vindo a adquirir a estabilidade após três anos de efetivo exercício, entre outros requisitos.

Nesse esteio, vem a calhar a lição do professor José Maria Pinheiro Madeira ao ensinar que

> "os cargos de provimento efetivo são aqueles predispostos a receberem ocupantes (servidores), em caráter definitivo. Logo, um servidor que, após aprovação em concurso, é investido em cargo efetivo, tem efetividade, e esta nasce no momento em que o servidor toma posse e completa a relação estatutária. Nos primeiros três anos, continua tendo efetividade, embora não tenha ainda estabilidade. Após esse período, o servidor, que já tinha efetividade, adquire também a estabilidade. Neste caso, a efetividade apresenta-se como pressuposto da estabilidade".[78]

Apesar de constituírem garantia relativa de permanência no serviço público, é útil a distinção entre **estabilidade** e **vitaliciedade**:

I. somente a Constituição Federal pode estabelecer o rol de cargos vitalícios (magistrados em geral, ministros e conselheiros dos Tribunais de Contas e membros do Ministério Público). Não cabe à legislação ordinária ampliá-lo. Os cargos públicos são criados mediante lei, instrumento, portanto, idôneo para estabelecer estabilidade;

II. o prazo de estabilidade para cargos vitalícios é de dois anos, enquanto para os cargos efetivos esse prazo é de três anos;[79]

III. uma vez adquirida a vitaliciedade, o agente público somente perderá o cargo em virtude de sentença judicial transitada em julgado. Antes disso, poderá perder o cargo por decisão de órgão colegiado competente (há casos em que a vitaliciedade ocorre imediatamente, com a posse, a exemplo dos ministros do STF). A estabilidade, diferentemente, é mais flexível, pois admite a perda do cargo pela via administrativa,

---

77 STF, ADI 1.695 MC/PR, Rel. Min. MAURÍCIO CÔRREA, DJ 07/08/98.
78 *O servidor público na atualidade*. 6ª ed. Rio de Janeiro: Lumen Juris, 2007, p. 159.
79 Para os tribunais de segundo e terceiro graus e para os magistrados não oriundos da carreira, a vitaliciedade é adquirida no ato da posse, nos termos do art. 95, I, CF/88.

mediante processo administrativo disciplinar, avaliação periódica de desempenho ou por excesso de despesa com pessoal;[80]

IV. enquanto a vitaliciedade assegura a permanência no próprio cargo que o agente público já ocupa, a estabilidade é garantia que se dá no serviço público, não no cargo; e

V. o servidor efetivo, para adquirir estabilidade, deve ingressar no serviço público mediante concurso público, já o agente vitalício pode ser investido no cargo sem nunca ter sido aprovado em concurso público, como é o caso dos ministros do STF (art. 101, CF).

	Vitaliciedade	Estabilidade
Hipóteses	Somente a CF pode estabelecer	Mediante lei
Prazo para aquisição	Dois anos	Três anos
Perda do cargo	Somente por sentença judicial transitada em julgado	Sentença judicial, PAD, avaliação periódica e excesso de despesa com pessoal
Objeto	Assegura permanência no próprio cargo	Dá-se no serviço público, e não no cargo para o qual foi investido
Ingresso	Não necessariamente por concurso público (ex.: ministros do STF)	Obrigatoriamente por concurso público

Apesar de havermos dito que o prazo para aquisição de estabilidade ocorre com três anos de efetivo exercício, é preciso reconhecer, com pesar, que casos haverá em que o prazo de três anos decorrerá sem que o servidor tenha sido submetido à avaliação especial de desempenho de que tratamos anteriormente. Como o dever de proceder à avaliação especial de desempenho incumbe à Administração, o servidor não pode ser penalizado pela inércia administrativa e deverá ser estabilizado desde que preencha os demais requisitos, apurando-se a responsabilidade do servidor que tinha o dever funcional de instituir a Comissão Especial e, no entanto, não o fez.[81]

Por fim, já que tratamos das hipóteses de perda do cargo, cabe fazermos importante distinção entre demissão e exoneração. A primeira tem caráter

---

80 Vale mencionar que, assim como o servidor estável, o ocupante de cargo vitalício sujeita-se ao limite de 70 anos de idade para fins de aposentadoria compulsória. Assim é a Súmula nº 36 do STF, segundo a qual o "servidor vitalício está sujeito à aposentadoria compulsória, em razão da idade".
81 Compartilha desse posicionamento Hely Lopes Meirelles (*Direito Administrativo Brasileiro*. 34ª ed. São Paulo: Malheiros, 2007, p. 452). O próprio STF esposa esse entendimento (MS 24.543/DF, Rel. Min. CARLOS VELLOSO, DJ 21.8.2003).

punitivo e é aplicada mediante processo administrativo disciplinar quando o servidor pratica ilícitos administrativos graves. Assim, percebe-se que a demissão não é algo que possa ocorrer a pedido do próprio servidor, pois se trata de penalidade aplicada mediante apuração de falta grave em processo disciplinar. Há também, conforme supramencionado, a demissão como efeito acessório da pena em processo criminal, na forma do art. 92 do Código Penal. Já a exoneração é mero ato administrativo de desligamento, que poderá ocorrer a pedido do servidor, de ofício nas hipóteses previstas em lei e na Constituição, e a critério da autoridade competente quando se trata de servidor comissionado. Dentre as hipóteses de perda de cargo, haverá exoneração nos casos de avaliação periódica de desempenho e por excesso de despesa com pessoal. Pelo exposto, resta claro que o servidor que pretende, por vontade própria, se desligar do serviço público por motivo particular, pedirá exoneração, e não demissão.[82]

---

82 Para os trabalhadores celetistas é perfeitamente cabível a demissão a pedido, pois a CLT concede natureza jurídica distinta à demissão (vide art. 500 do referido diploma).

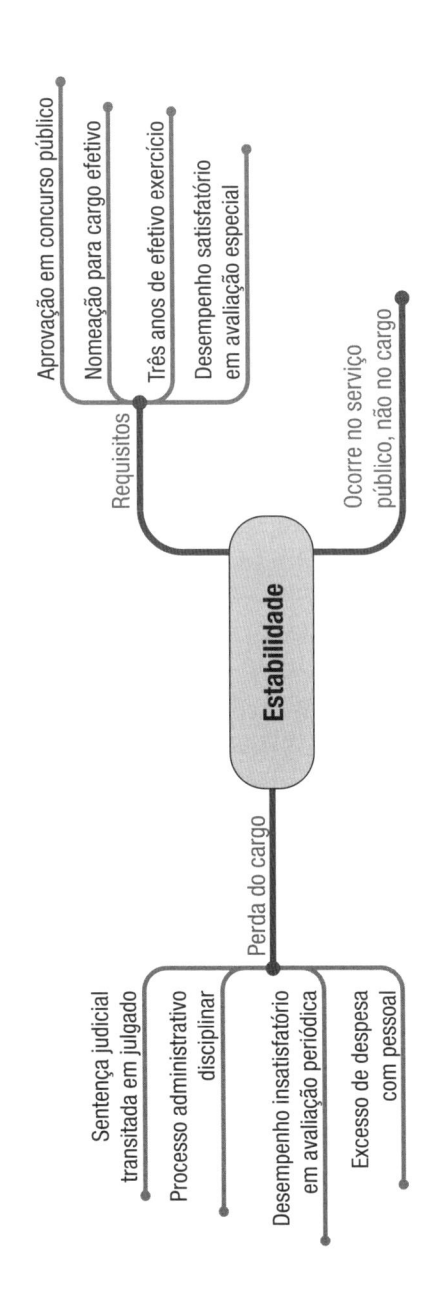

Estabilidade

Requisitos:
- Aprovação em concurso público
- Nomeação para cargo efetivo
- Três anos de efetivo exercício
- Desempenho satisfatório em avaliação especial

Ocorre no serviço público, não no cargo

Perda do cargo:
- Sentença judicial transitada em julgado
- Processo administrativo disciplinar
- Desempenho insatisfatório em avaliação periódica
- Excesso de despesa com pessoal

6. ESTÁGIO PROBATÓRIO

Estágio probatório é o período em que o servidor é observado e submetido a sucessivas avaliações a fim de ser aferida a sua aptidão para o exercício do cargo, utilizando-se como padrão de desempenho os fatores previstos em lei: responsabilidade, assiduidade, produtividade, capacidade de iniciativa e disciplina.

Isso não quer dizer que o servidor que se encontra em período de estágio possa ser exonerado sem o devido processo legal, ao talante da Administração. Significa apenas que durante um certo período ele estará sendo avaliado, podendo, se julgado inapto para o exercício do cargo, ser exonerado.

Um estágio probatório não exclui o outro. Assim, **a cada investidura por que passar o servidor público, haverá novo estágio probatório relativo a esse novo vínculo**. É que o estágio probatório é o instrumento com o qual se verifica a aptidão para o exercício das atribuições específicas do cargo. Como cada cargo tem as suas próprias feições, o estágio probatório será necessário a cada investidura a que o servidor se submeter. Diante disso, a garantia que há em favor do servidor público é a de que, uma vez sendo aprovado em estágio probatório relativo a uma primeira investidura, e alcançada com isso a estabilidade no serviço público, terá direito ao retorno (recondução) a esse primeiro cargo, caso na segunda investidura tenha sido inabilitado no novo estágio probatório a que foi submetido.

Nesse passo, é necessário enfrentarmos a antiga celeuma que envolve o prazo de duração do estágio probatório. Depois de quase uma década de constantes mutações jurisprudenciais e legislativas sobre a matéria, hoje temos relativa estabilidade jurídica quanto à definição desse prazo. Antes de entrarmos no entendimento atual, tragamos à baila um breve histórico sobre a evolução desse tema no sistema jurídico brasileiro.

A Constituição Federal de 1988, quando de sua promulgação, estabelecia no art. 41 que a estabilidade do servidor público ocorreria após dois anos de efetivo exercício no cargo. Nesse diapasão, em 11 de dezembro de 1992, foi editada a Lei nº 8.112, que reproduziu texto constitucional, fixando o prazo para aquisição de estabilidade em dois anos, em seu art. 21, e estabelecendo no artigo precedente o prazo de estágio probatório de 24 meses. Todavia, em 4 de junho de 1998, a Emenda Constitucional nº 19 alterou o art. 41 da Constituição, passando a ser de **três anos** o prazo para aquisição de estabilidade. Como é de costume em nosso país, a Constituição foi alterada e, no entanto, a legislação correlata (no caso, a Lei nº 8.112/90) não sofreu qualquer alteração quanto aos dispositivos dependentes ao texto constitucional. A partir de então, emergiu a funda controvérsia: estabilidade e estágio probatório são institutos distintos? Em caso afirmativo, o prazo do estágio deveria acompanhar o da estabilidade. Caso contrário, permaneceriam como estavam (estabilidade em três anos e estágio probatório em 24 meses). A partir daí presenciou-se uma avalanche de posicionamentos dos mais diversos:

a) em 23 de julho de 2001, a Consultoria Jurídica do MPOG editou o Parecer/MP/Conjur/IC/0868-2.6/2001, e perfilhou a tese de que estabilidade e estágio probatório são institutos distintos e, por isso, o prazo do EP seria de 24 meses;

b) em 22 de abril de 2004, a Advocacia-Geral da União (AGU) ofertou o Parecer AGU/MC-01/04, segundo o qual o prazo do estágio probatório seria de três anos;

c) em 25 de agosto do mesmo ano, o STJ, no MS 9.373, a Rel.ª Min.ª LAURITA VAZ, asseverou que o "prazo de aquisição de estabilidade no serviço público não resta vinculado ao prazo do estágio probatório", e entendeu ser este de 24 meses;

d) em 28 de junho de 2006, o TCU editou a Portaria nº 165, na qual ficava consignado que o prazo do estágio, para os servidores daquela Corte, seria de 24 meses;

e) no mesmo ano de 2006, em 29 de setembro, o Conselho de Justiça Federal editou a Resolução nº 560, pela qual o prazo do estágio probatório para os servidores do Poder Judiciário federal será de 24 meses;

f) em 11 de dezembro de 2006, o TST publicou a Resolução Administrativa nº 1.187, que fixava o prazo do estágio probatório em 36 meses;

g) em 14 de maio de 2008, a Medida Provisória nº 431 alterou, dentre outros dispositivos, o art. 20 da Lei nº 8.112/90, estatuindo que o prazo do EP era de 36 meses. À época, houve júbilo coletivo de todos os indivíduos que já não suportavam tanta discussão em torno de uma questão que poderia ser resolvida por mera alteração legislativa. Todavia, ao ser apreciada na Câmara dos Deputados, a referida alteração trazida pela MP foi derrubada, seguindo o texto para o Senado e posteriormente à sanção presidencial. Lamentavelmente, voltou-se à estaca zero;

h) em 12 de março de 2009, o STF (STA nº 310/SC, Rel. Min. GILMAR MENDES), ao apreciar o tema, assentiu que a partir da alteração efetuada no art. 41 da CF "as legislações estatutárias que previam prazo inferior a três anos para o estágio probatório restaram em desconformidade com o comando constitucional. Isso porque não há como se dissociar o prazo do estágio probatório do prazo da estabilidade";[83]

i) posteriormente, em 22 de abril de 2009, o STJ (MS 12.523, Rel. Min. FELIX FISCHER), por unanimidade, entendeu que a mudança no texto do artigo 41 da Constituição Federal não pode ser dissociada do período de estágio probatório. Com isso, firmou-se o sentido de que o prazo deste é de três anos; [84]

j) por fim, o Conselho da Justiça Federal aprovou a Resolução nº 107, de 11.06.2010, que prevê em seu art. 17-A: "O estágio probatório terá duração de trinta e seis meses contados da data de entrada em exercício do servidor".

De nossa parte, sempre fomos partidários da tese de que o prazo de estágio probatório deve acompanhar o prazo para aquisição de estabilidade no serviço público (três anos), pois embora estabilidade e estágio probatório sejam institutos jurídicos distintos, não há como dissociá-los. Isso porque, se a estabilidade ocorre mediante desempenho satisfatório em avaliação especial, não faria sentido que o servidor fosse aprovado no estágio probatório (24 meses) e, mais tarde, com o advento de três anos de efetivo exercício, ser avaliado novamente e correr o risco de não alcançar estabilidade.

Ademais, qual seria a qualificação jurídica de um servidor que estivesse com mais de 24 meses e menos de 3 anos de efetivo exercício? Estaria ele em uma espécie de limbo funcional? Não seria estável, mas estaria aprovado no estágio probatório. Por esses e por outros argumentos é que o entendimento atual é no sentido de partilharem do mesmo prazo tanto o estágio probatório quanto a estabilidade.[85]

Enfim, atualmente podemos adotar o seguinte posicionamento: **apesar de ainda constar no texto do art. 20 da Lei nº 8.112/90 que o prazo do estágio probatório é de 24 meses, a jurisprudência do STJ e do STF vem se consolidando no sentido de que esse prazo é de TRÊS ANOS.**

Uma vez que tenhamos tratado do estágio probatório, verifiquemos os outros dispositivos pertinentes ao tema. Ao entrar em exercício, o servidor nomeado para cargo de provimento efetivo ficará sujeito a

---

83 *Idem*: STF, AI 754.802/DF, Rel. Min. GILMAR MENDES, DJe 21.06.2011.
84 Na mesma esteira, STJ, AgRg no MS 14.396, Rel. Min. JORGE MUSSI, DJe 26.11.2009; RMS 23.689/RS, Rel.ª Min.ª MARIA THEREZA DE ASSIS MOURA, julg.: 18.05.2010.
85 Da mesma forma pensam Hely Lopes Meirelles (*Direito Administrativo Brasileiro*. 34ª ed. São Paulo: Malheiros, 2007, p. 452) e José dos Santos Carvalho Filho (*Manual de Direito Administrativo*. 20ª ed. Rio de Janeiro: Lumen Juris, 2008, p. 625).

estágio probatório, durante o qual a sua aptidão e capacidade serão objeto de avaliação para o desempenho do cargo, observados os seguintes fatores (art. 20):

> I – assiduidade;
> II – disciplina;
> III – capacidade de iniciativa;
> IV – produtividade;
> V – responsabilidade.

O § 1º do artigo 20, com redação dada pela Lei nº 11.784 de 2008, dispõe que, **quatro meses** antes de findo o período do estágio probatório, será submetida à **homologação** da autoridade competente a avaliação do desempenho do servidor, realizada por **Comissão constituída para essa finalidade**, de acordo com o que dispuser a lei ou o regulamento da respectiva carreira ou cargo, sem prejuízo da continuidade de apuração dos fatores enumerados anteriormente (assiduidade, disciplina, produtividade etc.).

O servidor não aprovado no estágio probatório será **exonerado** ou, se **estável**, **reconduzido** ao cargo anteriormente ocupado (art. 21, § 2º).

A respeito da exoneração do servidor em estágio probatório, tem entendido a doutrina que o servidor inabilitado não poderá ser desligado dos quadros da Administração Pública arbitrária e injustificadamente. Pelo contrário, a exoneração deve basear-se em fatos reais e verdadeiros que comprovem a ineficiência do servidor em cumprir os requisitos que lhe são exigidos para permanência no serviço público. Todavia, não será necessária, para tanto, a abertura de processo administrativo disciplinar, na forma do art. 148 da Lei nº 8.112/90. Nesses casos, é suficiente a instauração de processo administrativo em que sejam garantidos o contraditório e ampla defesa, e que fiquem apurados e comprovados os motivos que ensejaram a declaração de inaptidão ao serviço público. Nesse sentido, vale a pena mencionar o posicionamento da Suprema Corte sobre o assunto:

> *Funcionário público em estágio probatório não pode ser exonerado nem demitido sem inquérito ou sem as formalidades legais de apuração de sua capacidade.*[86]

A exoneração de servidor público ocupante de cargo efetivo, ainda que em estágio probatório, depende da prévia instauração de procedimento

---
[86] STF, Súmula nº 21.

administrativo, sob pena de ofensa ao princípio do devido processo legal. Agravo regimental não provido.[87]

Da mesma forma, o STJ tem entendido que o servidor em estágio probatório pode ser exonerado sem abertura de processo administrativo disciplinar, contanto que a exoneração seja fundada em fatos e motivos reais e a ele seja assegurada a ampla defesa em procedimento administrativo (destaque nosso):

> EMENTA: RECURSO ORDINÁRIO. MANDADO DE SEGURANÇA. ADMINISTRATIVO. SERVIDOR PÚBLICO. EXONERAÇÃO. ESTÁGIO PROBATÓRIO. INSTAURAÇÃO DE SINDICÂNCIA. POSSIBILIDADE. CONTRADITÓRIO E AMPLA DEFESA OBSERVADOS. OFENSA AO PRINCÍPIO DA PRESUNÇÃO DE INOCÊNCIA. NÃO OCORRÊNCIA. 1. Firmou-se neste Superior Tribunal de Justiça a tese segundo a qual **é desnecessária a instauração de processo administrativo disciplinar para exoneração de servidor em estágio probatório, sendo suficiente a abertura de sindicância em que sejam observados o contraditório e a ampla defesa**. Precedentes.
>
> 2. Afasta-se a alegação de cerceamento de defesa se assegurado, no processo administrativo que resultou na exoneração do servidor, o direito à ampla defesa e ao contraditório.
>
> 3. Não há falar em violação do princípio da presunção de inocência e em ausência de justa causa para reprovação no estágio probatório na hipótese em que a exoneração do servidor não se baseou exclusivamente na existência de ação penal em curso, mas em várias outras atitudes do réu que, consideradas em conjunto, não satisfizeram o requisito legal de conduta ilibada para permanecer no quadro de servidores da Polícia Civil do Estado de Mato Grosso.
>
> 4. Recurso ordinário improvido.[88]

O professor José Maria Pinheiro Madeira bem assinala que a exoneração do servidor reprovado em estágio probatório "não é penalidade, não é demissão, é simplesmente dispensa do funcionário por não convir à

---

[87] STF, RE 240.735 AgR/MG, Rel. Min. EROS GRAU, DJ 05.05.2006. Esse mesmo entendimento foi adotado no caso de servidor em estágio probatório exonerado em razão da anulação do concurso público pelo qual ingressou. Neste caso, o STJ reconheceu o direito do servidor de ver instaurado processo administrativo no qual pudesse exercer contraditório e ampla defesa (RMS 24.901/RJ, Rel.ª Min.ª MARIA THEREZA ASSIS MOURA, Julg: 12.04.2011).

[88] RMS 21.012/MT, Rel.ª Min.ª MARIA THEREZA DE ASSIS MOURA, DJe 23.11.2009. No mesmo sentido, RMS 20.934/SP, Rel.ª Min.ª LAURITA VAZ, julg.: 01.12.2009 e RMS nº 20.934/SP, Rel.ª Min.ª LAURITA VAZ, DJe 01.01.2010.

Administração sua permanência, uma vez que se revelaram insatisfatórias as condições de seu trabalho, sabiamente instituída pela Constituição para os que almejam a estabilidade no serviço público".[89]

É imperioso sublinhar que estamos tratando de exoneração por não atendimento dos quesitos avaliados no estágio probatório. Não se trata de punição, pois não houve cometimento de nenhuma irregularidade. Quando há infração grave, aplica-se, então, a demissão. Essa penalidade pode ser aplicada a todos os servidores efetivos, estáveis e não estáveis, que pratiquem faltas graves, na forma do Estatuto. Só que, neste caso, o processo administrativo disciplinar é exigência indeclinável, por força do art. 146 da Lei nº 8.112/90.

Ao servidor em estágio probatório é permitido o gozo das seguintes licenças e afastamentos, a serem melhor abordados posteriormente neste livro:

I. **Licenças**
   a) **por motivo de doença em pessoa da família**;
   b) **por motivo de afastamento do cônjuge ou companheiro**;
   c) para o serviço militar; e
   d) **para atividade política**.

II. **Afastamentos**
   a) para exercício de atividade política;
   b) para estudo ou missão no exterior;
   c) para servir em organismo internacional de que o Brasil participe ou com o qual coopere;
   d) para participar em curso de formação decorrente de aprovação em concurso para outro cargo na Administração Pública Federal; e [90-91]
   e) para servir em outro órgão ou entidade (somente poderá ser cedido para ocupar cargos de Natureza Especial, cargos de provimento em comissão do Grupo-Direção e Assessoramento Superiores – DAS, de níveis 6, 5 e 4, ou equivalentes).[92]

---

89 *O servidor público na atualidade*. 6ª ed. Rio de Janeiro: Lumen Juris, 2007, p. 154.
90 A Lei nº 9.624, de 02 de abril de 1998, dispõe sobre o auxílio financeiro pago aos candidatos preliminarmente aprovados em concursos públicos em que uma das fases do certame seja o curso de formação. O valor desse auxílio será de 50% do valor da remuneração da classe inicial do cargo a que estiver concorrendo. O tempo em que o candidato estiver em curso de formação será computado como de efetivo exercício no cargo público em que venha a ser investido, exceto para fins de estágio probatório, estabilidade, férias e promoção. Além disso, o candidato servidor da Administração Pública Federal poderá optar pelo vencimento e das vantagens do cargo efetivo que ocupa e do qual está afastado.
91 "A conclusão do Curso de Formação não garante a nomeação e posse no respectivo cargo" (STJ, REsp 577.582/CE, Rel. Min. JOSÉ ARNALDO DA FONSECA, DJ 21.03.2005).
92 RMS nº 23.689/RS, Rel.ª Min.ª MARIA THEREZA DE ASSIS MOURA, julg.: 18.05.2010.

É interessante notar que ressaltamos em negrito as licenças e afastamentos que, uma vez gozadas pelo servidor em estágio probatório, suspendem o seu exercício. Por exemplo, se um servidor ao sexto mês de estágio probatório requerer licença por motivo de afastamento de cônjuge ou companheiro, e esta licença durar três anos, no momento em que retornar ao exercício do cargo, o estágio probatório será retomado do ponto em que foi suspenso e continuará dali em diante, ou seja, a partir do sexto mês até o término do estágio probatório.

O servidor em estágio probatório poderá exercer **quaisquer cargos de provimento em comissão ou funções de direção**, **chefia ou assessoramento** no órgão ou entidade de lotação (art. 21, § 3º).

Por fim, vale a pena atentar-nos para a Súmula nº 22 do STF, consoante à qual "**O estágio probatório não protege o funcionário contra a extinção do cargo**." Logo, o servidor em estágio probatório poderá ter seu cargo extinto, situação em que será exonerado *ex officio*. Situação bem distinta é a do servidor estável cujo cargo é extinto. Nesse caso, consoante o § 3º do art. 41 da Constituição, o servidor estável será aproveitado em outro cargo compatível com o que exercia anteriormente ou posto em disponibilidade com remuneração proporcional ao tempo de serviço.

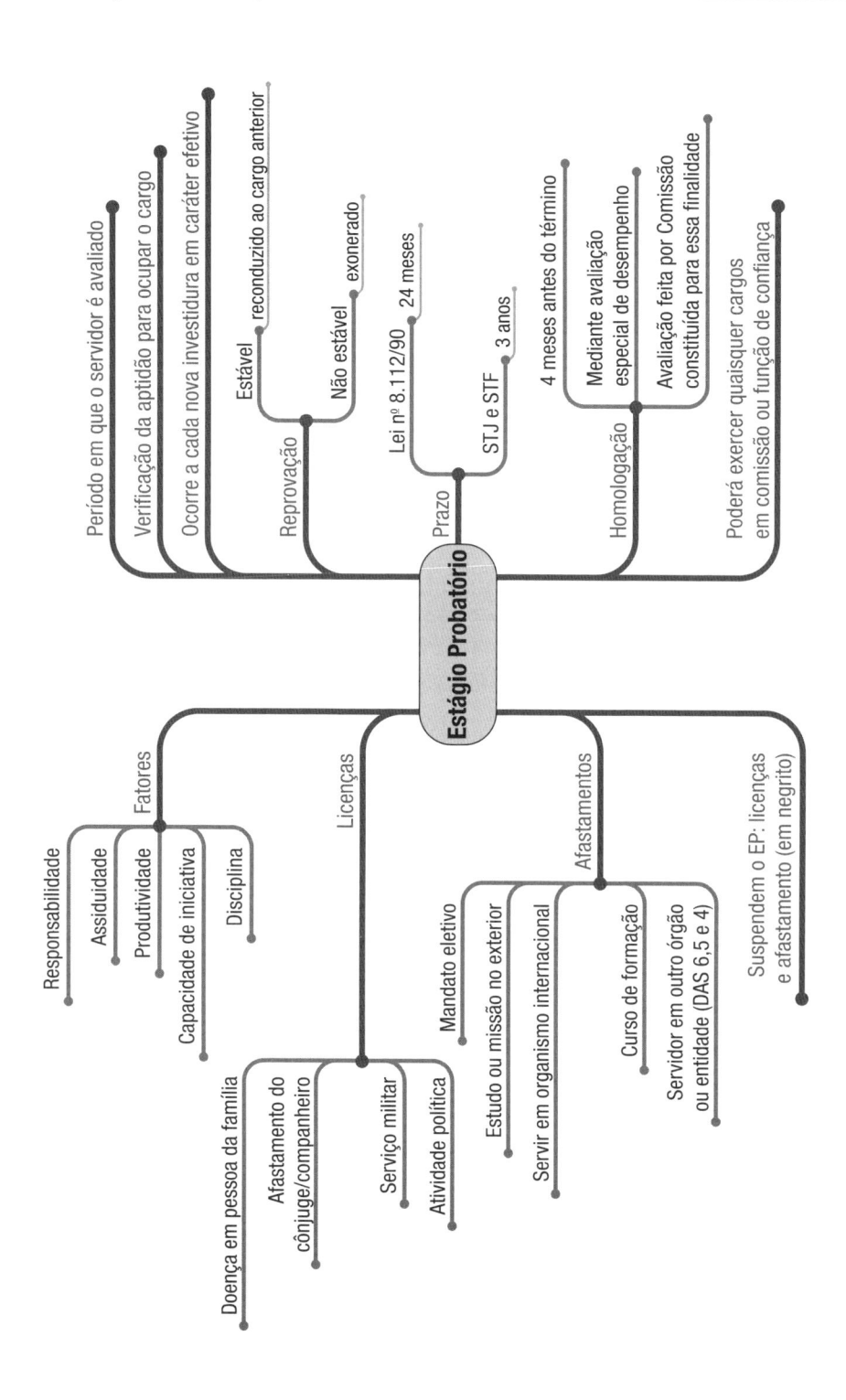

Estágio Probatório

- **Período em que o servidor é avaliado**
- **Verificação da aptidão para ocupar o cargo**
- **Ocorre a cada nova investidura em caráter efetivo**
- **Reprovação**
  - Estável — reconduzido ao cargo anterior
  - Não estável — exonerado
- **Prazo**
  - Lei nº 8.112/90 — 24 meses
  - STJ e STF — 3 anos
- **Homologação**
  - 4 meses antes do término
  - Mediante avaliação especial de desempenho
  - Avaliação feita por Comissão constituída para essa finalidade
- **Poderá exercer quaisquer cargos em comissão ou função de confiança**

- **Fatores**
  - Responsabilidade
  - Assiduidade
  - Produtividade
  - Capacidade de iniciativa
  - Disciplina

- **Licenças**
  - Doença em pessoa da família
  - Afastamento do cônjuge/companheiro
  - Serviço militar
  - Atividade política

- **Afastamentos**
  - Mandato eletivo
  - Estudo ou missão no exterior
  - Servir em organismo internacional
  - Curso de formação
  - Servidor em outro órgão ou entidade (DAS 6, 5 e 4)

- **Suspendem o EP: licenças e afastamento (em negrito)**

7. FORMAS DE PROVIMENTO

Quando tratamos das formas de provimento nos referimos à terminologia jurídica utilizada para designar o preenchimento do cargo público, com a respectiva indicação do seu provável titular. Dissemos provável titular pelo fato de a nomeação, por si só, ser incapaz de garantir a investidura no cargo, uma vez que esta somente ocorrerá com a posse, isto é, com a aceitação do candidato.

O provimento dos cargos públicos estatutários é classificado em originário e derivado; este último, por sua vez, subdivide-se em vertical, horizontal e por reingresso.

O provimento originário (ou autônomo) é aquele que **não depende de qualquer vínculo anterior** do indivíduo com o cargo. A única forma de provimento originário é a nomeação, à qual já fizemos as necessárias considerações em momento anterior deste curso.

Por sua vez, o **provimento derivado** só pode ocorrer em relação a quem já foi investido em cargo público e, por conseguinte, possua algum vínculo anterior com o serviço público. Em outros termos, as formas de provimento derivado são próprias de quem já é servidor público. Por exemplo, somente será promovido o indivíduo que é servidor público (provimento originário). Por outro lado, poderá ser nomeada para ocupar cargo público qualquer pessoa que preencha os requisitos básicos previstos em lei, mesmo que não possua qualquer ligação anterior com o serviço público. Repise-se: a nomeação é a única forma de provimento originário, sendo de provimento derivado todas as demais formas.

Como subclassificações do provimento derivado, temos o **provimento derivado vertical**, que se refere à movimentação do servidor na carreira mediante promoção, passando a nível mais elevado dentro da carreira em que foi investido. A promoção, prevista no art. 17 do Estatuto dos servidores federais, é forma de provimento derivado vertical.

O **provimento derivado horizontal** é aquele em que o servidor, mediante o advento de certos acontecimentos, é colocado em cargo distinto do que ocupava anteriormente, sem que haja ascensão à classe superior ou rebaixamento em sua situação funcional. A readaptação, prevista no art. 24 do regime jurídico dos servidores federais, é forma de provimento derivado horizontal, por significar apenas a passagem do servidor a um cargo que seja compatível com a limitação que tenha sofrido em sua capacidade física ou mental, verificada por junta médica oficial.

Por fim, temos o **provimento derivado por reingresso**, que é aquele em que o servidor retorna ao serviço do qual havia sido desligado.[93] A reversão, o aproveitamento, a reintegração e a recondução são modalidades de provimento derivado por reingresso.

```
                    ┌─ Originário ─────────► Nomeação
                    │  (ou autônomo)
                    │
                    │              ┌─ Vertical ──────► Promoção
Provimento ─────────┤              │
                    │              │
                    └─ Derivado ───┤─ Horizontal ────► Readaptação
                                   │
                                   │                  ┌─ Reversão
                                   │                  │
                                   └─ Por Reingresso ─┤─ Aproveitamento
                                                      │
                                                      ├─ Reintegração
                                                      │
                                                      └─ Recondução
```

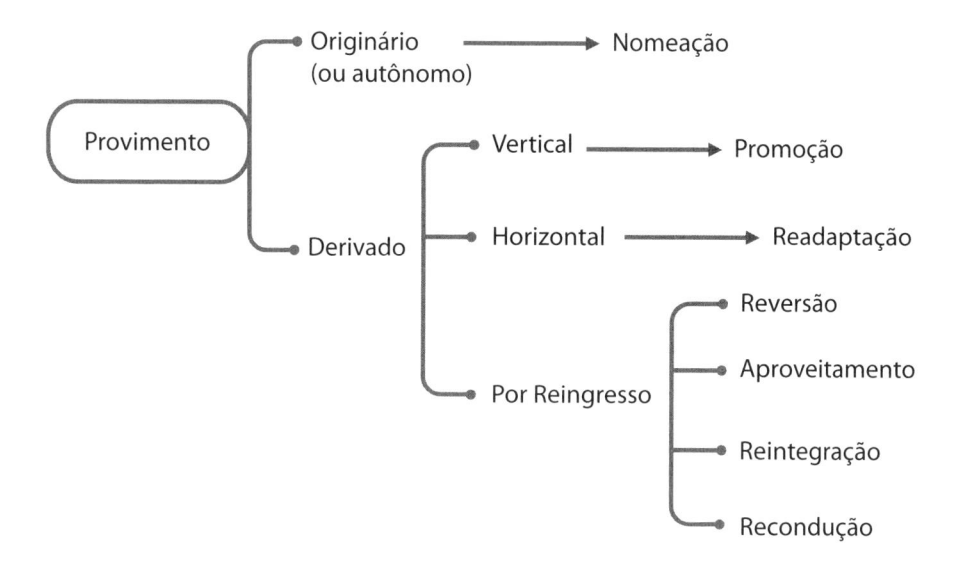

De maneira sintética, podemos conceituar as formas de provimento da Lei nº 8.112/90 da seguinte maneira:

a) **nomeação**: é a forma de preenchimento inicial do cargo público;

b) **promoção**: movimentação vertical do servidor dentro da mesma carreira com aumento do valor do vencimento;

c) **readaptação**: ocorre quando o servidor sofre acidente ou doença incapacitante que o inabilita para o exercício das atribuições do cargo que ocupa. Nesse caso, o servidor é readaptado num cargo que seja compatível com sua nova limitação;

d) **reversão**: é o retorno à atividade do servidor aposentado e pode ocorrer de ofício quando o servidor é aposentado por invalidez e, posteriormente, fica curado de sua doença ou limitação; ou a pedido, no interesse da Administração, quando o próprio servidor, satisfeitos alguns requisitos previstos no Estatuto, solicita o seu retorno ao serviço público;

e) **aproveitamento**: é o retorno do servidor estável que se encontra em disponibilidade remunerada e sua colocação em cargo compatível com o que anteriormente ocupava;

---

93 BANDEIRA DE MELLO, Celso Antônio. *Curso de Direito Administrativo*. 25ª ed. São Paulo: Malheiros, 2007, p. 306.

f) **reintegração**: é a reinvestidura do servidor estável demitido injustamente com ressarcimento de todos os danos sofridos por este; e

g) **recondução**: é o retorno do servidor estável ao cargo anteriormente ocupado, por conta de desistência ou reprovação em estágio probatório relativo a novo cargo ou reintegração do anterior ocupante.

É forçoso mencionar que o rol das formas de provimento elencadas acima e previstas no art. 8º do Regime Estatutário é taxativo, *numerus clausus*. Isto é, não cabe aos órgãos e entidades da Administração Pública adotar outras formas de provimento que não as que estejam previstas no dispositivo legal supramencionado. Ademais, diante do exposto, os institutos da ascensão, transferência, transformação não são mais admitidos como formas de provimento.

Nesse esteio, vale lembrar que a **ascensão funcional** (deslocamento de servidor para outro cargo efetivo de carreira diversa daquela em que ingressou via concurso público – seria o caso de passagem de Técnico Judiciário para Analista Judiciário) e a **transferência** (passagem de servidor estável de cargo efetivo para outro de igual denominação, pertencente a quadro de pessoal diverso do mesmo Poder – ex.: um Agente Administrativo do DNIT passar a integrar os quadros da ANAC), inicialmente inseridas no Regime Estatutário como formas de provimento, foram julgadas inconstitucionais pelo STF e posteriormente revogadas pela Lei nº 9.527/97.[94]

Nessa esteira, dispõe a Súmula Vinculante nº 43 (antiga Súmula nº 685 do STF):

> É inconstitucional toda modalidade de provimento que propicie ao servidor investir-se, sem prévia aprovação em concurso público destinado ao seu provimento, em cargo que não integra a carreira na qual foi anteriormente investido.

7.1. Promoção

Promoção significa a **movimentação vertical** pelas classes que compõem a carreira na qual o servidor foi investido. É a elevação de níveis dentro da mesma carreira na qual foi investido o servidor com proporcional aumento de vencimentos e responsabilidades.

Exemplificativamente, imaginemos um Delegado de Polícia Civil que ingressa na carreira na terceira categoria. Após três anos de efetivo exercício,

---

94 A respeito, consultar ADI 231/RJ, Rel. Min. MOREIRA ALVES, DJ 05.08.1992: "ficam banidas, das formas de investidura admitidas pela Constituição, a ascensão e a transferência, que são formas de ingresso em carreira diversa daquela para a qual o servidor público ingressou por concurso, e que não são, por isso mesmo, ínsitas ao sistema de provimento em carreira, ao contrário do que sucede com a promoção, sem a qual obviamente não haverá carreira, mas, sim, uma sucessão ascendente de cargos isolados".

desempenho satisfatório em avaliação e conclusão de curso de aperfeiçoamento, passa à segunda categoria. Após cinco anos, desempenho satisfatório e conclusão de curso de aperfeiçoamento, passa à primeira categoria e, posteriormente, segundo as mesmas condições, atinge a categoria especial. A cada vez que o delegado passa de uma categoria a outra, há promoção.

De todo o exposto, resta a conclusão insofismável de que a promoção só poderá ocorrer em relação aos cargos de carreira, jamais com os cargos isolados, pois nesses não há classes e padrões de desenvolvimento na carreira.

A **promoção não interrompe o tempo de exercício**, que é contado no novo posicionamento na carreira a partir da data de publicação do ato que promover o servidor (art. 17).

O Estatuto dos servidores federais pouco tratou sobre esta forma de provimento, o que ficou relegado às leis que regulamentam especificamente o plano de carreira de determinadas categorias do serviço público, como é o caso dos policiais federais, auditores fiscais, bombeiros militares etc.

Não confunda promoção com ascensão (figura declarada inconstitucional pelo STF). A promoção trata-se de movimentação nas classes dentro da mesma carreira, enquanto a ascensão dá-se com a movimentação de uma carreira para outra sem que haja concurso público. Na ascensão, o servidor poderia, por exemplo, ser nomeado como Técnico Judiciário de um Tribunal e passar a ser Analista Judiciário depois de certo período. Hoje, essa forma de provimento não é mais permitida. Uma vez aprovado para o cargo de Técnico Judiciário, o servidor será Técnico Judiciário definitivamente, a não ser que faça concurso para o cargo de Analista Judiciário e seja aprovado nesse. Em suma, na promoção, não há passagem automática de uma carreira para outra, mas movimentação vertical dentro de uma mesma carreira.[95]

Por fim, cabe mencionar que há diversos instrumentos normativos que dispõem sobre o plano de carreira dos servidores públicos federais. A título de exemplo, a Lei nº 11.416, de 15 de dezembro de 2006, que dispõe sobre as carreiras dos servidores do Poder Judiciário da União. Nesse diploma, estão diferenciadas a promoção e a progressão. Enquanto esta representa a passagem entre os padrões de uma mesma classe, aquela significa a passagem de uma classe para outra dentro da carreira.

Para ilustrar o sobredito, valemo-nos do valioso exemplo do Prof. Carvalho Filho, vazado nos seguintes termos:

> "suponha-se que a carreira de Técnico de Administração tenha 3 classes, correspondentes aos níveis A, B e C e que

---

[95] É inconstitucional a lei estadual que prevê que determinados cargos da Administração Pública serão preenchidos mediante concurso do qual somente participarão servidores públicos (concurso interno). Essa espécie de "promoção interna" viola o princípio da ampla acessibilidade aos cargos públicos (art. 37, II, da CF/88). STF, ADI 917/MG, red. p/ o acórdão Min. TEORI ZAVASCKI, Julg.: 06.11.2013 (Info 727).

em cada classe haja três padrões de vencimentos (X,Y e Z). Se o servidor é Técnico de nível A e tem o padrão X, ao passar para o padrão Y, é beneficiado pela progressão. Após percorrer todos os padrões, terá direito a ocupar o cargo de Técnico de nível B: nesse momento sua melhoria funcional se processou pela promoção, visto que saiu de um cargo (o de Técnico nível A, em consequência, ficou vago) e ingressou em cargo de outra classe".[96]

7.2. Readaptação

Readaptação é a investidura do servidor em cargo de atribuições e responsabilidades compatíveis com a **limitação** que tenha sofrido em sua **capacidade física ou mental** verificada em inspeção médica (art. 24).

Anote-se que, sempre que possível, o servidor será licenciado para tratamento da própria saúde até 24 meses, ao final dos quais, se não estiver apto para o serviço público, será aposentado por invalidez permanente (art. 188, § 1º).

Imagine o caso de servidor motorista de veículo oficial que, durante uma viagem de férias, colide o veículo num poste de iluminação pública e, com o impacto, perde os movimentos dos braços. Nesse caso, se por um lado o servidor não pode mais exercer as atribuições no cargo de motorista, por outro, nada justifica a concessão de aposentadoria por invalidez, posto que esse servidor poderá continuar desenvolvendo seu trabalho, só que em outro cargo compatível com essa nova limitação, o de auxiliar administrativo na área de atendimento ao público, por exemplo. A essa forma de provimento em cargo distinto do anteriormente ocupado, dá-se o nome de readaptação, pois trata-se de recolocar o servidor em cargo compatível com a limitação, física ou mental, que tenha sofrido.

A readaptação será efetivada em cargo de **atribuições afins**, respeitada a **habilitação exigida**, **nível de escolaridade** e **equivalência de vencimentos**, e, na hipótese de inexistência de cargo vago, o servidor exercerá suas atribuições como **excedente**, até a ocorrência de vaga (art. 24, § 2º).

O exercício como excedente significa que será criada uma espécie de cargo imaginário que existirá até surgir uma nova vaga em cargo compatível, situação em que o servidor terá prioridade na ocupação desta vaga. Note que o servidor continua trabalhando normalmente, sem prejuízo de sua remuneração. Em verdade, o efeito prático de o servidor ficar como excedente é que, quando surgir vaga, ele terá prioridade em relação a outros servidores que não estejam em idêntica situação.

---

96 CARVALHO FILHO, José dos Santos. *Manual de Direito Administrativo*. 20ª ed. Rio de Janeiro: Lumen Juris, 2008, p. 581.

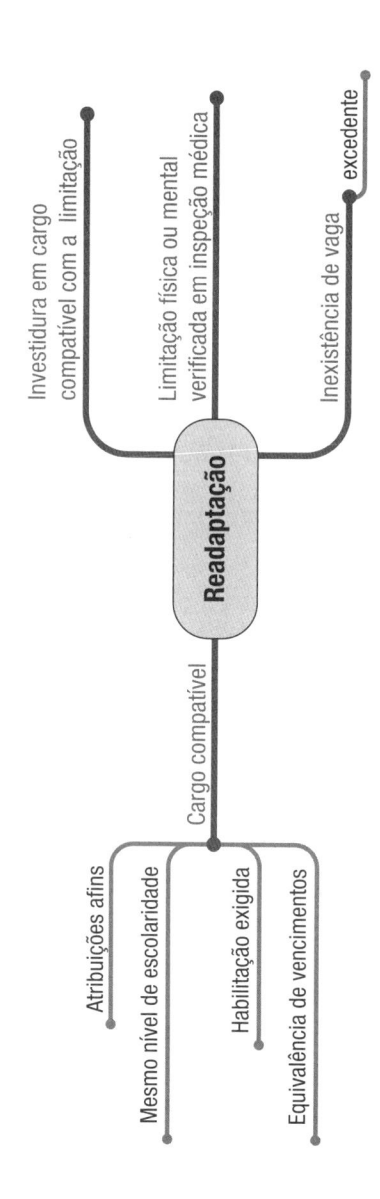

Readaptação

- Investidura em cargo compatível com a limitação
- Limitação física ou mental verificada em inspeção médica
- Inexistência de vaga excedente
- Cargo compatível
  - Atribuições afins
  - Mesmo nível de escolaridade
  - Habilitação exigida
  - Equivalência de vencimentos

7.3. Reversão

Reversão é o retorno à atividade de servidor aposentado e dar-se-á por uma das seguintes modalidades (art. 25):[97]

> I – **de ofício**, por invalidez, quando junta médica oficial declarar insubsistentes os motivos da aposentadoria;[98] ou
>
> II – **no interesse da administração**, desde que:
>
> a) tenha solicitado a reversão;
>
> b) a aposentadoria tenha sido voluntária;
>
> c) estável quando na atividade;
>
> d) a aposentadoria tenha ocorrido nos cinco anos anteriores à solicitação;
>
> e) haja cargo vago; e
>
> f) tenha menos de 70 anos de idade.

Para ilustrar a reversão de ofício, vejamos o caso de um servidor público, controlador de tráfego aéreo, que seja acometido de alienação mental. Nesse caso, como trata-se de doença grave, esse servidor será aposentado por invalidez, nos termos do inciso I do § 1º do art. 40 da Constituição. Todavia, nos primeiros anos de inatividade, esse servidor será submetido periodicamente a inspeções médicas até que sua aposentadoria seja declarada permanente. Imaginemos que em uma dessas inspeções médicas fique cabalmente demonstrada, por meio de sucessivos e criteriosos exames, a cura desse servidor. Nessa situação, a Administração deverá providenciar a sua reversão ao cargo que ocupava anteriormente, pois os motivos que justificaram a aposentadoria por invalidez deixaram de existir. Isto é, esse servidor está plenamente apto ao trabalho.

Na segunda espécie de reversão, não há qualquer obscuridade em sua aplicação: trata-se de um servidor público que cumpriu os requisitos para aposentadoria voluntária (idade, tempo de contribuição, dez anos de serviço público e cinco anos no cargo em que se deu a aposentadoria), e efetivamente o fez. Todavia, pouco tempo depois, se arrependeu e solicitou o retorno à repartição.[99]

---

97 O Decreto nº 3.644, de 30 de novembro de 2000, regulamenta o art. 25 da Lei nº 8.112/90.

98 É que o servidor aposentado por invalidez permanente submeter-se-á a um período de cerca de cinco anos para confirmação da invalidez, dentro do qual será submetido a sucessivas avaliações médicas, e ao término do qual a aposentadoria se converte em definitiva.

99 Mais detalhes sobre Regime Previdenciário dos Servidores Públicos, consulte o capítulo VI desta obra (Seguridade Social).

Os requisitos previstos em Lei para a reversão no interesse da Administração são cumulativos, vale dizer, devem ser observados conjuntamente para que essa modalidade de reversão seja possível.

No caso da reversão de ofício, encontrando-se provido o cargo, o servidor exercerá suas atribuições como **excedente**, até a ocorrência de vaga (art. 25, § 3º). Observe que o servidor revertido no interesse da Administração nunca ficará como excedente, já que um dos requisitos para que a reversão ocorra é justamente a existência de cargo vago. Aliás, **as duas únicas hipóteses em que o servidor ficará como excedente são: readaptação e reversão de ofício**.

Se o servidor público voltar ao serviço por reversão, ocupará o mesmo cargo que ocupava em momento anterior à aposentadoria, ou, caso esse tenha sido transformado, exercerá o cargo resultante de sua transformação.[100] O tempo em que o servidor estiver em exercício será considerado para concessão da aposentadoria (art. 25, § 2º). O servidor que retornar à atividade por interesse da Administração perceberá, em substituição aos proventos da aposentadoria, a remuneração do cargo que voltar a exercer, inclusive com as vantagens de natureza pessoal que percebia anteriormente à aposentadoria (art. 25, § 4º). O servidor de que trata o inciso II somente terá os proventos calculados com base nas regras atuais se permanecer pelo menos cinco anos no cargo (art. 25, § 5º).

---

100 A transformação de um cargo ocorre quando há modificação de suas atribuições e, consequentemente, de sua denominação, a exemplo do cargo de técnico judiciário, área apoio especializado, especialidade taquigrafia, transformado em técnico judiciário, área administrativa.

Reversão

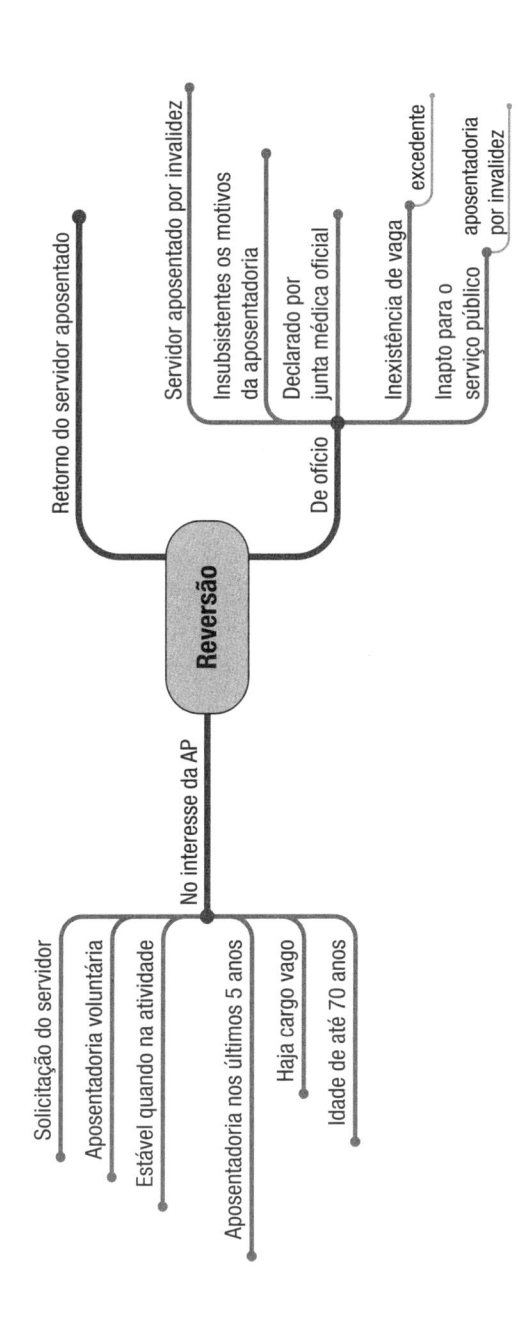

- **Retorno do servidor aposentado**
- **De ofício**
  - Servidor aposentado por invalidez
  - Insubsistentes os motivos da aposentadoria
  - Declarado por junta médica oficial
  - Inexistência de vaga
    - excedente
    - aposentadoria por invalidez
  - Inapto para o serviço público
- **No interesse da AP**
  - Solicitação do servidor
  - Aposentadoria voluntária
  - Estável quando na atividade
  - Aposentadoria nos últimos 5 anos
  - Haja cargo vago
  - Idade de até 70 anos

7.4. Aproveitamento

O aproveitamento tem diversas aplicações no âmbito do Regime Jurídico, por isso não há um conceito legal que expresse todas as aplicações do instituto. O que faremos aqui é um estudo panorâmico sobre as suas ocorrências no Estatuto.

Na lição do Prof. José dos Santos Carvalho Filho, o aproveitamento é

> "o retorno do servidor a determinado cargo, tendo em vista que o cargo que ocupava foi extinto ou declarado desnecessário. Enquanto não se dá o aproveitamento, o servidor permanece em situação transitória denominada de disponibilidade remunerada. A disponibilidade reclama que a Administração providencie o adequado aproveitamento do servidor, evitando-se que fique indefinidamente percebendo remuneração sem exercer qualquer função pública".[101]

O retorno à atividade de servidor em disponibilidade far-se-á mediante **aproveitamento obrigatório** em cargo de atribuições e vencimentos compatíveis com o anteriormente ocupado (art. 30).[102]

A disponibilidade remunerada, conceitua Bandeira de Mello, "é o ato pelo qual o Poder Público transfere para a inatividade remunerada servidor estável cujo cargo venha a ser extinto ou ocupado por outrem em decorrência de reintegração, sem que o desalojado proviesse de cargo anterior ao qual pudesse ser reconduzido e sem que existisse outro da mesma natureza para alocá-lo".[103] É um instituto criado para garantir a permanência do servidor em face da sua desinvestidura do cargo.[104, 105]

Sinteticamente, a disponibilidade ocorre nas seguintes hipóteses:

a) extinção do cargo;

b) declaração de desnecessidade do cargo;

---

101 *Manual de Direito Administrativo*. 20ª ed. Rio de Janeiro: Lumen Juris, 2008, p. 581.
102 O servidor público posto em disponibilidade tem o direito de ser aproveitado em outro cargo da Administração Pública Direta ou Indireta, desde que observada a compatibilidade de atribuições e vencimentos com o cargo anterior (STF, RE-AgR 560.464/DF, Rel. Min. EROS GRAU, DJ 15.02.2008).
103 MELLO, Celso Antônio Bandeira de. *Curso de Direito Administrativo*. 25ª ed. São Paulo: Malheiros, 2007, p. 306.
104 O Decreto nº 3.151, de 23 de agosto de 1999, dispõe sobre critérios para colocação do servidor em disponibilidade.
105 O STF entende que o aproveitamento deve ocorrer somente se as atribuições do cargo recém-criado forem semelhantes às do cargo extinto, sob pena de inconstitucionalidade por violação ao princípio do concurso público (ADI 3.582, Rel. Min. SEPÚLVEDA PERTENCE, DJ 17.08.2007).

c) extinção do cargo ou entidade sem que haja aproveitamento dos servidores ou redistribuição dos cargos; e

d) impossibilidade de aproveitamento imediato na reintegração.

O órgão central do Sistema de Pessoal Civil determinará o imediato aproveitamento de servidor em disponibilidade em vaga que vier a ocorrer nos órgãos ou entidades da Administração Pública Federal (art. 31).

Nos casos de reorganização ou extinção de órgão ou entidade, extinto o cargo ou declarada sua desnecessidade no órgão ou entidade, o servidor estável que não for redistribuído será colocado em disponibilidade, mantido sob responsabilidade do órgão Central do Sistema de Pessoal Civil da Administração Federal – SIPEC, até o seu adequado aproveitamento em outro órgão ou entidade (art. 31, parágrafo único).

Será **tornado sem efeito o aproveitamento** e **cassada a disponibilidade** se o servidor não entrar em exercício no prazo legal, salvo doença comprovada por junta médica oficial (art. 32). Uma vez que haja vaga, o servidor não poderá recusar o cargo que lhe for oferecido, sob pena de, mediante processo administrativo disciplinar, cassação de sua disponibilidade se não entrar em exercício no cargo dentro de 15 dias. Sobre esse assunto, o STF editou a Súmula nº 39, que dispõe que:

> *À falta de lei, funcionário em disponibilidade não pode exigir, judicialmente, o seu aproveitamento, que fica subordinado ao critério de conveniência da Administração.*

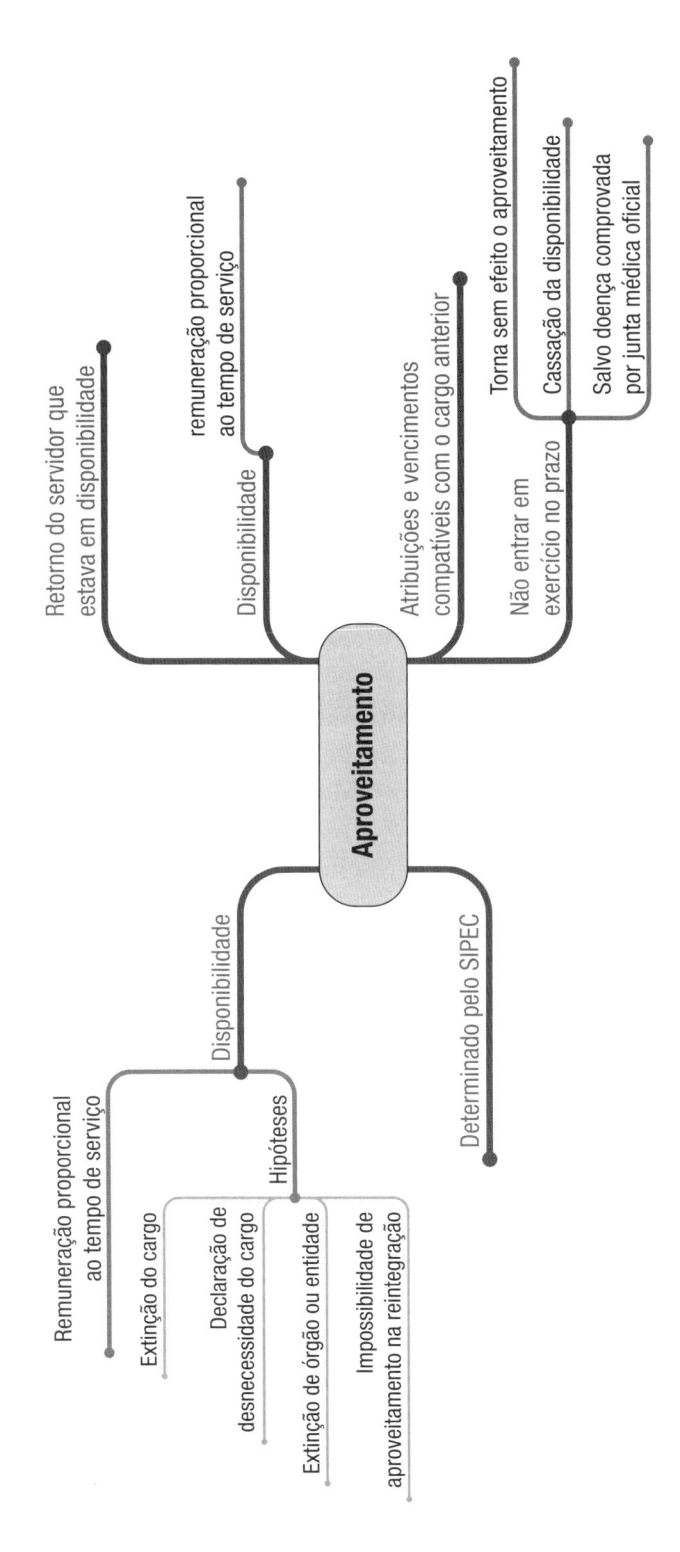

Aproveitamento

- **Disponibilidade**
  - Hipóteses
    - Extinção do cargo
    - Declaração de desnecessidade do cargo
    - Extinção de órgão ou entidade
    - Impossibilidade de aproveitamento na reintegração
  - Remuneração proporcional ao tempo de serviço
- **Determinado pelo SIPEC**
- **Retorno do servidor que estava em disponibilidade**
- **Disponibilidade**
  - remuneração proporcional ao tempo de serviço
- **Atribuições e vencimentos compatíveis com o cargo anterior**
- **Não entrar em exercício no prazo**
  - Torna sem efeito o aproveitamento
  - Cassação da disponibilidade
  - Salvo doença comprovada por junta médica oficial

7.5. Reintegração

A reintegração é a reinvestidura do servidor **estável** no cargo anteriormente ocupado, ou no cargo resultante de sua transformação, quando **invalidada a sua demissão** por decisão administrativa ou judicial, com **ressarcimento de todas as vantagens**, inclusive as remunerações e demais vantagens pecuniárias, promoções, tempo de serviço, a que faria jus o servidor se em exercício estivesse (art. 28).

Exemplificativamente, seria o caso de um servidor que tenha sido demitido sob o argumento de inassiduidade habitual (60 dias ou mais de falta ao serviço durante um período de 12 meses) e, posteriormente, tenha comprovado, judicial ou administrativamente, a ilicitude da sua demissão.

Na hipótese de o cargo ter sido **extinto**, o servidor ficará em **disponibilidade** até o seu adequado aproveitamento em outro cargo (art. 28, § 1º).

Situação diversa ocorre quando o cargo está preenchido. A depender da situação do eventual ocupante, haverá uma série de providências a serem tomadas:

a) se for **estável** no serviço público, será **reconduzido** ao cargo de origem, sem direito à indenização, **aproveitado** em outro cargo, ou, ainda, posto em **disponibilidade**, em caso de não haver cargo no qual possa ser aproveitado.

b) se ainda **não for estável**, será **exonerado**.

Por derradeiro, cabe ressaltar que, embora a lei seja expressa ao definir que a reintegração é direito do servidor **estável**, seria desarrazoado concebermos que o servidor em estágio probatório demitido injustamente não teria garantia de retorno ao serviço público. Embora não possamos chamar de reintegração, certamente este servidor retornará ao serviço público.

Situação semelhante é a do servidor em estágio probatório que é demitido, mas consegue comprovar administrativa ou judicialmente a nulidade do ato disciplinar que o demitiu. A peculiaridade do caso é que a reintegração é forma de provimento exclusiva de servidores estáveis, conforme expressa previsão constitucional (art. 41, § 2º) e legal (art. 28, Lei nº 8.112/90). Diante desse impasse, indagamos se tal servidor fará jus à reparação do erro para com ele cometido. Isto é, poderá tal servidor retornar ao serviço público? Certamente, poderá. Contudo, esse retorno não se dará por reintegração, que é própria de servidores estáveis.

Capítulo 2

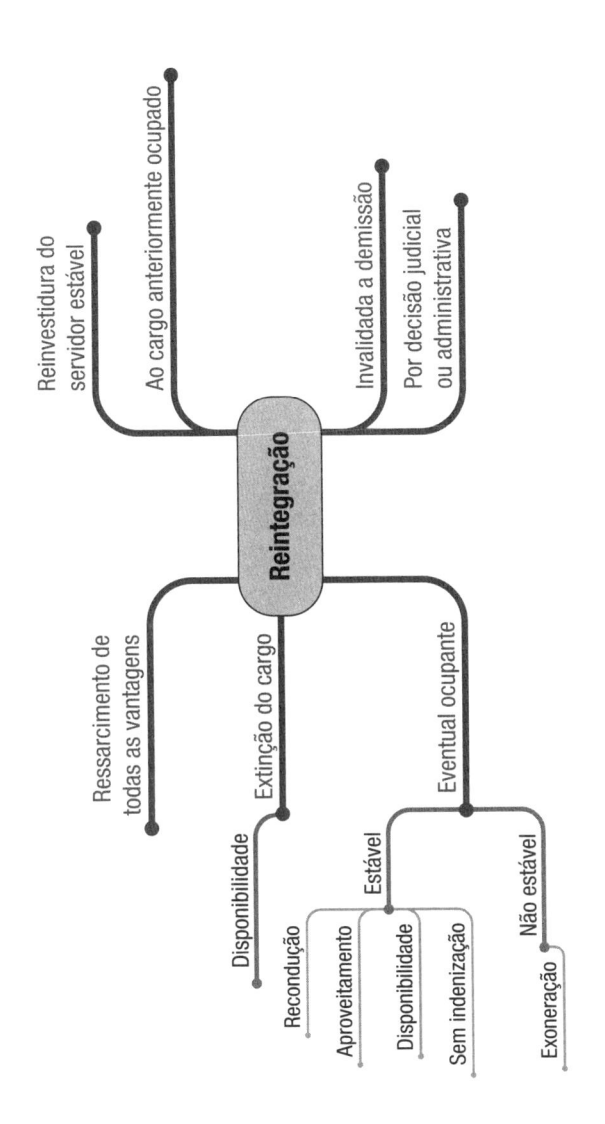

Reintegração

- Reinvestidura do servidor estável
- Ao cargo anteriormente ocupado
- Invalidada a demissão
- Por decisão judicial ou administrativa
- Ressarcimento de todas as vantagens
- Extinção do cargo
  - Disponibilidade
- Eventual ocupante
  - Estável
    - Recondução
    - Aproveitamento
    - Disponibilidade
    - Sem indenização
  - Não estável
    - Exoneração

7.6. Recondução

Recondução é o retorno do **servidor estável** ao **cargo anteriormente ocupado**, e decorrerá de:

I. inabilitação em estágio probatório relativo a outro cargo;

II. desistência do estágio probatório relativo a outro cargo; e

III. reintegração do anterior ocupante.

Quanto ao primeiro caso, decorre do fato de que, mesmo sendo estável, a cada nova investidura em cargo de provimento efetivo o servidor deve cumprir novo estágio probatório, já que a razão do estágio é aferir a aptidão do servidor para o exercício das atribuições específicas do cargo. Sendo assim, para cada nova investidura, novo estágio probatório. Ocorre que, na hipótese apresentada, o servidor já adquiriu estabilidade no serviço público, o que resta lógico inferir que foi aprovado no estágio probatório relativo a um primeiro cargo. Assim, se o servidor se submeter a uma segunda investidura decorrente de aprovação em concurso público, deverá cumprir novo estágio probatório e, caso seja nesse segundo estágio reprovado, terá direito a retornar ao cargo que ocupava anteriormente, em decorrência da estabilidade de que é portador e da aprovação em estágio relativo ao primeiro cargo – afinal, a sua aptidão já foi aferida quanto ao primeiro cargo. Em síntese, a reprovação do servidor estável em estágio probatório relativo a uma segunda investidura enseja a sua recondução ao cargo que ocupava anteriormente, pois enquanto não confirmado no estágio probatório do novo cargo não estará extinta a situação anterior.[106]

Quanto à segunda hipótese de recondução, é perfeitamente possível que o servidor estável, por livre e espontânea manifestação de vontade, resolva por motivos pessoais desistir do estágio probatório relativo a uma segunda investidura. Nesses casos, terá direito de regresso ao cargo que ocupava anteriormente. É que, enquanto não confirmado o estágio probatório no novo cargo, não estará extinta a situação anterior. Em outro dizer: o vínculo com o cargo anteriormente ocupado para o qual se tenha adquirido estabilidade somente é rompido com a aquisição de estabilidade no novo cargo. A exoneração a pedido ou a declaração de vacância não têm o condão de promover a ruptura desse vínculo. Sobre a hipótese em comento, a Advocacia-Geral da União editou a Súmula Administrativa nº 16, de 19.06.2002:

---

106 STF, MS 24.543/DF, Rel. Min. CARLOS VELLOSO, DJ 12.09.2003.

> *O servidor estável investido em cargo público, em virtude de habilitação em concurso público, poderá desistir do estágio probatório a que é submetido com apoio no art. 20 da Lei nº 8.112/90, de 11 de dezembro de 1990, e ser reconduzido ao cargo inacumulável de que foi exonerado, a pedido. Não se interporá recurso de decisão judicial que reconhecer esse direito.*

É relevante destacar que para que a recondução nessa modalidade seja possível é necessário que o servidor tenha sido estável em cargo anterior e que ainda não tenha alcançado estabilidade no novo cargo.

E, por fim, a terceira hipótese em que há recondução é aquela em que o servidor estável ocupa, em sua segunda investidura, vaga que foi gerada pela demissão do anterior ocupante do cargo e este consegue invalidar o ato de demissão. Nesse caso, o servidor demitido injustamente retorna ao cargo que ocupava e o seu eventual ocupante, se estável, é reconduzido ao cargo que ocupava anteriormente.

Encontrando-se **provido o cargo de origem**, o servidor será **aproveitado** em outro cargo compatível com o que ocupava anteriormente (art. 29, parágrafo único). Perceba que o servidor estável no serviço público, ao ser reprovado em estágio probatório relativo a outro cargo, via de regra, ocorrerá a recondução. Porém, se este estiver preenchido, ocorrerá o aproveitamento. Logo, podemos afirmar que a recondução somente se verifica na ocorrência de cargo vago. Caso contrário, não ocorrerá a recondução, mas o aproveitamento.

Uma vez que tenhamos tratado das formas de provimento derivado por reingresso, em que o servidor público retorna ao serviço público, em apertada síntese, disponibilizamos no quadro abaixo as situações que podem ocorrer em relação ao servidor que retorna e ao eventual ocupante da vaga, conforme o caso. Observe-se, de antemão, que a única hipótese em que o ocupante do cargo se vê obrigado a abandonar o cargo, quando do retorno do servidor por alguma das formas de provimento, é a reintegração. Nas demais, o eventual ocupante do cargo continuará como tal, e o servidor que retorna é que ficará como excedente, posto em disponibilidade etc.

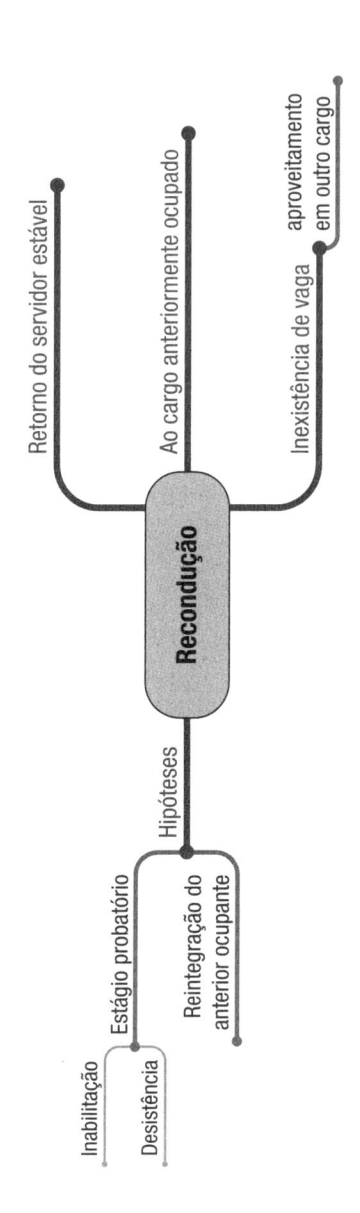

Recondução

Hipóteses:

- Retorno do servidor estável
  - Ao cargo anteriormente ocupado
  - Inexistência de vaga → aproveitamento em outro cargo
- Reintegração do anterior ocupante
  - Estágio probatório
    - Inabilitação
    - Desistência

	Inexistência de vaga	Eventual ocupante	Extinção do cargo
Readaptação	Excedente	Permanece no cargo	--------------
Reversão — De ofício	Excedente	Permanece no cargo	--------------
Reversão — A pedido	--------------	--------------	--------------
Reintegração	Reintegrado na vaga que ocupava anteriormente	Se estável, reconduzido, aproveitado ou posto em disponibilidade. Se não estável, exonerado	Disponibilidade
Recondução	Aproveitamento	Permanece no cargo	--------------

8. VACÂNCIA

A vacância, em oposição ao provimento, que é o preenchimento do cargo, ocorre quando o cargo é desocupado nos seguintes casos:

I. exoneração;

II. demissão;

III. promoção;

IV. recondução;

V. readaptação;

VI. posse em outro cargo inacumulável;

VII. aposentadoria; e

VIII. falecimento.

Note que sublinhamos algumas dessas hipóteses para destacar que nesses casos há **provimento** e **vacância, simultaneamente**. Isto é, ao mesmo tempo em que o servidor deixa vago o cargo "A", o faz exatamente para prover o cargo "B".

A **recondução não está expressamente prevista em lei como hipótese de vacância**, embora haja consenso na doutrina de que se trata também de hipótese de vacância, uma vez que deixar um cargo "B" para retornar ao cargo "A" anteriormente ocupado significa a vacância deste último e o provimento do primeiro.

Sobre a exoneração, os arts. 34 e 35 da lei prescrevem que:

> **Art. 34.** A exoneração de cargo efetivo dar-se-á a pedido do servidor, ou de ofício.
>
> Parágrafo único. A exoneração de ofício dar-se-á:
>
> I – quando não satisfeitas as condições do estágio probatório;
>
> II – quando, tendo tomado posse, o servidor não entrar em exercício no prazo estabelecido.
>
> **Art. 35.** A exoneração de cargo em comissão e a dispensa de função de confiança dar-se-á:
>
> I – a juízo da autoridade competente;
>
> II – a pedido do próprio servidor.

Assim, temos três tipos de exoneração: a **pedido**, **de ofício** e a **critério da autoridade competente**.

A exoneração **a pedido** ocorre por interesse do servidor. Ao contrário do que ocorre no Direito do Trabalho, nunca haverá demissão a pedido de servidor, pois nesse caso o correto é pedir exoneração. A demissão, no âmbito administrativo, só ocorre como resultado de ilícitos que tenha cometido, cuja apuração far-se-á mediante processo administrativo, em que sejam assegurados ao servidor contraditório e ampla defesa. Uma vez que o servidor tenha pedido exoneração, a Administração será obrigada a deferir o pedido, pois trata-se de ato vinculado, do qual não cabe aferir conveniência ou oportunidade. Sem embargo, a lei estabelece hipóteses em que o servidor estará impedido de pedir exoneração, a saber:

a) o servidor que tiver sido beneficiado com o afastamento para **estudo ou missão no exterior** estará impedido de pedir exoneração por período idêntico ao do afastamento, a não ser mediante pagamento de indenização ao Estado pelo que este despendeu com o servidor enquanto estava no exterior, ou se decorrido período igual ao do afastamento, conforme o art. 95, § 2º;

b) o mesmo regramento previsto na hipótese "a" aplica-se ao servidor que tenha gozado de afastamento para participação em curso de pós-graduação *stricto sensu* (art. 96-A, §§ 4º e 5º); e

c) o servidor que esteja respondendo a processo administrativo disciplinar estará impedido de pedir exoneração ou aposentadoria voluntária enquanto durar o processo administrativo disciplinar (art. 172).

Por sua vez, a exoneração **de ofício** é aquela que ocorre por "dever do ofício", ou seja, a Administração deve praticar o ato, mesmo que haja discordância do servidor. Na exoneração de ofício, a Administração age por ela mesma (logicamente, assegurados o contraditório e ampla defesa do servidor, no que for cabível). No Regime Estatutário, existem apenas dois casos de exoneração de ofício de servidor efetivo, a saber: inabilitação em estágio probatório e não entrada em exercício no prazo de 15 dias contados da posse. No caso da inabilitação em estágio probatório, e consequente exoneração de ofício, estando o servidor concomitantemente respondendo a processo administrativo disciplinar por ato ilícito de natureza grave, a exoneração pode vir a se converter em demissão caso o servidor seja responsabilizado administrativamente (art. 172, parágrafo único).

Há, ainda, outras hipóteses não previstas no Regime Jurídico que também acarretarão a exoneração de ofício do servidor efetivo:

a) desempenho insuficiente em avaliação periódica – art. 41, § 1º, III, CF/88;

b) excesso de despesa com pessoal – art. 169, § 4º, CF/88;

c) reintegração, se o eventual ocupante do cargo ainda for não estável;

d) extinção de cargo de servidor não estável.

A exoneração de ofício do servidor ocupante de cargo em comissão ocorrerá nos casos de excesso de despesas com pessoal. Consoante o art. 169, § 3º, I, da Constituição, em caso de descumprimento do limite de despesa com pessoal, a primeira providência a ser adotada é a redução em pelo menos 20% das despesas com cargo em comissão e funções de confiança.

A última espécie de exoneração é a que fica **a critério da autoridade** nomeante, baseada em conveniência e oportunidade (exoneração *ad nutum*). Inclusive, esse tipo de exoneração pode ser praticado sem que a autoridade sequer alegue os motivos em que se baseou para exonerar o servidor comissionado. Assim, temos um típico caso de ato administrativo que prescinde de motivação. A exoneração a critério da autoridade competente somente se aplica aos servidores ocupantes de cargo em comissão, pois podem ser exonerados livremente pela autoridade nomeante. Jamais haverá exoneração de cargo efetivo a critério da autoridade competente. Em síntese, em se tratando de cargo efetivo, somente poderá ocorrer exoneração a pedido e de ofício.

Exoneração e demissão, embora tenham o mesmo efeito prático (o desligamento do servidor dos quadros da Administração Pública), são mecanismos totalmente diferentes. A demissão é decorrente de cometimento de ato ilícito praticado por servidor, por isso é uma das **penalidades** elencadas no Estatuto. Já a exoneração é **ato administrativo** praticado pela autoridade no exercício de competências que lhe foram conferidas pela lei com o objetivo de garantir o regular funcionamento do serviço público.

Vale salientar que para os ocupantes de cargo em comissão e de função pública não há demissão, pois a penalidade equivalente no caso deles chama-se destituição de cargo em comissão ou destituição de função comissionada, respectivamente.[107] No caso de ilícito administrativo grave cometido por servidor ocupante de cargo em comissão, se este estiver respondendo a processo administrativo e for exonerado a juízo da autoridade, a sua posterior responsabilização administrativa acarretará a conversão da exoneração em destituição do cargo em comissão, que é penalidade propriamente dita (art. 135, parágrafo único).

Ponto digno de nota é a dispensa de função de confiança. Não há que se falar em vacância quando de sua ocorrência pelo simples fato de não se tratar de cargo público, mas de função de confiança, que em última análise é um singelo posto de trabalho.

A fim de ilustrar o que será dito logo a seguir, imaginemos a seguinte situação: Anselmo, servidor público da Secretaria do Tesouro Nacional, dentre os vários concursos em que foi aprovado, escolheu exercer o cargo de Consultor Legislativo do Senado Federal. Nessa situação, o que Anselmo deve fazer, pedir exoneração ou pedir vacância por posse em outro cargo inacumulável? Para respondermos, é útil trazer à colação, uma vez mais, a Súmula Administrativa nº 16 da AGU (grifo nosso):

> *O servidor estável investido em cargo público federal, em virtude de habilitação em concurso público, poderá desistir do estágio probatório a que é submetido com apoio no art. 20 da Lei nº 8.112/90, e ser reconduzido ao cargo inacumulável de que foi **exonerado**, **a pedido**.*

Apesar de o texto literal desta Súmula de efeito vinculante para todo Poder Executivo Federal trazer a hipótese de recondução mesmo quando o servidor é exonerado a pedido, entendem alguns autores que o pedido de exoneração impede a eventual recondução ao cargo, pois nesse caso há quebra do vínculo do servidor com a Administração Pública. Também entendem que, de modo diverso, o pedido de vacância teria o condão de não romper o vínculo do servidor com a Administração, sendo possível a recondução,

---

107 A respeito, consulte o capítulo 4 (Regime Disciplinar).

além da consequente fruição do direito à fruição de férias não gozadas e não indenizadas para o novo cargo no qual o servidor será investido, ainda que este cargo tenha maior remuneração, mas desde que não se trate de Regime Jurídico diverso.[108, 109]

---

108 STJ, REsp 166.354/PB, Rel. Min. FERNANDO GONÇALVES, DJ 21.02.2000: "Ocorrendo vacância, por posse em outro cargo inacumulável, sem solução de continuidade no tempo de serviço, o direito à fruição das férias não gozadas e nem indenizadas transfere-se para o novo cargo, ainda que este último tenha remuneração maior". No mesmo sentido, RE 494.702/RN, Rel. Min. VLADIMIR DA FRANÇA ROCHA, julg.: 06.05.2003.
109 O STJ, em julgado mais antigo (MS 12.107/DF, Rel. Min. FELIX FISCHER, DJ 18.12.2006), entendeu que a recondução motivada pela vacância por posse em outro cargo inacumulável não seria viável quando se tratasse de regimes jurídicos distintos. Entretanto, em decisão mais recente (STJ, MS 12.576/DF, Rel. Min. SEBASTIÃO REIS JÚNIOR, julg.: 26.02.2014), o Tribunal passou a adotar a tese de que o servidor federal estável, submetido a estágio probatório em novo cargo público, tem o direito de ser reconduzido ao cargo ocupado anteriormente, independentemente da esfera administrativa a que pertença o novo cargo.

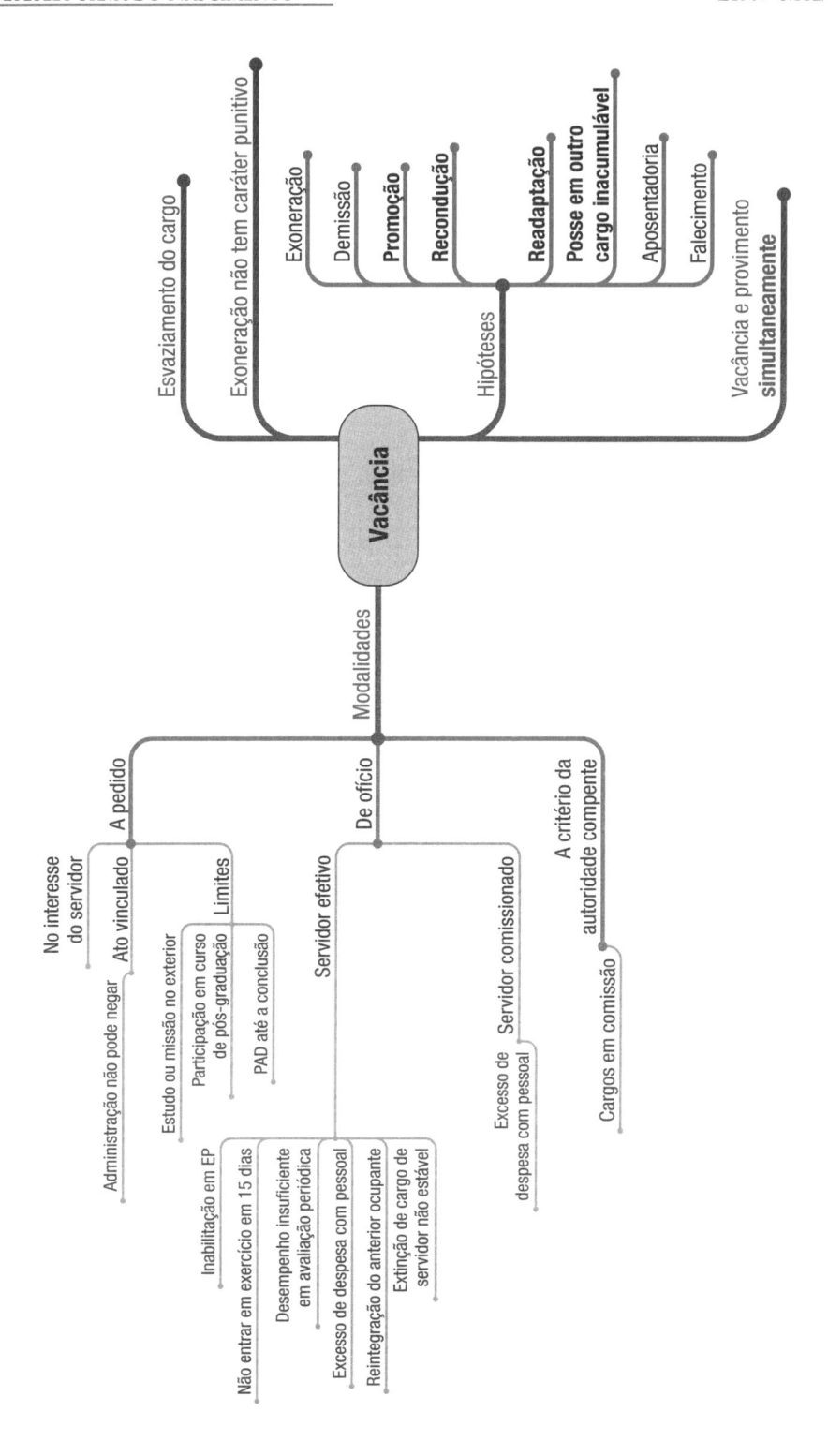

Vacância

Hipóteses
- Esvaziamento do cargo
- Exoneração não tem caráter punitivo
  - Exoneração
  - Demissão
  - **Promoção**
  - **Recondução**
  - **Readaptação**
  - **Posse em outro cargo inacumulável**
  - Aposentadoria
  - Falecimento
- Vacância e provimento **simultaneamente**

Modalidades

A pedido
- No interesse do servidor
- Ato vinculado — Administração não pode negar
- Limites:
  - Estudo ou missão no exterior
  - Participação em curso de pós-graduação
  - PAD até a conclusão

De ofício
- Servidor efetivo
  - Inabilitação em EP
  - Não entrar em exercício em 15 dias
  - Desempenho insuficiente em avaliação periódica
  - Excesso de despesa com pessoal
  - Reintegração do anterior ocupante
  - Extinção de cargo de servidor não estável
- Servidor comissionado
  - Excesso de despesa com pessoal

A critério da autoridade competente
- Cargos em comissão

9. REMOÇÃO

Remoção é o deslocamento do servidor, a pedido ou de ofício, no âmbito do mesmo quadro, com ou sem mudança de sede (art. 36).

A remoção ocorre sempre dentro de um mesmo quadro. Assim sendo, jamais haverá remoção de servidor federal para um órgão ou entidade da esfera estadual ou distrital, por exemplo.

Além disso, poderá ocorrer com ou sem mudança de Sede (município). Um exemplo de remoção com mudança de Sede é o deslocamento de servidor do IBGE (Fundação Instituto Brasileiro de Geografia e Estatística) lotado em Brasília para ter exercício em um município em Minas Gerais, na mesma Fundação. Exemplo de remoção sem mudança de Sede é o caso de um agente administrativo lotado no Edifício Sede do Ministério da Educação (Esplanada dos Ministérios – Brasília) que é deslocado para outra unidade do mesmo órgão (L2 Sul – Brasília).

O parágrafo único do mesmo artigo dispõe sobre as modalidades de remoção:

I. **de ofício, no interesse da Administração**: essa modalidade de remoção diante de necessidade do serviço ocorre para preencher claros de lotação naquelas unidades em que haja carência de pessoal. Nessa modalidade de remoção, não cabe ao servidor resistir ao ato, sob pena de insubordinação grave, falta disciplinar punível com demissão. Em situações como essas, tem aplicação o princípio da supremacia do interesse público sobre o privado;[110]

II. **a pedido, a critério da Administração**: essa modalidade de remoção é aquela que parte do servidor público, mediante requerimento por escrito, no sentido de atender a interesse próprio de mudança de lotação. Ilustrativamente, imaginemos o caso de servidor que é aprovado em concurso público de órgão federal e é lotado em localidade diversa da sua residência habitual e de sua família. Caso o referido servidor deseje retornar à localidade de origem, deverá entrar com pedido de remoção. Todavia, como se trata de interesse predominantemente particular do servidor, a Administração não é obrigada a deferir o pedido, pois se trata de ato discricionário. A autoridade administrativa competente, em cada caso específico, delibera sobre a conveniência e oportunidade da remoção e decide conforme essa análise;

III. **a pedido, para outra localidade, independentemente do interesse da Administração**: a terceira modalidade de remoção

---
110 Lotação corresponde ao número de servidores que devem ter exercício em cada órgão ou entidade da Administração.

decorre de interesse predominante de servidor e independe da discricionariedade da Administração. Em outras palavras, trata-se de remoção a pedido em que o servidor tem direito líquido e certo ao deslocamento, desde que configurada uma das situações previstas em lei em que se aplica essa modalidade de remoção. O parágrafo único, III, do art. 36 determina em quais casos é cabível a remoção a pedido, independentemente de interesse do serviço:

a) **para acompanhar cônjuge ou companheiro, também servidor público civil ou militar, de qualquer dos Poderes da União, dos Estados, do Distrito Federal e dos Municípios, que foi deslocado no interesse da Administração** (ex.: servidora do INSS cujo cônjuge, militar das Forças Armadas, foi removido de ofício de Brasília para o Rio de Janeiro. Nesse caso, a servidora tem direito a ser removida para unidade administrativa da respectiva autarquia no Rio de Janeiro). É importante destacar que somente ocorrerá remoção a pedido, independentemente do interesse da Administração e da existência de vagas, quando o cônjuge ou companheiro, também servidor, é removido no interesse do serviço para outra localidade. Caso contrário, se a remoção do cônjuge ou companheiro deu-se a pedido deste, caberá ao servidor também pleitear a remoção a pedido, a critério da Administração ou, ainda, afastamento por motivo de acompanhamento do cônjuge ou companheiro;[111]

Sobre esta hipótese, faz-se relevante comentarmos importante precedente exarado pelo Superior Tribunal de Justiça ao reconhecer direito de remoção, independentemente do interesse da Administração, a cônjuge de servidor público aprovado em concurso de remoção.

No caso concreto, o marido da servidora, servidor do Tribunal de Contas da União foi selecionado em concurso interno para ser removido para o Rio de Janeiro. Posteriormente, a servidora solicitou sua remoção para acompanhamento do cônjuge, com base no artigo 36, parágrafo único, inciso III, "a", da Lei nº 8.112/90 (Lei do Servidor Público). Para o STJ, "não há como acatar a tese de que a transferência para a cidade do Rio de Janeiro se deu para atender interesse particular do servidor, somente porque este participou voluntariamente de processo seletivo". Em verdade,

---

111 É exatamente esse o entendimento dominante no STJ (REsp 1.290.031-PE, Rel. Min. ARNALDO ESTEVES LIMA, julg.: 20.08.2013; REsp 1.310.531-CE, Rel. Min. MAURO CAMPBELL MARQUES, julg.: 06.11.2012; REsp 1.189.485/RJ, Rel.ª Min.ª ELIANA CALMON, julg.: 17.06.2010 e MS 12.887/DF, Rel. Min. NAPOLEÃO NUNES MAIA FILHO, DJe 09.10.2009; AgRg no REsp 933.473/RS, Rel.ª Min.ª LAURITA VAZ, DJe 15.09.2008).

"o interesse da administração surgiu no momento em que o Tribunal de Contas criou nova unidade de lotação no Rio e abriu concurso de remoção, buscando os melhores currículos para a ocupação dos novos postos de trabalho. O processo seletivo foi apenas o instrumento formal adotado, porquanto a transferência do servidor estaria condicionada ao juízo de conveniência da administração".[112]

b) **por motivo de saúde do servidor, cônjuge, companheiro ou dependente que viva às suas expensas e conste do seu assentamento funcional, condicionada à comprovação por junta médica oficial** (ex.: servidor cujo filho, por questões de problemas respiratórios, não possa residir em regiões de clima seco, sendo imperiosa a mudança de residência. Com efeito, terá direito o servidor a ser removido para localidade que possibilite a recuperação do ente familiar);[113]

c) **em virtude de processo seletivo promovido, na hipótese em que o número de interessados for superior ao número de vagas, de acordo com normas preestabelecidas pelo órgão ou entidade em que aqueles estejam lotados** (ex.: processo seletivo interno para seleção de candidatos à vaga de função de confiança no TRE/BA em que concorrem 20 servidores de diversos tribunais eleitorais. Nessa hipótese, se o servidor que atingir a primeira colocação no processo seletivo estiver lotado no TRE/RJ, então, terá direito a ser removido para o local onde se encontra a vaga da função de confiança. No caso, o TRE/BA).[114, 115]

Finalizando este tópico, não poderíamos deixar de fazer ressalva sobremodo importante. É que embora seja comum a utilização da palavra *transferência* como sinônimo de *remoção* (ao ponto de encontrarmos tal ocorrência na jurisprudência dos nossos tribunais), não devemos cometer

---

112 MS 14.753/DF, Rel. Min. JORGE MUSSI, DJe 13.10.2011.
113 Com base nesse dispositivo, o STJ já garantiu o direito de uma auditora fiscal do trabalho lotada em Palmas (TO) de retornar para Belo Horizonte (MG), sua cidade de origem, por motivos de saúde decorrentes do exercício profissional em que eram comuns viagens pelo interior de Tocantins para realizar vistorias, alegadamente sem amparo ou garantia à sua integridade física (MS 14.236/DF, Rel. Min. NAPOLEÃO NUNES MAIA FILHO, DJe 28.08.2009).
114 É lícito à Administração restringir concurso de remoção a servidores já aprovados em estágio probatório. Não cabe ao Poder Judiciário avaliar a conveniência da vedação de que participem servidores em estágio probatório (STJ, RMS 23.428/RS, Rel.ª Min.ª MARIA THEREZA DE ASSIS MOURA, Julg. 16.12.2010).
115 A Lei nº 11.340/07 (popularmente conhecida como Lei Maria da Penha) previu em seu art. 9º, § 2º, I, que, para preservar a integridade física e psicológica da mulher em situação de violência doméstica, o juiz assegurará acesso prioritário à **remoção**, quando servidora da Administração direta ou indireta.

tal equívoco, uma vez que a transferência, forma de provimento prevista na redação original do Estatuto, foi declarada inconstitucional pelo STF,[116] e posteriormente revogada pela Lei nº 9.527/97. Isso porque a transferência possibilitava a investidura do servidor em carreira diversa da que ocupava sem que houvesse, entretanto, prévia aprovação em concurso público. Por isso, para primar pela boa técnica jurídica, não devemos utilizar a referida expressão como sucedânea de remoção.

---

[116] ADI nº 231/RJ, Rel. Min. MOREIRA ALVES, DJ 05.08.1992.

Remoção

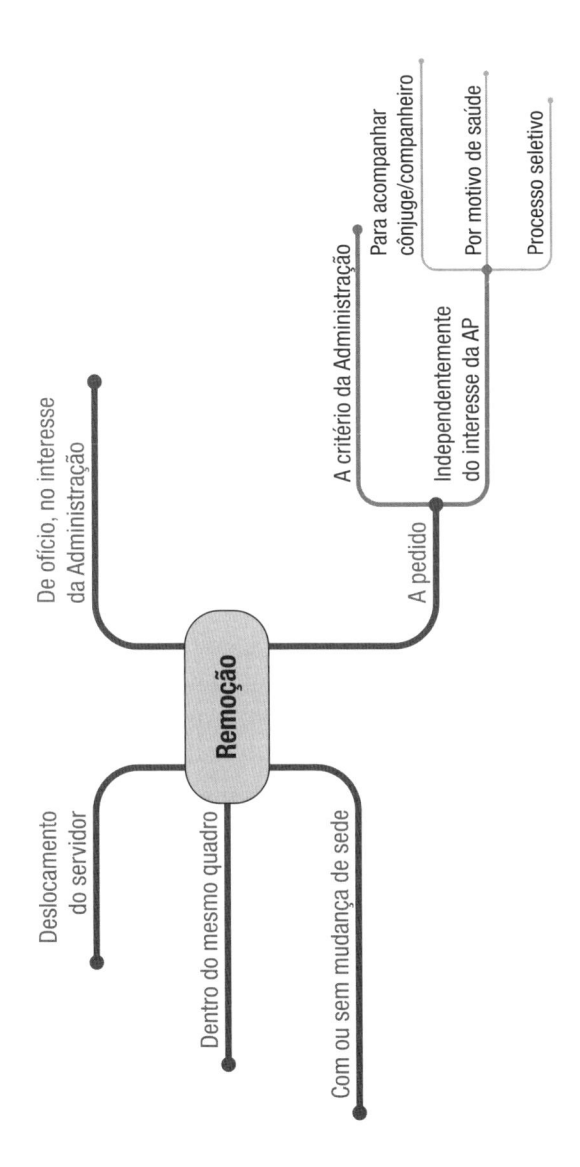

- Deslocamento do servidor
- Dentro do mesmo quadro
- Com ou sem mudança de sede
- De ofício, no interesse da Administração
- A pedido
  - A critério da Administração
  - Independentemente do interesse da AP
    - Para acompanhar cônjuge/companheiro
    - Por motivo de saúde
    - Processo seletivo

10. REDISTRIBUIÇÃO

A redistribuição ocorre quando há **deslocamento de cargo efetivo**, ocupado ou vago no âmbito do quadro geral de pessoal, para outro órgão ou entidade do **mesmo Poder** (art. 37).

A maior vantagem da redistribuição consiste na possibilidade de manter a eficiência no serviço público, uma vez que, sem aumentar despesas, retira cargos de unidades (órgãos ou entidades) onde não estejam sendo bem aproveitados e os reposiciona em unidades em que possam ser úteis.

Aqui há uma diferença substancial entre a remoção e a redistribuição, pois enquanto naquela há deslocamento do servidor, nesta o próprio cargo (ocupado ou vago) é que é deslocado para outra unidade de pessoal. É interessante mencionar que, se a redistribuição incidir sobre cargo ocupado, o servidor também será deslocado juntamente com o cargo. A ressalva em nada contradiz o que dissemos anteriormente acerca de a redistribuição ser o deslocamento do cargo. Ocorre que, quando o cargo está ocupado, o seu ocupante via de consequência também é deslocado. Note que o que se quer é o deslocamento do cargo, e não do servidor, mas o deslocamento deste ocorre como consequência daquele.

Outra diferença entre remoção e redistribuição é que na primeira o deslocamento se dá sempre no âmbito de um mesmo quadro de pessoal, ao passo que a segunda pode ocorrer entre quadros diversos de lotação, desde que seja dentro do mesmo Poder. Exemplificativamente, imaginemos a redistribuição de cargos de agente administrativo do Ministério da Integração Nacional, em que há excesso de pessoal, para o Ministério da Previdência Social, onde há escassez de servidores. Todavia, nunca poderia haver redistribuição de cargos de um Ministério, por exemplo, para o Tribunal Superior do Trabalho, pois se tratam de órgãos pertencentes a Poderes diversos.

Há, ainda, uma terceira diferença entre a remoção e a redistribuição. Uma vez que a remoção tem três modalidades (de ofício, a pedido a critério da Administração e a pedido independentemente do interesse da Administração), a redistribuição só é possível de ofício. Seria descabido falar-se em redistribuição a pedido, já que esta tem por fundamento não a conveniência do servidor, mas a necessidade de gestão eficiente do quadro de pessoal do serviço público.

A redistribuição será utilizada nas seguintes hipóteses (art. 37, § 1º):

a) ajustamento de lotação e da força de trabalho às necessidades dos serviços; e

b) reorganização, extinção ou criação de órgão ou entidade.

Nos casos de reorganização ou extinção de órgão ou entidade, extinto o cargo ou declarada sua desnecessidade, o servidor **estável** que não for redistribuído será colocado em disponibilidade, até o adequado aproveitamento. Não havendo a redistribuição ou o aproveitamento, o servidor poderá ser mantido sob responsabilidade do órgão central do SIPEC, e ter exercício provisório, em outro órgão ou entidade, até que possa ser aproveitado em outro cargo (art. 37, §§ 3º e 4º).[117]

A declaração de desnecessidade de cargo ocorre por ato discricionário do Chefe do Poder Executivo e dispensa edição de lei em sentido formal. Pode ser feita por ato normativo infralegal (portaria ou decreto), pois se trata apenas de manter o cargo desativado por certo período, podendo ser ativado posteriormente, quando for conveniente para a Administração.

A redistribuição depende de prévia apreciação do órgão central do SIPEC (Sistema de Pessoal Civil) e deve observar os seguintes preceitos:

a) interesse da administração;

b) equivalência de vencimentos;

c) manutenção da essência das atribuições do cargo;

d) vinculação entre os graus de responsabilidade e complexidade das atividades;

e) mesmo nível de escolaridade, especialidade ou habilitação profissional;

f) compatibilidade entre as atribuições do cargo e as finalidades institucionais do órgão ou entidade.

É interessante destacar a importância do SIPEC na redistribuição, na medida em que, para que haja redistribuição de cargos vagos, é necessário ato conjunto entre o órgão central do SIPEC e os órgãos e entidades da Administração Pública Federal envolvidos.

---

117 No Estatuto, há duas hipóteses em que o servidor fica em exercício provisório: a) nos casos de reorganização ou extinção de órgão ou entidade, extinto o cargo ou declarada sua desnecessidade (art. 37, § 4º); e b) no deslocamento de servidor cujo cônjuge ou companheiro também for servidor público, desde que para o exercício de atividade compatível com o seu cargo (art. 84, § 2º).

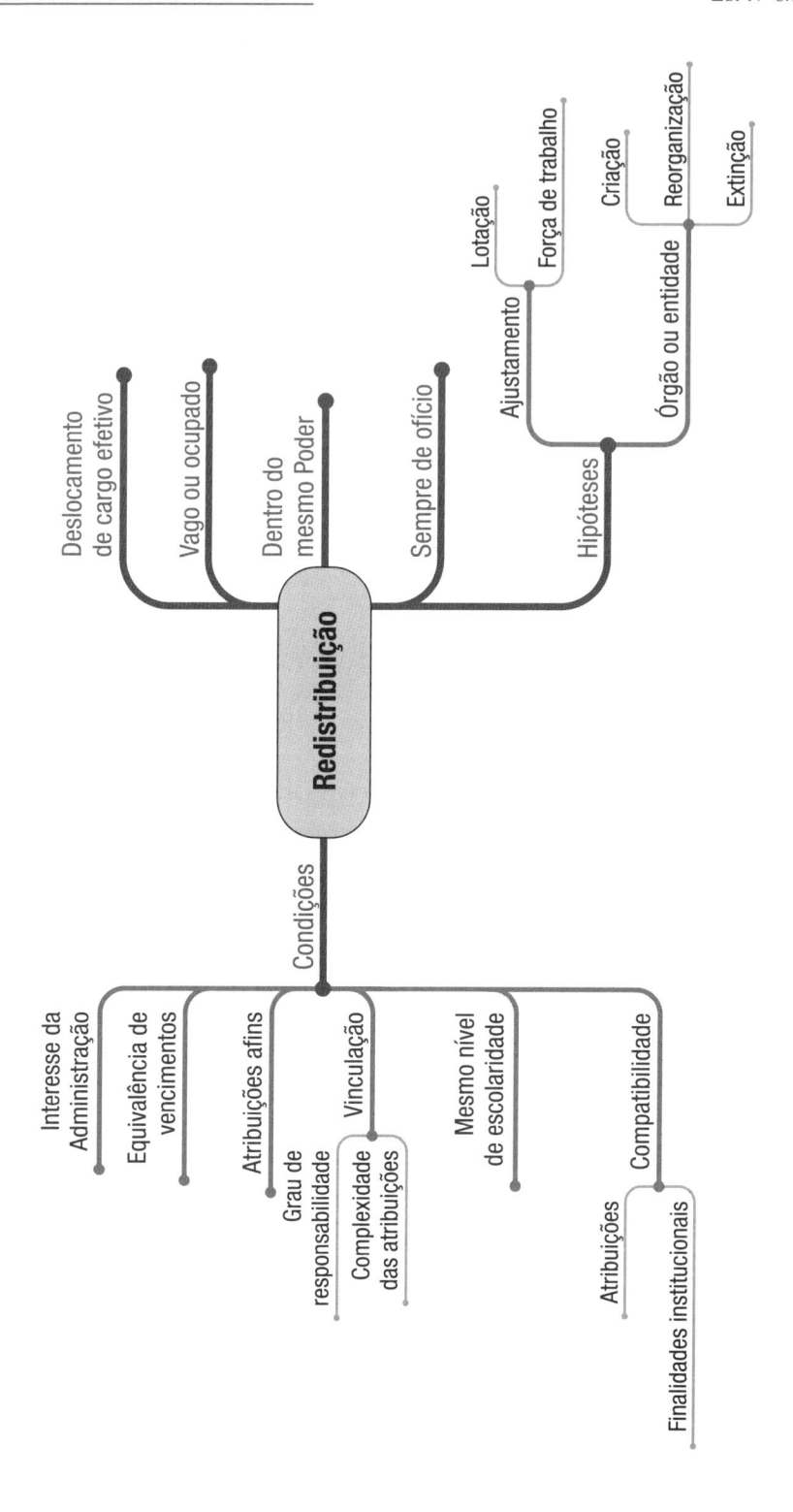

Redistribuição

Condições:
- Interesse da Administração
- Equivalência de vencimentos
- Atribuições afins
  - Grau de responsabilidade
  - Complexidade das atribuições
- Vinculação
- Mesmo nível de escolaridade
- Compatibilidade
  - Atribuições
  - Finalidades institucionais

Hipóteses:
- Deslocamento de cargo efetivo
- Vago ou ocupado
- Dentro do mesmo Poder
- Sempre de ofício
- Ajustamento
  - Lotação
  - Força de trabalho
- Órgão ou entidade
  - Criação
  - Reorganização
  - Extinção

	Remoção	Redistribuição
Objeto	Servidor	Cargo público (ocupado ou vago)
Amplitude	Mesmo quadro de pessoal	Mesmo poder (Executivo, Legislativo e Judiciário)
Modalidades	De ofício ou a pedido	Sempre de ofício

11. SUBSTITUIÇÃO

Para observar o princípio da continuidade, segundo o qual os serviços públicos atendem necessidades inadiáveis da coletividade e, bem por isso, não podem sofrer interrupção em sua prestação, foi instituída a figura da substituição.

Os servidores investidos em **cargo ou função de direção ou chefia** e os ocupantes de **cargo de Natureza Especial**, pelo grau de responsabilidade e relevância de suas atribuições, terão seus substitutos indicados no **regimento interno** do respectivo órgão ou entidade ou, no caso de omissão deste, serão previamente **designados pelo dirigente máximo** do órgão ou entidade (art. 38). A substituição é deflagrada pelos afastamentos, impedimentos legais ou regulamentares do titular e na vacância do cargo.

Sobre a remuneração do servidor substituto, bem como a eventual acumulação das funções, a combinação dos §§ 1º e 2º do art. 38 do Estatuto nos leva a fazer a seguinte afirmação: de início, o substituto assumirá **automática** e **cumulativamente**, **sem prejuízo do cargo que ocupa**, o exercício do cargo ou função de direção ou chefia e os de Natureza Especial sem que, no entanto, receba a remuneração correspondente.

A partir de 30 dias de efetiva substituição, o substituto deverá exercer **exclusivamente** o cargo objeto de substituição e **optar pela remuneração** de um deles durante o respectivo período, paga na proporção dos dias de efetiva substituição, que excederem o período supramencionado. Assim, exemplificativamente, temos que, se os dias de substituição somarem consecutivamente 42, o substituto somente fará jus à retribuição do cargo substituído relativa a 12 dias (isto é, a quantidade de dias que superou os 30 dias iniciais).[118]

---

[118] Nesse sentido é a jurisprudência do STJ: REsp 548.340/RN, Rel. Min. OG FERNANDES, julg.: 28.09.2010; REsp 843.673/SC, Rel.ª Min.ª LAURITA VAZ, DJe 26.06.2008; REsp 719.525/RN, Rel. Min. PAULO MEDINA, DJe 17.03.2006.

Todavia, pela crescente insatisfação dos servidores com a disciplina legal da remuneração nas substituições, em 28 de janeiro de 2005, o Secretário de Recursos Humanos do Ministério do Planejamento Orçamento e Gestão, por meio do Ofício-Circular nº 01/SRH/MP, determinou que

> "o servidor no exercício da substituição acumular as atribuições do cargo que ocupa com as do cargo para o qual foi designado nos primeiros 30 dias ou período inferior, fazendo jus à opção **pela remuneração de um ou de outro cargo desde o primeiro dia de efetiva substituição**. Transcorridos os **primeiros 30 dias,** o substituto **deixa de acumular** as funções, passando a exercer somente as atribuições inerentes às do cargo substituído **percebendo a remuneração** correspondente."

Cabe aqui uma inevitável manifestação de estarrecimento: Como pode um mero ofício-circular, ato de simples comunicação entre autoridades e servidores públicos, se sobrepor aos efeitos da lei formal, manifestação da vontade soberana do Estado Democrático? Nada mais absurdo e subversivo à ordem jurídica! Se a lei regulou insatisfatoriamente o intuito da substituição, que seja alterada pelas vias habituais do processo legislativo. O que não se pode admitir é que a lei seja "alterada" por um ofício!

O art. 39, a seu turno, colaciona que todas as regras relativas à substituição aplicam-se aos titulares de unidades administrativas organizadas em nível de assessoria.

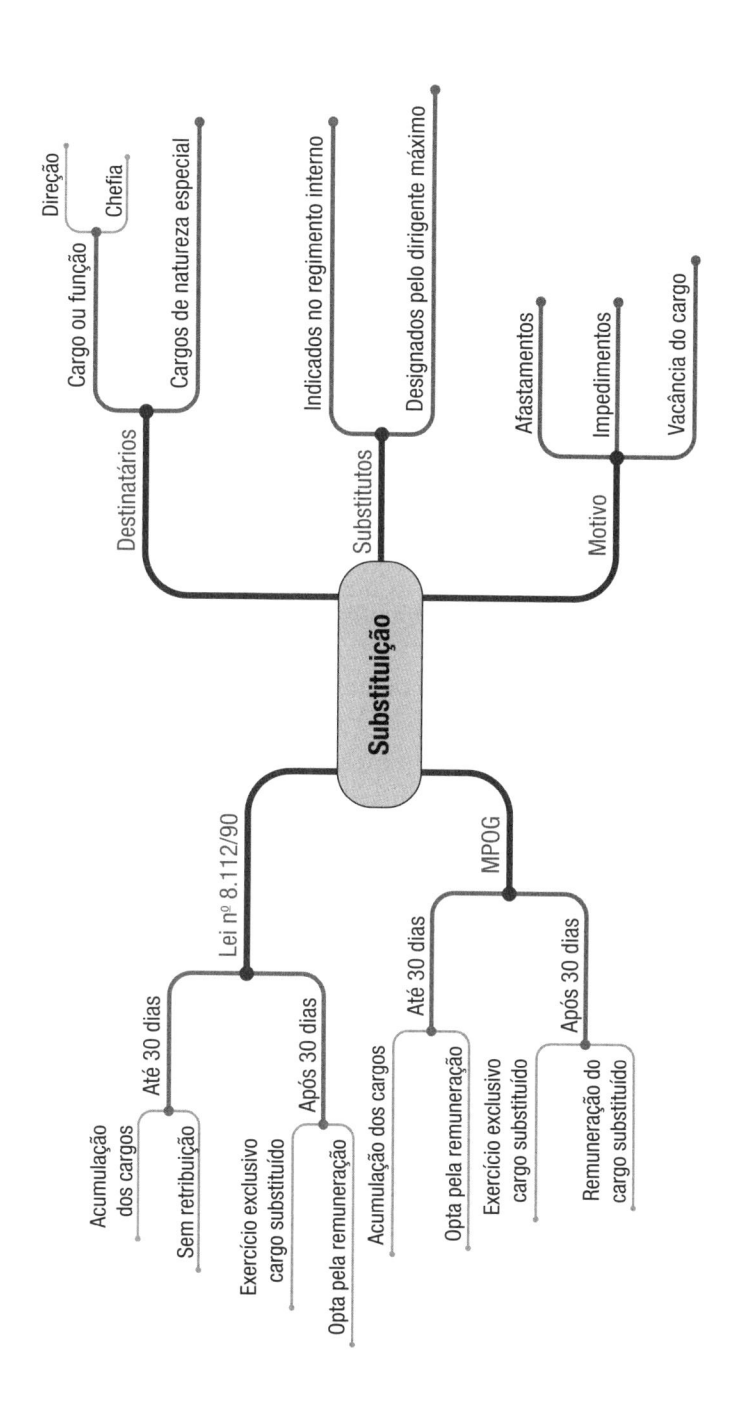

Substituição

Destinatários
- Cargo ou função
  - Direção
  - Chefia
- Cargos de natureza especial

Substitutos
- Indicados no regimento interno
- Designados pelo dirigente máximo

Motivo
- Afastamentos
- Impedimentos
- Vacância do cargo

Lei nº 8.112/90
- Até 30 dias
  - Acumulação dos cargos
  - Sem retribuição
- Após 30 dias
  - Exercício exclusivo cargo substituído
  - Opta pela remuneração

MPOG
- Até 30 dias
  - Acumulação dos cargos
  - Opta pela remuneração
- Após 30 dias
  - Exercício exclusivo cargo substituído
  - Remuneração do cargo substituído

12. DISPONIBILIDADE, EXERCÍCIO COMO EXCEDENTE E EXERCÍCIO PROVISÓRIO

Para finalizar este capítulo, optamos por fazer breve resumo sobre a ocorrência de três expressões que são utilizadas em diversos trechos do Estatuto, fazendo um apanhado geral de seus conceitos e aplicações: disponibilidade, exercício como excedente e exercício provisório.

A **disponibilidade** é a colocação do servidor estável em inatividade provisória, período durante o qual receberá remuneração proporcional ao tempo de serviço.[119] Enfim, a disponibilidade é um instituto criado para garantir a permanência no serviço público do servidor que foi desinvestido do cargo que ocupava por algum dos motivos previstos em lei.

O cálculo do valor da remuneração do servidor em disponibilidade obedecerá ao disposto no art. 6º do Decreto nº 3.151, de 23 de agosto de 1999, pelo qual considera-se, para fins de remuneração proporcional ao tempo de serviço, 1/35 da remuneração mensal, se homem, e 1/30 da remuneração, se mulher.

Para ilustrar o sobredito, imaginemos uma servidora que perceba R$ 3.900,00 a título de remuneração e que, à data em que foi colocada em disponibilidade, conte com 10 anos de serviço público. O valor da remuneração dessa servidora será obtido a partir do seguinte cálculo: multiplicação do valor da remuneração (R$ 3.900,00) pela fração 1/30. Em seguida, multiplicação do resultado obtido pelo tempo de serviço da servidora (10 anos). No total, a referida servidora perceberá R$ 1.300,00 durante o período em que permanecer em disponibilidade. Isto é, esta servidora, durante o período em que estiver em disponibilidade, não irá exercer atividade laboral, entretanto perceberá remuneração proporcional ao tempo de serviço.

O servidor que fica em **exercício como excedente**, ao contrário do que ocorre no caso de disponibilidade, desempenha normalmente as suas atribuições e, logicamente, percebe remuneração integral. Estar em exercício como excedente significa apenas que o servidor ocupará um "cargo imaginário" no quadro de pessoal. Quadro esse que existirá até o momento em que surja vaga em cargo compatível com o que o servidor exercia anteriormente, situação em que o servidor terá prioridade na ocupação desta vaga e, por conseguinte, deixará de ocupar o cargo imaginário.

---

119 Consoante o § 9º do art. 40 da Constituição Federal, o tempo de contribuição federal, estadual ou municipal será contado para efeito de aposentadoria, e o tempo de serviço correspondente, para efeito de disponibilidade.

Por fim, em relação ao servidor em **exercício provisório**, não há nenhuma peculiaridade se comparado ao servidor em exercício como excedente, senão pelo fato de que aquele exerce suas atribuições em localidade distinta da que lhe era originária.

Feitas essas breves observações conceituais, vejamos no quadro abaixo as hipóteses em que cada um dos mecanismos de gestão de pessoal estudados poderá ocorrer:

Disponibilidade	Exercício como excedente	Redistribuição
Extinção do cargo quando da reintegração do servidor (art. 28, § 1º)	Inexistência de vaga quando da readaptação (art. 24, § 2º)	Reorganização ou extinção de órgão ou entidade, extinto o cargo ou declarada sua desnecessidade, quando não houver redistribuição ou colocação em disponibilidade (art. 37, § 4º)[120]
Impossibilidade de aproveitamento do servidor estável eventual ocupante de cargo de servidor que fora reintegrado (art. 28, § 2º)	Inexistência de vaga no caso de reversão de ofício (art. 25, § 3º)	Deslocamento de servidor cujo cônjuge ou companheiro também for servidor público, desde que para o exercício de atividade compatível com o cargo ocupado anteriormente (art. 84, § 2º)
Servidor que não é redistribuído quando da extinção de cargo ou declarada sua desnecessidade no caso de reorganização ou extinção de órgão ou entidade (art. 37, § 3º)[121]	--------------------	--------------------

---

[120] Em que pese discordarmos da redação do dispositivo, não podemos deixar de consigná-lo em razão de sua previsão na lei como hipótese provável de disponibilidade.
[121] Em que pese discordarmos da redação do dispositivo, não podemos deixar de consigná-lo em razão de sua previsão na lei como hipótese provável de disponibilidade.

Capítulo 3
Direitos e Vantagens

1. VENCIMENTO E REMUNERAÇÃO

O sistema remuneratório dos servidores públicos (sentido amplo) abrange três espécies remuneratórias: os vencimentos (remuneração em sentido estrito), o salário e o subsídio.[1]

Os **vencimentos** são a espécie remuneratória aplicável aos **servidores públicos**, submetidos ao **regime estatutário**. Os vencimentos são compostos pelo vencimento (no singular), parcela básica fixada em lei, e pelas vantagens pecuniárias de natureza remuneratória, valores também estabelecidos por **lei**, tais como gratificações e adicionais (gratificação natalina, adicional noturno, adicional de férias, entre outros). As indenizações não integram o conceito de vencimentos, em razão de serem vantagens pecuniárias devidas ao servidor em decorrência de valores que este teve que desembolsar para o desempenho de suas funções. Como exemplos de indenizações, podemos citar a ajuda de custo, as diárias, a indenização de transporte.

O **salário** é a contraprestação pecuniária devida aos **empregados públicos**, contratados sob o regime **celetista**. Exercem as suas atividades nas pessoas jurídicas de direito privado da Administração Indireta (fundações públicas de direito privado, empresas públicas e sociedades de economia mista). O salário, da mesma forma que os vencimentos, é composto pelo salário-base, parcela básica fixada em **lei**, e pelas demais vantagens pecuniárias de natureza remuneratória, que podem ser fixadas por **lei** ou **acordo ou convenção coletiva de trabalho**. As indenizações também não integram o salário por se tratarem de ressarcimentos devidos aos empregados em decorrência de despesas extras efetuadas em razão das suas atribuições, tais como diárias, ajudas de custo.

---
1 Alguns autores utilizam o termo "remuneração" em sentido amplo, como designativo das diversas categorias de estipêndio dos servidores públicos (vencimentos, salário e subsídio). Remuneração em sentido estrito, por sua vez, é sinônimo de vencimentos (no plural).

Como última espécie remuneratória, temos o **subsídio**, inserto na Constituição pela Reforma Administrativa (EC nº 19/98), e que é vantagem pecuniária destinada obrigatoriamente às seguintes categorias de agentes públicos:

a) agentes políticos em geral, a exemplo do Presidente da República e Vice, ministros de Estado, parlamentares, membros da Magistratura, do Ministério Público, dos Tribunais de Contas, dentre outros (classificação de Hely Lopes Meirelles);

b) membros das carreiras da Advocacia-Geral da União, da Defensoria Pública, da Procuradoria-Geral da Fazenda Nacional, das Procuradorias dos Estados e do Distrito Federal; e

c) membros das carreiras da Polícia Federal, da Polícia Rodoviária Federal, da Polícia Ferroviária Federal, das Polícias Civis, das Polícias Militares e dos Corpos de Bombeiros Militares.

Facultativamente, a Constituição permite a fixação de subsídio para outras categorias de servidores públicos organizados em carreira, bastando para tanto que haja previsão legal (art. 39, § 8º). Assim, por exemplo, pode a lei prever que um Analista Judiciário do Tribunal Superior do Trabalho (TST) receba subsídio, ao invés de remuneração.

O objetivo do legislador constituinte foi estabelecer um controle mais efetivo sobre a retribuição pecuniária de algumas categorias do serviço público, uma vez que o subsídio é fixado em parcela única, e por isso afasta a incidência de quaisquer outras vantagens pecuniárias de natureza remuneratória.

Nesse propósito, é de todo conveniente salientarmos que, diferentemente do que ocorre com os vencimentos e com o salário, o subsídio é fixado em montante único, sendo vedado o acréscimo de qualquer outra vantagem pecuniária de natureza remuneratória. Nesse sentido, trazemos à baila o § 4º do art. 39 da Constituição (destaque nosso):

> O membro de poder, o detentor de mandato eletivo, os Ministros de Estado e os Secretários Estaduais e Municipais serão remunerados exclusivamente por subsídio fixado em parcela única, **vedado o acréscimo de qualquer gratificação, adicional, abono, prêmio, verba de representação ou outra espécie remuneratória**, obedecido em qualquer caso o disposto no art. 37, X e XI.

	Vencimentos	Salário	Subsídio
Agentes públicos (classificação)	Servidores públicos	Empregados públicos	Obrigatoriamente, agentes políticos e, facultativamente, algumas categorias de servidores, conforme disposto em lei
Regime de pessoal	Estatutário	Celetista	Estatutário
Composição	Vencimento + vantagens pecuniárias de natureza remuneratória	Salário-base + vantagens pecuniárias de natureza remuneratória	Montante único, vedado o acréscimo de qualquer vantagem de caráter remuneratório
Fixação ou Alteração	Sempre mediante lei ordinária	Por meio de lei ordinária e também por acordo ou convenção coletiva	Em regra, por meio de lei ordinária

Feita a análise acerca das espécies remuneratórias, passemos ao estudo sobre as características específicas da espécie de estipêndio devida aos **servidores públicos**, submetidos ao **regime estatutário**, pelo exercício de suas atribuições: vencimentos ou remuneração.

Como dito anteriormente, a remuneração é composta por uma parcela básica fixada em lei, a que chamamos de vencimento (assim no singular), e pelas vantagens pecuniárias de caráter permanente, valores também estabelecidos por **lei**, tais como gratificações e adicionais (gratificação natalina, adicional noturno, adicional de férias, entre outros).

Estabelecem os §§ 3º e 5º do art. 41 do Regime Jurídico Estatutário que a remuneração (vencimento acrescido das vantagens de caráter permanente) é **irredutível** e **não poderá ser inferior ao salário mínimo**. Essa última disposição refere-se à garantia de salário nunca inferior ao mínimo, prevista no art. 7º, IV, da Constituição, que é estendida expressamente aos servidores públicos por força do § 3º do art. 39 da Carta Política. Para facilitar o entendimento do que estamos afirmando, reproduzimos abaixo o teor dos citados dispositivos, respectivamente:

> São direitos dos trabalhadores urbanos e rurais, além de outros que visem à melhoria de sua condição social: (...)
>
> IV – salário mínimo, fixado em lei, nacionalmente unificado, capaz de atender a suas necessidades vitais

> básicas e às de sua família com moradia, alimentação, educação, saúde, lazer, vestuário, higiene, transporte e previdência social, com reajustes periódicos que lhe preservem o poder aquisitivo, sendo vedada sua vinculação para qualquer fim.

Aplica-se aos servidores ocupantes de cargo público o disposto no art. 7º, IV, VII, VIII, IX, XII, XIII, XV, XVI, XVII, XVIII, XIX, XX, XXII e XXX, podendo a lei estabelecer requisitos diferenciados de admissão quando a natureza do cargo o exigir.

Nesse esteio, é imperioso citar o teor da Súmula Vinculante nº 16 do STF, editada em 1.7.2009, que propugna o seguinte entendimento: "**Os artigos 7º, IV, e 39, § 3º (redação da EC 19/98), da Constituição, referem-se ao total da remuneração percebida pelo servidor público.**" Antes mesmo da edição da referida Súmula Vinculante, a Lei nº 11.784/2008 havia alterado a redação do § 5º do art. 41 do Estatuto, prevendo que a remuneração, e não apenas o vencimento, do cargo público não será inferior ao salário mínimo. Assim, a garantia de salário não inferior ao mínimo refere-se à remuneração, e não ao vencimento, que é parte dela.

Exemplificamente o servidor cuja remuneração seja de R$ 300,00, estará permanentemente assegurado pela norma, pois o que importa é menos o valor de vencimento e mais o da remuneração.

Nenhum servidor poderá perceber, mensalmente, a título de remuneração, importância superior ao subsídio dos Ministros do Supremo Tribunal Federal, que representam o teto remuneratório do serviço público. O art. 37, XI, da Constituição dispõe sobre os tetos remuneratórios, nos seguintes termos (destaque nosso):

> A **remuneração** e o subsídio dos ocupantes de cargos, funções e empregos públicos da administração direta, autárquica e fundacional, dos membros de qualquer dos Poderes da União, dos Estados, do Distrito Federal e dos Municípios, dos detentores de mandato eletivo e dos demais agentes políticos e os proventos, pensões ou outra espécie remuneratória, percebidos cumulativamente ou não, incluídas as vantagens pessoais ou de qualquer outra natureza, **não poderão exceder o subsídio mensal, em espécie, dos Ministros do**

Supremo Tribunal Federal, aplicando-se como limite, nos Municípios, o subsídio do Prefeito, e nos Estados e no Distrito Federal, o subsídio mensal do Governador no âmbito do Poder Executivo, o subsídio dos Deputados Estaduais e Distritais no âmbito do Poder Legislativo e o subsídio dos Desembargadores do Tribunal de Justiça, limitado a noventa inteiros e vinte e cinco centésimos por cento do subsídio mensal, em espécie, dos Ministros do Supremo Tribunal Federal, no âmbito do Poder Judiciário, aplicável este limite aos membros do Ministério Público, aos Procuradores e aos Defensores Públicos.

Os limites impostos pelo teto remuneratório alcançam todas as espécies remuneratórias (vencimentos, salários e subsídios) e abrangem as vantagens de caráter remuneratório (gratificações e adicionais). Os valores pecuniários de natureza indenizatória (ajuda de custo, diárias, auxílio-moradia, transporte etc.) não são computados para efeito de cálculo dos tetos remuneratórios.

O § 4º do art. 41 da Lei nº 8.112/90 assegura **isonomia de vencimentos** para cargos de atribuições iguais ou assemelhadas do mesmo Poder, ou entre servidores dos três Poderes, ressalvadas as vantagens de caráter individual e as relativas à natureza ou ao local de trabalho. Com a EC nº 19/98, foi retirada do texto constitucional a regra do art. 39, § 1º, que estabelecia a isonomia de vencimentos aos servidores. Todavia, não podemos concluir que o fato de a isonomia de vencimento não ser mais assegurada constitucionalmente impede que o legislador estabeleça tal garantia em favor dos servidores. Dessa forma, o § 4º do art. 41 do Estatuto está em plena vigência.

O art. 44 do Estatuto estabelece as situações em que o servidor perderá a remuneração diária (total ou parcial):

a) faltas injustificadas (perda total);

b) atrasos, ausências justificadas e saídas antecipadas, salvo na hipótese de compensação de horário, até o mês subsequente ao da ocorrência, a ser estabelecida pela chefia imediata (perda parcial).

É interessante dar especial enfoque ao fato de que as **faltas justificadas** decorrentes de caso fortuito ou de força maior poderão ser compensadas a critério da chefia imediata, sendo assim consideradas como efetivo exercício (art. 44, parágrafo único).

Caso fortuito seria o evento da natureza, extraordinário, imprevisível e inevitável que impede o servidor de comparecer ao serviço, a exemplo de uma tempestade de ventos fortes que obstrua o trânsito do servidor à repartição. Força maior seria o evento humano, extraordinário, imprevisível e inevitável que impede o servidor de comparecer ao serviço, tal como uma manifestação popular que impeça os servidores de adentrarem o recinto da repartição pública.

As **faltas injustificadas** não são computadas como de efetivo exercício e ensejam descontos na remuneração do servidor, conforme o número de faltas.

O servidor não perderá a parcela remuneratória diária proporcional às ausências justificadas nos seguintes casos:

a) doação de sangue: um dia;

b) alistamento eleitoral: dois dias; e

c) casamento ou falecimento de ente familiar (cônjuge, companheiro, pais, madrastas ou padrasto, filhos, enteados, menor sob guarda ou tutela e irmãos): oito dias.

Salvo por imposição legal ou mandado judicial, **nenhum desconto incidirá sobre a remuneração** ou provento (art. 45).[2] Com exceção da retenção do imposto de renda e do desconto relativo à contribuição previdenciária, nenhum outro desconto incidirá sobre a remuneração do servidor ativo ou sobre os proventos dos aposentados, pensionistas e disponíveis.

Ressalte-se que, mediante **autorização do servidor**, poderá haver **consignação em folha de pagamento em favor de terceiros**, a critério da Administração e com reposição de custos, na forma definida em regulamento. O total de consignações facultativas não excederá a 35% (trinta e cinco por cento) da remuneração mensal, sendo 5% (cinco por cento) reservados exclusivamente para a amortização de despesas contraídas por meio de cartão de crédito; ou II – a utilização com a finalidade de saque por meio do cartão de crédito (art. 45, §§ 1º e 2º).

Nessa esteira, o STJ firmou o entendimento de que o desconto em folha de pagamento de servidor público referente a ressarcimento ao erário depende de prévia autorização dele ou de procedimento administrativo que lhe assegure a ampla defesa e o contraditório.[3]

---

2 O Decreto nº 6.386, de 29 de fevereiro de 2008, regulamenta o art. 45 da Lei nº 8.112/90, e dispõe sobre o processamento das consignações em folha de pagamento no âmbito do Sistema Integrado de Administração de Recursos Humanos – SIAPE.

3 AgRg no REsp 1.116.855/RJ, Rel. Min. ARNALDO ESTEVES LIMA, julg.: 17.06.2010 e RMS 23.892/MS, Rel. Min. FELIX FISCHER, DJ 13.08.2007.

O art. 47 da Lei nº 8.112/90 reza que as **reposições** e **indenizações** ao Erário serão previamente comunicadas ao servidor ativo, aposentado ou ao pensionista, para pagamento, no prazo máximo de **30 dias, podendo ser parceladas**, a pedido do interessado, desde que o valor de cada parcela **não seja inferior ao correspondente a 10%** da remuneração, provento ou pensão. Cabe notar que quando o pagamento indevido houver ocorrido no mês anterior ao do processamento da folha, a **reposição será feita imediatamente**, em **uma única parcela** (§ 2º).

A diferença básica entre indenização e reposição ao Erário é a existência, na primeira, de conduta dolosa ou pelo menos culposa que tenha causado prejuízo aos cofres públicos, ao passo que na última tem-se mero erro material no processamento dos pagamentos devidos ao servidor.

Na hipótese de valores recebidos em decorrência de cumprimento a decisão liminar, a tutela antecipada ou a sentença que venha a ser revogada ou rescindida, serão eles atualizados até a data da reposição (§ 3º).

O servidor em débito com o Erário, que for **demitido**, **exonerado** ou que tiver sua **aposentadoria** ou **disponibilidade cassada**, terá o prazo de **60 dias** para quitar o débito, sob pena de inscrição na dívida ativa (art. 47).

Por fim, o art. 48 do Estatuto veda a incidência de arresto, sequestro ou penhora sobre o vencimento, a remuneração e o provento do servidor, ressalvados os casos de prestação de alimentos resultante de decisão judicial. Em reforço, decidiu o TRF 1ª Região:

I. Bloqueio de vencimentos de servidor público não se insere no elenco de penalidades previstas no art. 127, da Lei nº 8.112/90.

II. Vencimentos de servidor público têm caráter alimentar e por isso não podem ser objeto de penhora, arresto, ou sequestro (arts. 649, IV, 821 e 823 do CPC), tanto menos de bloqueio pela administração.

III. Embora responda civil, penal e administrativamente pelos ilícitos que praticar o servidor público no exercício de suas funções, a apuração desses ilícitos e imposição das punições cabíveis hão de ser processadas com observância à garantia constitucional da ampla defesa, insculpida no art. 5º, LV, da Constituição Federal, consubstanciada no devido processo legal (*due process of law*) de prática universal nos Estados de Direito, sem o que nulo será o ato punitivo ou o julgamento condenatório.[4]

---

4 REO nº 94.01.35501-0-RO, 2ª Turma, DJ 17.12.1999.

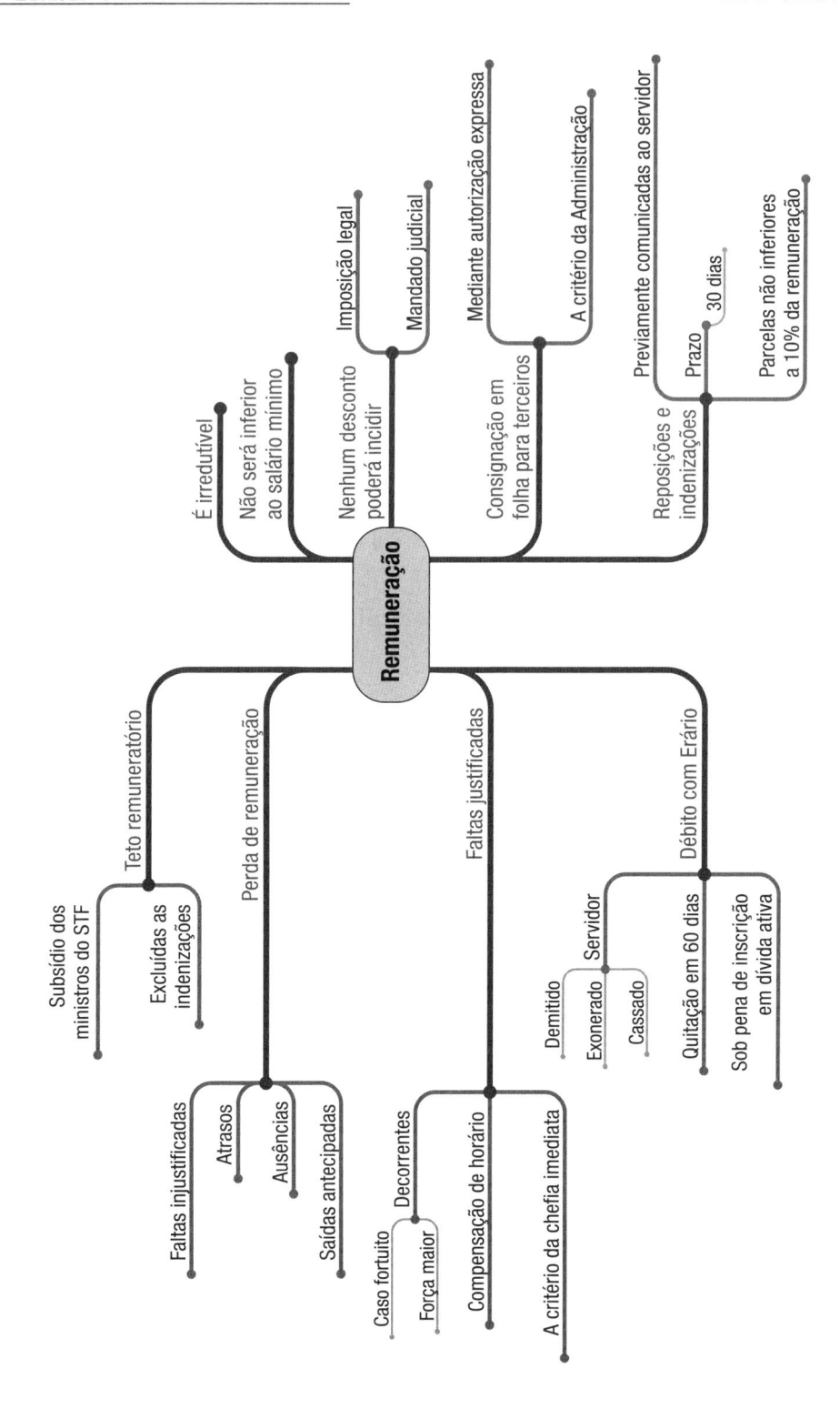

Remuneração

- **É irredutível**
- **Não será inferior ao salário mínimo**
- **Nenhum desconto poderá incidir**
  - Imposição legal
  - Mandado judicial
- **Consignação em folha para terceiros**
  - Mediante autorização expressa
  - A critério da Administração
- **Reposições e indenizações**
  - Previamente comunicadas ao servidor
  - Prazo
    - 30 dias
  - Parcelas não inferiores a 10% da remuneração
- **Teto remuneratório**
  - Subsídio dos ministros do STF
  - Excluídas as indenizações
- **Perda de remuneração**
  - Faltas injustificadas
  - Atrasos
  - Ausências
  - Saídas antecipadas
- **Faltas justificadas**
  - Decorrentes
    - Caso fortuito
    - Força maior
  - Compensação de horário
  - A critério da chefia imediata
- **Débito com Erário**
  - Servidor
    - Demitido
    - Exonerado
    - Cassado
  - Quitação em 60 dias
  - Sob pena de inscrição em dívida ativa

2. VANTAGENS

Nas palavras de Carvalho Filho as

> "vantagens pecuniárias são as parcelas pecuniárias acrescidas ao vencimento-base em decorrência de uma situação fática previamente estabelecida na norma jurídica pertinente. Toda vantagem pecuniária reclama a consumação de certo fato, que proporciona o direito à sua percepção. Presente a situação fática prevista na norma, fica assegurado ao servidor o direito subjetivo a receber o valor correspondente à vantagem. Esses fatos podem ser das mais diversas ordens: desempenho das funções por certo tempo; natureza especial da função; grau de escolaridade; funções exercidas em gabinetes de chefia; trabalho em condições anormais de dificuldade etc.".[5,6]

Além do vencimento, valor fixo estabelecido em lei, o servidor perceberá outras vantagens pecuniárias, tais como indenizações, gratificações e adicionais. Essas vantagens pecuniárias somadas ao vencimento básico compõem a remuneração do servidor. Todavia, ressalte-se que as indenizações, por serem vantagens de caráter eventual, não se incorporam ao vencimento ou provento para qualquer efeito (art. 49, § 1º).

A incorporação ao vencimento ou provento significaria a possibilidade de determinada indenização, se recebida durante certo lapso de tempo, passar a integrar definitivamente o vencimento ou provento do servidor, sem possibilidade de supressão posterior pela Administração Pública. Daí, haveria a continuidade do pagamento da indenização mesmo não mais existindo a situação fática geradora desse tipo de vantagem. Se, por exemplo, o auxílio-moradia, que é indenização, pudesse ser incorporado ao vencimento, o servidor teria direito a continuar recebendo a quantia correspondente mesmo que futuramente viesse a ser exonerado do cargo em comissão e, por conseguinte, retornasse à sua cidade natal.

Diversamente, pelo exposto no § 2º do art. 49 do Estatuto, as gratificações e os adicionais podem incorporar-se ao vencimento ou provento, nos casos e condições indicados em lei. Nesse caso, percebemos que é possível a incorporação de gratificações e adicionais, desde que tal incorporação esteja prevista em lei. Caso contrário, não será possível.

---

[5] CARVALHO FILHO, José dos Santos. *Manual de Direito Administrativo*. 20ª ed. Rio de Janeiro: Lumen Juris. 2008, p. 681.

[6] Com base nesse argumento, o STJ decidiu que, enquanto estiverem afastados de suas atividades, professores que concorrem a cargos eletivos não fazem jus a gratificações de incentivo a docência, como o biênio e a "pó-de-giz", pois estas só são devidas em caso do efetivo exercício das funções (REsp 714.843/MG, Rel.ª Min.ª MARIA THEREZA DE ASSIS MOURA, DJe 19.10.2009).

Ainda cabe enfatizar que as vantagens pecuniárias não serão computadas, nem acumuladas, para efeito de concessão de quaisquer outros acréscimos pecuniários ulteriores, sob o mesmo título ou idêntico fundamento (art. 50). Observe que a EC nº 19/98 alterou o art. 37, XIV, que dispunha na sua redação original que "os acréscimos pecuniários percebidos por servidor público não serão computados nem acumulados, para fins de concessão de acréscimos ulteriores, **sob o mesmo título ou idêntico fundamento**", passou a vigorar com a referida emenda o seguinte texto: "Os acréscimos pecuniários percebidos por servidor público não serão computados nem acumulados para fins de concessão de acréscimos ulteriores." Enfim, o que o supramencionado dispositivo procura é estabelecer que quaisquer vantagens pecuniárias tenham por base de cálculo apenas o vencimento (parcela básica), não incluindo outras vantagens percebidas pelo servidor. Exemplificativamente, não poderá o adicional de insalubridade ser calculado sobre o vencimento básico acrescido do adicional de atividade penosa. Ao invés disso, o cálculo incidirá sobre o vencimento básico, exclusivamente.

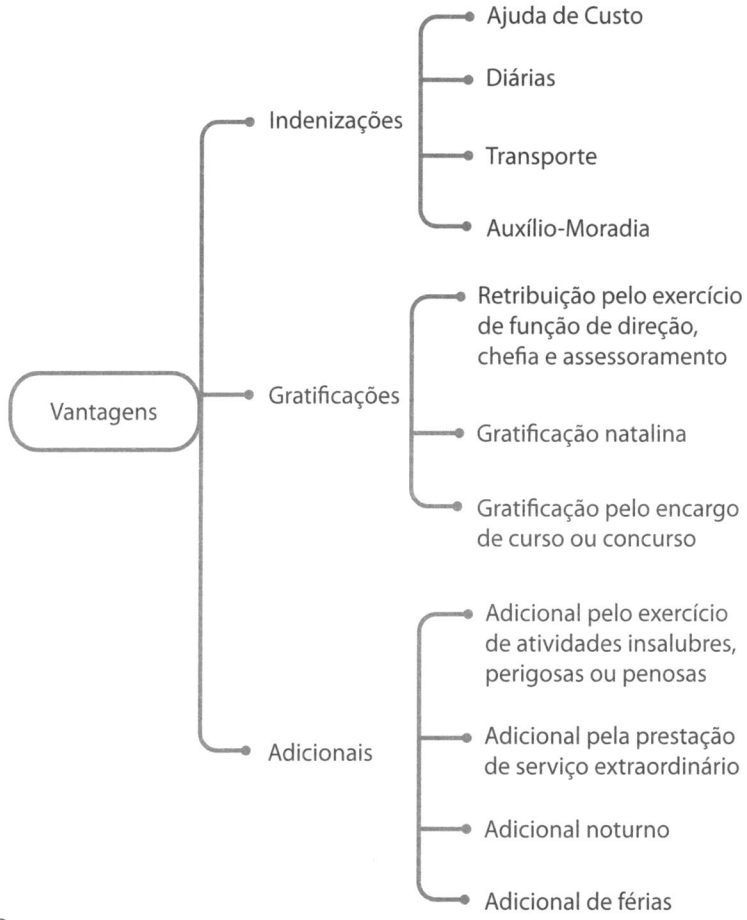

- **Vantagens**
  - **Indenizações**
    - Ajuda de Custo
    - Diárias
    - Transporte
    - Auxílio-Moradia
  - **Gratificações**
    - Retribuição pelo exercício de função de direção, chefia e assessoramento
    - Gratificação natalina
    - Gratificação pelo encargo de curso ou concurso
  - **Adicionais**
    - Adicional pelo exercício de atividades insalubres, perigosas ou penosas
    - Adicional pela prestação de serviço extraordinário
    - Adicional noturno
    - Adicional de férias

2.1. Indenizações

As indenizações são vantagens pecuniárias que têm por finalidade o ressarcimento de despesas extraordinárias que o servidor teve que efetuar em virtude do regular exercício das atribuições do cargo. Repita-se: as indenizações são vantagens de caráter eventual e não se incorporam ao vencimento ou provento para qualquer efeito.

A Lei nº 8.112/90, no art. 51, estabelece quatro espécies de indenização, a saber: ajuda de custo, diárias, transporte e auxílio-moradia.[7]

Visando à autonomia de cada órgão ou entidade da Administração, o Estatuto estabelece que os valores das espécies indenizatórias do Estatuto, com exceção do auxílio-moradia, bem como as condições para a sua concessão, serão estabelecidos em regulamento (art. 52).

2.1.1. Ajuda de Custo

A ajuda de custo destina-se a compensar as **despesas de instalação e transporte** do servidor (e de sua família) que, no **interesse do serviço**, passar a ter exercício em **nova sede**, com mudança de domicílio em **caráter permanente**.[8]

A ajuda de custo, em outros termos, é a vantagem pecuniária indenizatória que visa a custear as despesas que o servidor terá de arcar em decorrência de ter sido removido de ofício ou o seu cargo redistribuído para localidade diversa de onde exerce suas atribuições. As despesas passíveis de serem custeadas pela ajuda de custo referem-se ao deslocamento (passagens aéreas, transporte de bagagens e bens pessoais) e instalação do servidor na nova localidade. Não faria sentido que o servidor deslocado no interesse da Administração tivesse que custear com os próprios recursos despesas a que não aderiu voluntariamente.

Impende sinalizar que o deslocamento tem caráter permanente: o servidor passa a ter exercício em nova localidade com o ânimo de ali permanecer definitivamente. Ademais, a ajuda de custo é paga uma **única vez**, quando do deslocamento do servidor. Após isso, o servidor passará a receber a sua remuneração ordinária sem qualquer acréscimo indenizatório.

Se o cônjuge ou companheiro que detenha também a condição de servidor vier a ter exercício na mesma sede, **é vedado o duplo pagamento**

---

7 O auxílio-moradia foi acrescentado ao Estatuto pela Lei nº 11.355, de 19 de outubro de 2006.
8 Para fins do disposto na Lei nº 8.112/90, considera-se família do servidor, além do cônjuge e filhos, quaisquer pessoas que vivam às suas expensas e constem do seu assentamento individual (art. 241). Pelo parágrafo único do mesmo artigo, equipara-se ao cônjuge a companheira ou companheiro, que comprove união estável como entidade familiar.

de indenização, a qualquer tempo (art. 53). É que nesse caso uma só indenização automaticamente alcançará o cônjuge ou companheiro. Não faz sentido efetuar duplo pagamento de indenização para cobrir a mesma despesa.

Uma vez publicado o ato de remoção do servidor ou redistribuição do cargo ocupado, o servidor terá o prazo de **30 dias** para se apresentar na nova sede e retomar o exercício de suas atribuições, salvo motivos relevantes devidamente justificados. Escoado este prazo sem que o servidor tenha se apresentado, o servidor ficará obrigado a **restituir a ajuda de custo**.

No caso de o servidor vir a falecer na nova sede, são assegurados ajuda de custo e transporte para a localidade de origem, dentro do prazo de **um ano**, **contado do óbito** (art. 53, § 2º).

Não será concedida ajuda de custo nas hipóteses de remoção a pedido previstas nos incs. II e III do parágrafo único do art. 36, a saber: a) a critério da Administração; b) para outra localidade, independentemente do interesse da Administração para acompanhar cônjuge/companheiro, por motivo de saúde e em virtude de processo seletivo.

O valor da ajuda de custo é calculado sobre a remuneração do servidor, e **não pode exceder o correspondente a três meses de remuneração**. Dessa maneira, se o servidor recebe R$ 1.000,00 a título de remuneração, a ajuda de custo a ele devida será de, no máximo, R$ 3.000,00. Cabe à Administração, conforme o disposto, deliberar sobre o valor da ajuda de custo, em cada caso, desde que observado o limite máximo estabelecido no Estatuto.

A ajuda de custo somente é devida ao servidor que for deslocado **no interesse da Administração**. Caso contrário, sendo removido a pedido, o servidor terá de arcar com os custos do deslocamento. Por isso, o servidor que se afastar do cargo, ou reassumi-lo, em decorrência do exercício de **mandato eletivo**, não fará jus à ajuda de custo (art. 55). Terá que custear tais despesas por conta própria.

Situação diversa é a daquele que, não sendo servidor da União, é nomeado para ocupar cargo em comissão com mudança de domicílio. É o caso de um reconhecido analista de sistemas da Secretaria Municipal de Ciência e Tecnologia de São Paulo ser nomeado para o cargo de Coordenador de Modernização e Informática em uma autarquia sediada em Brasília. Em casos como esse, reza o art. 56 do Estatuto que será concedida ajuda de custo a esse iminente servidor comissionado.

No caso de o servidor nomeado para localidade distinta de sua residência por força de aprovação em concurso público não há pagamento de ajuda de custo, pois ao se inscrever para o certame o candidato já sabia de antemão sobre o local de exercício das atribuições do cargo. Assim, cabe a ele custear as despesas com o próprio deslocamento.

O parágrafo único do art. 56 prevê que, no caso de cessão de servidor para exercício de cargo em comissão ou função de confiança em outro órgão ou entidade dos Poderes da União, dos Estados, ou do Distrito Federal e dos Municípios, a ajuda de custo será paga pelo órgão cessionário (o que recebe o servidor e se valerá da sua força de trabalho), conforme o caso.[9]

---
9 A respeito, consulte o tópico 4.1 (Afastamento para servir em outro órgão ou entidade) deste capítulo.

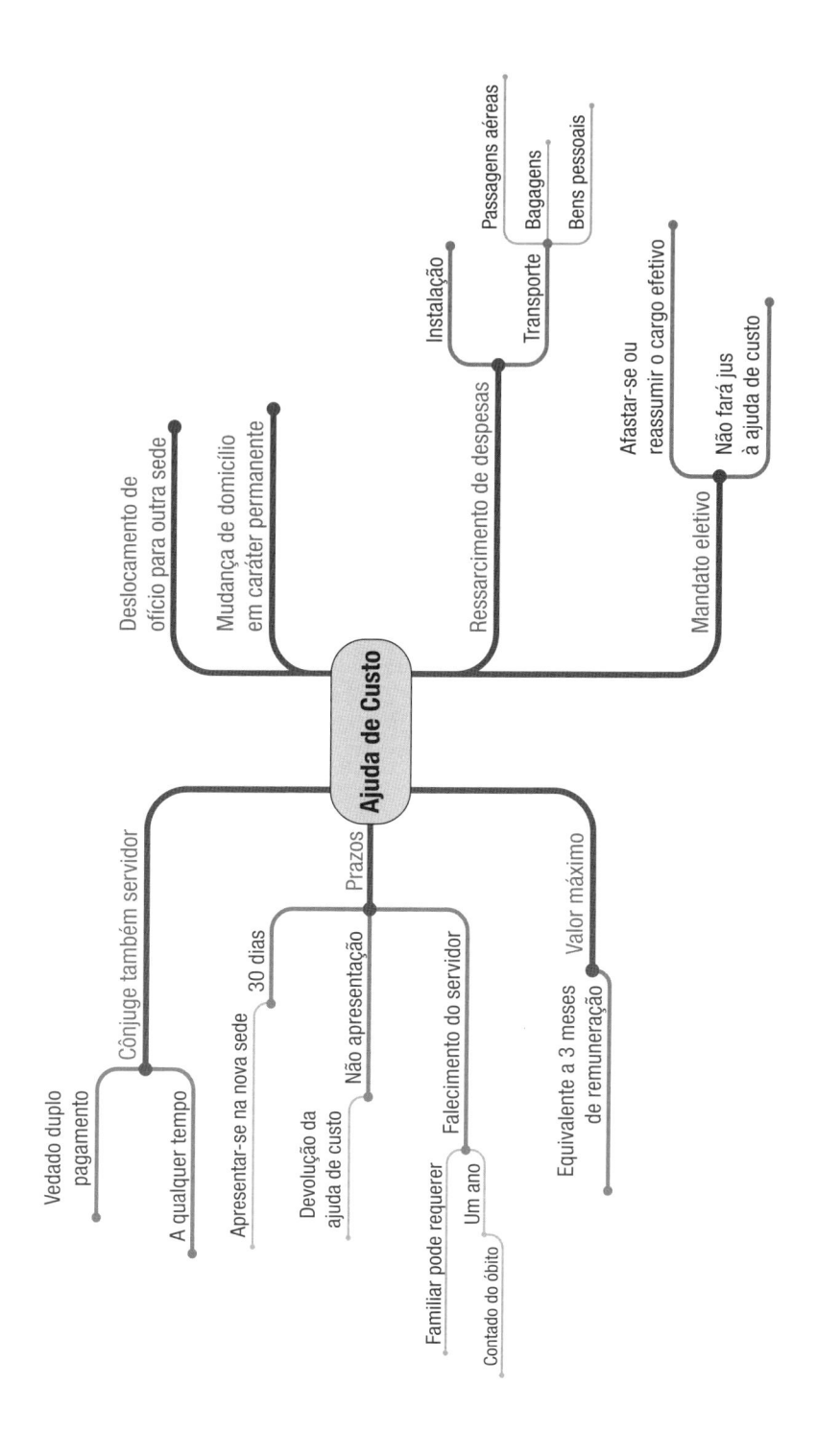

Ajuda de Custo

- Deslocamento de ofício para outra sede
- Mudança de domicílio em caráter permanente
- Ressarcimento de despesas
  - Instalação
  - Transporte
    - Passagens aéreas
    - Bagagens
    - Bens pessoais
- Mandato eletivo
  - Afastar-se ou reassumir o cargo efetivo
  - Não fará jus à ajuda de custo
- Cônjuge também servidor
  - Vedado duplo pagamento
  - A qualquer tempo
- Prazos
  - Apresentar-se na nova sede — 30 dias
  - Devolução da ajuda de custo — Não apresentação
  - Falecimento do servidor
    - Familiar pode requerer
    - Um ano
    - Contado do óbito
- Valor máximo
  - Equivalente a 3 meses de remuneração

2.1.2. Diárias

As diárias são indenizações que objetivam custear despesas extraordinárias com **pousada**, **alimentação** e **locomoção urbana** do servidor que, **a serviço**, afastar-se da sede em **caráter eventual ou transitório** para outro ponto do território nacional ou para o exterior, conforme dispuser em regulamento (art. 58).[10]

Em essência, enseja o pagamento de diárias toda e qualquer atividade que imponha ao servidor deslocamento da sede onde desempenha suas atribuições, desde cursos de treinamento até eventos de inauguração de obras e cerimônias de posse de autoridades.

Uma diferença radical entre a ajuda de custo e as diárias reside no caráter do deslocamento. Na ajuda de custo o deslocamento tem caráter permanente, pois, conforme dito anteriormente, o servidor se desloca com o ânimo de permanência na nova localidade. Diversamente ocorre no caso das diárias em que o deslocamento tem caráter eventual e transitório, uma vez que se trata apenas de uma "viagem a serviço", que não requer mudança de residência.

Quando o deslocamento não exige **pernoite**, ou quando a **União custeia por meio diverso as despesas** extraordinárias cobertas por diárias, mesmo assim o servidor fará jus à **metade do valor das diárias** correspondentes aos dias de deslocamento.

Para ilustrar o sobredito, vejamos dois exemplos:

a) Um Analista Judiciário do TST (sede em Brasília) fará uma viagem ao Rio de Janeiro para participar de reunião de grupo de trabalho que definirá as novas diretrizes do sistema de qualidade dos processos judiciais da Justiça do Trabalho. Este servidor embarcou na quarta--feira às 6h30min da manhã no Aeroporto Internacional de Brasília rumo à Cidade Maravilhosa, cujo retorno se deu às 17h45min do mesmo dia. Nesse caso, mesmo não havendo pernoite, o servidor fará jus à metade do valor da diária correspondente ao deslocamento.

b) O Secretário de Tecnologia da Informação do TSE (sediado em Brasília) irá participar de um encontro das Secretarias de TI da Justiça Eleitoral, que ocorrerá em João Pessoa (PB). A União custeou, à parte, todas as despesas do Secretário com hotel, alimentação, passagens aéreas e locomoção. Mesmo assim, o referido servidor terá direito à metade do valor das diárias relativas aos dias de deslocamento.

---

10   O Decreto nº 5.992/06, alterado radicalmente pelo Decreto nº 6.907, de 21 de julho de 2009, dispõe sobre a concessão de diárias no âmbito da Administração Federal direta, autárquica e fundacional.

O Estatuto não dispõe sobre o valor das diárias, matéria afeta à intimidade de cada órgão ou entidade da Administração Pública, nos termos que dispuser regulamento (art. 52). Todavia, cabe sublinhar dois detalhes acerca do tema. O primeiro é que o servidor que receber diárias e **não se afastar da sede**, por qualquer motivo, fica obrigado a **restituí--las integralmente**, no prazo de **cinco dias**. O segundo determina que, na hipótese de o servidor **retornar à sede em prazo menor** do que o previsto para o seu afastamento, restituirá as diárias recebidas em excesso, também no prazo de 5 dias (art. 59).

O § 2º do art. 58 veda o pagamento de diárias aos servidores cujos deslocamentos constituem exigência permanente do cargo, como seria o caso dos servidores da carreira diplomática.[11]

De redação extensa é o § 3º, segundo o qual

> "também não fará jus a diárias o servidor que se deslocar dentro da mesma região metropolitana, aglomeração urbana ou microrregião, constituída por municípios limítrofes e regularmente instituídas, ou em áreas de controle integrado mantidas com países limítrofes, cuja jurisdição e competência dos órgãos, entidades e servidores brasileiros considera-se estendida, salvo se houver pernoite fora da sede, hipóteses em que as diárias pagas serão sempre as fixadas para os afastamentos dentro do território nacional".

---

11 É bom esclarecer que o servidor público brasileiro que presta serviço no exterior é regido, não pela Lei nº 8.112/90, mas pelo Regime Jurídico do Serviço Exterior Brasileiro – Lei nº 11.440/06.

Diárias

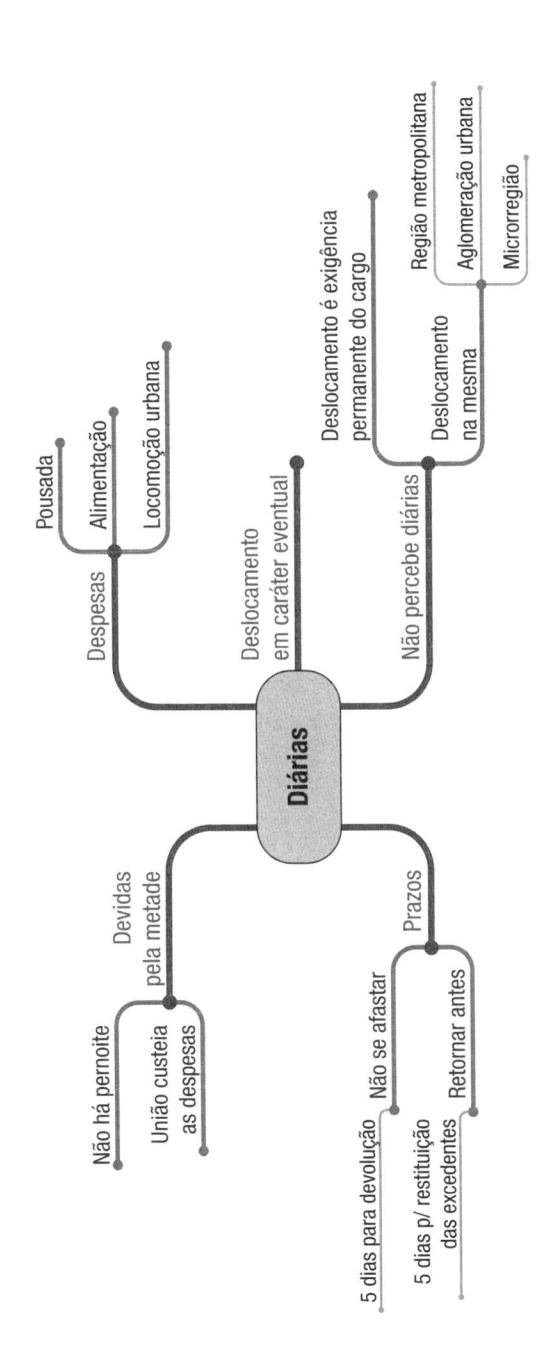

- **Despesas**
  - Pousada
  - Alimentação
  - Locomoção urbana
- **Deslocamento em caráter eventual**
- **Deslocamento é exigência permanente do cargo**
- **Não percebe diárias**
  - Deslocamento na mesma
    - Região metropolitana
    - Aglomeração urbana
    - Microrregião
- **Devidas pela metade**
  - Não há pernoite
  - União custeia as despesas
- **Prazos**
  - Não se afastar
    - 5 dias para devolução
  - Retornar antes
    - 5 dias p/ restituição das excedentes

2.1.3. Transporte

De fácil compreensão, esta espécie de indenização é devida ao servidor que realizar despesas com a utilização de meio próprio de locomoção para a execução de serviços externos, por força das atribuições próprias do cargo (art. 60), a exemplo dos oficiais de justiça, auditores fiscais, detetives, investigadores, entre outros.

O art. 1º do Decreto nº 3.184/99, alterado pelo Decreto nº 7.132/2010, prevê que

> "Conceder-se-á indenização de transporte ao servidor que, por opção, e condicionada ao interesse da administração, realizar despesas com utilização de meio próprio de locomoção para execução de serviços externos inerentes às atribuições próprias do cargo que ocupa, efetivo ou comissionado, atestados pela chefia imediata."

O Estatuto optou por não estabelecer minúcias acerca da indenização de transporte e delegou tal normatização aos órgãos e entidades na Administração, que terão de editar regulamentos próprios em relação aos seus servidores (art. 52). Cite-se a este propósito o Decreto nº 3.184/99, supramencionado, que dispõe acerca da concessão dessa indenização aos servidores da administração direta, autárquica e fundacional do Poder Executivo da União.

2.1.4. Auxílio-moradia

Inserido no texto do regime jurídico pela Lei nº 11.355/2006, posteriormente alterado pelas Leis nºs 11.490/2007 e 11.784/2008, o auxílio-moradia corresponde ao ressarcimento das despesas comprovadamente realizadas pelo servidor com **aluguel** de moradia ou com meio de **hospedagem** administrado por empresa hoteleira, no prazo de um mês após a comprovação da despesa (art. 60-A).

O art. 60-B da Lei nº 8.112/90 estabelece os requisitos que devem ser preenchidos cumulativamente pelo servidor para que receba auxílio--moradia:

a) não exista imóvel funcional disponível para uso pelo servidor;

b) o cônjuge ou companheiro do servidor não ocupe imóvel funcional;[12]

---

12 Imóvel funcional é aquele pertencente ao Estado e empregado na finalidade de ser ocupado pelos agentes públicos, em geral. Dessa forma, havendo imóvel funcional disponível, o servidor não fará jus à indenização de auxílio-moradia, pois o Estado já estará provendo a despesa por meio do imóvel.

c) nenhuma outra pessoa que resida com o servidor receba auxílio-moradia;

d) o servidor ou seu cônjuge ou companheiro não seja ou tenha sido proprietário, promitente-comprador, cessionário ou promitente-cessionário de imóvel no Município aonde for exercer o cargo, incluída a hipótese de lote edificado sem averbação de construção, nos **12 meses** que antecederem a sua nomeação;

e) o servidor não tenha sido domiciliado ou tenha residido no Município, nos últimos **doze meses**, aonde for exercer o cargo em comissão ou função de confiança, **desconsiderando-se prazo inferior a sessenta dias** dentro desse período, bem como o exercício de cargo em comissão nesse interstício;

f) o Município no qual assuma o cargo em comissão ou função de confiança não se encontre dentro da mesma região metropolitana, aglomeração urbana ou microrregião, constituída por Municípios limítrofes e regularmente instituídas, em relação ao local de residência ou domicílio do servidor;

g) o deslocamento tenha ocorrido após 30 de junho de 2006.[13]

Um outro requisito para concessão de auxílio-moradia, a que preferimos nos referir à parte, é o que estabelece que a mudança de residência do servidor tenha sido com o fito de ocupar **cargo em comissão ou função de confiança do Grupo-Direção e Assessoramento Superiores (DAS) 4, 5 e 6, cargo de natureza especial, de Ministro de Estado ou equivalentes**. O que quer dizer que somente nesses casos é que poderá ser concedido o auxílio-moradia.

Tanto é assim que o art. 60-B, VIII, reza que, se o deslocamento tenha sido por força de alteração de lotação (remoção, por exemplo) ou nomeação para cargo efetivo, após prévia aprovação em concurso público, o servidor não terá direito a auxílio-moradia.

Quanto ao prazo de concessão do auxílio-moradia, anteriormente previa a Lei nº 8.112/90 que a **cada período de doze anos, somente poderia ser concedido por, no máximo, oito anos**. Durante os quatro anos restantes, o servidor não teria direito a auxílio-moradia, devendo custear as respectivas despesas às próprias expensas. Ou seja, se um servidor tivesse recebido auxílio-moradia em 2010, somente poderia recebê-lo até 2018. Após isso, teria de esperar quatro anos para poder pleitear novamente o referido direito (o que corresponderia ao ano de 2022).

---

13 Dispositivo incluído pela Lei nº 11.490, de 20 de junho de 2007.

Todavia, a Lei nº 12.998/2014 revogou essa exigência, **não existindo, portanto, limitação temporal máxima para a concessão de auxílio-moradia**.

No que tange ao valor do auxílio-moradia, a Lei nº 11.784/2008 trouxe nova redação à Lei nº 8.112/90. Todavia, tais alterações, pela pouca clareza e escassa técnica legislativa, deixaram o texto um tanto confuso, dificultando o trabalho daqueles que lidam com o assunto cotidianamente.

O valor mensal do auxílio-moradia, reza o art. 60-D, não poderá exceder a **25% do valor do estipêndio** relativo ao cargo em comissão, função comissionada ou cargo de Ministro de Estado ocupado.

Pelo § 1º do mesmo artigo lê-se que o valor máximo de auxílio-moradia pago a qualquer servidor não poderá superar **25% do subsídio de Ministro de Estado**.[14] Quis o legislador estabelecer uma espécie de teto indenizatório a que todo servidor deva se submeter. Isto é, mesmo que a remuneração do cargo em comissão ou função comissionada seja superior ao subsídio dos Ministros de Estado, o auxílio-moradia não poderá exceder a 25% do valor do subsídio deste.

Em acréscimo, o § 2º ao art. 60-B estabelece outro teto indenizatório de auxílio-moradia: "independentemente do valor do cargo em comissão ou função comissionada, fica garantido a todos os que preencherem os requisitos o ressarcimento até o valor de R$ 1.800,00". Essa regra revela-se benéfica àqueles servidores cujo valor correspondente a 25% da sua remuneração seja inferior à quantia supramencionada. Imagine o caso de um servidor que perceba remuneração no valor de R$ 4.000,00. Nesse caso, a regra prevê auxílio-moradia no valor de R$ 1.000,00 a esse servidor. Todavia, pela regra do § 2º, poderá perceber até R$ 1.800,00 (o que equivaleria a 45% do valor da remuneração).

Dessa forma, podemos sintetizar a matéria da seguinte forma: a regra limita o valor do auxílio-moradia a 25% do valor da remuneração do cargo ou função, todavia há dois pontos a serem observados:

a) em qualquer hipótese, não poderá exceder o valor correspondente a 25% do subsídio de Ministro de Estado;

b) independentemente do valor da remuneração do servidor, poderá ser pago o valor de até R$ 1.800,00.

---

14 O art. 3º do Decreto Legislativo nº 13, de 4 de junho de 2007, fixa o subsídio do Ministro de Estado em R$ 10.748,43 (dez mil, setecentos e quarenta e oito reais e quarenta e três centavos).

Para finalizar o tópico concernente ao auxílio-moradia, vejamos a regra plasmada no art. 60-E: no caso de **falecimento**, **exoneração**, colocação de **imóvel funcional à disposição** do servidor ou **aquisição de imóvel**, o auxílio-moradia continuará sendo pago por **um mês**.

Por derradeiro, é útil não confundir auxílio-moradia com diárias (estas custeiam despesas com hospedagem, locomoção e alimentação) nem com ajuda de custo (custeia despesas com o deslocamento do servidor e sua família, bem como os seus bens pessoais). Repise-se: o auxílio-moradia se destina a custear mensalmente despesas com moradia, seja hotel ou aluguel de imóvel.

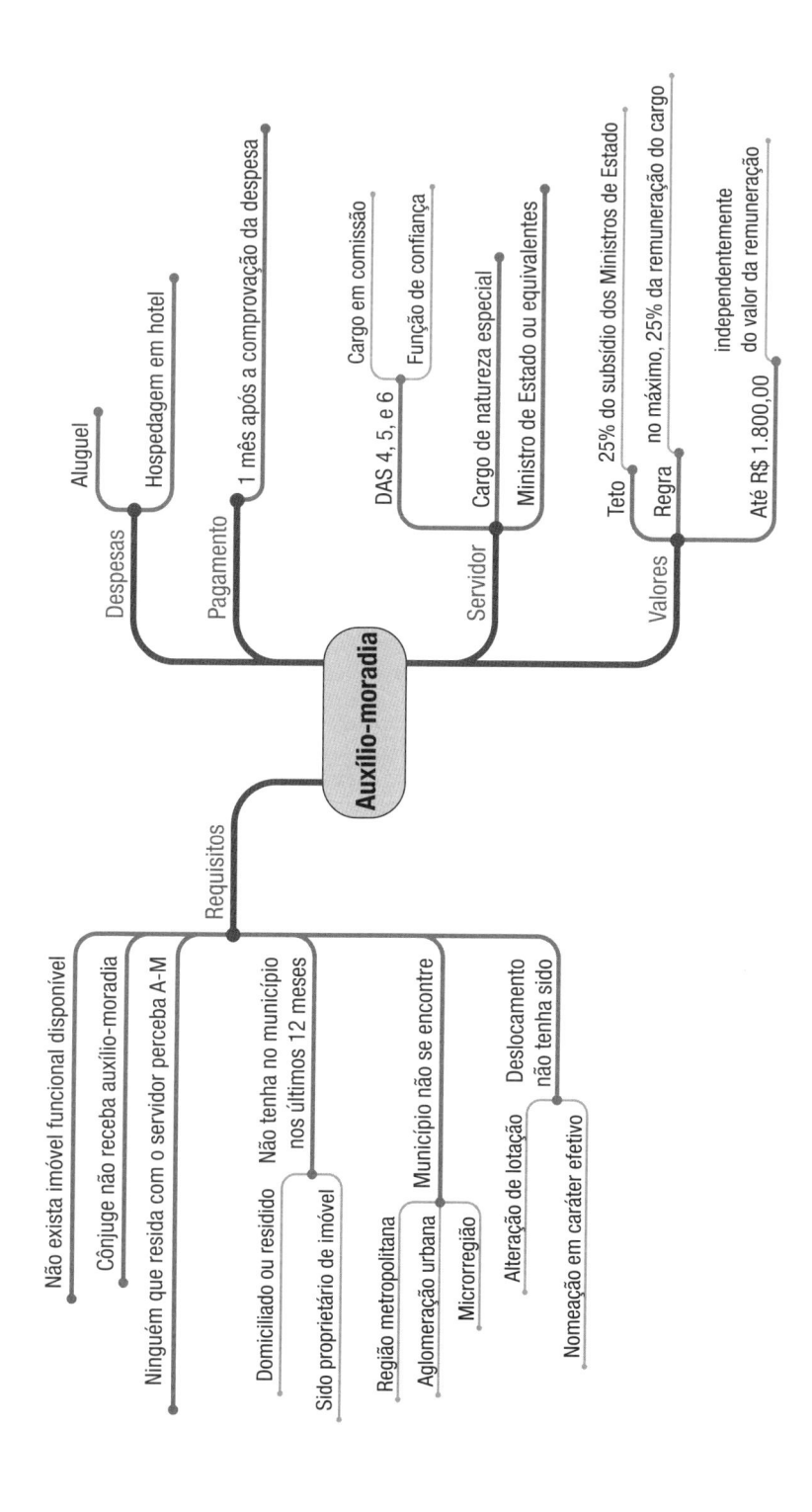

Auxílio-moradia

Despesas
- Aluguel
- Hospedagem em hotel

Pagamento
- 1 mês após a comprovação da despesa

Servidor
- DAS 4, 5, e 6
  - Cargo em comissão
  - Função de confiança
- Cargo de natureza especial
- Ministro de Estado ou equivalentes

Valores
- Teto: 25% do subsídio dos Ministros de Estado
- Regra: no máximo, 25% da remuneração do cargo
- Até R$ 1.800,00 independentemente do valor da remuneração

Requisitos
- Não exista imóvel funcional disponível
- Cônjuge não receba auxílio-moradia
- Ninguém que resida com o servidor perceba A-M
- Não tenha no município nos últimos 12 meses
  - Domiciliado ou residido
  - Sido proprietário de imóvel
- Município não se encontre
  - Região metropolitana
  - Aglomeração urbana
  - Microrregião
- Deslocamento não tenha sido
  - Alteração de lotação
  - Nomeação em caráter efetivo

2.2. Gratificações e Adicionais

O Estatuto no art. 61 estabelece as gratificações e adicionais a que faz jus o servidor público:

> I – retribuição pelo exercício de função de direção, chefia e assessoramento;
>
> II – gratificação natalina;
>
> III – adicional pelo exercício de atividades insalubres, perigosas ou penosas;
>
> IV – adicional pela prestação de serviço extraordinário;
>
> V – adicional noturno;
>
> VI – adicional de férias;
>
> VII – outros, relativos ao local ou à natureza do trabalho; e
>
> VIII – gratificação por encargo de curso ou concurso.

Impende observar que o rol das gratificações e adicionais previstos no art. 61 é exemplificativo (*numerus apertus*), podendo existir outros, desde que previstos em lei ou regulamento interno do órgão ou entidade.

O art. 67 do Estatuto, com nova redação dada pela Lei nº 9.527/97, dispunha que ao servidor era devido, a cada cinco anos de efetivo exercício, **adicional por tempo de serviço** correspondente a 5% sobre o vencimento básico (quinquênio). A partir do mês em que completava cinco anos de exercício, o servidor faria jus ao referido adicional, observado o limite máximo de 35% do vencimento do cargo. Anteriormente, esse adicional era pago à razão de 1% a cada ano de efetivo exercício (anuênio). O adicional por tempo de serviço foi expressamente revogado pela MP nº 2.225-45, de 4 de setembro de 2001, respeitadas as situações constituídas até 8 de março de 1999. Ou seja, a partir desta data, nenhum servidor fará jus ao mencionado adicional.

2.2.1. Retribuição pelo exercício de função de direção, chefia e assessoramento

Ao servidor ocupante de cargo efetivo que for investido em função de direção, chefia ou assessoramento, cargo de provimento em comissão ou de Natureza Especial é devida retribuição pelo seu exercício. Trata-se de um *plus*[15] na remuneração do servidor por ter aderido novas e mais complexas responsabilidades em relação ao cargo efetivo que ocupa.

O art. 62-A disciplina situações transitórias em face das alterações produzidas pela MP nº 2.225-45/2001. O dispositivo determina que "fica transformada em Vantagem Pessoal Nominalmente Identificada – VPNI a incorporação da retribuição pelo exercício de função de direção, chefia ou assessoramento, cargo de provimento em comissão ou de Natureza Especial a que se referem os arts. 3º e 10º da Lei nº 8.911, de 11 de julho de 1994, e o art. 3º da Lei nº 9.624, de 2 de abril de 1998". Essa VPNI a que se refere o legislador nada mais é que uma retribuição pecuniária insuscetível de ser classificada em qualquer outra categoria remuneratória exatamente por corresponder a situações pretéritas já consolidadas que hoje já não podem ser mantidas em face da legislação vigente. Reza o parágrafo único do mesmo artigo que a VPNI está sujeita à revisão geral e anual feita para os servidores públicos.

2.2.2. Gratificação natalina

A gratificação natalina dos servidores públicos equipara-se ao décimo terceiro salário dos empregados celetistas, e **corresponde a 1/12 da remuneração** a que o servidor fizer jus no mês de dezembro, por mês de exercício no respectivo ano. Isto é, para o cálculo da gratificação natalina basta pegar como base a remuneração do servidor em dezembro, multiplicar pelo número de meses trabalhados naquele ano e, por fim, dividir o produto dessa multiplicação por 12.[16] Exemplificativamente, o servidor que trabalhou oito meses completos e receba em dezembro o correspondente a R$ 3.000,00 terá o valor da sua gratificação natalina obtida por meio do seguinte cálculo: multiplica-se a remuneração pelo número de meses trabalhados (3.000 X 8 = 24.000) e, posteriormente, divide o resultado dessa multiplicação por 12 (24.000 ÷ 12 = 2.000). Assim, a gratificação natalina desse servidor corresponderá a R$ 2.000,00.

Isso posto, podemos concluir que, se o servidor trabalhar 12 meses completos por ano, o valor da gratificação natalina a que faz jus será sempre o correspondente à integralidade de sua remuneração no mês de dezembro. É por isso que a referida gratificação é denominada na CLT como 13º salário.

---

15   Mais.
16   "O adicional pela prestação de serviço extraordinário (hora extra) não integra a base de cálculo da gratificação natalina dos servidores públicos federais, pois não se enquadra no conceito de remuneração do *caput* do art. 41 da Lei nº 8.112/1990." (STJ, REsp 1.195.325/MS, Rel. Min. LUIZ FUX, julg.: 29.09.2010)

Ainda tratando do cálculo da gratificação natalina, é imperioso atentar-nos para o fato de que eventualmente o servidor tenha trabalhado apenas alguns dias do mês, e não o mês completo. Nesse caso, o parágrafo único do art. 63 determina que a fração igual ou superior a **15 dias** será considerada como mês integral. Retomando o exemplo anterior, se o servidor ingressou no serviço público no dia 8 do mês de fevereiro, os dias trabalhados serão considerados como mês integral para efeito de gratificação natalina, pois são superiores a 15 dias. Caso não ultrapassem os 15 dias, o mês de fevereiro seria desconsiderado e o cálculo dar-se-ia somente a partir do mês de março.

Caso o servidor seja exonerado antes de receber sua gratificação natalina, perceberá a respectiva vantagem, proporcionalmente aos meses de exercício, calculada sobre a remuneração do mês da exoneração.

Cabe ressaltar que a Lei nº 8.112/90 de antemão determinou que a gratificação natalina não será considerada para cálculo de qualquer vantagem pecuniária. Dessa forma, considere a seguinte hipótese: um servidor que perceba remuneração de R$ 1.000,00 e resolva tirar férias no mês de dezembro, data em que recebe gratificação natalina. Pelas regras atuais, o adicional de 1/3 da remuneração incidirá sobre os R$1.000,00 e não sobre R$ 2.000,00 (remuneração + gratificação natalina).

A gratificação será paga até o dia 20 do mês de dezembro de cada ano (art. 64).

2.2.3. Gratificação por encargo de curso ou concurso

Figura recente no Estatuto, a Gratificação por encargo de curso ou concurso foi inserida no regime jurídico dos servidores pela Lei nº 11.314, de 3 de julho de 2007.

A Gratificação por Encargo de Curso ou Concurso é devida ao servidor que, em caráter eventual (art. 76-A):

> I – atuar como instrutor em curso de formação, de desenvolvimento ou de treinamento regularmente instituído no âmbito da Administração Pública Federal;
>
> II – participar de banca examinadora ou de comissão para exames orais, para análise curricular, para correção de provas discursivas, para elaboração de questões de provas ou para julgamento de recursos intentados por candidatos;

> III – participar da logística de preparação e de realização de concurso público envolvendo atividades de planejamento, coordenação, supervisão, execução e avaliação de resultado, quando tais atividades não estiverem incluídas entre as suas atribuições permanentes; e
>
> IV – participar da aplicação, fiscalizar ou avaliar provas de exame vestibular ou de concurso público, ou supervisionar essas atividades.

O valor da gratificação de encargo de curso ou concurso será calculado em horas, observadas a natureza e a complexidade da atividade exercida, não podendo ultrapassar o equivalente a **120 horas de trabalho anuais**, ressalvada situação de excepcionalidade, devidamente justificada e previamente aprovada pela autoridade máxima do órgão ou entidade, que poderá autorizar o **acréscimo de até 120 horas de trabalho anuais**. Dessa maneira, podemos concluir que um servidor poderá receber, no máximo, o equivalente a 240 horas a título de gratificação por encargo de curso ou concurso.

O inciso III do § 1º do mesmo artigo citado anteriormente estabelece que o valor máximo da hora trabalhada corresponderá aos seguintes percentuais, incidentes sobre o maior vencimento básico da Administração Pública Federal:

a) 2,2% (dois inteiros e dois décimos por cento), em se tratando de atividades de instrutor em curso de formação e congêneres, bem como de membro de banca examinadora ou de comissão de concurso público;

b) 1,2% (um inteiro e dois décimos por cento), em se tratando de atividade de logística de preparação e de realização de concurso público e, ainda, aplicação, fiscalização, supervisão ou avaliação em provas de exame vestibular ou de concurso público.

O § 2º, ainda do art. 76-A, condiciona o pagamento de Gratificação por Encargo de Curso ou Concurso à **não ocorrência de prejuízo das atribuições do cargo** de que o servidor for titular. Isto é, além do exercício ordinário das atribuições do cargo efetivo, o servidor deverá desempenhar as atividades relativas à gratificação. É exatamente em função dessa "jornada-extra" de trabalho que o servidor recebe a comentada gratificação.

Com o intuito de facilitar o desenvolvimento das atividades que geram o direito à gratificação por encargo de curso ou concurso, que não raro acabam se chocando com o horário da jornada de trabalho do cargo efetivo, o servidor incumbido dessas atividades terá direito a horário especial, que será objeto de **compensação de carga horária** a ser efetivada no prazo de até **um ano**.

A Gratificação por Encargo de Curso ou Concurso **não se incorpora** ao vencimento ou salário do servidor para qualquer efeito e não poderá ser utilizada como base de cálculo para quaisquer outras vantagens, inclusive para fins de cálculo dos proventos da aposentadoria e das pensões (art. 76-A, § 3º).

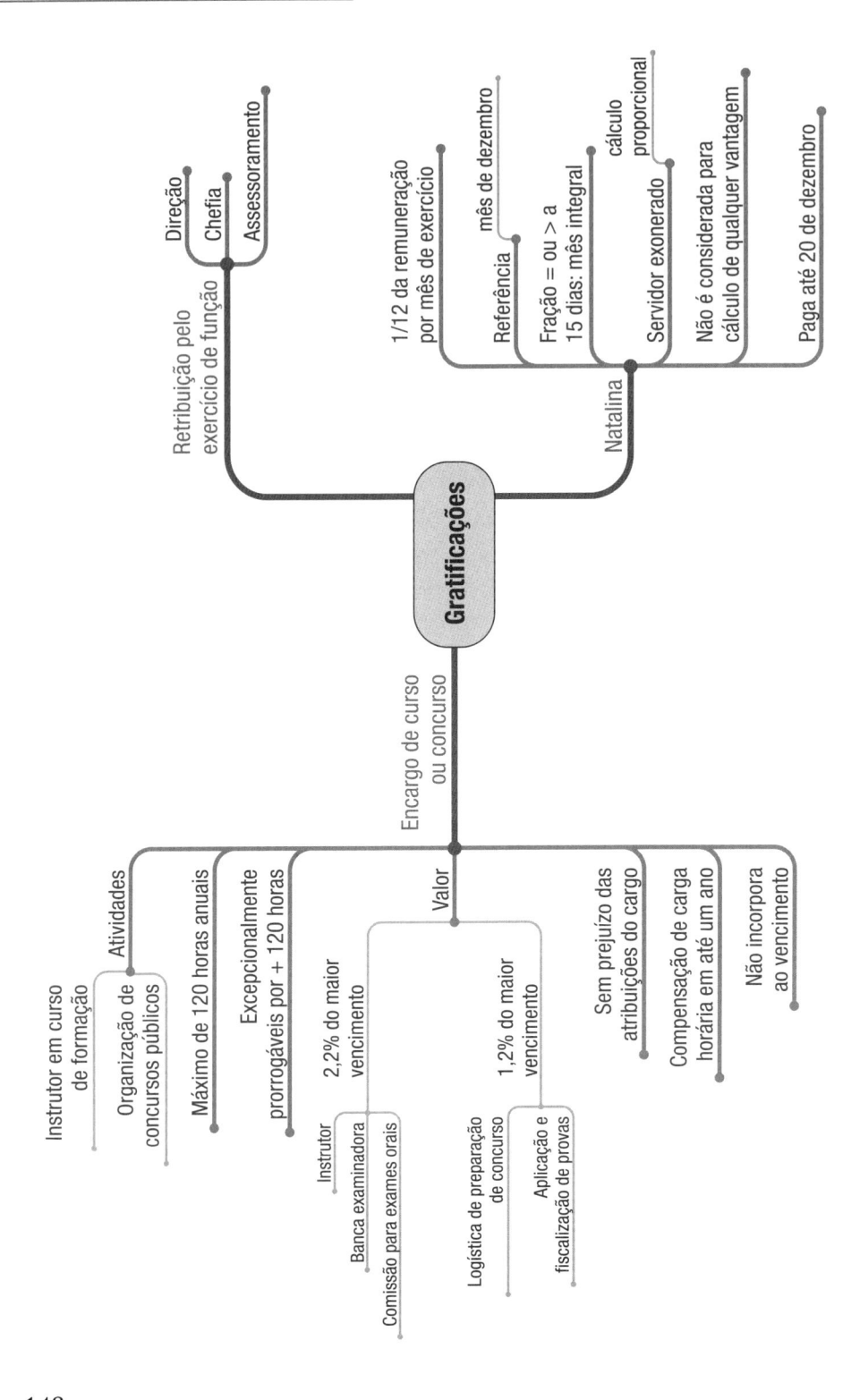

Gratificações

Retribuição pelo exercício de função
- Direção
- Chefia
- Assessoramento

Natalina
- 1/12 da remuneração por mês de exercício
- Referência: mês de dezembro
- Fração = ou > a 15 dias: mês integral
- Servidor exonerado: cálculo proporcional
- Não é considerada para cálculo de qualquer vantagem
- Paga até 20 de dezembro

Encargo de curso ou concurso

Atividades
- Instrutor em curso de formação
- Organização de concursos públicos

- Máximo de 120 horas anuais
- Excepcionalmente prorrogáveis por + 120 horas

Valor
- 2,2% do maior vencimento
  - Instrutor
  - Banca examinadora
  - Comissão para exames orais
- 1,2% do maior vencimento
  - Logística de preparação de concurso
  - Aplicação e fiscalização de provas

- Sem prejuízo das atribuições do cargo
- Compensação de carga horária em até um ano
- Não incorpora ao vencimento

2.2.4. Adicional pelo exercício de atividades insalubres, perigosas ou penosas

De maneira a compensar os servidores que desenvolvem atividades em locais cujas condições sejam nocivas à saúde ou cujo exercício apresente risco de vida, o Estatuto dos servidores estabeleceu os adicionais de insalubridade, periculosidade e de atividades penosas, os quais passaremos a comentar nas linhas adiante.

Os adicionais de insalubridade e periculosidade serão devidos aos servidores que trabalhem com **habitualidade** (e não ocasionalmente) em **locais insalubres** ou em **contato permanente com substâncias tóxicas**, **radioativas** ou com **risco de vida**, que fazem jus a um adicional sobre o vencimento do cargo efetivo (art. 68).[17] O adicional de atividade penosa será devido aos servidores em exercício em **zonas de fronteira** ou em localidades cujas condições de vida o justifiquem, nos termos, condições e limites fixados em regulamento (art. 71).

O art. 69 da Lei nº 8.112/90 determina que haverá permanente controle da atividade de servidores em operações ou locais considerados penosos, insalubres ou perigosos. O desiderato da norma é, por meio de monitoramento contínuo das condições de trabalho, evitar que a saúde do servidor seja excessivamente prejudicada, podendo causar até invalidez permanente.

No mesmo sentido de proteger o servidor que opera com Raios X ou substâncias radioativas, o art. 72 preleciona que os locais de trabalho e os respectivos servidores serão mantidos sob controle permanente, inclusive passando por exames médicos a cada seis meses, de modo que as doses de radiação ionizante não ultrapassem o nível máximo previsto na legislação própria.

Nessa linha de raciocínio, o STJ[18] vem garantindo direito à **redução da duração máxima da jornada de trabalho de 40 para 24 horas semanais** a todos as categorias profissionais que operam habitualmente com raios X e substâncias radioativas próximo às fontes de irradiação.

Por serem vantagens pecuniárias intimamente relacionadas às condições especiais de trabalho, os adicionais em comento **cessam imediatamente** com o desaparecimento da respectiva situação fática que gerou o seu pagamento ao servidor. A título de exemplo, o servidor

---
17 "Local (ou condição) insalubre de trabalho é aquele agressivo ou potencialmente nocivo ao organismo, em razão de fatores os mais diversos, como, por exemplo, poluição, frio ou calor demasiado, pressão hiperbárica, condições antiergonômicas, trabalho no subsolo, ou inúmeros outros ainda". (RIGOLIN, Ivan Barbosa. *Comentários ao regime único dos servidores públicos civis*. 5ª ed. São Paulo: Saraiva, 2007, p. 171).
18 AgInt no REsp 1.569.119-SP, Rel. Min. HUMBERTO MARTINS, julg.: 07/04/2016.

que percebe adicional de insalubridade devido às baixas umidade e temperatura do local de trabalho, que venha a ser removido para localidade que não apresenta condições insalubres, deixará de perceber adicional de insalubridade, pois já não há mais justificativa para o seu pagamento.

Por tudo o que foi dito, resta claro que os adicionais de insalubridade, periculosidade e de atividades penosas **não se incorporam ao vencimento para nenhum efeito**, em virtude de dependerem sempre da consumação de determinada situação fática, que, uma vez cessada, impede a continuidade do pagamento do adicional. Em razão disso é que os servidores aposentados, que não mais estão submetidos a nenhuma dessas condições ou riscos, não farão jus a esse adicional.

É interessante enfatizar com veemência que o servidor **jamais poderá acumular o adicional de insalubridade com o de periculosidade**, hipótese em que deverá optar por um deles. De outro lado, é perfeitamente possível a acumulação de adicional de insalubridade ou periculosidade com o adicional de atividades penosas. Não há óbice legal a que tal situação aconteça. Basta, para tanto, que as circunstâncias especiais de trabalho justifiquem a percepção de ambos os adicionais.

A servidora **gestante ou lactante será afastada**, enquanto durar a gestação e a lactação, das operações e locais que ensejam pagamento dos adicionais em tela, exercendo suas atividades em local salubre e em serviço não penoso e não perigoso (art. 69, parágrafo único).

Como é de perceber, os adicionais de insalubridade, de periculosidade e de atividades penosas dependem de análise acurada de cada caso específico para que se possa estabelecer um regramento específico e adequado, que proteja o servidor e o serviço por ele exercido. Não é por outra razão que o art. 70 determina que a concessão de tais vantagens obedecerá ao disposto em legislação específica (art. 70).

2.2.5. Adicional pela prestação de serviço extraordinário

Popularmente conhecido como "hora-extra", o adicional por tempo de serviço extraordinário visa a compensar financeiramente eventuais extensões da jornada de trabalho do servidor. Reforçando esse entendimento, o art. 74 do regime jurídico determina que o adicional de serviço extraordinário somente será permitido para atender a situações **excepcionais e temporárias**, respeitado o **limite máximo de duas horas** por jornada.

O serviço extraordinário será remunerado com **acréscimo de 50% em relação à hora normal** de trabalho (art. 73).

2.2.6. Adicional noturno

O serviço noturno, para efeito de regime jurídico, é aquele prestado em horário compreendido **entre 22 horas de um dia e 5 horas do dia seguinte**.

Dispõe o art. 74 do Estatuto que o adicional noturno terá o valor-hora **acrescido de 25%**, computando-se cada hora como **cinquenta e dois minutos e trinta segundos** (52min. 30seg.). Se bem observarmos, veremos que um servidor que trabalhe das 22h de um dia às 5h do outro dia cumpre jornada de sete horas-relógio, mas recebe o equivalente a oito horas noturnas (7m30seg que sobram a cada hora X 7 horas trabalhadas entre 22h e 5h = 52m 30seg).

É possível a **concomitância entre serviço extraordinário e noturno**. Tomemos o exemplo de um servidor que cumpra horário de trabalho das 14 às 21h, que receba R$ 10,00 por hora de trabalho; ao permanecer trabalhando e ultrapassar as 22h, terá direito a receber adicional de serviço extraordinário cumulativamente com adicional noturno. Dessa forma, o valor-hora será igual a R$ 18,75 (hora normal R$ 10,00 + hora-extra R$ 5,00 = R$ 15,00 X 25% de hora noturna = R$ 18,75).

O STJ entende que os servidores cuja jornada de trabalho ocorre sob o regime de plantão não podem ser beneficiados pelo adicional noturno, haja vista que o modo em que o serviço é prestado (por escalas) já congrega uma compensação natural, qual seja, o extenso período de descanso.[19]

---
19 REsp 623.310/DF, Rel. Min. JOSÉ ARNALDO DA FONSECA, DJ 17.10.2005.

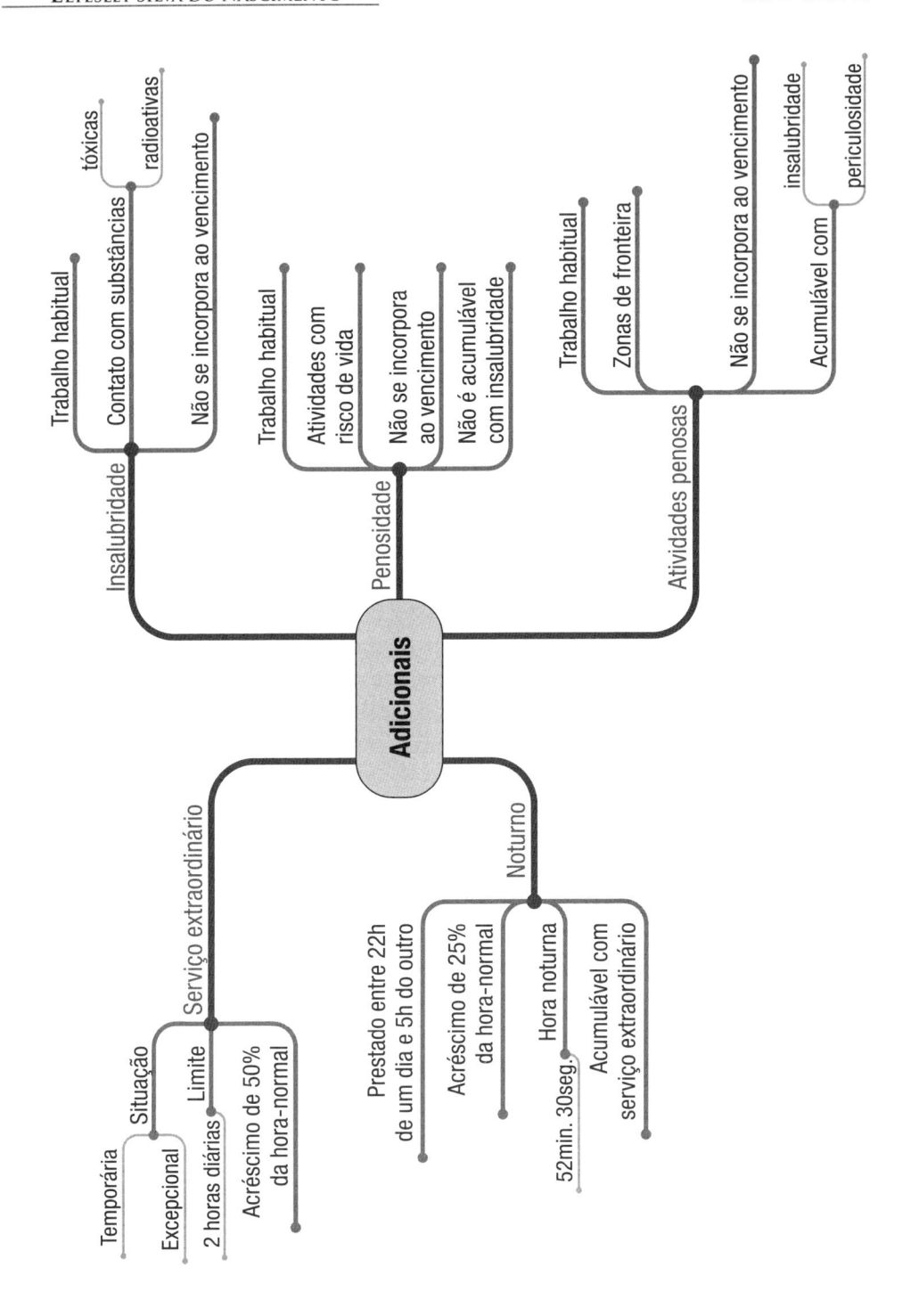

Adicionais

Insalubridade
- Trabalho habitual
- Contato com substâncias
  - tóxicas
  - radioativas
- Não se incorpora ao vencimento

Penosidade
- Trabalho habitual
- Atividades com risco de vida
- Não se incorpora ao vencimento
- Não é acumulável com insalubridade

Atividades penosas
- Trabalho habitual
- Zonas de fronteira
- Não se incorpora ao vencimento
- Acumulável com
  - insalubridade
  - periculosidade

Serviço extraordinário
- Situação
  - Temporária
  - Excepcional
- Limite
  - 2 horas diárias
- Acréscimo de 50% da hora-normal

Noturno
- Prestado entre 22h de um dia e 5h do outro
- Acréscimo de 25% da hora-normal
- Hora noturna
  - 52min. 30seg.
- Acumulável com serviço extraordinário

2.2.7. Adicional de férias

O direito de férias consiste no asseguramento de período de descanso em que o trabalhador possa repor as energias despendidas durante o processo laboral e renovar suas aptidões intelectuais que, inclusive, serão vertidas em prol da própria organização em que trabalha. O direito a férias remuneradas representa o que há de imprescindível e elementar na esfera jurídica do trabalhador.

O art. 76 da Lei nº 8.112/90 determina que, independentemente de solicitação, será pago ao servidor, por ocasião das férias, um adicional correspondente a **1/3 da remuneração** no período das férias. Ainda, nesse mesmo sentido, o parágrafo único do mesmo artigo acresce que, no caso de o servidor exercer função de direção, chefia ou assessoramento, ou ocupar cargo em comissão, a respectiva vantagem será considerada no cálculo do adicional de que trata este artigo.[20, 21]

O servidor fará jus a **30 dias** de férias, ressalvadas as hipóteses em que haja legislação específica. Um exemplo de exceção a essa regra é o plasmado no art. 79, que cuida das férias do servidor que opera direta e permanentemente com **Raios X ou substâncias radioativas**. O citado dispositivo determina que tal servidor gozará **20 dias consecutivos de férias, por semestre de atividade profissional, proibida em qualquer hipótese a acumulação**.

É interessante notar que um dos pontos em que mais divergem as vantagens dos servidores públicos em relação aos trabalhadores celetistas é o pertinente às férias. Em função disso, elencaremos os principais aspectos diferenciadores entre o regime estatutário (Lei nº 8.112/90) e o celetista:

a) enquanto no regime estatutário as férias do servidor podem ser **acumuladas**, até o máximo de **dois períodos** (totalizando 60 dias), no caso de necessidade do serviço, na CLT não há previsão de acumulação de férias, devendo necessariamente serem usufruídas dentro do período concessivo;[22]

b) enquanto no regime celetista para cada período aquisitivo de férias exige-se 12 meses de exercício, no regime estatutário somente são **exigidos 12 meses para o primeiro período aquisitivo**. A partir

---

20 Sobre o tema, em 26 de agosto de 2009, o STJ asseverou na Súmula nº 386 que "são isentas de imposto de renda as indenizações de férias proporcionais e o respectivo adicional".
21 Entende o STJ que não incide contribuição previdenciária sobre o terço constitucional de férias, visto que se reveste de natureza compensatória, e por não se incorporar ao salário do servidor para aposentadoria (Pet 7.296-PE, Rel.ª Min.ª ELIANA CALMON, julg.: 28.10.2009).
22 "O acúmulo de mais de dois períodos de férias não gozadas pelo servidor não implica perda do direito, notadamente se se levar em conta que esse dispositivo tem por objetivo resguardar a saúde do servidor." (STJ, MS 13.391/DF, Rel.ª Min.ª MARIA THEREZA DE ASSIS MOURA, DJe 30.05.2011)

disso, o servidor passa a gozar férias referentes ao exercício (ano-calendário), independentemente do transcurso de 12 meses entre um e outro período. Para ilustrar o sobredito, vejamos o caso de um servidor que tenha tomado posse no dia 10 de novembro de 2009. Dessa forma, aplicando-se a regra do estatuto, esse servidor poderá ter gozado o primeiro período de férias no período de 1º a 30 de dezembro de 2010 e um novo período de férias já em janeiro de 2011;

c) no regime estatutário, é expressamente **vedado levar à conta de férias qualquer falta ao serviço**. Com efeito, um servidor que falta durante 15 dias em um período de 12 meses gozará os mesmos 30 dias de férias que um servidor que não faltou nenhum dia de serviço. Todavia, não se extraia disso a conclusão de que nada ocorrerá com o servidor faltoso. Além do desconto das faltas em sua remuneração, responderá administrativamente por violação de dever funcional de assiduidade e estará sujeito às penalidades cabíveis. A CLT, diferentemente, prevê o desconto de faltas nas férias do empregado (art. 130). Ilustrativamente, se um trabalhador da iniciativa privada falta injustificadamente dezoito dias de trabalho no período aquisitivo, somente gozará de 18 dias corridos de férias;

d) as férias do servidor poderão ser **parceladas em até três etapas**, desde que assim requeridas por ele, e passem pelo crivo da Administração. Logo, percebe-se que o servidor público não tem direito ao parcelamento de férias. Cabe à Administração verificar a conveniência e oportunidade de tal pedido. Em caso de parcelamento, o servidor receberá integralmente o adicional de 1/3 da remuneração, quando do gozo da primeira parcela; no regime celetista, as férias não podem ser parceladas; e

e) no regime estatutário federal, não há previsão de abono de férias, que é a retribuição pecuniária que o trabalhador recebe em virtude de permanecer em serviço durante o período de férias; o art. 143 da CLT estatui que é facultado ao empregado converter 1/3 das férias a que tiver direito em abono pecuniário.

O pagamento do adicional de férias será efetuado até **dois dias** antes do início do respectivo período (art. 78). O servidor **exonerado** do cargo efetivo, ou em comissão, perceberá indenização relativa ao período de férias a que tiver direito e ao incompleto, na proporção de um doze avos por mês de efetivo exercício, ou fração superior a **14 dias** (art. 78, § 3º).[23]

Desse dispositivo, poderemos explorar diferentes situações:

a) se o servidor tiver sido exonerado antes de completar 12 meses de exercício, não será indenizado, haja vista não ter ainda completado o primeiro período aquisitivo e, consequentemente, não ter adquirido o direito às férias.

b) o servidor que trabalhou durante 2 anos e 6 meses e é exonerado *ad nutum*. Em relação aos dois primeiros anos, esse servidor já gozou férias. Nesse caso, a indenização será calculada na proporção de 6/12, pois é relativa aos seis meses que ele trabalhou além dos dois anos.

c) o servidor que já contava com 1 ano e 8 meses de trabalho e já gozou dois períodos de férias. Como sabemos, os 12 meses de exercício somente são exigidos para o primeiro período aquisitivo. Dessa forma, a situação hipotética é perfeitamente possível e legal. Nesse caso, sendo o servidor exonerado, e tendo recebido o adicional integralmente, deverá ele devolver aos cofres públicos a quantia excedente.

Vale mencionar, ainda, que essa indenização será calculada com base na remuneração do mês em que for publicado o ato exoneratório (§ 3º).

As férias somente poderão ser **interrompidas** por motivo de **calamidade pública**, **comoção interna**, **convocação para júri**, **serviço militar ou eleitoral,** ou por **necessidade do serviço** declarada pela autoridade máxima do órgão ou entidade (art. 80).

Calamidade pública refere-se à situação que cause transtornos excessivos à população a ponto de exigir atuação positiva do Estado. Seria o caso de guerra, terremotos, inundações, furacões, epidemias etc. Já a comoção interna nos remete à ideia de graves perturbações da ordem pública que atentem intensamente contra a estabilidade institucional, a segurança do Estado ou a convivência cidadã, e que podem ser resolvidas apenas com a ação das autoridades policiais. A necessidade do serviço, por sua vez, trata-se de situação excepcional em que o volume de trabalho tenha aumentado substancialmente de forma a impossibilitar o

---

[23] Sobre o assunto, entendeu o STF que não é o gozo de férias que garante o adicional de, pelo menos, um terço a mais, e sim o próprio direito às férias constitucionalmente assegurado. Assim, o não pagamento do terço constitucional àquele que não usufruiu o direito de férias é penalizá-lo duas vezes: primeiro por não ter se valido de seu direito ao descanso, cuja finalidade é preservar a saúde física e psíquica do trabalhador; segundo por vedar-lhe o direito ao acréscimo financeiro que teria recebido se tivesse usufruído das férias no momento correto (RE 570.908/RN, Rel.ª Min.ª CÁRMEN LÚCIA, julg.: 16.09.2009).

desempenho das atividades somente pelos servidores disponíveis. Nesse caso, a necessidade do serviço será declarada pela autoridade máxima do órgão ou entidade.

Um detalhe interessante é que, dentre as hipóteses de interrupção de férias, não se encontra a interrupção por iniciativa do próprio servidor. O restante do período interrompido será gozado de uma só vez (art. 80, parágrafo único).

Férias

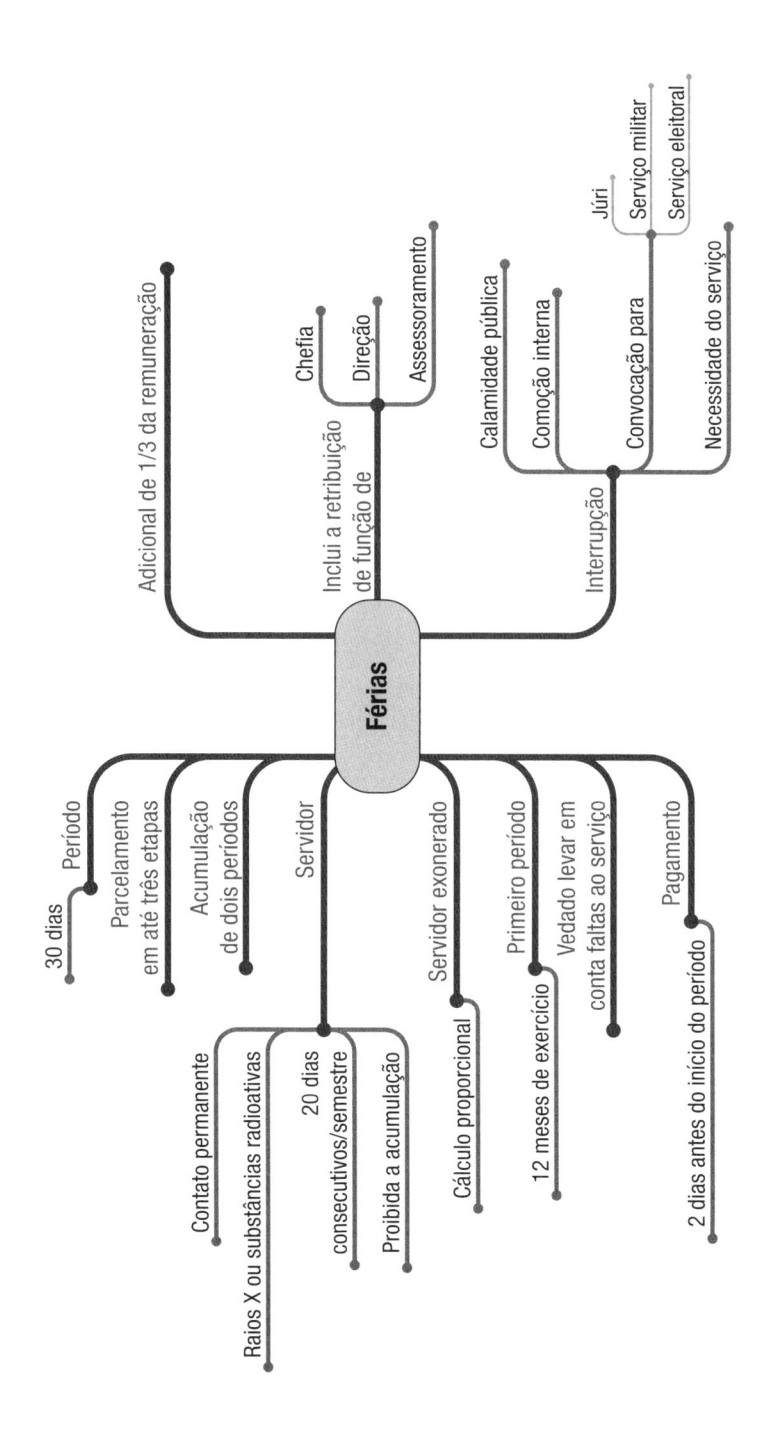

- Adicional de 1/3 da remuneração
- Inclui a retribuição de função de
  - Chefia
  - Direção
  - Assessoramento
- Interrupção
  - Calamidade pública
  - Comoção interna
  - Convocação para
    - Júri
    - Serviço militar
    - Serviço eleitoral
  - Necessidade do serviço
- Período
  - 30 dias
- Parcelamento em até três etapas
- Acumulação de dois períodos
- Servidor
  - Contato permanente
  - Raios X ou substâncias radioativas
  - 20 dias consecutivos/semestre
  - Proibida a acumulação
- Servidor exonerado
  - Cálculo proporcional
- Primeiro período
  - 12 meses de exercício
- Vedado levar em conta faltas ao serviço
- Pagamento
  - 2 dias antes do início do período

3. LICENÇAS

Conceder-se-á ao servidor licença:

I. por motivo de doença em pessoa da família;

II. por motivo de afastamento do cônjuge ou companheiro;

III. para o serviço militar;

IV. para atividade política;

V. para capacitação;

VI. para tratar de interesses particulares;

VII. para desempenho de mandato classista;

VIII. para tratamento da própria saúde (art. 202);

IX. à gestante, paternidade e adotante (arts. 207, 208 e 210); e

X. por acidente em serviço (art. 211).

Inicialmente, cabe destacar que as licenças previstas nos números VIII a X não se encontram formalmente no Título III (Dos Direitos e Vantagens), mas no Título VI (Da Seguridade Social do Servidor), razão pela qual iremos analisá-las.

A licença concedida dentro de 60 dias do término de outra da mesma espécie será considerada como prorrogação (art. 82).

3.1. Licença por motivo de doença em pessoa da família

Poderá ser concedida licença ao servidor por motivo de doença do cônjuge ou companheiro, dos pais, dos filhos, do padrasto ou madrasta e enteado, ou de dependente que viva a suas expensas e conste do seu assentamento funcional, mediante comprovação por perícia médica oficial (art. 83, com redação dada pela Lei nº 11.907/2009).

Para que seja deferido o pedido da licença é necessária comprovação por parte do servidor de que sua assistência direta é **indispensável** à saúde do familiar, não podendo ser eficazmente efetuada por outro ente da família. É imprescindível que o servidor comprove, também, a impossibilidade de a assistência ser prestada simultaneamente com o exercício do cargo ou mediante compensação de horário, até o mês subsequente ao da ocorrência.

Ademais, reza o § 3º do art. 81 que é **vedado o exercício de qualquer atividade remunerada**, pública ou privada, durante o período da licença por motivo de doença em pessoa da família.

A Lei nº 12.269, de 21 de junho de 2010, alterou o § 2º do art. 83, que passou a fixar que a cada período de 12 meses a licença de que trata o *caput*, incluídas as prorrogações, será concedida da seguinte forma:

> I – por até **sessenta dias**, consecutivos ou não, **mantida a remuneração** do servidor; e
>
> II – por até **noventa dias**, consecutivos ou não, **sem remuneração**.

O início do interstício de doze meses será contado a partir da data do deferimento da primeira licença concedida (art. 83, § 3º, com redação dada pela Lei nº 12.269/2010).

Em sequência, o § 4º, também alterado pela Lei nº 12.269/2010, preceitua que a soma das licenças remuneradas e das licenças não remuneradas, incluídas as respectivas prorrogações, concedidas em um mesmo período de **12 meses**, não poderá ultrapassar os 150 dias previstos no § 2º do mesmo artigo.

Por fim, o § 1º do art. 81, com redação alterada pela Lei nº 11.907/2009, determina que a licença por motivo de doença em pessoa da família e cada uma de suas prorrogações serão precedidas de exame por perícia médica oficial.

3.2. Licença por motivo de afastamento do cônjuge ou companheiro

Poderá ser concedida licença ao servidor para acompanhar cônjuge ou companheiro que foi deslocado para outro ponto do território nacional, para o exterior ou para o exercício de mandato eletivo dos Poderes Executivo e Legislativo (art. 84).

Note bem que a lei diz "poderá ser concedida", e não "deverá ser concedida". Assim, poderíamos ser levados a concluir que a licença por motivo de afastamento do cônjuge ou companheiro, tal qual a licença para tratar de interesses particulares, é atividade **discricionária** da Administração Pública. Todavia, não parece ser essa a orientação do STJ sobre o assunto (destaque nosso):

> PROCESSUAL CIVIL E ADMINISTRATIVO. AGRAVO REGIMENTAL NO RECURSO ESPECIAL. SERVIDOR PÚBLICO. **LICENÇA PARA ACOMPANHAR CÔNJUGE.** PREENCHIMENTO DOS REQUISITOS DO ARTIGO 84 DA LEI Nº 8.112/90. CABIMENTO.

1. A jurisprudência desta Corte firmou-se no sentido de que a licença para acompanhar cônjuge, prevista no art. 84 da Lei nº 8.112/90, trata-se de um direito **assegurado ao servidor público**, de sorte que, preenchidos os requisitos legais, **não há falar em discricionariedade da Administração quanto à sua concessão**. Precedentes: REsp 422.437/MG, Rel. Min. Gilson Dipp, Quinta Turma, DJ 4.4.2005; e REsp 287.867/PE, Rel. Min. Jorge Scartezzini, Quinta Turma, DJ 13.10.2003; AgRg no REsp 1.195.954/DF, Rel. Min. Castro Meira, Segunda Turma, DJe 30.8.2011; AgRg no Ag 1.157.234/RS, Rel. Min. Celso Limongi (Desembargador convocado do TJ/SP), Sexta Turma, DJe 6.12.2010; REsp 960.332/RS, Rel. Min. Jorge Mussi, Quinta Turma, DJe 3.8.2009.

2. No caso *sub examine*, constata-se o atendimento aos requisitos necessários à concessão da licença pleiteada, pois **a norma de regência não exige a qualidade de servidor público do cônjuge do servidor** que pleiteia a licença e, tampouco, que o **deslocamento daquele tenha sido atual**. Se o legislador não condicionou a concessão da licença a tais requisitos, não cabe ao intérprete fazê-lo.

3. Agravo regimental não provido.[24]

PROCESSUAL CIVIL E ADMINISTRATIVO. Art. 535 DO CPC. NEGATIVA DE PRESTAÇÃO JURISDICIONAL. FUNDAMENTAÇÃO DEFICIENTE. SÚMULA Nº 284/STF. **LICENÇA PARA ACOMPANHAMENTO DE CÔNJUGE.** CONCESSÃO. ATO VINCULADO. PREENCHIMENTO. REQUISITOS.

1. A afirmação genérica de que ocorreu ofensa ao art. 535, II, do CPC, por negativa de prestação jurisdicional, atrai a Súmula nº 284/STF.

2. O requisito primordial para a concessão da **licença** para **acompanhamento de cônjuge** é o deslocamento para outro ponto do território nacional ou exterior, ou ainda, para exercício de mandato eletivo dos Poderes Executivo e Legislativo.

3. **Preenchidos os requisitos estabelecidos no art. 84 da Lei nº 8.112/90, a licença deve ser concedida, pois se trata de direito do servidor, em que a Administração não realiza juízo de conveniência e oportunidade**. Precedentes.

4. Recurso especial improvido.[25]

---

24 AgRg no REsp 1.243.276-PR, Rel. Min. BENEDITO GONÇALVES, julg.: 05.02.2013.
25 REsp 960.332/RS, Rel Min. JORGE MUSSI, DJe 03.08.2009. *Vide* também REsp 287.867-PE, Rel. Min. JORGE SCARTEZZINI, DJ 13.10.2003.

Outro ponto importante é que o gozo dessa licença não depende de o cônjuge ou companheiro ser servidor público, podendo ser um trabalhador da **iniciativa privada**. Nesse caso, a licença será sem remuneração e **não haverá exercício provisório, muito menos remoção, independentemente do interesse da Administração**.

Para que a remoção independentemente do interesse da Administração fosse possível, deveriam ser satisfeitos dois requisitos: a) o cônjuge ou companheiro deslocado ser **servidor público**; b) o deslocamento teria de ser **de ofício**, no interesse do serviço.

Em regra, a licença por motivo de afastamento do cônjuge ou companheiro é por **prazo indeterminado** e **sem remuneração**. Salvo na hipótese de deslocamento de servidor cujo cônjuge ou companheiro também seja servidor público, civil ou militar, de qualquer dos Poderes da União, dos Estados, do Distrito Federal e dos Municípios. Em situações como essa, **poderá haver exercício provisório** em órgão ou entidade da Administração Federal direta, autárquica ou fundacional, desde que para o exercício de atividade compatível com o seu cargo (art. 84, § 2º).[26]

Nesse contexto, vale trazer a baila orientação firmada pelo STJ no sentido de que o servidor tem direito à licença para acompanhar cônjuge e, consequentemente, ao exercício provisório caso o cônjuge ou companheiro seja **aprovado em concurso público** em outro ente da Federação. A situação concreta referia-se ao pedido administrativo para que fosse concedida a referida licença à servidora da Justiça Trabalhista lotada em Porto Alegre em virtude de seu esposo ter sido aprovado em concurso público para órgão do Estado do Rio de Janeiro. Solicitou, ainda, que exercesse provisoriamente cargo compatível com o seu, o que poderia se dar no TRT da 1ª Região, com sede no Rio de Janeiro. Segundo a ministra relatora, quando houver deslocamento para outro Estado ou para o exterior, a licença deve ser condedida, bem como o exercício provisório (se houver atividade compatível com o cargo ocupado), ainda que o cônjuge tenha se deslocado em função de ter logrado aprovação em concurso público. Destacou ainda que, caso o cônjuge ou companheiro não fosse servidor, mesmo assim a licença seria devida, em virtude de não haver espaço para juízo discricionário da Administração Pública.[27]

---

[26] O exercício provisório ocorre quando, na sede do órgão ou entidade de destino do cônjuge/companheiro, há órgão congênere com cargo de escolaridade, atribuições e remuneração compatíveis com o cargo que o servidor já ocupa.

[27] REsp 871.762/RS, Rel.ª Min.ª LAURITA VAZ, julg.: 16.11.2010.

3.3. Licença para serviço militar

Ao servidor convocado para o serviço militar será concedida licença, na forma e condições previstas na legislação específica (art. 85). Concluído o serviço militar, o servidor terá até **trinta dias sem remuneração** para reassumir o exercício do cargo (p. único).

Essa licença poderá ocorrer nos casos em que houver convocação extraordinária, guerra externa ou ainda quando o servidor não tiver se apresentado para serviço militar obrigatório. Esta última situação seria possível no caso de o servidor ter completado 18 anos e, logo em seguida, ser investido no cargo público sem que tenha passado pelo alistamento militar. Se, hipoteticamente, este servidor for recrutado para prestar serviço militar obrigatório, deverá licenciar-se do cargo pelo período necessário.

3.4. Licença para atividade política

A licença para atividade política é referente à participação do servidor nas campanhas eleitorais na condição de candidato a fim de, posteriormente, se bem sucedido no pleito, gozar de afastamento para exercício de mandato eletivo.

Para participar da disputa, o servidor terá direito à licença para atividade política, que vai da escolha do seu nome em convenção partidária até o décimo dia posterior às eleições. É útil assinalarmos que essa licença é composta de dois momentos distintos:

a) primeiro momento: vai da **escolha do servidor em convenção partidária até a véspera do registro da candidatura** perante a Justiça Eleitoral. Nesse interstício não haverá pagamento de remuneração ao servidor. O desiderato da norma é impedir que servidores, imbuídos de má-fé, requeiram a licença com o único objetivo de não comparecer ao serviço e, mesmo assim, perceber rendimentos às custas dos cofres públicos sem desenvolver qualquer atividade de cunho político-partidário; e

b) segundo momento: vai do **registro da candidatura até o décimo dia posterior às eleições**. Desta feita, o servidor perceberá os **vencimentos** do cargo que exerce, desde que esse período não exceda a **três meses**.

Salienta o § 1º do art. 85 que o servidor candidato a cargo eletivo na localidade onde desempenha suas funções, e que exerça cargo de direção, chefia, assessoramento, arrecadação ou fiscalização, dele será afastado, a partir do dia imediato ao do registro de sua candidatura perante a Justiça Eleitoral, até o décimo dia seguinte ao do pleito.

3.5. Licença para capacitação

A licença para capacitação veio substituir a antiga licença-prêmio por assiduidade, segundo a qual, a cada cinco anos de efetivo exercício ininterrupto, o servidor tinha direito a três meses de licença remunerada, a título de prêmio por assiduidade.

A licença para capacitação se assemelha à extinta licença-prêmio pelo fato de ser **concedida por período de três meses a cada cinco anos de efetivo exercício**, mas desta se distancia ao exigir que a licença seja motivada pela participação em cursos, treinamentos, congressos, seminários, grupos de estudos, intercâmbios, na área de interesse da repartição pública, sem o que não haverá deferimento do pedido. Note que a licença-prêmio era direito subjetivo do servidor, que não precisava justificar o porquê do pedido.

Ademais, a concessão de licença para capacitação é **decisão discricionária da Administração**, que irá valorar a conveniência e oportunidade do pedido.

Pelo que foi exposto, resta claro que o servidor tem **mera expectativa de direito** à licença para capacitação, uma vez que a Administração somente deferirá o pedido se assim julgar conveniente. Ex.: um servidor público que conta com cinco anos de efetivo exercício requer concessão de Licença para Capacitação com o intuito de elaborar a dissertação de doutorado em literatura vietnamita. Nesse caso, a Administração pode negar o pedido sob a alegação de que o referido curso não guarda correlação com as atribuições do cargo de Analista Judiciário, Área Judiciária, e, portanto, não há interesse público na concessão de tal licença.

Por fim, cabe realçar que o período de cinco anos exigido para gozo de licença para capacitação é **inacumulável**. Caso contrário, o servidor que acumulasse dez anos de efetivo exercício teria direito a seis meses de licença para capacitação. Tal hipótese não é possível por expressa previsão legal (art. 87, parágrafo único).

3.6. Licença para tratar de interesses particulares

Ao servidor ocupante de cargo efetivo poderá ser concedida, desde que **não esteja em estágio probatório**, licença para o trato de assuntos particulares pelo prazo de **até três anos consecutivos**, **sem remuneração**.

Novamente estamos diante do caso de licença que somente será concedida no interesse da Administração, avaliada sob os critérios de conveniência e oportunidade.

Esta licença pode ser interrompida, a qualquer momento, a pedido do servidor ou no interesse do serviço, **vedada qualquer prorrogação**.

Embora o Estatuto não disponha expressamente, entendemos que o prazo mínimo entre uma licença para tratar de interesses particulares e outra da mesma espécie é de 60 dias, já que o art. 82 estabelece que a licença concedida dentro de 60 dias do término de outra da mesma espécie é considerada como prorrogação. Logo, como o prazo da licença para trato de interesses particulares é improrrogável, não há possibilidade de licença da mesma natureza antes do transcurso dos 60 dias.

A título de complementação, trazemos à tona o fato de que, durante o período em que estiver licenciado para cuidar de interesses particulares, o servidor somente receberá, a titulo de retribuição pecuniária, o tocante ao salário-família, que será visto adiante, com mais vagar.

A Lei nº 11.784, de 22 de setembro de 2008, alterou o parágrafo único do art. 117 do Estatuto ao permitir que o servidor no gozo de licença para o trato de interesses particulares seja administrador ou gerente de sociedade privada e exerça o comércio. Ressalte-se que essas atividades são vedadas ao servidor em exercício, sendo permitidas apenas quando no gozo da supracitada licença.

3.7. Licença para desempenho de mandato classista

O mandato classista é aquele desempenhado por **dirigentes de sindicato**, **associação de classe** de âmbito nacional, **entidade fiscalizadora** de profissão, federação ou confederação.

É assegurado ao servidor o direito à licença sem remuneração para o desempenho de mandato nas entidades já mencionadas ou, ainda, para participar de **gerência ou administração em sociedade cooperativa constituída por servidores públicos para prestar serviços a seus membros**, conforme disposto em regulamento e observados os seguintes limites:

I. para entidades com até 5.000 (cinco mil) associados, 2 (dois) servidores;

II. para entidades com 5.001 (cinco mil e um) a 30.000 (trinta mil) associados, 4 (quatro) servidores;

III. para entidades com mais de 30.000 (trinta mil) associados, 8 (oito) servidores.

O § 1º do art. 92 determina que somente poderão ser licenciados os servidores eleitos para cargos de **direção ou de representação** nas referidas entidades se cadastradas no órgão competente.

A licença para desempenho de mandato classista terá **duração igual à do mandato**, podendo ser **renovada**, no caso de **reeleição** (art. 92, § 2º).

O servidor investido em mandato classista não poderá ser removido ou redistribuído de ofício para localidade diversa daquela onde exerce o mandato (art. 94, § 2º).

4. AFASTAMENTOS

São afastamentos previstos no Estatuto dos servidores públicos federais:
I. Afastamento para servir em outro órgão ou entidade;
II. Afastamento para exercício de mandato eletivo;
III. Afastamento para estudo ou missão no exterior; e
IV. Afastamento para participação em curso de pós-graduação *stricto sensu* no País.

É útil mencionar que entre licenças e afastamentos não há diferença, exceto na denominação formal. Isto pode ser percebido em uma análise minuciosa sobre a natureza jurídica das licenças e afastamentos: não há critério técnico adotado pelo legislador para instituir licença ao invés de afastamento, ou outros.

4.1. Afastamento para servir em outro órgão ou entidade

O servidor poderá ser cedido para ter exercício em outro órgão ou entidade dos Poderes da União, dos Estados, ou do Distrito Federal e dos Municípios, nas seguintes hipóteses (art. 93):[28, 29]

> I – para exercício de cargo em comissão ou função de confiança;
>
> II – em casos previstos em leis específicas.

---

28 Na esfera federal é possível a cessão do servidor para entidades privadas sem fins lucrativos, qualificadas como Organizações Sociais, nos termos da Lei nº 9.637, de 15 de maio de 1998.

29 O Decreto nº 4.050, de 12 de dezembro de 2001, regulamenta o art. 93 da Lei nº 8.112/90, que dispõe sobre a cessão de servidores de órgãos e entidades da Administração Pública Federal, direta, autárquica e fundacional.

Aqui temos as figuras da cessão e da requisição. Ocorre a cessão quando um órgão ou entidade (denominado cedente) consente em que um de seus servidores vá ter exercício em outro órgão ou entidade (chamado cessionário). Ocorre assim: o presidente do órgão X requisita o servidor ABC, lotado no órgão Y, por meio de um ofício endereçado ao presidente do órgão Y, que pode ceder ou não o servidor. Em caso afirmativo, teremos a seguinte situação: para o órgão X, o servidor ABC será requisitado (pois estará recebendo o servidor), mas para o órgão Y, será cedido (pois estará cedendo o servidor a outro órgão ou entidade). Como se vê, a um só tempo, o servidor ABC será cedido e requisitado, a depender do referencial. A cessão será formalizada mediante Portaria publicada no Diário Oficial da União (art. 93, § 3º).

O art. 1º do Decreto nº 4.050/2001 define cessão como o ato autorizativo para o exercício de cargo em comissão ou função de confiança, ou para atender situações previstas em leis específicas, em outro órgão ou entidade dos Poderes da União, dos Estados, do Distrito Federal e dos Municípios, sem alteração da lotação no órgão de origem.

Se o servidor for cedido para ocupar **cargo em comissão ou função de confiança** em órgãos ou entidades do Estado, do Distrito Federal ou dos Municípios, o ônus da remuneração (obrigação de efetuar os pagamentos e a ajuda de custo quando for necessário deslocamento para outra Sede) será do órgão ou entidade cessionária (que recebe o servidor), mantido o ônus para o cedente nos demais casos especificados em lei (art. 93, § 1º).

Na hipótese de o servidor cedido à empresa pública ou sociedade de economia mista, nos termos das respectivas normas, optar pela remuneração do cargo efetivo ou pela remuneração do cargo efetivo acrescida de percentual da retribuição do cargo em comissão, a entidade cessionária efetuará o reembolso das despesas realizadas pelo órgão ou entidade de origem (art. 93, § 2º).

Mediante autorização expressa do Presidente da República, o servidor do Poder Executivo poderá ter exercício em outro órgão da Administração Federal direta que **não tenha quadro próprio de pessoal**, para fim determinado e a prazo certo (art. 93, § 4º).

O Ministério do Planejamento, Orçamento e Gestão, com a finalidade de promover a composição da força de trabalho dos órgãos e entidades da Administração Pública Federal, poderá determinar a lotação ou o exercício de empregado ou servidor (art. 93, § 7º).

O servidor em estágio probatório somente será cedido se for para ocupar cargo em comissão do Grupo – Direção e Assessoramento Superiores – DAS, de níveis 4, 5 e 6, ou equivalentes (art. 20, § 3º).

4.2. Afastamento para exercício de mandato eletivo

Uma vez que o servidor tenha sido licenciado para atividade política e tenha sido eleito, deverá pedir afastamento para exercício de mandato eletivo. Assim, podemos afirmar que, em regra, a licença para exercício de atividade política é antecedente necessário do afastamento para exercício de mandato eletivo.

Quanto à acumulação do mandato eletivo com o cargo efetivo, bem como suas respectivas remunerações e subsídios, aplicam-se as disposições do art. 94, que são simples reprodução do texto do art. 38 da CF/88:

> I – tratando-se de mandato federal, estadual ou distrital, ficará afastado do cargo;
>
> II – investido no mandato de Prefeito, será afastado do cargo, sendo-lhe facultado optar pela sua remuneração;[30]
>
> III – investido no mandato de vereador:
>
> a) havendo compatibilidade de horário, perceberá as vantagens de seu cargo sem prejuízo da remuneração do cargo eletivo;
>
> b) não havendo compatibilidade de horário, será afastado do cargo, sendo-lhe facultado optar pela sua remuneração.

Estabelece o § 1º do mesmo artigo que, no caso de afastamento do cargo, o servidor contribuirá para a seguridade social como se em exercício estivesse.

O servidor investido em mandato eletivo não poderá ser removido ou redistribuído de ofício para localidade diversa daquela onde exerce o mandato (art. 93, § 2º).

---

[30] O mesmo raciocínio quanto à não acumulação e opção pela remuneração se aplica ao ocupante de mandato de vice-prefeito (STF, ARE 659.543/RS, Rel.ª Min.ª CÁRMEN LÚCIA, julg.: 30.10.2012; AI 451.267/RS, Rel. Min. CELSO DE MELLO, julg.: 19.05.2009).

4.3. Afastamento para estudo ou missão no exterior

O servidor não poderá ausentar-se do País para estudo ou missão oficial sem **autorização** do Presidente da República, Presidente dos Órgãos do Poder Legislativo e Presidente do Supremo Tribunal Federal (art. 95).[31]

As hipóteses de afastamento do País de servidor estão elencadas no art. 1º do Decreto nº 1.387/95:

> I – negociação ou formalização de contratações internacionais que, comprovadamente, não possam ser realizadas no Brasil ou por intermédio de embaixadas, representações ou escritórios sediados no exterior;
>
> II – missões militares;
>
> III – prestação de serviços diplomáticos;
>
> IV – serviço ou aperfeiçoamento relacionado com a atividade fim do órgão ou entidade, de necessidade reconhecida pelo Ministro de Estado;
>
> V – intercâmbio cultural, científico ou tecnológico, acordado com interveniência do Ministério das Relações Exteriores ou de utilidade reconhecida pelo Ministro de Estado; e
>
> VI – bolsas de estudo para curso de pós-graduação *stricto sensu*.

A ausência não excederá a **quatro anos**, e finda a missão ou estudo, somente decorrido igual período, será permitida nova ausência (§ 1º).

Ao servidor beneficiado pelo afastamento para estudo no exterior **não será concedida exoneração ou licença para tratar de interesse particular** antes de decorrido período igual ao do afastamento, ressalvada a hipótese de **ressarcimento** da despesa havida com seu afastamento (§ 2º).

Esse dispositivo visa a evitar que depois de a Administração fazer alto investimento financeiro em servidor este venha a pedir exoneração do cargo, e o investimento não seja revertido em qualidade na prestação

---

31 Pelo art. 2º do Decreto nº 1.387/95, "fica delegada competência aos Ministros de Estado, ao Advogado--Geral da União, ao Secretário Especial de Políticas Regionais da Câmara de Políticas Regionais do Conselho de Governo, aos titulares das Secretarias de Estado de Comunicação de Governo, de Relações Institucionais e de Desenvolvimento Urbano, e ao Chefe da Casa Militar da Presidência da República **para autorizarem os afastamentos do País, sem nomeação ou designação, dos servidores civis da Administração Pública Federal**".

dos serviços públicos. Seria o caso de um Analista do Supremo Tribunal Federal que obtivesse afastamento para estudo no exterior – Doutorado em Controle de Constitucionalidade – e, ao retornar ao Brasil, peça exoneração e vá atuar em escritório de advocacia que atua nessa área, pondo a perder todo o investimento vertido pelo Poder Público.

O afastamento de servidor para servir em organismo internacional de que o Brasil participe, ou com o qual coopere, dar-se-á com **perda total da remuneração** (art. 96).

4.4. Afastamento para participação em Programa de Pós--Graduação *Stricto Sensu* no País

O afastamento para participação em programa de pós-graduação *stricto sensu* foi inserido no Regime Jurídico pela Lei nº 11.907/2009 com o intuito de incentivar o constante aperfeiçoamento profissional do servidor público.

No art. 96-A, a Lei nº 8.112/90 dispõe que o servidor poderá, no interesse da Administração, afastar-se do exercício do cargo efetivo, com a respectiva remuneração, para participar em programa de pós-graduação *stricto sensu* em instituição de ensino superior no País. Como condição para o gozo do afastamento, a lei estabelece que somente será afastado o servidor cuja participação não possa ocorrer **simultaneamente** com o exercício do cargo, ou mediante **compensação de horário**.

Ato do dirigente máximo do órgão ou entidade definirá, em conformidade com a legislação vigente, os programas de capacitação e os critérios para participação em programas de pós-graduação no País, com ou sem afastamento do servidor, que serão avaliados por um comitê constituído para este fim (§ 1º).

Os afastamentos para realização de programas de mestrado e doutorado somente serão concedidos aos servidores titulares de cargos efetivos, no respectivo órgão ou entidade há pelo menos **três anos para mestrado** e **quatro anos para doutorado**, incluído o período de estágio probatório, que não tenham se afastado por licença para tratar de assuntos particulares para gozo de licença capacitação ou com fundamento neste artigo nos **dois anos anteriores** à data da solicitação de afastamento (§ 2º).

Os afastamentos para realização de programas de **pós-doutorado** somente serão concedidos aos servidores titulares de cargos efetivo no respectivo órgão ou entidade há pelo menos **quatro anos**, incluído o período de estágio probatório, e que não tenham se afastado por licença para tratar de assuntos particulares, ou com fundamento neste artigo, nos **quatro anos anteriores** à data da solicitação de afastamento (§ 3º com redação dada pela Lei nº 12.269/2010).

Os servidores beneficiados pelos afastamentos para participação em curso de mestrado, doutorado e pós-doutorado terão que permanecer no exercício de suas funções após o seu retorno por um **período igual ao do afastamento** concedido. Caso o servidor venha a solicitar exoneração do cargo, ou aposentadoria, antes de cumprido o respectivo prazo de permanência, deverá **ressarcir** o órgão ou entidade dos gastos com seu aperfeiçoamento (§§ 4º e 5º).

Caso o servidor não obtenha o título ou grau que justificou seu afastamento no período previsto, deverá também **ressarcir** o órgão ou a entidade dos gastos com seu aperfeiçoamento, salvo na hipótese comprovada de **força maior** ou de **caso fortuito**, a critério do dirigente máximo do órgão ou entidade (§ 6º).

As mesmas regras relativas ao afastamento para cursos no país aplicam-se à participação em programa de **pós-graduação no exterior** (§ 7º).

Uma vez que tenhamos tratado das licenças e afastamentos do estatuto, apresentamos a seguir quadro esquemático que sintetiza os pontos principais:

Licença / Afastamento	Duração	Remuneração	Servidor em Estágio Probatório	Suspensão do Estágio Probatório	Conta como Efetivo Exercício?	Conta apenas para efeito de Aposentadoria e Disponibilidade?
Doença em pessoa da família	Até 150 dias 60 + 90	Até 60 dias: remunerado; após isso, sem remuneração	Pode	Suspende	Não	Sim (durante o período que exceder a trinta dias, com remuneração)
Afastamento do cônjuge	Indeterminado	Sem remuneração, exceto se houver exercício provisório	Pode	Suspende	Não	Não
				Exercício provisório: não suspende	Sim	
Serviço militar	Legislação Militar	30 dias para reassumir o cargo: sem remuneração	Pode	Não suspende	Sim	Não

(continua)

Atividade	Duração	Remuneração				
Atividade política	Da escolha da candidatura até a véspera do registro da candidatura	Sem remuneração	Pode	Suspende	Não	Não
	Do registro da candidatura até o 10º dia seguinte ao da eleição	Com remuneração (máximo: 3 meses)				Sim
Capacitação	Até 3 meses a cada 5 anos de exercício	Remunerado	Não pode	--------------	Sim	Não
Interesses particulares (LIP)	Até 3 anos (pode ser interrompida a qualquer momento)	Sem remuneração	Não pode	--------------	Não	Não
Mandato classista	Duração igual ao do mandato, prorrogada (uma única vez) em caso de reeleição	Sem remuneração	Não pode	--------------	Sim (exceto promoção por merecimento)	Não
Servir a outro órgão ou entidade	Indeterminado	Remunerado	Quando DAS 4, 5 e 6: pode	Sim (segundo o STJ)	Sim	Não
Exercício de mandato eletivo	Enquanto durar o mandato	Remunerado	Pode	Não	Sim (exceto promoção por merecimento)	Não
Participação em programa de pós-graduação *stricto sensu*	Período que durar o curso	Remunerado	Não pode	-------------------	Sim	Não
Estudo ou missão no exterior	Máximo de 4 anos	Remunerado	Pode	Não	Sim	Não
		Organismos com os quais o Brasil coopere: não remunerado		Sim	Sim	

5. CONCESSÕES

Além das licenças e afastamentos, o Estatuto assegura ao servidor algumas concessões, que nada mais são que ausências ao serviço, sem prejuízo da remuneração (art. 97):

> I – por 1 (um) dia, para doação de sangue;
>
> II – pelo período comprovadamente necessário para alistamento ou recadastramento eleitoral, limitado, em qualquer caso, a 2 (dois) dias;
>
> III – por 8 (oito) dias consecutivos em razão de:
>
> a) casamento;
>
> b) falecimento do cônjuge, companheiro, pais, madrasta ou padrasto, filhos, enteados, menor sob guarda ou tutela e irmãos.

Será concedido horário especial ao servidor estudante quando não houver compatibilidade entre o horário escolar e o da repartição, desde que **haja compensação de horários**, respeitada a duração semanal do trabalho.

Sobre o horário especial para o servidor estudante, assim tem se pronunciado a jurisprudência do STJ sobre o assunto (destaque nosso):

> EMENTA. ADMINISTRATIVO. RECURSO ESPECIAL. SERVIDOR ESTUDANTE. HORÁRIO ESPECIAL. REQUISITOS. DISCRICIONARIEDADE. AUSÊNCIA. De acordo com o disposto no art. 98 da Lei nº 8.112/90, o horário especial a que tem direito o servidor estudante condiciona-se aos seguintes requisitos: **comprovação de incompatibilidade entre o horário escolar e o da repartição; ausência de prejuízo ao exercício do cargo; e compensação de horário no órgão em que o servidor tiver exercício, respeitada a duração semanal do trabalho**. Atendidos esses requisitos, deve ser concedido o horário especial ao servidor estudante, porquanto o dispositivo legal não deixa margem à discricionariedade a administração, constituindo a concessão do benefício, nesse caso, ato vinculado.[32]

É interessante notar que o servidor estudante que mudar de sede no **interesse da administração** (quando estudantes, o mesmo direito

---

[32] REsp. 420.312/RS, Rel. Min. FELIX FISCHER, DJ 24.03.2003.

recai sobre cônjuge ou companheiro, aos filhos ou enteados do servidor) será assegurada, na localidade da nova residência ou na mais próxima, matrícula em instituição de ensino **congênere** (de instituição de ensino pública para outra também pública e de instituição de ensino particular para outra também particular), em qualquer época, **independentemente de vaga** (art. 99). Por óbvio, o servidor estudante que for removido a pedido não terá tal direito.[33]

O STJ inicialmente vinha entendendo que o servidor removido de ofício teria direito à matrícula em instituição pública de ensino superior, independentemente do fato de serem egressos de instituições privadas de ensino.[34] Todavia, a partir de orientação da Suprema Corte, o Tribunal da Cidadania mudou o entendimento que vinha tendo sobre a matéria, passando a exigir que haja congeneridade entre as instituições de ensino, salvo se não houver curso correspondente em estabelecimento congênere no local da nova residência ou em suas imediações, hipótese em que deve ser assegurada a matrícula em instituição não congênere:

> EMENTA. AÇÃO DIRETA DE INCONSTITUCIONALIDADE – INTERPRETAÇÃO CONFORME A CONSTITUIÇÃO – POSSIBILIDADE JURÍDICA. É possível, juridicamente, formular-se, em inicial de ação direta de inconstitucionalidade, pedido de interpretação conforme, ante enfoque diverso que se mostre conflitante com a Carta Federal. Envolvimento, no caso, de reconhecimento de inconstitucionalidade. UNIVERSIDADE – TRANSFERÊNCIA OBRIGATÓRIA DE ALUNO – Lei nº 9.536/97. A constitucionalidade do artigo 1º da Lei nº 9.536/97, viabilizador da transferência de alunos, pressupõe a observância da natureza jurídica do estabelecimento educacional de origem, a **congeneridade das instituições envolvidas – de privada para privada, de pública para pública –, mostrando-se inconstitucional interpretação que resulte na mesclagem – de privada para pública**.[35] (destaque nosso)

> EMENTA. ADMINISTRATIVO – ENSINO SUPERIOR – TRANSFERÊNCIA DE **ESTUDANTE** – DEPENDENTE DE **SERVIDOR** PÚBLICO MILITAR – INSTITUIÇÕES DE ENSINO – CONGENERIDADE.

---

33 Sobre o assunto já se manifestou o STJ no sentido de que o servidor público que estuda tem direito à transferência de uma universidade para outra sempre que, removido *ex officio* no interesse da Administração, muda de domicílio; esse direito não se estende a quem, sendo estudante, transfere o domicílio para ocupar cargo público, porque, então, o interesse é dele, aluno, e não da Administração (REsp 140.763/CE, Rel. Min. ARI PARGENDLER, DJ 17.11.1997).
34 *Vide* AgRg no REsp nº 498.271/RN, Rel. Min. FRANCISCO FALCÃO, DJ 20.10.2003.
35 STF, ADI 3324/DF, Rel. Min. MARCO AURÉLIO, DJ 05.08.2005.

1. Jurisprudência sedimentada no STJ, a partir da decisão do STF, na ADIn 3.324/DF, assentando a obrigatoriedade, para efeito de transferência do aluno de uma para outra Universidade, a **observância da congeneridade entre as instituições de ensino superior**, atingindo servidores civis e militares e seus dependentes.

2. Aluna que, egressa da UFBA, entidade de ensino público, pretende transferir-se para outra instituição, também pública, a UnB.

3. Não importa a origem do ingresso, porque à época era possível a transferência de entidade particular para pública.

4. Recurso especial provido.[36] (destaque nosso)

ADMINISTRATIVO. AGRAVO REGIMENTAL NO RECURSO ESPECIAL. MILITAR. TRANSFERÊNCIA DE OFÍCIO. INSTITUIÇÃO DE ENSINO NÃO CONGÊNERE. EXCEÇÃO. DECISÃO EM CONFORMIDADE COM O ENTENDIMENTO DO SUPERIOR TRIBUNAL DE JUSTIÇA. SÚMULA 83/STJ. AGRAVO NÃO PROVIDO.

1. Servidores públicos, civis ou militares, transferidos de ofício, têm direito a matrícula em instituição de ensino superior do local de destino, observado, todavia, o requisito da congeneridade em relação à instituição de origem. No presente caso, entretanto, por não haver curso correspondente em estabelecimento congênere, deve ser assegurada a matrícula em instituição não congênere. Precedentes do STJ.

2. Agravo regimental não provido.[37]

Ao servidor portador de deficiência ou que tenha cônjuge, filho ou dependente portador de deficiência física será concedido horário especial quando comprovada a necessidade por junta médica oficial, **independentemente de compensação de horários**.

O § 4º do art. 98, com redação alterada pela Lei nº 12.501/2007, garante que ao servidor que participar como instrutor em curso de formação ou atuar em banca examinadora ou comissão para provas orais de concurso público (**gratificação por encargo de curso ou concurso**) também será concedido horário especial, **exigindo-se obrigatória compensação de horários**, a ser efetivada no prazo de até **um ano**.

---

36 STJ, REsp nº 877.060/DF, Rel.ª Min.ª ELIANA CALMON, DJe 29.10.2008.
37 STJ, AgRg no REsp 1.335.562–RS, Rel. Min. ARNALDO ESTEVES LIMA, julg.: 06.11.2012; AgRg no REsp 1.161.861-RS, Rel. Min. MAURO CAMPBELL MARQUES, DJe 04.02.2010.

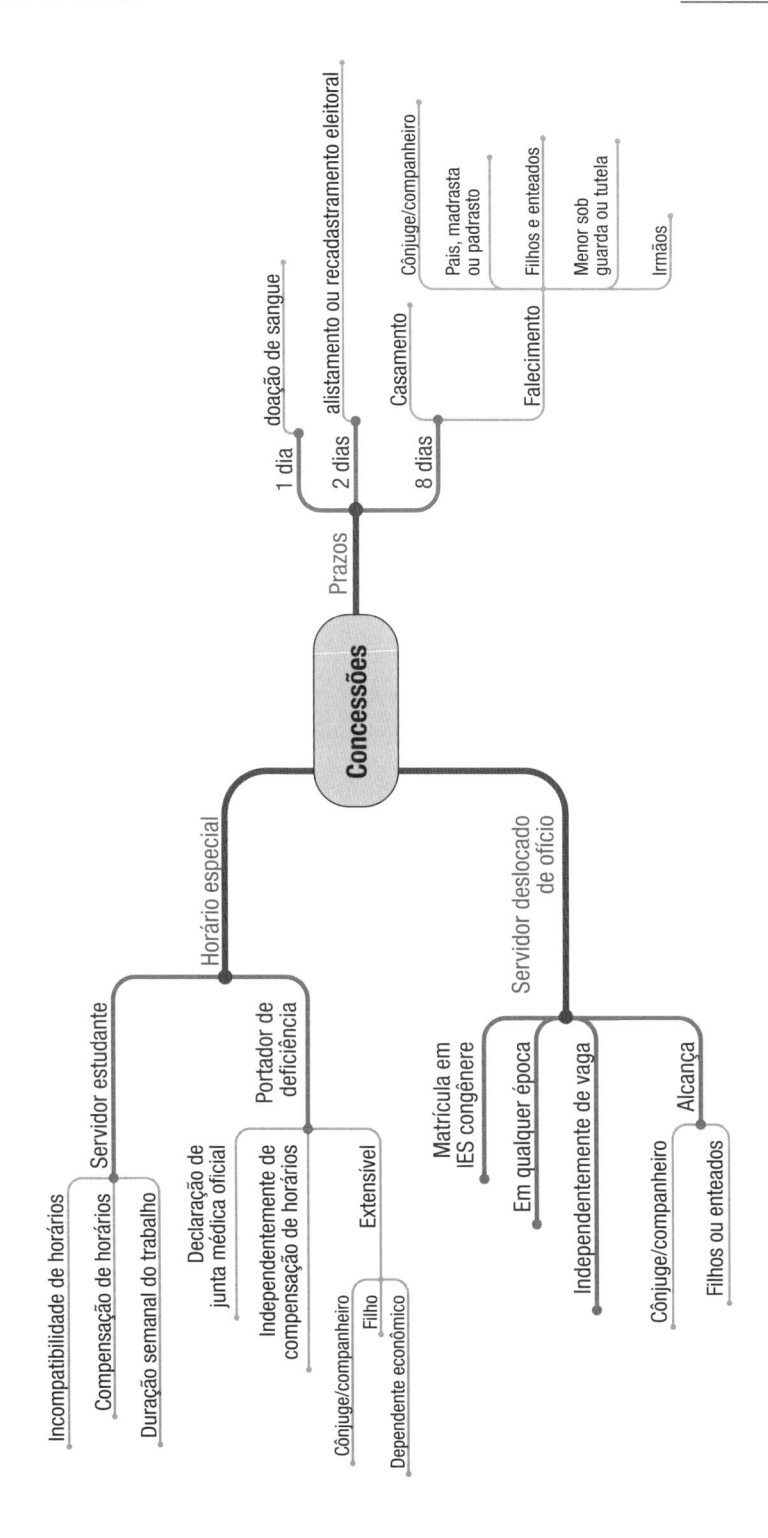

Concessões

Prazos
- 1 dia — doação de sangue
- 2 dias — alistamento ou recadastramento eleitoral
- 8 dias
  - Casamento
  - Falecimento
    - Cônjuge/companheiro
    - Pais, madrasta ou padrasto
    - Filhos e enteados
    - Menor sob guarda ou tutela
    - Irmãos

Horário especial
- Servidor estudante
  - Incompatibilidade de horários
  - Compensação de horários
  - Duração semanal do trabalho
- Portador de deficiência
  - Declaração de junta médica oficial
  - Independentemente de compensação de horários
  - Extensível
    - Cônjuge/companheiro
    - Filho
    - Dependente econômico

Servidor deslocado de ofício
- Matrícula em IES congênere
- Em qualquer época
- Independentemente de vaga
- Alcança
  - Cônjuge/companheiro
  - Filhos ou enteados

6. TEMPO DE SERVIÇO

É contado para todos os efeitos o tempo de serviço público federal, inclusive o prestado às Forças Armadas (art. 100). Quando a lei menciona "contado para todos os efeitos", refere-se ao estágio probatório, estabilidade, disponibilidade, férias, promoções, concessão de licenças e afastamentos.

Por força das disposições do art. 101, a apuração do tempo de serviço será feita em dias, que serão convertidos em anos, considerado o ano como de 365 dias.

Além das ausências ao serviço denominadas concessões e anteriormente analisadas, são considerados como de efetivo exercício os afastamentos em virtude de (art. 102):[38]

> I – férias;
>
> II – exercício de cargo em comissão ou equivalente, em órgão ou entidade dos Poderes da União, dos Estados, Municípios e Distrito Federal;
>
> III – exercício de cargo ou função de governo ou administração, em qualquer parte do território nacional, por nomeação do Presidente da República;
>
> IV – participação em programa de treinamento regularmente instituído ou em programa de pós-graduação *stricto sensu* no País, conforme dispuser o regulamento;[39]
>
> V – desempenho de mandato eletivo federal, estadual, municipal ou do Distrito Federal, exceto para promoção por merecimento;
>
> VI – júri e outros serviços obrigatórios por lei;
>
> VII – missão ou estudo no exterior, quando autorizado o afastamento, conforme dispuser o regulamento;
>
> VIII – licença:
>
> a) à gestante, à adotante e à paternidade;

---

[38] O STJ assentou que "é devido o pagamento do auxílio-alimentação e vale-transporte durante os afastamentos previstos no art. 102 da Lei nº 8.112/90" (AgRg no REsp 1.360.774-RS, Rel. Min. HUMBERTO MARTINS, julg.: 18.06.2013; REsp 614.433/RJ, Rel. Min. ARNALDO ESTEVES LIMA, DJ 07.05.2007). No mesmo sentido REsp 643.236/PE, Rel. Min. FELIX FISCHER, DJ 16.05.2005).

[39] Inciso inserido na Lei nº 8.112/90 por meio das disposições da Lei nº 11.907/09.

b) para tratamento da própria saúde, até o limite de vinte e quatro meses, cumulativa ao longo do tempo de serviço público prestado à União, em cargo de provimento efetivo;

c) para o desempenho de mandato classista ou participação de gerência ou administração em sociedade cooperativa constituída por servidores para prestar serviços a seus membros, exceto para efeito de promoção por merecimento;

d) por motivo de acidente em serviço ou doença profissional;

e) para capacitação, conforme dispuser o regulamento;

f) por convocação para o serviço militar;

IX – deslocamento para a nova sede em virtude de remoção, redistribuição, requisição, cessão ou exercício provisório;

X – participação em competição desportiva nacional ou convocação para integrar representação desportiva nacional, no País ou no exterior, conforme disposto em lei específica; e

XI – afastamento para servir em organismo internacional de que o Brasil participe ou com o qual coopere.

Há outras hipóteses, que pelas suas peculiaridades contar-se-ão apenas para efeito de aposentadoria e disponibilidade (art. 103):

I – o tempo de serviço público prestado aos Estados, Municípios e Distrito Federal;

II – a licença para tratamento de saúde de pessoal da família do servidor, com remuneração, que exceder a trinta dias em período de doze meses;[40, 41]

III – a licença para atividade política, no período compreendido entre o registro da candidatura e o décimo dia posterior às eleições;

---

40 Dispositivo alterado pela Lei nº 12.269, de 21 de junho de 2010.
41 Tendo ultrapassado o prazo de 60 dias remunerados, se o servidor, mesmo assim, continuar contribuindo para a Previdência Social, poderá esse tempo ser computado para efeito de aposentadoria.

> IV – o tempo correspondente ao desempenho de mandato eletivo federal, estadual, municipal ou distrital, anterior ao ingresso no serviço público federal;
>
> V – o tempo de serviço em atividade privada, vinculada à Previdência Social;
>
> VI – o tempo de serviço relativo a tiro de guerra; e
>
> VII – o tempo de licença para tratamento da própria saúde que exceder 24 meses.

Sobre os casos enumerados no art. 103, é importante realçar que somente contará para efeito de aposentadoria o período em que o servidor contribuiu para a Previdência Social. Se não houve contribuição, contará apenas para efeito de disponibilidade. É que nesta o servidor recebe remuneração proporcional ao tempo de serviço. Para arrematar a afirmação, citemos com o § 9º do art. 40 da CF/88 que estabelece que o tempo de contribuição será contado para efeito de concessão de aposentadoria, e o tempo de serviço, para efeito de disponibilidade.

O § 1º do art. 103 prevê que em caso de reversão ou renúncia aos proventos de aposentadoria com o consequente retorno à ativa, o tempo em que o servidor esteve aposentado será contado apenas para nova aposentadoria.

A respeito do tema, decidiu o STJ que

> "o tempo de serviço que exceder o necessário para a aposentadoria de servidor público pode ser computado para efeito de aposentadoria em outro cargo, desde que não haja acumulação ilícita. Nada importa que o tempo excedente esteja averbado nos registros da primeira aposentadoria."[42]

Em seguida, o § 2º dispõe que será contado em dobro o tempo de serviço prestado às Forças Armadas em operações de guerra. Ivan Barbosa Rigolin brada, com total acerto, que o aventado dispositivo padece de irremediável inconstitucionalidade, posto que viola frontalmente o § 10 do art. 40 da Carta Magna ("A lei não poderá estabelecer qualquer forma de contagem de tempo de contribuição fictício"), premiando o ex-combatente com algo que a Constituição proíbe.[43]

É vedada a contagem cumulativa de tempo de serviço prestado concomitantemente em mais de um cargo ou função de órgão ou entidades dos Poderes da União, Estado, Distrito Federal e Município, autarquia, fundação pública, sociedade de economia mista e empresa pública (art. 103, § 3º).

---
42 RMS nº 174, Rel. Min. HUMBERTO GOMES DE BARROS, DJ 20.04.1992.
43 *Comentários ao regime único dos servidores públicos civis.* 5ª ed. São Paulo: Saraiva, 2007, p. 233.

7. DIREITO DE PETIÇÃO

A Constituição de 1988, em seu art. 5º, XXXIV, "a", erigiu o direito de petição à categoria de direito fundamental. O direito de petição nada mais é que um instrumento de que dispõe o administrado para "pedir" intervenção do Poder Público a fim de ter assegurado um interesse seu que repute legítimo e que esteja sendo violado, ou ameaçado de violação, por outrem ou pelo próprio Poder Público.

O Regime Jurídico dos servidores públicos, seguindo a mesma esteira da Constituição, dispõe no art. 104 que é assegurado ao servidor o direito de requerer aos Poderes Públicos, em defesa de direito ou interesse legítimo.

Em face do Poder Hierárquico, inerente à função administrativa do Estado, os requerimentos e recursos serão dirigidos à autoridade competente para decidi-los. Todavia, serão sempre **encaminhados pela chefia imediata** a que estiver subordinado o requerente ou recorrente (art. 105).

A Lei nº 8.112/90 institui, para o exercício do direito de petição, dois instrumentos: o pedido de reconsideração e o recurso.

O pedido de reconsideração, como o próprio nome já denuncia, refere-se à devolução da matéria ao reexame da mesma autoridade que já proferiu a decisão, a fim de convencê-la a reconsiderar o pedido. Em outros termos, o pedido de reconsideração é aquele **dirigido à mesma autoridade que já tenha decidido a questão anteriormente**. De maneira simples, seria um pedido fundamentado para que ela altere o seu posicionamento e tome decisão favorável ao requerente.

Caso a autoridade não acolha o pedido, isto é, não reconsidere a decisão, o art. 106 do Estatuto prevê que é **inviável** a interposição de **novo pedido de reconsideração**. Sendo assim, o interessado poderá utilizar-se do recurso, caso ainda deseje pleitear o direito ou interesse na via administrativa.

Exemplificativamente, imaginemos que em janeiro de 2008 uma servidora tenha o seu certificado de conclusão do Curso de Direito Administrativo Avançado rejeitado para fins de concessão do Adicional de Qualificação (AQ). Nesse caso, a decisão foi proferida pela autoridade "A", chefe da servidora. Diante disso, esta, no exercício do direito de petição, interpõe pedido de reconsideração à mesma autoridade (no caso, autoridade "A"), que pode, ou não, reformar a decisão. Suponhamos que a autoridade "A" não reconsidere. Se a servidora continuar inconformada com a decisão, não poderá, entretanto, interpor outro pedido de reconsideração. A via possível, nesse caso, é o recurso à autoridade "B", competente para decidir sobre a matéria. Em suma, a reconsideração só pode ser interposta uma vez; sendo negada, caberá recurso administrativo.

Quanto aos prazos, o pedido de reconsideração será **despachado no prazo de cinco dias** e **decidido dentro de 30 dias** pela autoridade competente.

É interessante destacar que o art. 115 dispõe que são fatais e improrrogáveis os prazos relacionados ao exercício do direito de petição, salvo motivo de força maior.

Agora cabe examinarmos o recurso. O art. 107 da lei determina que o recurso será cabível em face do **indeferimento do pedido de reconsideração** (que não pode ser renovado) e das **decisões de recurso que já tenham sido interpostos** (no caso do indeferimento do recurso, poderá ser interposto novo recurso dirigido à autoridade superior à que indeferiu o primeiro recurso).

O recurso, reza o § 1º do art. 107, será **dirigido à autoridade imediatamente superior** à que tiver expedido o ato ou proferido a decisão, e, sucessivamente, em escala ascendente, às demais autoridades, até o esgotamento da via administrativa.[44]

Não é demais lembrar que, da mesma forma que no pedido de reconsideração, o recurso será encaminhado por intermédio da autoridade a que estiver imediatamente subordinado o requerente (§ 2º).

Ilustrativamente, verificamos que, se em face da decisão proferida por seu chefe imediato um servidor interpõe recurso à autoridade superior para que decida sobre o recurso, mesmo assim este será encaminhado por meio da chefia imediata, que se limitará a tomar ciência do recurso, não podendo negar seguimento a este.

O recurso **poderá** ser recebido com **efeito suspensivo**, a juízo da autoridade competente (art. 109). Recurso com efeito suspensivo é aquele que, durante sua tramitação, paralisa o curso da decisão recorrida no estágio em que se encontra a fim de evitar prejuízo de difícil ou incerta reparação.

Nas palavras de Ivan Barbosa Rigolin,

> "efeito suspensivo, como o nome indica, é aquele que paralisa o curso do procedimento no estágio em que se encontre, impedindo efeitos, eventualmente indesejáveis,

---

[44] O art. 57 da Lei nº 9.784/99, ao tratar do esgotamento da via administrativa, estabelece que o recurso tramitará, no máximo, por três instâncias administrativas, salvo disposição legal diversa.

que poderiam advir da continuação normal do procedimento. Ocorre que, por prudência, é conveniente suspender algum procedimento administrativo, ou mesmo judicial, quando a autoridade julgadora simplesmente desconfia de que o recorrente pode ter razão quanto ao que alega; se o procedimento continua, às vezes só por isso acarreta grave lesão ao direito do recorrente, plenamente evitável pela simples suspensão dos atos subsequentes. Recomenda a cautela, assim sendo, sempre que for razoável a aparência do bom direito (*fumus boni iuris*) e toda vez, também, que se imagine poder periclitar aquele mesmo direito pela simples demora na sua concessão (*periculum in mora*), atribuir suspensão imediata ao recurso, dando-lhe efeito suspensivo."[45]

Um bom exemplo em que a autoridade pode conferir ao recurso efeito suspensivo é o de um servidor estudante que tenha o seu horário especial revogado, e que resolva interpor recurso contra essa decisão. Nesse caso, a autoridade pode determinar que, enquanto não proferir a decisão, o referido servidor assista às aulas. Seria uma forma de evitar prejuízos ainda maiores para o servidor, que poderia ser reprovado por faltas.

Em caso de provimento do pedido de reconsideração ou do recurso, os efeitos da decisão **retroagirão** à data do ato impugnado (art. 109, parágrafo único).

Tratando de pedido de reconsideração e de recurso, concomitantemente, o art. 108 estabelece que o **prazo para interposição** dos referidos instrumentos é de **30 dias**, a contar da publicação ou da ciência, pelo interessado, da decisão recorrida.

O direito de requerer prescreve (art. 110):

> a) Em 5 anos, quanto aos atos de demissão e de cassação de aposentadoria ou disponibilidade, ou que afetem interesse patrimonial e créditos resultantes das relações de trabalho;
>
> b) Em 120 dias, nos demais casos, salvo quando outro prazo for fixado em lei.

---

45 *Comentários ao regime único dos servidores públicos civis*. 5ª ed. São Paulo: Saraiva, 2007, p. 239.

O prazo de prescrição será contado da data da publicação do ato impugnado ou da data da ciência pelo interessado, quando o ato não for publicado (art. 110, parágrafo único). No caso de a Administração Pública reconhecer administrativamente a dívida, o termo inicial do prazo prescricional de cinco anos para que o servidor exija o pagamento dos valores a ele devidos será a data do próprio reconhecimento. É que a jurisprudência pacificada do STJ é no sentido de que o reconhecimento do débito implica renúncia, pela Administração, ao prazo prescricional já transcorrido.[46]

O pedido de reconsideração e o recurso, quando cabíveis, **interrompem** a prescrição (art. 111). Neste passo, é interessante fazermos um contraponto entre interrupção e suspensão de prazos. Enquanto na interrupção o prazo reinicia-se, desprezando-se os dias transcorridos, na suspensão o prazo volta a contar do momento de sua interrupção. Exemplo, uma prazo de seis meses, que seja interrompido no final do quarto mês, reinicia seu curso por novos seis meses, como se nada tivesse transcorrido; se fosse o caso de suspensão, esse prazo passaria a ser contado do quinto mês em diante, até o término.

A prescrição é de **ordem pública**, não podendo ser relevada pela Administração (art. 112). Para o exercício do direito de petição, é assegurada **vista do processo ou documento**, na repartição, ao servidor ou a procurador por ele constituído (art. 112).

O art. 114 efetiva o princípio do autotutela, ao estatuir que a Administração é competente para controlar os próprios atos, e reza que a Administração deverá rever seus atos, a qualquer tempo, quando eivados de ilegalidade.

---

46 AgRg no AgRg no AREsp 51.586-RS, Rel. Min. BENEDITO GONÇALVES, julg.: 13.11.2012; AgRg no AREsp 50.172-DF, Rel. Min. HERMAN BENJAMIN, DJe 13.04.2012; e AgRg no Ag 1.218.014-RJ, Rel. Min. GILSON DIPP, DJe 04.10.2010.

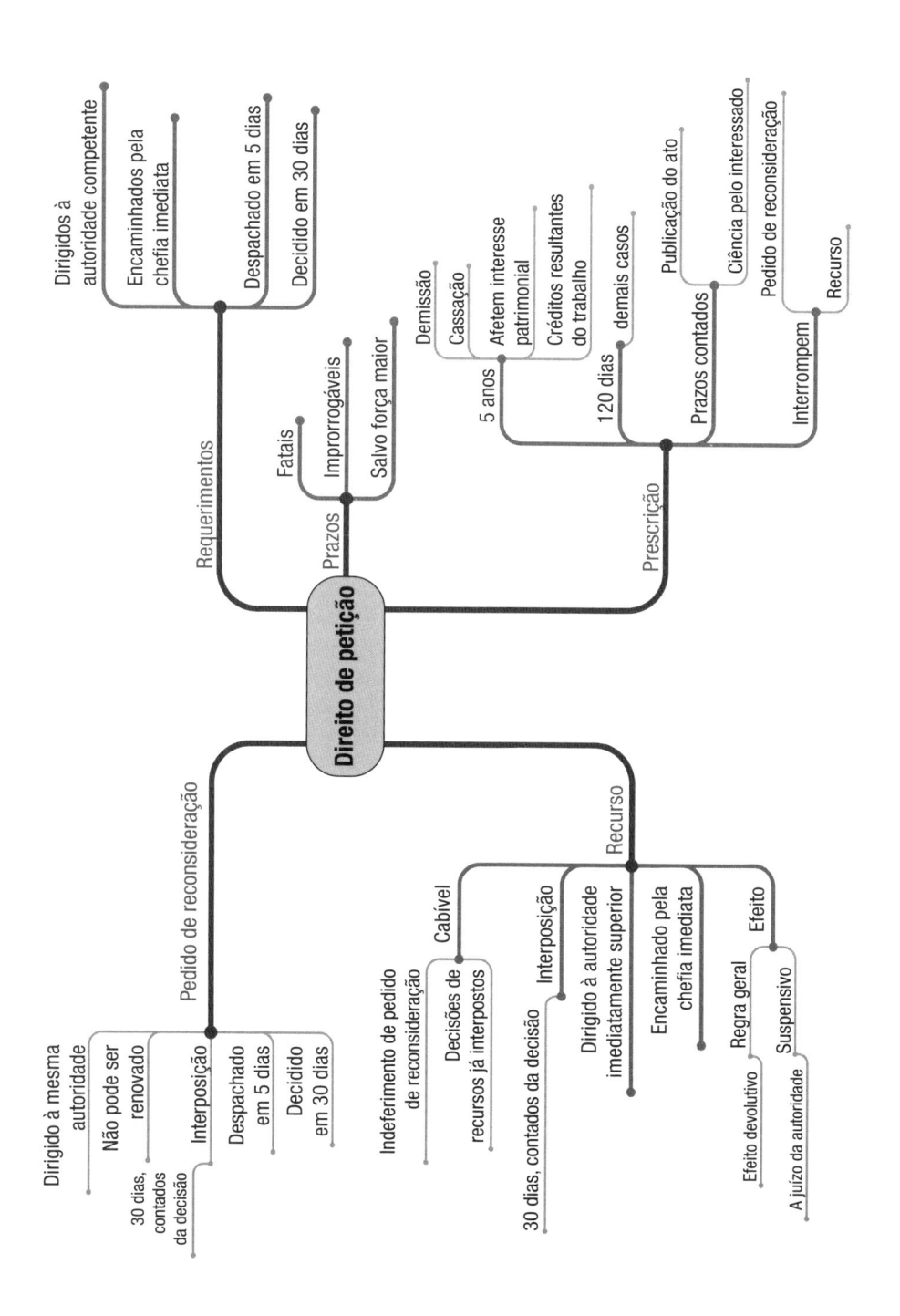

Direito de petição

Requerimentos
- Dirigidos à autoridade competente
- Encaminhados pela chefia imediata
- Despachado em 5 dias
- Decidido em 30 dias

Prazos
- Fatais
- Improrrogáveis
- Salvo força maior

Prescrição
- 5 anos
  - Demissão
  - Cassação
  - Afetem interesse patrimonial
- Créditos resultantes do trabalho
- 120 dias — demais casos
- Prazos contados
  - Publicação do ato
  - Ciência pelo interessado
- Interrompem
  - Pedido de reconsideração
  - Recurso

Pedido de reconsideração
- Dirigido à mesma autoridade
- Não pode ser renovado
- Interposição
  - 30 dias, contados da decisão
- Despachado em 5 dias
- Decidido em 30 dias

Recurso
- Cabível
  - Indeferimento de pedido de reconsideração
  - Decisões de recursos já interpostos
- Interposição
  - 30 dias, contados da decisão
- Dirigido à autoridade imediatamente superior
- Encaminhado pela chefia imediata
- Efeito
  - Regra geral
    - Suspensivo
  - Efeito devolutivo
    - A juízo da autoridade

Capítulo 4
Regime Disciplinar

O regime disciplinar refere-se ao conjunto de normas legais destinadas aos servidores públicos com o intuito de prevenir e reprimir a prática de infrações administrativas.

1. DEVERES

Os deveres do servidor público representam padrões de condutas positivas (fazer algo) que lhe são impostas no intuito de concretizar os princípios da Administração Pública (impessoalidade, publicidade, transparência, moralidade, eficiência, economicidade, entre outros).

O art. 116 da Lei nº 8.112/90 estabelece alguns dos deveres do servidor público, o que, terminantemente, não exclui a coexistência ainda de outros deveres previstos em outros atos normativos, tais como regimentos internos, códigos de ética, entre outros.[1] Isto é, o rol dos deveres do servidor público previstos no Estatuto é meramente exemplificativo (*numerus apertus*).

O inciso I do art. 116 inaugura o rol dos deveres do servidor público estabelecendo que o servidor deve **exercer com zelo e dedicação as atribuições do cargo**. Isso significa que o servidor deve se esforçar para prestar o melhor serviço possível, de maneira eficiente e devotada, a fim de que as demandas da coletividade sejam efetivamente atendidas. Menos não era de se esperar dos servidores públicos, uma vez que a atividade da Administração Pública representa um dever, um encargo, de gerir os bens e interesses da coletividade.

Como corolário do dever de exercer com zelo e dedicação, temos o inciso II, que exige do servidor **lealdade às instituições a que serve**. Essa lealdade

---

[1] Com o objetivo de engrandecer o apelo à moralidade, à probidade, à ética na Administração Pública, foram elaborados o Código de Conduta da Alta Administração Federal, instituído pela Exposição de Motivos nº 37, de 18 de agosto de 2000, e o Código de Ética Profissional do Servidor Público Civil do Poder Executivo Federal, pelo Decreto nº 1.171, de 22 de junho de 1994.

não significa, como possa aparentar em uma primeira leitura desavisada, defender o órgão ou entidade a todo custo, mesmo em situações de notória ilegalidade. Significa que o servidor deve verdadeiramente "vestir a camisa" da repartição, engajar-se com a missão institucional e portar-se, interna e externamente, de maneira a atingir esses objetivos. Além disso, a lealdade nos remete à ideia de impessoalidade, de cumprimento das decisões e normas advindas da repartição sem preferência ou perseguição a este ou aquele indivíduo.

De entendimento corriqueiro é o dever de **ser assíduo e pontual** ao serviço (art. 116, X). Exercer com zelo e dedicação as atribuições do cargo passa, necessariamente, pela pontualidade e assiduidade. Respectivamente, são atinentes ao cumprimento estrito da carga horária de trabalho e à frequência diária ao ambiente de trabalho.

O princípio da legalidade, previsto no *caput* do art. 37 da Constituição, demanda que todos os atos praticados pela Administração devem ter o seu correspondente necessário na lei. Nada de faz na atividade administrativa que ultrapasse ou contrarie o disposto em lei. Enquanto aos particulares é lícito fazer tudo quanto não está proibido pela lei, a Administração Pública somente poderá atuar quando houver lei que permita ou determine aquela atuação. Nesse diapasão, o inciso III determina que o servidor deve **observar as normas legais e regulamentares**. Ora, não haveria observância do princípio da legalidade se os servidores públicos (que são os verdadeiros motores da Administração) não estivessem obrigados a agir conforme os comandos normativos.

Em obediência ao princípio da hierarquia, que permeia a atividade administrativa, o servidor deve cumprir as ordens superiores. Inclusive, mais adiante, veremos que a desobediência a este dever, conforme a gravidade do fato, poderá levar à demissão do servidor (art. 132, VI). Todavia, este dever não é absoluto, haja vista que o servidor não é obrigado a obedecer ordens que contrariem frontalmente as regras do Direito. Nesses casos, o servidor, além de não obedecer, tem o dever de representar contra o seu superior, a fim de levar ao conhecimento da autoridade competente a ilegalidade de que teve conhecimento. A fim de tornar didático o que estamos expondo, podemos fazer a seguinte afirmação: é dever de todo servidor público **obedecer às ordens superiores**, **exceto quando manifestamente ilegais**, situações essas em que surgirá para o servidor dois deveres: o de não obedecer a ordem ilegal e o de representar contra o superior hierárquico.

A título de exemplo, imagine que o presidente da Comissão Permanente de Licitação de um Tribunal ordene que um subordinado arbitrariamente desclassifique a proposta de um licitante que lhe é desafeto. O servidor deve recusar-se a obedecer tal ordem. Além de não obedecer, deverá representar contra o chefe. Isto é, levar ao conhecimento da autoridade competente a ordem manifestamente ilegal.

Nessa mesma linha, e para corroborar o que dissemos há pouco, podemos mencionar o inciso VI, segundo o qual o servidor deve **levar ao conhecimento da autoridade superior ou, quando houver suspeita de envolvimento desta, ao conhecimento de outra autoridade competente para apuração, as irregularidades de que tiver ciência**, em razão do cargo. A inteligência do dispositivo é no sentido de que o servidor não pode omitir-se diante de qualquer irregularidade de que venha a ter ciência, sob pena de ser responsabilizado pela omissão.

É importante consignar que a Lei nº 12.527/2011 alterou o inc. VI do art. 116 do Estatuto, que passou a vigorar com a seguinte redação (grifamos o texto acrescentado):

> Art. 116. São deveres do servidor [...]
>
> VI – levar as irregularidades de que tiver ciência em razão do cargo ao conhecimento da autoridade superior **ou, quando houver suspeita de envolvimento desta, ao conhecimento de outra autoridade competente para apuração**;

A redação anterior do dispositivo limitava-se a preceituar que constituía dever do servidor "levar as irregularidades de que tiver ciência em razão do cargo ao conhecimento da autoridade superior". Ainda que não houvesse previsão expressa, era óbvio que, se a autoridade superior estivesse envolvida direta ou indiretamente na irregularidade, a representação deveria ser dirigida à outra autoridade a que a lei tenha atribuído competência para apurar a infração. Neste ponto, não se registra inovação legislativa digna de acurados estudos por parte da doutrina administrativista.

O inciso VII do art. 116 traduz, ainda, a mesma ideia, quando estabelece que é dever do servidor **representar contra ilegalidade, omissão ou abuso de poder**.[2] Representação é o meio – sempre por escrito – pelo qual

---

[2] Essa representação será encaminhada pela via hierárquica (chefia imediata) e apreciada pela autoridade superior àquela contra a qual é formulada, assegurando-se ampla defesa ao representado. Por certo, quando a chefia imediata está supostamente envolvida no comportamento ilícito, a representação de que se trata será encaminhada à autoridade que tenha competência para promover a investigação, mesmo que não se encontre na mesma via hierárquica.

o servidor se dirige à autoridade competente para comunicar ilegalidades, omissão ou abuso de poder de que tenha ciência no exercício do cargo. De teor semelhante ao inciso VI, aqui observamos que o servidor, além de não poder se portar de maneira imoral ou ilegal, tem o dever de representar contra qualquer ilegalidade de que venha a ter conhecimento em razão do cargo. O Código Penal, em seu art. 320, tipifica o crime de condescendência criminosa como o ato de deixar de levar fato ilícito ao conhecimento da autoridade competente.

Contrastando com a triste realidade do serviço público brasileiro, o inciso V reza que ao servidor é imperioso **atender com presteza e cortesia ao público em geral** (interno ou externo), prestando as informações requeridas, ressalvadas as protegidas por sigilo. O servidor deve prontamente tomar as providências necessárias à expedição de certidões requeridas para defesa de direito ou esclarecimento de situações de interesse pessoal (afinal de contas, o conhecimento de informações constantes de bancos de dados das instituições públicas é direito fundamental previsto no art. 5º, LXXII, cuja recusa enseja a propositura de *habeas data*).[3] Atender às requisições para a defesa da Fazenda Pública também constitui dever inescusável do servidor.

Na mesma direção vai o inciso XI, por meio do qual é dever do servidor **tratar as pessoas com urbanidade**, o que se traduz em atender com educação, civilidade, os usuários dos serviços da repartição pública.

De modo a garantir e efetivar o princípio da economicidade, o servidor deve zelar **pela economia do material e a conservação do patrimônio público**. Todos os bens públicos (desde prédios, veículos oficiais e equipamentos de alta tecnologia, até simples canetas e papéis) devem ser utilizados de maneira racional e econômica, evitando-se qualquer desperdício e sempre objetivando os melhores resultados com o mínimo dispêndio de recursos possível (princípio da economicidade).

O servidor deve, também, **guardar sigilo sobre assunto da repartição**. Apesar de a Administração ser guiada pelo princípio da publicidade, segundo o qual os atos e procedimentos administrativos devem ser públicos e acessíveis ao público, há assuntos cujo sigilo é imprescindível, sob pena de comprometimento da segurança do Estado e da própria sociedade. Imagine se um Oficial de Inteligência da ABIN (Agência Brasileira de Inteligência) pudesse revelar ao seu mero talante os segredos de que se

---

[3] O art. 1º da Lei nº 9.051, de 18 de maio de 1995, determina que as certidões para defesa de direitos e esclarecimento de situações deverão ser expedidas no prazo improrrogável de 15 dias, contado do registro do pedido no órgão expedidor.

apropriou em razão do cargo. Dessa forma, se estaria comprometendo o interesse público em manter o sigilo de determinados assuntos. Assim, fica patente que os servidores não devem, de forma alguma, divulgar assuntos sigilosos dos quais tenha tomado conhecimento em razão do cargo que ocupam, sob pena de demissão, na forma do art. 132, IX, da lei. O art. 325 do Código Penal tipifica o crime de violação de sigilo funcional como o ato de revelar fato de que tem ciência em razão do cargo e que deva permanecer em segredo, ou facilitar-lhe a revelação.

O princípio da moralidade e, seu consequente, o princípio da probidade, reclama de todos os agentes da Administração, e mesmo dos particulares que com ela travam relações jurídicas, atuação ética, pautada em padrões de decoro, lealdade, boa-fé. É nesse sentido que o inciso IX do art. 116 estabelece o dever de **manter conduta compatível com a moralidade administrativa**. Com efeito, qualquer conduta desonesta, imoral, contrária aos bons costumes, deve ser devidamente repelida e punida pelas autoridades competentes.

Deveres

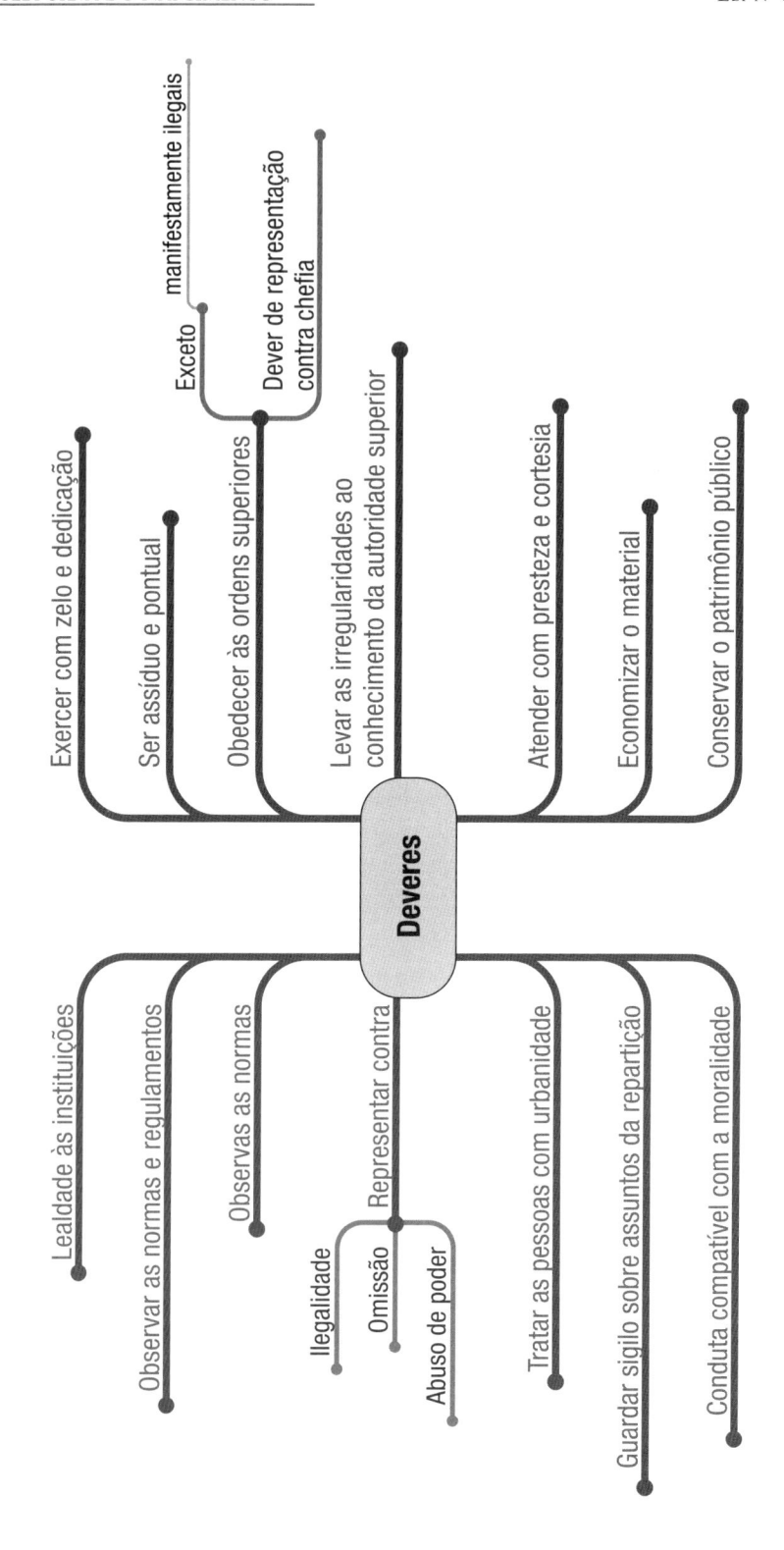

- Exercer com zelo e dedicação
- Ser assíduo e pontual
- Obedecer às ordens superiores
  - Exceto manifestamente ilegais
  - Dever de representação contra chefia
- Levar as irregularidades ao conhecimento da autoridade superior
- Atender com presteza e cortesia
- Economizar o material
- Conservar o patrimônio público
- Lealdade às instituições
- Observar as normas e regulamentos
- Observas as normas
- Representar contra
  - Ilegalidade
  - Omissão
  - Abuso de poder
- Tratar as pessoas com urbanidade
- Guardar sigilo sobre assuntos da repartição
- Conduta compatível com a moralidade

2. PROIBIÇÕES

Uma vez estabelecidos os padrões ideais de conduta ao servidor público (comportamentos positivos, que impõem um fazer algo), o Estatuto, no art. 117, estabelece as proibições ao servidor público (isto é, as condutas negativas das quais se deve abster o servidor).

Ao contrário do que afirmamos sobre os deveres do servidor público, o rol das proibições previstas no Regime Jurídico como aptas a autorizar a aplicação de sanções disciplinares é taxativa (*numerus clausus*), ressalvadas outras que estejam previstas em outros trechos do mesmo Estatuto.

Pelo inciso I, é vedado ao servidor público **ausentar-se do serviço durante o expediente**, **sem prévia autorização do chefe imediato**. É extremamente óbvio que o servidor, uma vez que esteja em serviço e precise ausentar-se por motivo relevante, peça autorização à chefia imediata para que esta proceda à análise da conveniência e oportunidade de consentir com a ausência. O objetivo do dispositivo é preservar o bom andamento dos serviços públicos, a fim de que nunca aconteça de a repartição ficar "deserta" em determinado horário do expediente.

Ao servidor é proibido **retirar, sem prévia anuência da autoridade competente, qualquer documento ou objeto da repartição**. A regra do inciso II é clara no sentido de evitar que os bens da repartição sejam dela retirados sem prévia apreciação da chefia quanto à necessidade de tal ato. Em algumas situações, pode ser conveniente a retirada deste ou daquele objeto ou documento. Em outras, diversamente, é totalmente inoportuna, ou até proibida, a saída desses. Percebe-se, então, que a lei não quis vedar tais práticas no serviço público, mas simplesmente condicioná-las à análise por parte da autoridade competente da conveniência e oportunidade de tais medidas, evitando com isso prejuízos ao serviço.

Neste passo, queremos fazer uma advertência, que entendemos de extrema importância para a compreensão da matéria. Os incisos I e II não proíbem a ausência ao serviço nem a retirada de documentos e objetos, respectivamente. Mas tão somente a livre adoção desses comportamentos pelo servidor, que deverá sempre submetê-los ao crivo da autoridade superior, sob pena de incorrer em infração administrativa.

O art. 19, II, da Constituição estabelece que é vedado aos entes políticos negar fé a documentos públicos. Na mesma linha é o teor do inciso III do art. 117, quando proíbe o servidor de **recusar fé a documentos públicos**. À guisa de esclarecimento, recusar fé a documentos públicos significa deixar de acreditar na autenticidade dos documentos emanados das instituições públicas ou de serventuários da Justiça.

Com o intuito de expurgar de vez os famosos engavetamentos de processos, práticas essas de que não raro se tem notícia, e que tanto prejudicam a boa marcha dos trabalhos no serviço público, o inciso IV veda ao servidor **opor resistência injustificada ao andamento de documento e processo ou execução de serviço**. Note que este dispositivo menciona que a vedação repousa apenas sobre a oposição injustificada ao andamento dos trabalhos, aquela que não é fundada em motivos relevantes e legítimos devidamente expostos.

Com o desiderato de trazer à colação o princípio da impessoalidade, o inciso V veda ao servidor **promover manifestação de apreço ou desapreço no recinto da repartição**. O que quis o legislador foi proporcionar um ambiente imparcial dentro das repartições, que não são os locais apropriados para que os servidores expressem suas paixões ou contestações, sejam de ordem político-partidária, social, filosófica, religiosa ou qualquer outra. Todavia, o dispositivo deve ser contemplado com razoabilidade e equilíbrio para que não se chegue ao extremo de considerar, por exemplo, uma discreta comemoração de aniversário de um colega, ocorrida após o encerramento do expediente, como manifestação de apreço.

A título de enriquecimento do conteúdo exposto, trazemos à colação as palavras de Carlos Maximiliano quando ensina que "deve o Direito ser interpretado inteligentemente: não de modo que a ordem legal envolva um absurdo, prescreva inconveniências, vá ter a conclusões inconsistentes ou impossíveis".[4]

Outra proibição que tem base no princípio da impessoalidade é a que consta do inciso VII, mediante o qual ao servidor não é permitido, de modo algum, **coagir ou aliciar subordinados no sentido de filiarem-se a associação profissional ou sindical, ou a partido político**. Se bem observarmos, veremos que incorrer em tal proibição é forma aberta de abuso de poder, em que o superior, aproveitando-se dos poderes que lhe são deferidos pela ordem jurídica, utiliza-os para perseguir interesses outros que não os da coletividade.

Para combater a perniciosa prática do nepotismo na máquina administrativa do Estado, o inciso VIII proíbe o servidor de **manter sob sua chefia imediata, em cargo ou função de confiança, cônjuge, companheiro ou parente até o segundo grau civil**. Ainda que o dispositivo seja por demais benevolente, na medida em que deixa diversas brechas para que os, de ninguém desconhecidos, "cabides de emprego familiares" continuem a existir na Administração, percebe-se que foi um passo importante rumo à extinção do nepotismo. Passo este que veio a se completar com a edição da Súmula Vinculante nº 13 do STF, que dispõe (destaque nosso):

---
4 *Hermenêutica e Aplicação do Direito*. 18ª ed. Rio de Janeiro: Forense, 1999, p. 118-9.

*A nomeação de cônjuge, companheiro ou parente em linha reta, colateral ou por afinidade, até o terceiro grau, inclusive, da autoridade nomeante ou de servidor da mesma pessoa jurídica investido em cargo de direção, chefia ou assessoramento, para o exercício de **cargo em comissão** ou **de confiança** ou, ainda, de **função gratificada** na Administração Pública direta e indireta em qualquer dos poderes da União, dos Estados, do Distrito Federal e dos Municípios, compreendido o ajuste mediante designações recíprocas, viola a Constituição Federal.*

Retomando o disposto expressamente no Estatuto, o servidor ocupante de cargo de chefia não pode manter, sob sua chefia imediata e em cargo de confiança, cônjuge, companheiro, pais, avós, filhos, irmãos. Ressalte-se, todavia, que o dispositivo nada dispôs sobre manter sob chefia imediata o ocupante de cargo efetivo. Sendo assim, temos que o servidor ocupante de cargo de chefia poderá manter o filho sob sua chefia imediata, desde que este seja ocupante de cargo efetivo.

O inciso VI proíbe o servidor de **cometer a pessoa estranha à repartição, fora dos casos previstos em lei, o desempenho de atribuição que seja de sua responsabilidade ou de seu subordinado**. É de clareza solar que somente podem incumbir-se das atribuições e tarefas do serviço público, que representam verdadeiras parcelas do poder estatal, os indivíduos regularmente investidos na função pública. Ressalvados os excepcionalíssimos casos previstos em lei, não cabe ao servidor transferir a estranhos o exercício das competências que lhes foram conferidas pela ordem jurídica.

O inciso IX veda ao servidor **valer-se do cargo para lograr proveito pessoal ou de outrem**, em detrimento da dignidade da função pública. Para ilustrar essa situação, imaginemos o caso de um servidor que se vale da alta posição que ocupa no Estado para livrar-se de uma multa ao ser abordado por um agente de trânsito.[5]

Com redação dada pela Lei nº 11.784/2008, o inciso X do art. 117 impõe a proibição de o servidor público **participar de gerência ou administração** de sociedade privada, personificada ou não personificada, **exercer o comércio, exceto na qualidade de acionista, cotista ou comanditário**. Participar como acionista significa deter ações de empresas estatais ou privadas. O cotista é aquele que, em uma sociedade limitada, adquire cotas, tornando-se

---

5 Com base nesse dispositivo, o STJ (MS 17.811-DF, Rel. Min. HUMBERTO MARTINS, julg.: 26.06.2013) condenou à destituição do cargo em comissão um servidor não ocupante de cargo efetivo que, valendo-se do cargo, tinha indicado irmão, nora, genro e sobrinhos para contratação por empresas recebedoras de verbas públicas, mesmo não havendo prova de dano ao erário ou proveito pecuniário e independentemente da análise de antecedentes funcionais do servidor. No caso, não se levou em conta, para caracterização do ilícito, qualquer discussão acerca da eventual ocorrência de dano ao erário ou da existência de proveito pecuniário, pois o que se pretendeu foi impedir o desvio de conduta por parte do servidor.

sócio da empresa. Por final, o comanditário é aquele que, em uma sociedade por comandita simples, aplica recursos financeiros enquanto o comanditado (o outro componente da sociedade) entra com a mão de obra do negócio.

Note que não há óbice a que o servidor seja empregado da iniciativa privada. Em verdade, de modo geral, e desde que não haja prejuízo ao desempenho do cargo, é permitido ao servidor exercer quaisquer atividades na iniciativa privada, desde que não seja a de gerente ou administrador de sociedades privadas.

Todavia, o parágrafo único do mesmo dispositivo, incluído também pela Lei nº 11.784/2008, estabelece as exceções a essa regra: a participação nos conselhos de administração e fiscal de empresas ou entidades em que a União detenha, direta ou indiretamente, participação no capital social[6] ou em sociedade cooperativa constituída para prestar serviços a seus membros; quando no gozo de licença para o trato de interesses particulares, observada a legislação sobre conflito de interesses. Acerca dessa última hipótese, seria o caso de um servidor que, ao estar de licença para tratar de interesses particulares, resolve administrar um clube de futebol pelo qual nutre manifesto apreço. Nessa situação, enquanto permanecer licenciado, o servidor não incorre em nenhuma proibição.

Fazendo a junção dos dispositivos em tela, podemos sintetizá-los da seguinte forma: ao servidor público é vedado participar de gerência ou administração de empresa privada, bem como exercer o comércio, exceto na qualidade de acionista, cotista ou comanditário, ressalvada as seguintes situações nas quais não haverá incidências dessas proibições:

a) a participação nos conselhos de administração e fiscal de empresas ou entidades em que a União detenha, direta ou indiretamente, participação no capital social ou em sociedade cooperativa constituída para prestar serviços a seus membros;

b) quando no gozo de licença para o trato de interesses particulares, observada a legislação sobre conflito de interesses.

O inciso XI veda ao servidor **atuar, como procurador ou intermediário, junto a repartições públicas, salvo quando se tratar de benefícios previdenciários ou assistenciais de parentes até o segundo grau, e de cônjuge ou companheiro**. Essa proibição corresponde, no campo penal, ao crime de advocacia administrativa, caracterizado como o ato de patrocinar, direta ou indiretamente, interesse privado perante a Administração Pública, valendo-se da qualidade de funcionário (art. 321, CP).

---

[6] A Lei nº 12.353, de 28 de dezembro de 2010, estabelece regras sobre a participação de empregados nos conselhos de administração das empresas públicas e sociedades de economia mista, suas subsidiárias e controladas e demais empresas em que a União, direta ou indiretamente, detenha maioria do capital social com direito a voto.

Os incisos XII e XIII vedam ao servidor **receber propina, comissão, presente ou vantagem de qualquer espécie** em razão de suas atribuições e **aceitar comissão, emprego ou pensão de estado estrangeiro**. A prática de **usura, sob qualquer de suas formas** (emprestar ou tomar emprestado), também configura proibição do servidor público.

Pelo inciso XV, fica vedado ao servidor **proceder de forma desidiosa** (preguiça, desleixo, negligência). Também é proibido **utilizar pessoal ou recursos materiais da repartição em serviços ou atividades particulares** (peculato de uso, valor ou dinheiro).

O inciso XVII veda a prática deliberada de desvio de função na Administração Pública ao afirmar que é proibido ao superior hierárquico **cometer a outro servidor atribuições estranhas ao cargo que ocupa, exceto em situações de emergência e transitórias**. Assim, mesmo no caso de escassez de pessoal, e desde que não haja situação de emergência, o desvio de função será conduta tida por ilegal, passível de responsabilização administrativa.[7]

Nessa esteira, o STF já teve oportunidade de se manifestar sobre o tema, entendendo que o servidor em desvio de função tem direito ao recebimento, como indenização, da diferença remuneratória entre os vencimentos do cargo efetivo e os daquele exercido de fato, pouco importando o fato de a Administração ter determinado a prática do desvio de função ou ter consentido com o pedido feito pela parte interessada, pois, em um ou em outro caso, o serviço foi prestado, e a Lei nº 8.112/90, em seu art. 4º, veda a prestação de serviços gratuitos, salvo nas hipóteses previstas em lei.[8]

O STJ tem o mesmo posicionamento, prova disso é a Súmula nº 378 desse Tribunal, aprovada em 22.04.2009, que determina: **"Reconhecido o desvio de função, o servidor faz jus às diferenças salariais decorrentes."**[9]

Estabelece o inciso XVIII a vedação a **exercer quaisquer atividades que sejam incompatíveis com o exercício do cargo ou função e com o horário de trabalho**. Perceba que aqui o legislador refere-se a atividades de qualquer natureza, pública ou privada, que são incompatíveis com o cargo que o servidor ocupa. Dessa maneira, não pode um policial militar exercer atividade de segurança particular, ou um Auditor Federal de Controle Externo do TCU atuar como consultor na área de licitações e contratos junto a empresas privadas que, possivelmente, submetam-se ao controle da Corte de Contas pelos contratos que executam.

---

7 A respeito, vide STJ, RMS 37.248-SP, Rel. Min. MAURO CAMPBELL MARQUES, julg.: 27.08.2013.
8 STF, RE-ED 486.184/SP, Rel. Min. RICARDO LEWANDOWSKI, DJ 16.02.2007; e RE-AgR-ED 311.371/SP, Rel. Min. EROS GRAU, DJ 05.08.2005.
9 Confira-se também: AREsp 29.928/RS, Rel. Min. BENEDITO GONÇALVES, julg: 26.02.2013; AgRg no Ag 1.261.874/RJ, Rel.ª Min.ª MARIA THEREZA DE ASSIS MOURA, DJe 19.12.2011.

Por fim, o inciso XIX proíbe o servidor público de **recusar-se a atualizar seus dados cadastrais quando solicitado**. Os documentos que compõem os registros funcionais do servidor, tais como comprovantes de residência, dados relativos à conta bancária, entre outros, são frequentemente objeto de atualização, e o servidor que negar indevidamente o fornecimento de documento ou informação estará incorrendo em ilícito administrativo.

3. ACUMULAÇÃO REMUNERADA DE CARGOS, EMPREGOS E FUNÇÕES PÚBLICAS

O art. 118, ao abordar o tema da acumulação de cargos, empregos e funções públicas, estabelece que "ressalvados os casos previstos na Constituição, é vedada a acumulação remunerada de cargos públicos". Como é de se perceber, vige entre nós a **regra da não acumulação remunerada** de cargos, empregos e funções públicas.

As exceções a essa regra encontram-se plasmadas no próprio texto constitucional, em seu art. 37, XVI, quando menciona hipóteses em que, havendo **compatibilidade de horários** e observado em qualquer caso o **teto remuneratório** dos ministros do STF,[10] a acumulação remunerada de cargos, empregos e funções públicas é permitida, a saber:

a) dois cargos de professor;

b) um cargo de professor com outro, técnico ou científico;[11]

c) a de dois cargos ou empregos privativos de profissionais da saúde, com profissões regulamentadas.[12]

Fora as hipóteses mencionadas, podemos encontrar ainda, no texto constitucional, as seguintes:

a) acumulação obrigatória para os servidores da Administração Direta, autárquica e fundacional, quando eleitos para o mandato eletivo

---

10 Em sentido contrário, o STJ (RMS 38.682-ES, Rel. Min. HERMAN BENJAMIN, Julg.: 18.10.2012) admite tese segundo a qual a acumulação de proventos de servidor aposentado em decorrência do exercício cumulado de dois cargos de profissionais da área de saúde legalmente exercidos, nos termos autorizados pela CF, não se submete ao teto constitucional, devendo os cargos ser considerados isoladamente para esse fim. No mesmo sentido: RMS 33.170/DF, Rel. p/ Acórdão Min. CESAR ASFOR ROCHA, DJe 07.08.2012; RMS 38.682/ES, Rel. Min. HERMAN BENJAMIN, Julg.: 18.10.2012.

11 Cargos técnicos são aqueles que requerem de seu titular habilitação específica para ocupá-los, seja de nível superior, seja de nível médio por meio de cursos técnicos. É esse o entendimento do STJ na matéria (RMS 20.033/RS, Rel. Min. ARNALDO ESTEVES LIMA, DJ 12.03.2007). No mesmo sentido, TCU, 1ª Câmara, Acórdão nº 408/2004, Rel. Min. HUMBERTO GUIMARÃES SOUTO: *"a conceituação de cargo técnico ou científico, para fins da acumulação permitida pelo texto constitucional, abrange os cargos de* **nível superior e os cargos de nível médio cujo provimento exige a habilitação específica para o exercício de determinada atividade profissional, a exemplo do técnico em enfermagem, do técnico em contabilidade, entre outros"**.

12 Redação dada pela EC nº 34, de 13 de dezembro de 2001. Anteriormente a essa alteração somente poderiam ser acumulados os cargos privativos de médico, o que injustamente excluía outros profissionais da área de saúde, que também mereciam igual tratamento, em virtude de serem submetidos às mesmas condições de trabalho e carga horária, a saber: psicólogos, dentistas, radiologistas, enfermeiros.

de vereador, no caso de haver compatibilidade de horários entre o mandato e o cargo que exerce (art. 38, III, CF/88);

b) possibilidade de os magistrados exercerem uma função de magistério (art. 95, parágrafo único, I, CF/88); e

c) permissão para que os membros do Ministério Público desempenhem o magistério (art. 128, § 5º, II, "d", CF/88).

Veja que em todas as hipóteses supralistadas de possibilidade de acumulação, há necessidade de demonstração de compatibilidade de horário. O STJ[13] tem entendido que a acumulação não é possível se a carga horária referente aos cargos ultrapassar o **limite máximo de 60 horas semanais**. Caso contrário, presume-se, o servidor não teria ideais condições físicas e mentais para o bom exercício das atribuições do cargo.

Os arts. 119 e 120 do Regime Jurídico tratam das hipóteses em que é possível a acumulação de cargos efetivos com cargos em comissão ou função de confiança. Como era de se esperar, a regra é no sentido de proibir o servidor de exercer mais de um cargo em comissão, bem como de ser remunerado pela participação em órgão de deliberação coletiva.

Estabelecendo a primeira exceção, temos o parágrafo único do art. 9º do Estatuto, que prevê a possibilidade de acumulação de **cargo em comissão** ou de natureza especial **com o outro cargo de confiança**, desde que este seja na condição de **interino** (temporário). Nessa situação, diz a lei, o servidor deverá **optar pela remuneração** de um deles durante o período da interinidade. Temos, assim, um atípico caso em que há acumulação de cargos públicos sem, todavia, haver acumulação de remunerações.

Imaginemos, como exemplo, o caso de um servidor ocupante do cargo em comissão de "Coordenador de Processamento" de um Tribunal ser nomeado, interinamente, para o cargo de Secretário Judiciário desse mesmo órgão, até que a autoridade competente nomeie o ocupante definitivo. Nessa situação, o servidor que já é Coordenador acumulará as funções desse cargo com as do cargo de Secretário e perceberá a remuneração de ambos.[14]

A segunda ressalva à regra da não acumulação é a do parágrafo único do art. 119, ao dispor que a proibição de não receber remuneração pela participação em órgão de deliberação coletiva **não se aplica** à remuneração

---

13 REsp 1.565.429-SE, Rel. Min. HERMAN BENJAMIN, julg.: 24/11/2015
14 É interessante salientar que a hipótese em apreço não se trata de substituição (prevista no art. 38 do Estatuto), mas de acumulação de cargos públicos. A diferença reside em que na substituição há a figura do titular e do substituto. Inclusive, os atos praticados por este devem mencionar expressamente a condição de substituto. No caso do parágrafo único do art. 9º, não há substituto e substituído. Há um servidor ocupante de cargo em comissão, nomeado para ser o titular (e não o substituto) de outro cargo em comissão, ainda que provisoriamente.

devida pela participação em **conselhos de administração e fiscal** das empresas públicas e sociedades de economia mista, suas subsidiárias e controladas, bem como quaisquer empresas ou entidades em que a União, direta ou indiretamente, detenha participação no capital social, observado o que, a respeito, dispuser legislação específica.

Por fim, a terceira exceção à regra do art. 119 é a possibilidade de o servidor que acumular licitamente dois cargos efetivos, quando investido em cargo de provimento em comissão, acumular um dos cargos efetivos com o exercício do cargo em comissão, desde que haja compatibilidade de horário e local, declarada pelas autoridades máximas dos órgãos ou entidades envolvidos. Seria o caso de um servidor titular de dois cargos de médico na Secretária de Saúde que é nomeado para o cargo comissionado de Diretor de Hospital. Nessa situação, o referido servidor poderá, se houver compatibilidade de horários, acumular o cargo de Diretor com um dos cargos de médico que ocupe. Contudo, para que isso aconteça, é imprescindível que essa compatibilidade de horários seja declarada pela autoridade máxima do órgão ou entidade, no caso, o Secretário de Saúde.

É interessante dar especial relevo para o fato de que quaisquer das hipóteses que encerram exceção à regra da vedação de acumulação remunerada de cargos, empregos e funções públicas somente são lícitas se houver compatibilidade de horários. Caso contrário, não há possibilidade de acumulação. Nesse sentido, vale mencionar o § 2º do art. 118 da Lei nº 8.112/90, segundo o qual a acumulação de cargos, ainda que lícita, fica condicionada à comprovação da compatibilidade de horários.

Ademais, o § 1º do mesmo artigo define a amplitude da vedação em comento: a proibição de acumular estende-se a cargos, empregos e funções em autarquias, fundações públicas, empresas públicas, sociedades de economia mista da União, do Distrito Federal, dos Estados, dos Territórios e dos Municípios.

Retomando o texto constitucional, percebemos que, ao tratar da matéria da acumulação de cargos, cuidou apenas das situações em que o agente público encontra-se em atividade com relação a todos os cargos, emprego ou funções. Assim, ficou em aberto a questão da acumulação simultânea de proventos de aposentadoria no regime próprio com a remuneração de cargo, emprego ou função pública. Todavia, a Lei nº 8.112/90, no § 3º do art. 118, já disciplinava o assunto ao prever que a acumulação de vencimento de cargo ou emprego público efetivo com proventos da inatividade é ilícita, salvo quando os cargos de que decorram essas remunerações forem acumuláveis na atividade.

Nesse exato sentido, a EC nº 20/98, suprindo a lacuna constitucional sobre a mencionada hipótese, e ampliando os casos de acumulação lícita, acrescentou o § 10º ao art. 37 da Constituição, cuja redação dispõe que **é vedada a percepção simultânea de proventos de aposentadoria com a remuneração de cargo, emprego ou função pública, ressalvados os cargos acumuláveis na forma desta Constituição, os cargos eletivos e os cargos em comissão declarados em lei de livre nomeação e exoneração**.

Dessa forma, é possível acumular os proventos de aposentadoria quando se tratar de:

a) cargos acumuláveis na ativa na forma da Constituição, tais como, por exemplo, dois cargos de professor. Assim, pode um professor aposentado acumular o provento de aposentadoria com mais um cargo de professor em uma universidade pública;

b) mandato eletivo: por exemplo, um auditor fiscal da Receita Federal aposentado eleito para o cargo de deputado distrital pode acumular os proventos de aposentadoria com o subsídio do mandato eletivo; e

c) cargos em comissão: seria o caso, ilustrativamente, de um procurador do Distrito Federal ser nomeado para exercer o cargo de Secretário de Justiça do DF, que poderá receber simultaneamente os proventos de aposentadoria com o subsídio pelo exercício do cargo em comissão.

Cabe, neste passo, indagar se é possível o servidor aposentado em determinado cargo efetivo, ante a situação de vedação de acumulação de cargos, **renunciar aos seus proventos de aposentadoria**, a fim de ocupar o referido cargo. De maneira geral, a doutrina tem aceitado essa possibilidade, posto que, com a renúncia ao provento de aposentadoria, não há de fato uma acumulação simultânea de provento de aposentadoria com a remuneração de cargo, emprego ou função pública.[15]

Por fim, é importante salientar que é plenamente possível a **acumulação de provento de aposentadoria de emprego público com remuneração de cargo temporário**, uma vez que como se trata de aposentadoria pelo RGPS, não há incidência do disposto no § 10 do art. 37 da CF/88. Desse modo, não é possível a extensão dessa proibição ao empregado público aposentado.[16]

---

15 A respeito, vide STJ, REsp 1.113.682/SC, Rel. originário Min. NAPOLEÃO NUNES MAIS FILHO, Rel. p/ acórdão Min. JORGE MUSSI, julg.: 23.02.2010 e AgRg no REsp 1.055.431/SC, Rel. Min. OG FERNANDES, DJe 09.11.2009. E mais, no AgRg no REsp 1.107.638 / PR, Rel.ª Min.ª LAURITA VAZ, DJe 25.05.2009, a mesma Corte asseverou que "a renúncia à aposentadoria, para fins de concessão de novo benefício, seja no mesmo regime ou em regime diverso, **não implica em devolução dos valores percebidos**, pois, enquanto esteve aposentado, o segurado fez jus aos seus proventos".

16 Nesse sentido: STJ, REsp 1.298.503/DF, Rel. Min. HUMBERTO MARTINS, julg.: 07/04/2015.

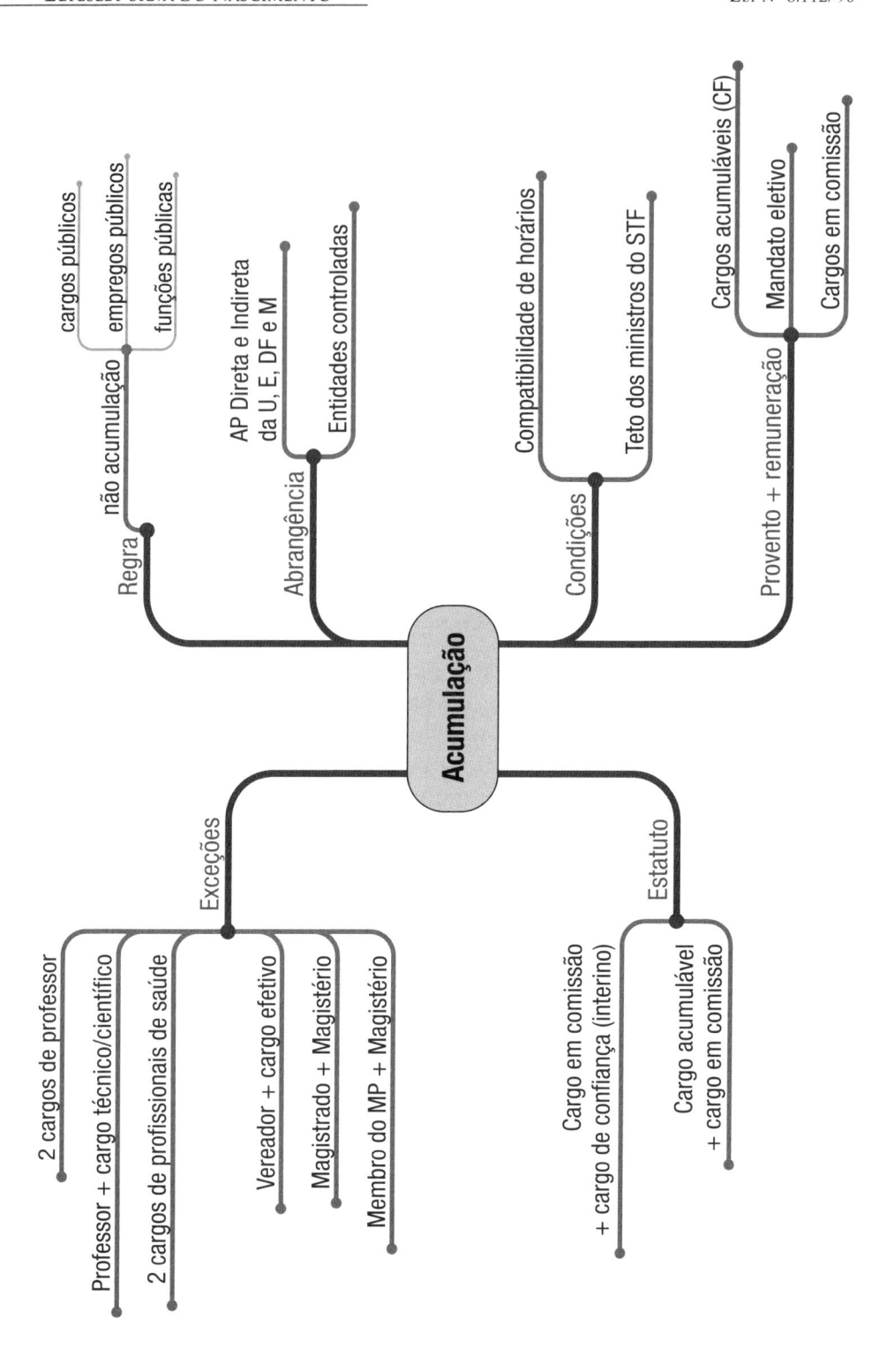

Acumulação

Regra
- não acumulação
  - cargos públicos
  - empregos públicos
  - funções públicas

Abrangência
- AP Direta e Indireta da U, E, DF e M
- Entidades controladas

Condições
- Compatibilidade de horários
- Teto dos ministros do STF

Provento + remuneração
- Cargos acumuláveis (CF)
- Mandato eletivo
- Cargos em comissão

Exceções
- 2 cargos de professor
- Professor + cargo técnico/científico
- 2 cargos de profissionais de saúde
- Vereador + cargo efetivo
- Magistrado + Magistério
- Membro do MP + Magistério

Estatuto
- Cargo em comissão + cargo de confiança (interino)
- Cargo acumulável + cargo em comissão

4. RESPONSABILIDADES

O termo **responsabilidade** deriva do verbo "responder", significando, no nosso caso específico, que o servidor responde pelas condutas que adota no exercício da função pública, quer quando age e causa um dano, quer quando deixa de agir e permite que o dano ocorra.

O servidor público, no desempenho de suas atribuições, poderá praticar ilícitos de três naturezas: **civil, penal e administrativa**. O professor José Maria Pinheiro Madeira, em síntese, destaca o cerne de cada uma das esferas em que o servidor é passível de responsabilização:

> Quando os agentes públicos praticam uma conduta inadequada que afeta a ordem interna dos serviços e vem caracterizada somente como infração ou ilícito administrativo, cogita-se então da responsabilidade administrativa. Todavia, se o agente público, por ação ou omissão, dolosas ou culposas, causou um dano patrimonial à Administração ou a terceiro, deverá repará-lo, sendo responsabilizado civilmente. Caso a conduta inadequada do agente afete, de modo imediato, a sociedade e venha caracterizada pelo ordenamento como crime funcional, o servidor será responsabilizado criminalmente, podendo sofrer sanções penais.[17]

O art. 121 do Regime Jurídico dispõe que o servidor responde civil, penal e administrativamente pelo exercício irregular de suas atribuições. Fica claro então que o servidor, no exercício de suas atribuições, ou a pretexto de exercê-las, está sujeito à responsabilização nas esferas civil, administrativa e penal, conforme a natureza do ilícito praticado.

Em relação à responsabilidade civil, decorre de comportamento **omissivo** (deixar de fazer algo) ou **comissivo** (fazer algo), **doloso** (com intenção) ou **culposo** (por imprudência, negligência ou imperícia), que resulte em prejuízo **patrimonial ou moral** ao erário ou a terceiros.

Imaginemos, como exemplo, um servidor público que, ao dirigir veículo oficial, ultrapasse imprudentemente o sinal vermelho e colida com veículo particular. Note que, neste exemplo, há responsabilidade civil por comportamento que causou danos patrimoniais ao Estado e ao particular. Quando isso ocorre, a única via de reparação do dano é a indenização. Ou seja, o único meio de que disporá o servidor para reparar o dano patrimonial ou moral que causou é pagando a quantia fixada judicialmente como

---
17 *O servidor público na atualidade*. 6ª ed. Rio de Janeiro: Lumen Juris, 2007, p. 329.

suficiente para ressarcir os prejuízos sofridos pela vítima. Assim, podemos afirmar que a sanção de natureza civil, como regra, correspondente ao pagamento de indenização.

Por questões didáticas, é interessante que, na responsabilidade civil, destaquemos duas hipóteses distintas de dano: o dano causado ao Estado e o dano causado a terceiros.

Quando o prejuízo ao erário for causado por ato doloso do servidor, a responsabilidade será apurada mediante processo administrativo ou ação judicial de ressarcimento, em que sejam assegurados ao servidor o contraditório e ampla defesa, nos termos do inciso LV do art. 5º da Lei Maior.

Nesse caso, na falta de bens que possam ser liquidados e entregues voluntariamente pelo servidor, a indenização, diz o § 1º do art. 122, deverá ser paga em até 30 dias, podendo ser parcelada, a pedido do interessado, desde que o valor de cada parcela não seja inferior a 10% da remuneração do servidor.

Pelo que se percebe, a cobrança do dano causado ao erário não é ato autoexecutório da Administração Pública. Isto é, a Administração, por si só, não poderá efetuar descontos na remuneração do servidor sem que haja expressa concordância deste. Somente pela via judicial é que poderá ser descontado o respectivo valor da folha de pagamento do servidor. O desconto em folha pela via administrativa só é possível se houver anuência deste. Esse é o posicionamento do STF (destaque nosso):

EMENTA: Mandado de Segurança.

2. Desaparecimento de talonários de tíquetes-alimentação. Condenação do impetrante, em processo administrativo disciplinar, de ressarcimento ao erário do valor do prejuízo apurado.

3. Decisão da Mesa Diretora da Câmara dos Deputados de desconto mensais, em folha de pagamento, sem a autorização do servidor.

4. Responsabilidade civil de servidor. Hipótese em que não se aplica a autoexecutoriedade do procedimento administrativo.

5. A Administração acha-se restrita às sanções de natureza administrativa, não podendo alcançar, compulsoriamente, as consequências civis e penais.

6. **À falta de prévia aquiescência do servidor, cabe à Administração propor ação de indenização para a confirmação, ou não, do ressarcimento apurado na esfera administrativa.**

7. O Art. 46 da Lei nº 8.112, de 1990, dispõe que **o desconto em folha de pagamento é a forma como poderá ocorrer o pagamento pelo servidor, após sua concordância** com a conclusão administrativa ou a condenação judicial transitada em julgado.

8. Mandado de Segurança deferido".[18]

Se o prejuízo for causado a terceiros, quem responderá inicialmente é a Fazenda Pública, pois ter-se-á, nesses casos, aplicação do art. 37, § 6º, da Constituição Federal, mediante o qual o Estado responde pelos danos causados por seus servidores, nessa qualidade. Sendo assim, o particular move ação judicial contra o Estado com o objetivo de receber indenização pelo dano sofrido. Posteriormente, após o trânsito em julgado da ação de indenização, aí sim, o servidor responderá em ação regressiva a fim de ressarcir o Estado em relação ao valor da indenização que este pagou ao particular.

Ocorre assim: o servidor causa um dano ao particular. Este efetua pedido de indenização, não contra o servidor, mas contra a pessoa jurídica no qual servidor exerce suas atribuições (a União, por exemplo). Suponhamos que esta seja condenada a efetuar o pagamento de R$ 80.000,00 ao particular lesado. Nesses casos, após o trânsito em julgado da ação de indenização, o Estado irá abrir contra o servidor uma outra ação – denominada de ação regressiva. O objetivo dessa ação é o Estado obter do servidor, caso este tenha agido com dolo ou culpa, o ressarcimento da quantia que teve de pagar ao particular a título de indenização – no caso os R$ 80.000,00.

O § 3º do art. 122 ao tratar, ainda, sobre a responsabilidade civil determina que a obrigação de reparar o dano **estende-se aos sucessores** e contra eles será executada, até o limite do valor da herança recebida.[19] Assim, se servidor *de cujus* deixa, por exemplo, R$ 100.000,00 de herança, e o valor do ressarcimento é de R$ 80.000,00, os herdeiros ficarão com o valor restante (R$ 20.000,00). Todavia, se o valor da indenização fosse R$ 150.000,00, o Estado deduziria desse valor a herança deixada, mas em relação aos R$ 50.000,00 restantes não haveria nada a ser feito, pois os herdeiros respondem somente até o limite da herança recebida.

---

18 MS 24.182/DF, Rel. Min. MAURÍCIO CORRÊA, DJ 03.09.2004. No mesmo sentido, REsp 1.163.855/RJ, Rel.ª Min.ª MARIA THEREZA MOURA DE ASSIS, DJe 19.09.2011.

19 A respeito, o inciso XLV do art. 5º da Constituição assegura que "nenhuma pena passará da pessoa do condenado, podendo a obrigação de reparar o dano e a decretação do perdimento de bens ser, nos termos da lei, estendidas aos sucessores e contra eles executada, até o limite do valor do patrimônio transferido".

No que concerne à responsabilidade penal, o art. 123 define que esta ocorrerá nos casos de **crimes** e **contravenções** imputadas ao servidor, nessa qualidade. Resta claro que para que a responsabilidade penal nos termos do Estatuto se configure, é necessária a atuação na condição de servidor público ou no gozo de alguma prerrogativa do cargo. O Código Penal, sobretudo nos artigos 312 a 326-A, elenca os crimes contra a Administração Pública. São eles:

I. **Peculato**: apropriar-se o funcionário público de dinheiro, valor ou qualquer outro bem móvel, público ou particular, de que tem a posse em razão do cargo, ou desviá-lo, em proveito próprio ou alheio;

II. **Peculato culposo**: ocorre quando o servidor concorre para o crime de outrem;

III. **Peculato mediante erro de outrem**: apropriar-se de dinheiro ou qualquer utilidade que, no exercício do cargo, recebeu por erro de outrem;

IV. **Inserção de dados falsos em sistema de informações**: inserir ou facilitar, o funcionário autorizado, a inserção de dados falsos, alterar ou excluir indevidamente dados corretos nos sistemas informatizados ou bancos de dados da Administração Pública com o fim de obter vantagem indevida para si ou para outrem ou para causar dano;

V. **Modificação não autorizada de sistema de informações**: modificar ou alterar, o funcionário, sistema de informações ou programa de informática sem autorização ou solicitação de autoridade competente;

VI. **Extravio, sonegação ou inutilização de livro ou documento**: extraviar livro oficial ou qualquer documento, de que tem a guarda em razão do cargo; sonegá-lo ou inutilizá-lo, total ou parcialmente;

VII. **Emprego irregular de verbas ou rendas públicas**: dar às verbas ou rendas públicas aplicação diversa da estabelecida em lei;

VIII. **Concussão**: exigir, para si ou para outrem, direta ou indiretamente, ainda que fora da função ou antes de assumi-la, mas em razão dela, vantagem indevida;

IX. **Excesso de exação**: se o funcionário exige tributo ou contribuição social que sabe ou deveria saber indevido, ou, quando devido, emprega na cobrança meio vexatório ou gravoso, que a lei não autoriza;

X. **Corrupção passiva**: solicitar ou receber, para si ou para outrem, direta ou indiretamente, ainda que fora da função ou antes de assumi-la, mas em razão dela, vantagem indevida, ou aceitar promessa de tal vantagem;

XI. **Facilitação de contrabando ou descaminho**: facilitar, com infração de dever funcional, a prática de contrabando ou descaminho;

XII. **Prevaricação**: retardar ou deixar de praticar, indevidamente, ato de ofício, ou praticá-lo contra disposição expressa de lei, para satisfazer interesse ou sentimento pessoal;

XIII. **Condescendência criminosa**: deixar o funcionário, por indulgência, de responsabilizar subordinado que cometeu infração no exercício do cargo ou, quando lhe falte competência, não levar o fato ao conhecimento da autoridade competente;

XIV. **Advocacia administrativa**: patrocinar, direta ou indiretamente, interesse privado perante a administração pública, valendo-se da qualidade de funcionário;

XV. **Violência arbitrária**: praticar violência, no exercício de função ou a pretexto de exercê-la;

XVI. **Abandono de função**: abandonar cargo público, fora dos casos permitidos em lei;

XVII. **Exercício funcional ilegalmente antecipado ou prolongado**: entrar no exercício de função pública antes de satisfeitas as exigências legais, ou continuar a exercê-la, sem autorização, depois de saber oficialmente que foi exonerado, removido, substituído ou suspenso;

XVIII. **Violação de sigilo funcional**: revelar fato de que tem ciência em razão do cargo e que deva permanecer em segredo, ou facilitar-lhe a revelação; e

XIX. **Violação de sigilo de proposta de concorrência**: devassar o sigilo de proposta de concorrência pública, ou proporcionar a terceiro o ensejo de devassá-lo.

Além disso, há outras leis que preveem condutas de servidores que são tipificadas como crime, a exemplo da Lei nº 4.898/65 (Crime de abuso de autoridade) e da Lei nº 8.666/93 (Crimes de licitação).

Reza o inciso I do art. 92 do Código Penal que, aplicada pena privativa de liberdade por tempo igual ou superior a um ano, nos crimes praticados com abuso de poder ou violação de dever para com a Administração Pública, o servidor perderá o cargo ou função pública que desempenha.

Em relação aos crimes que não tenham qualquer relação com a condição de servidor que ostenta o agente, é interessante mencionar que, quando a condenação na esfera penal não impõe pena privativa de liberdade, não há qualquer reflexo na esfera administrativa. Todavia, quando a condenação importar a perda de liberdade do servidor, aplica-se o disposto no art. 92, II, do Código Penal. Isto é, quando for aplicada pena privativa de liberdade por tempo inferior a quatro anos, o servidor ficará afastado do cargo ou função e cumprirá a pena em estabelecimento prisional, mas sua família receberá o benefício do auxílio-reclusão, nos termos do art. 229 da Lei nº 8.112/90. No entanto, se a pena de privação de liberdade for superior a quatro anos, haverá perda do cargo ou função pública.

Quando à responsabilidade administrativa, o art. 124 é quem trata do tema, ao afirmar que tal esfera de responsabilização resulta de ato comissivo ou omissivo praticado no desempenho do cargo ou da função que implique em infração funcional, prevista no Estatuto ou nos demais atos normativos da Administração Pública.

A Lei nº 12.527/2011 acrescentou ao Estatuto do Servidor Público Federal o art. 126-A (destacamos os trechos mais relevantes):

> Art. 126-A. Nenhum servidor poderá ser **responsabilizado** civil, penal ou administrativamente por **dar ciência** à autoridade superior ou, quando houver suspeita de envolvimento desta, a outra autoridade competente para apuração de informação concernente à prática de **crimes** ou **improbidade** de que tenha **conhecimento**, ainda que em decorrência do exercício de cargo, emprego ou função pública.

Do ponto de vista evolutivo, o novo dispositivo não representa novidade. Deveras, jamais se poderia cogitar de se responsabilizar civil, administrativa ou penalmente o servidor público que tenha cumprido o dever de levar ao conhecimento de quem de direito as irregularidades de que tenha ciência em razão do cargo, expresso no art. 116, VI, da Lei nº 8.112/90.

Vistas as características básicas de cada uma das esferas em que o servidor é passível de responder, passemos à análise da correlação entre elas. O art. 125 estabelece que as esferas civil, penal e administrativa são **independentes** e **cumulativas**. Independentes, porque o andamento e o resultado dos processos em uma esfera não condiciona o desenrolar dos processos na outra esfera. Isto é, cada processo corre em separado e terá a sua própria solução, independentemente do resultado dos demais.[20] A cumulatividade decorre de ser possível, por um mesmo fato, o servidor ser responsabilizado nas três esferas simultaneamente. Basta para tanto que o ato seja caracterizado como ilícito civil, penal e administrativo.

Sem embargo do que temos dito, o art. 126 estabelece a exceção à independência das esferas. Reza o dispositivo: **a responsabilidade administrativa do servidor será afastada no caso de absolvição criminal que negue a existência do fato ou sua autoria**.

A negativa de fato ocorre quando o juiz, no processo penal, absolve o réu por entender que o fato não ocorreu. Seria o caso de um servidor processado criminalmente por furto (peculato) de um *laptop* da repartição. Posteriormente, descobre-se que o referido *laptop* encontrava-se no almoxarifado. Nesse caso, o servidor é absolvido por negativa do fato.

Interessante realçar que a negativa de fato não se confunde com ausência de tipificação penal, que se configura quando o fato ocorre, mas não é considerado como ilícito penal. Se um fato não é considerado ilícito penal, isso não significa que esse mesmo fato não possa ser considerado ilícito de natureza administrativa, acarretando responsabilização nesta esfera, mesmo havendo absolvição criminal.

A mesma lógica se aplica aos casos em que o servidor é processado criminalmente por fato tipificado como crime, mas não correspondente a nenhum ilícito administrativo. Nesses casos, não haverá qualquer responsabilização na esfera administrativa, por inexistência de infringência de ilícito dessa natureza. Tal servidor somente poderia ser punido pela Administração se houvesse alguma irregularidade que constituísse infração administrativa (falta residual). Nesse exato sentido é a Súmula nº 18 do STF, pela qual "pela falta residual, não compreendida na absolvição pelo juízo criminal, é admissível a punição administrativa do servidor público".[21] Por outro lado, "é inadmissível segunda punição de servidor público, baseada no mesmo processo em que se fundou a primeira" (Súmula nº 19, STF).

A negativa de autoria, a seu turno, ocorre quando, com base nas provas constantes dos autos, o juiz declara a inocência do réu por concluir que o fato existiu, mas não foi o servidor o autor do crime. Suponhamos que um

---

20 Nesse sentido, o STF, no MS 21.708/DF, Rel. Min. MAURÍCIO CORRÊA, DJ 9.11.2000, entendeu que é possível a aplicação de penalidade disciplinar a servidor público mesmo se ainda em curso o processo criminal a que responde pelo mesmo fato.
21 Também: STJ, REsp nº 1.012.647/RJ, Rel. Min. LUIZ FUX, DJe 03.12.2010.

servidor A seja acusado de se apropriar de um *laptop* (bem público) da repartição e seja indiciado pelo crime de furto. No desenvolver do processo, descobre-se que o autor do crime, em verdade, foi o servidor B. Nesse caso, o juiz absolverá o servidor sob a alegação de negativa de autoria. Ou seja, o fato existiu, mas não foi o servidor o autor do crime.

Isso exposto, podemos concluir que as esferas civil, penal e administrativa são independentes entre si, salvo no caso de absolvição criminal motivada pela negativa de fato ou de autoria. Casos em que ficarão automaticamente afastadas as responsabilidades civil e administrativa.

O porquê de tal regra é que, das três esferas, a penal é a que impõe maior gravame ao servidor, uma vez que pode o processo culminar na perda da liberdade, direito de extrema relevância social. Sendo assim, o processo penal é aquele que impõe maior rigor na instrução probatória. Não é que nos demais processos (civil e administrativo) não haja essa criteriosidade. Mas no processo penal, inegavelmente, ela é ainda mais acentuada. Com efeito, se no processo penal, que é o mais formal e rigoroso, chega-se à conclusão de que o fato não existiu, ou de que, se existiu, não foi o servidor o seu autor, não era de se supor que os processos civil ou administrativo pudessem chegar a conclusão diversa.

Observe-se que as únicas hipóteses em que a esfera penal repercute nas demais esferas é a de absolvição por negativa de fato ou sua autoria. Quaisquer outras absolvições, seja por ausência de culpabilidade penal ou por falta de provas, não repercutem nas demais esferas.[22]

---

22 A respeito, *vide*: STJ, RMS 32.641-DF, Rel. originário Min. NAPOLEÃO NUNES MAIA FILHO, Rel. para acórdão Min. BENEDITO GONÇALVES, julg.: 08.11.2011.

Responsabilidades

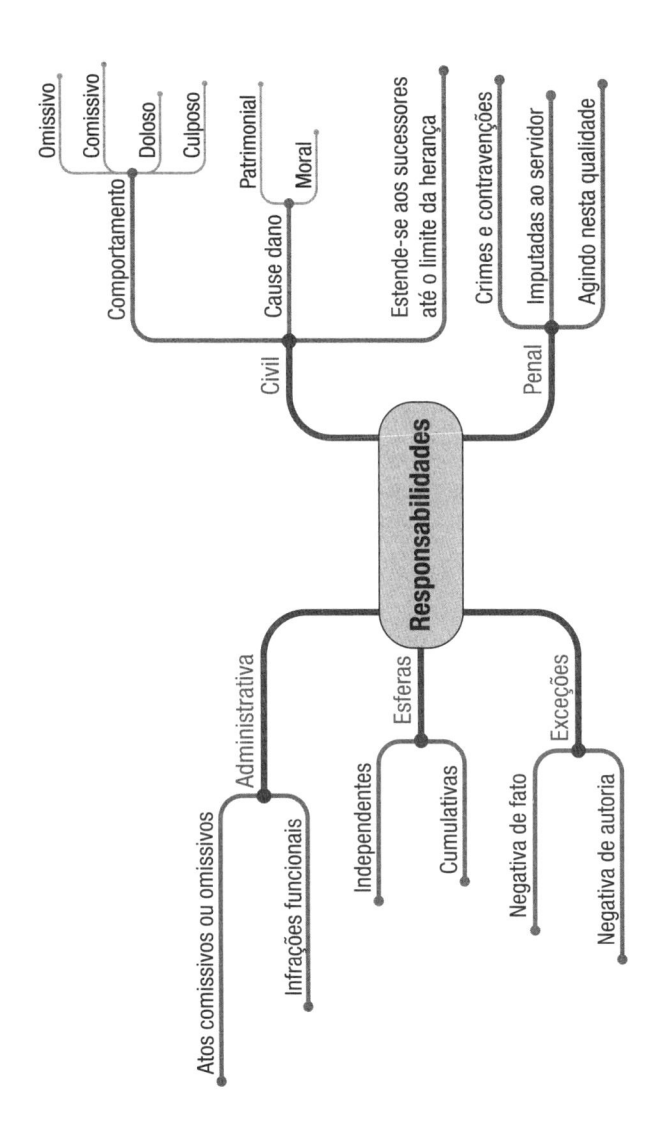

- **Civil**
  - Comportamento
    - Omissivo
    - Comissivo
    - Doloso
    - Culposo
  - Cause dano
    - Patrimonial
    - Moral
  - Estende-se aos sucessores até o limite da herança
- **Penal**
  - Crimes e contravenções
  - Imputadas ao servidor
  - Agindo nesta qualidade
- **Administrativa**
  - Atos comissivos ou omissivos
  - Infrações funcionais
- **Esferas**
  - Independentes
  - Cumulativas
- **Exceções**
  - Negativa de fato
  - Negativa de autoria

5. PENALIDADES

Em caso de não observância dos deveres funcionais, bem como de violação das proibições anteriormente estudadas, há aplicação das penalidades previstas no Estatuto, conforme o caso. O art. 127 elenca as penalidades a que está sujeito o servidor público, a saber: advertência, suspensão, demissão, cassação de aposentadoria ou disponibilidade, destituição de cargo em comissão e destituição de função comissionada.[23]-[24]

Note-se que o rol das penalidades previstas no art. 127 é taxativo (*numerus clausus*). Isto é, não é possível a aplicação de penalidades a servidores públicos distintas das disponibilizadas no Estatuto.

Consoante o art. 129, a **advertência** será aplicada sempre por escrito nos seguintes casos:

a) inobservância de dever funcional previsto em lei (art. 116, da Lei nº 8.112/90, por exemplo), regulamentação ou norma interna, que não justifique imposição de penalidade mais grave;

b) violação das proibições constantes dos incisos I a VIII e XIX do art. 117, quais sejam:

> I – ausentar-se do serviço durante o expediente, sem prévia autorização do chefe imediato;
>
> II – retirar, sem prévia anuência da autoridade competente, qualquer documento ou objeto da repartição;
>
> III – recusar fé a documentos públicos;
>
> IV – opor resistência injustificada ao andamento de documento e processo ou execução de serviço;
>
> V – promover manifestação de apreço ou desapreço no recinto da repartição;
>
> VI – cometer a pessoa estranha à repartição, fora dos casos previstos em lei, o desempenho de atribuição que seja de sua responsabilidade ou de seu subordinado;
>
> VII – coagir ou aliciar subordinados no sentido de filiarem-se a associação profissional ou sindical, ou a partido político;

---

[23] Pouco disciplinada pelo Estatuto, essa penalidade tem caráter acessório, posto que é aplicada como consequência da demissão do servidor efetivo.

[24] Em tempo, repise-se que a remoção não é penalidade administrativa, mas ato administrativo de deslocamento do servidor, consoante as hipóteses legais. O mesmo se pode dizer da exoneração, que é ato administrativo de desligamento do servidor dos quadros da Administração, sem caráter punitivo.

> VIII – manter sob sua chefia imediata, em cargo ou função de confiança, cônjuge, companheiro ou parente até o segundo grau civil;
>
> IX – recusar-se a atualizar dados cadastrais, quando solicitado.

A **suspensão** é a penalidade administrativa que impõe abstenção **não remunerada** de comparecimento ao local de trabalho e pode durar entre 1 e 90 dias, a critério da autoridade competente.

O art. 130 prevê que a suspensão será aplicada em caso de **reincidência das faltas puníveis com advertência** e de violação das demais proibições que não tipifiquem infração sujeita a penalidade de demissão, a saber:

a) cometer a outro servidor atribuições estranhas ao cargo que ocupa, exceto em situações de emergência e transitórias; e

b) exercer quaisquer atividades que sejam incompatíveis com o exercício do cargo ou função e com o horário de trabalho.

Sobre a reincidência, é imperioso ressaltar que, embora nas faltas puníveis com advertência possa acarretar a suspensão, o mesmo não é verdadeiro com relação às faltas puníveis com suspensão, que não acarretarão, por si só, de modo algum, a penalidade de demissão. Para que haja aplicação dessa penalidade, o servidor deverá fatalmente incorrer em uma das faltas previstas no Estatuto como passíveis de demissão.

O § 1º do art. 130 do Estatuto estabelece um caso especial de suspensão. Especial porque a lei prevê um teto menor relativo aos dias de suspensão: até **15 dias**, enquanto nos demais esse limite é de 90 dias. Tal hipótese é a do servidor que, injustificadamente, **recusar-se a ser submetido a inspeção médica** determinada pela autoridade competente. Os efeitos da suspensão **cessam imediatamente**, com o cumprimento da determinação de se submeter à inspeção médica. No mais, o fato de o servidor estar impossibilitado, por motivos de saúde, de se deslocar até o local da inspeção médica não configura falta disciplinar, pois nesse caso a inspeção será feita tanto na residência do servidor quanto no hospital onde se encontra internado (art. 203, § 1º), conforme o caso.

A penalidade de suspensão a critério da Administração, se houver conveniência para o serviço **poderá ser convertida em multa**, na base de **50% por dia de vencimento ou remuneração**, ficando o servidor obrigado a permanecer em serviço. Essa possibilidade de conversão da suspensão em multa, trata-se de decisão discricionária da Administração, corolário do princípio da continuidade dos serviços públicos, posto que a suspensão de determinados servidores, pela relevância das responsabilidades que lhe são cometidas, poderia causar enorme prejuízo ao regular andamento dos trabalhos.

Contudo, é imprescindível sublinhar que uma vez a Administração optando por fazer a conversão em multa, o servidor é obrigado a comparecer ao serviço, sob pena de incorrer em insubordinação grave.

Outro aspecto que merece apreciação é que a discricionariedade da Administração, além da apreciação quanto à conveniência da conversão em multa, estende-se à decisão sobre a incidência do percentual de 50%: se incidirá sobre a remuneração (que é composta pelo vencimento básico acrescido das vantagens permanentes previstas em lei) ou sobre o vencimento (que é somente a parcela básica prevista em lei). Como se vê, o vencimento tem valor nominal menor que o da remuneração, logo cabe à autoridade competente decidir sobre qual deles aplicar a multa, de acordo com o princípio da adequação punitiva, a ser objeto de análise mais adiante.

A **demissão**, penalidade de **natureza grave**, é cabível nos seguintes casos (arts. 132 e 117, IX a XVI):

- crime contra a Administração Pública;
- abandono de cargo, que é a **ausência intencional** do servidor ao serviço por mais de 30 dias consecutivos (art. 138, Lei nº 8.112/90);
- inassiduidade habitual, assim considerada a falta ao serviço, sem causa justificada, por 60 dias ou mais, interpoladamente, durante o período de doze meses (art. 139);
- improbidade administrativa;
- incontinência pública e conduta escandalosa, na repartição;
- insubordinação grave em serviço, que pode ser interpretada como a intenção deliberada de contrariar as ordens superiores, de maneira agressiva e desrespeitosa;
- ofensa física, em serviço, a servidor ou a particular, salvo em legítima defesa própria ou de outrem;
- aplicação irregular de dinheiros públicos, que ocorre quando o agente dá destinação distinta da prevista em lei à verba pública;
- revelação de segredo do qual se apropriou em razão do cargo;
- lesão aos cofres públicos e dilapidação do patrimônio nacional;
- corrupção;
- acumulação ilegal de cargos, empregos ou funções públicas;
- valer-se do cargo para lograr proveito pessoal ou de outrem, em detrimento da dignidade da função pública;

- participar de gerência ou administração de sociedade privada, personificada ou não personificada, exercer o comércio, exceto na qualidade de acionista, cotista ou comanditário;[25]
- atuar, como procurador ou intermediário, junto a repartições públicas, salvo quando se tratar de benefícios previdenciários ou assistenciais de parentes até o segundo grau, e de cônjuge ou companheiro;
- receber propina, comissão, presente ou vantagem de qualquer espécie, em razão de suas atribuições;[26]
- aceitar comissão, emprego ou pensão de estado estrangeiro;
- praticar usura sob qualquer de suas formas;
- proceder de forma desidiosa;
- utilizar pessoal ou recursos materiais da repartição em serviços ou atividades particulares.

Nos casos de improbidade administrativa, aplicação irregular de dinheiros públicos, lesão aos cofres públicos, dilapidação do patrimônio nacional e corrupção, a demissão ou a destituição de cargo em comissão implica a **indisponibilidade dos bens e o ressarcimento ao erário**, sem prejuízo da ação penal cabível (art. 136).

Nesses cinco casos elencados e mais no caso de crime contra a Administração, o servidor que for demitido ou destituído do cargo em comissão **não poderá retornar ao serviço público federal**. Não há como negar que o dispositivo em tela é flagrantemente inconstitucional, pois estabelece pena perpétua, o que é vedado pelo art. 5º, XLVII, "b", da Constituição Federal (Não haverá penas: [...] de caráter perpétuo).

No caso de demissão motivada por valer-se do cargo para lograr proveito pessoal ou de outrem, em detrimento da dignidade da função pública ou atuar, como procurador ou intermediário, junto a repartições públicas, salvo quando se tratar de benefícios previdenciários ou assistenciais de parentes até o segundo grau, e de cônjuge ou companheiro, a demissão ou a destituição de cargo em comissão **incompatibiliza o ex-servidor para nova investidura** em **cargo público federal,** pelo prazo de **cinco anos** (art. 137).

---

25 Redação dada pela Lei nº 11.784, de 22 de setembro de 2008.
26 Deve ser aplicada a penalidade de demissão ao servidor público federal que obtiver proveito econômico indevido em razão do cargo, independentemente do valor auferido (no caso, eram apenas R$ 40,00). Isso porque não incide, na esfera administrativa, o princípio da insignificância quando constatada falta disciplinar prevista no art. 132 da Lei nº 8.112/1990. STJ, MS 18.090-DF, Rel. Min. HUMBERTO MARTINS, Julg.: 08.05.2013 (Info 523).

Isso posto, nota-se que o Estatuto fixou três modalidades de demissão: a) demissão pura e simples, que é usualmente utilizada e que permite nova investidura em cargo federal a qualquer momento;[27] b) demissão com incompatibilização por cinco anos; c) demissão que inviabiliza nova investidura em cargo federal a qualquer tempo.

Neste ponto, é cabível indagar se o servidor aposentado (ou em disponibilidade) que praticar falta funcional na atividade será, mesmo assim, punido administrativamente. Como resposta a essa indagação, o art. 134 prevê a **cassação de aposentadoria ou disponibilidade** do inativo que houver praticado, na atividade, **falta punível com a demissão**. A aposentadoria e a disponibilidade não têm por finalidade eximir o servidor das faltas praticadas na ativa. Assim, concluímos que um servidor inativo jamais poderá ser demitido, pois quando incorrer nas faltas puníveis com esta penalidade, a sanção cabível será a cassação de aposentadoria ou disponibilidade, conforme o caso.

O Supremo Tribunal Federal já se manifestou seguidas vezes pela constitucionalidade da penalidade de cassação de aposentadoria ou disponibilidade, sustentando que o caráter contributivo da aposentadoria e ausência de previsão constitucional da sanção não importam em atentado contra o ato jurídico perfeito, preconizado no texto constitucional.[28]

Em se tratando de servidor ocupante **exclusivamente** de cargo em comissão, temos a **destituição de cargo em comissão**, que será aplicada nos casos de infração sujeita às penalidades de **suspensão** e de **demissão**. Com efeito, aquele que ocupa exclusivamente cargo em comissão só poderá ser punido com duas penalidades: advertência e destituição, uma vez que, se incorrer nas faltas puníveis com suspensão ou demissão não será suspenso ou demitido, mas sim destituído.

Situação interessante é a do servidor, ocupante exclusivamente de cargo em comissão, que esteja respondendo processo disciplinar, ser exonerado a critério da autoridade competente antes da conclusão do PAD com vistas a apurar a falta do servidor. Nesses casos, o parágrafo único do art. 135 determina que, concluindo o PAD pela responsabilização com falta punível com advertência ou suspensão, a **exoneração será convertida em destituição de cargo em comissão**.

---

27 A esse respeito, decidiu o STJ (RMS 30.518-RR, Rel.ª Min.ª Maria Thereza de Assis Moura, julg.: 19.06.2012) que incorre em abuso de poder a negativa de nomeação de candidato aprovado em concurso para o exercício de cargo público em virtude de anterior demissão, se inexistente qualquer previsão em lei ou no edital de regência do certame.
28 MS 23.219/RS, Rel. Min. EROS GRAU, julg.: 30.06.2005; MS 23.299/SP, Rel. Min. SEPÚLVEDA PERTENCE, julg.: 06.03.2002.

Em termos práticos, não há grande diferença, uma vez que tanto a exoneração quanto a destituição implicam no desligamento do servidor dos quadros da Administração Pública. Todavia, juridicamente a razão para essa conversão faz-se relevante, posto que a exoneração não é penalidade, enquanto a destituição, sim, é sanção disciplinar, que, inclusive, em alguns casos importa na impossibilidade do retorno ao serviço público. Isto é, o servidor que é exonerado do cargo em comissão não é desligado do serviço público com a imagem "manchada", pois a exoneração é uma constante na vida daqueles que ocupam cargo em comissão. Porém, quando o comissionado é desligado do serviço público por destituição do cargo, as consequências são bem distintas: o servidor é desligado do cargo com a pecha de infrator e, ainda mais, dependendo da falta em que incorreu, poderá permanecer cinco anos inabilitado para o exercício de cargo público federal.

Vistas as penalidades, cabe agora definirmos as autoridades competentes para aplicação das penalidades, na forma do art. 141 do Estatuto. Vejamos o quadro abaixo: [29]

Penalidade	Autoridade competente
Demissão ou cassação de aposentadoria / disponibilidade	Executivo: Presidente da República[25] Legislativo: Presidente da Casa Judiciário: Presidente do Tribunal Ministério Público: Procurador-Geral da República
Suspensão de mais de 30 dias	Autoridade de hierarquia imediatamente inferior aos indicados acima
Suspensão de até 30 dias e advertência	Chefe da repartição ou autoridades indicadas nos regimentos internos
Destituição do cargo em comissão ou da função comissionada	Mesma autoridade que nomeou ou designou, conforme o caso

Na aplicação das penalidades serão consideradas a natureza e a gravidade da infração cometida, os danos que dela provierem para o serviço público, as circunstâncias agravantes ou atenuantes e os antecedentes funcionais (art. 128).

---

29 O poder disciplinar do Presidente da República pode ser **delegado** aos Ministros de Estado e ao Advogado-Geral da União. Exemplificativamente, o Decreto nº 3.035/1999 estatui a delegação dos atos disciplinares de demissão e cassação de aposentadoria ou disponibilidade dos servidores dos órgãos da Administração Pública Federal direta, autárquica e fundacional. Esta conduta está em perfeita consonância com a jurisprudência do STF: MS 25.518/DF, Rel. Min. SEPÚLVEDA PERTENCE, julg.: 14.06.2006; ARE 680.964/GO, Rel. Min. RICARDO LEVANDOWSKI, julg.: 26.06.2012.

A razão de ser da norma é que os ilícitos de natureza administrativa não gozam da mesma tipicidade dos ilícitos penais. Na esfera criminal, para que o réu seja considerado culpado de praticar um crime, é necessário haver exata correspondência entre a conduta por ele adotada e o tipo penal estabelecido para aquele crime. No Direito Administrativo há o **princípio da atipicidade**, pelo qual a maior parte das infrações é descrita por meio de noções vagas, imprecisas.

Veja-se o exemplo da proibição de conduta escandalosa no âmbito da repartição (art. 132, V). Embora o Estatuto determine que tal conduta é vedada ao servidor, inclusive sob pena de demissão, não há descrição pormenorizada do que venha a ser, efetivamente, conduta escandalosa. Nessas situações, em face da subjetividade de que é dotada essa expressão, a autoridade deverá aplicar a penalidade mediante análise discricionária sobre a natureza e a gravidade da infração, os danos advindos ao serviço público, as circunstâncias agravantes ou atenuantes[30] e os antecedentes funcionais. A partir dessa análise passa-se à tipificação da falta e à escolha e gradação da penalidade a ser aplicada. Com tudo isso, o que se busca é dar a devida atenção ao **princípio da proporcionalidade** (ou princípio da adequação punitiva).

Outro fator importante na aplicação da modalidade é o que trata da **motivação**. Não poderia ser diferente, haja vista que de nada valeria o que foi dito acerca da adequação punitiva se o agente punidor não estivesse obrigado a expor os fatos e fundamentos que ensejaram a aplicação da penalidade. Nesse exato sentido, o parágrafo único do art. 128 dispõe que o ato de imposição da penalidade mencionará sempre o fundamento legal e a causa da sanção disciplinar.

A observância dos princípios do **contraditório** e da **ampla defesa** são condições inafastáveis de validade do ato sancionatório.[31] Para aplicação de toda e qualquer penalidade disciplinar é imprescindível que o servidor tome conhecimento dos fatos que contra ele são alegados para que a isso possa oferecer oposição (contraditório), podendo contar com todos os meios e recursos lícitos para comprovar a defesa de seus interesses.

Isso posto, cabe destacar que os princípios supracitados e, ainda, os demais princípios da Administração Pública são importantes ferramentas

---

30 O art. 61 do Código Penal descreve as circunstâncias que agravam a pena, quais sejam a reincidência, ter o agente cometido o crime por motivo fútil ou torpe, com abuso de autoridade, contra criança ou maior de 60 anos de idade, entre outros. Em seguida, o art. 65 menciona as circunstâncias atenuantes, quais sejam, ser o agente menor de 21 ou maior de 70 anos, desconhecimento da lei, ter o agente cometido o crime por motivo de relevante valor social ou moral, ou ter procurado, por sua espontânea vontade e com eficiência, logo após o crime, evitar-lhe ou minorar-lhe as consequências, entre outros.

31 No RE 196.554, Rel. Min. EROS GRAU, DJ 13.05.2005, o STF entendeu que "a ausência de processo administrativo ou a inobservância aos princípios do contraditório e da ampla defesa torna nulo o ato de demissão de servidor público".

que auxiliam no **controle judicial das penas disciplinares**. Desse modo, a medida punitiva que desobedeça aos postulados de legalidade, moralidade, razoabilidade, proporcionalidade, motivação, contraditório, ampla defesa, entre outros, será passível de anulação judicial. Vê-se, pois, que o controle judicial sobre o poder disciplinar administrativo **não ocorre apenas no campo formal** (mera avaliação de compatibilidade entre a sanção e o texto expresso de lei), mas **também no campo material** (verificação de cumprimento dos princípios administrativos em geral).

Entretanto, isso não quer (e nem pode) significar que o controle judicial incida de alguma maneira sobre o **mérito administrativo** da sanção disciplinar no intuito de avaliar a pena que de forma mais conveniente e oportuna atenderia ao interesse público em uma dada situação. Assim, conforme a jurisprudência consolidada do STJ, "não é possível que o Poder Judiciário se apresente como substituto direto à autoridade administrativa na apreciação das faltas disciplinares e das penalidades aplicadas, ressalvados os casos excepcionais nos quais haja claro e límpido malferimento do sistema jurídico".[32]

Uma vez aplicadas as penalidades, ficam sujeitas a um prazo cujo transcurso *in albis*, caso não haja reincidência, faz com que os seus registros sejam cancelados. Assim, as penalidades de advertência e de suspensão, reza o art. 131, terão seus registros cancelados, após o decurso de três e cinco anos de efetivo exercício, respectivamente, se o servidor não houver, nesse período, praticado nova infração disciplinar.

Reza o parágrafo único do citado artigo que o cancelamento da penalidade não surtirá efeitos retroativos. Isso significa que um servidor suspenso por 45 dias, que durante um período de cinco anos tenha o registro de sua penalidade cancelada por não haver reincidência, não fará jus à devolução das remunerações que deixou de perceber durante o período da suspensão, nem o cômputo desse tempo para qualquer efeito.

No que concerne à prescrição, o art. 142 do Estatuto determina que a ação disciplinar prescreverá:[33]

---

[32] STJ, RMS 35.048/MS, Rel. Min. HUMBERTO MARTINS, DJe 11.09.2013; RMS 38.072/PE, Rel. Min. HERMAN BENJAMIN, DJe 31.05.2013; RMS 39.186/CE, Rel. Min. HERMAN BENJAMIN, DJe 07.03.2013. No mesmo sentido, o STJ (MS 7.966-DF, Rel. Min. GILSON DIPP, DJ 08.10.2003) houve por bem afastar do controle judicial o ato de aumentar ou atenuar penalidades funcionais-administrativas por se tratar de análise subjetiva reservada ao administrador público.

[33] Prescrição é a perda do direito de ação pelo decurso do tempo previsto em lei. A partir da data do conhecimento do fato ou de publicação do ato, a Administração tem um prazo para promover a ação disciplinar contra o servidor que incorra em infração disciplinar. Expirado esse prazo, a Administração não pode mais puni-lo.

> I – em 5 anos, quanto às infrações puníveis com demissão, cassação de aposentadoria ou disponibilidade e destituição de cargo em comissão;
>
> II – em 2 anos, quanto à suspensão;
>
> III – em 180 dias, quanto à advertência.

Pelo disposto no § 1º do mesmo artigo, vê-se que o prazo de prescrição começa a correr da data em que o fato se tornou conhecido. Dessa maneira, o servidor que há sete anos tenha praticado falta punível com suspensão, que, no entanto, só foi conhecida pela Administração há um ano, terá o prazo de prescrição contado a partir desse último prazo, e não do primeiro.

O STJ entende que o prazo de prescrição começa a contar a partir do momento em que qualquer autoridade administrativa tem conhecimento do fato imputado ao servidor. Isto é, não há necessidade de que a autoridade que tome ciência do fato seja aquela competente para instaurar o processo disciplinar contra o possível autor do ilícito.[34]

Feitos os comentários sobre a prescrição para a Administração, vejamos o prazo de prescrição para que o servidor punido se insurja contra a penalidade que lhe foi aplicada. Isto é, uma vez apenado o servidor terá um prazo durante o qual poderá se insurgir administrativa ou judicialmente. Findo esse prazo, não é possível mais discutir a questão, a não ser que surja fato novo ou circunstância suscetível de justificar a inadequação da penalidade aplicada.[35]

Segundo o art. 110 do Estatuto, o direito de requerer prescreve:

> a) em 5 anos, quanto aos atos de demissão e de cassação de aposentadoria ou disponibilidade, ou que afetem interesse patrimonial (que é o caso da suspensão) e créditos resultantes das relações de trabalho;
>
> b) em 120 dias, nos demais casos, salvo quando outro prazo for fixado em lei.

---

34 MS 11.974/DF, Rel.ª Min.ª LAURITA VAZ, DJ 07.05.2007.
35 Sobre o tema, *vide* o art. 174 da Lei nº 8.112/90, que trata da revisão do processo administrativo disciplinar.

	Prescrição		Cancelamento dos registros
	Administração	Servidor	
Advertência	180 dias	120 dias	3 anos
Suspensão	2 anos	5 anos	5 anos
Demissão, cassação ou destituição	5 anos	5 anos	--------------------

Quando o ilícito administrativo também for configurado como ilícito penal, aplicar-se-ão os prazos de prescrição previstos na lei penal, e não os prazos da Lei nº 8.112/90. Entretanto, é importante para o entendimento de que "somente se aplica o prazo prescricional previsto na legislação penal quando os fatos forem apurados na esfera criminal. Dessarte, ainda que o ato seja tipificado como crime, diante da ausência de apuração na esfera criminal, deve ser aplicado o prazo prescricional previsto na lei que regula a punição administrativa".[36] Em tese, ao servidor que incorrer no ilícito administrativo de aplicação irregular de dinheiros públicos, falta punível com demissão, seria aplicado o prazo de prescrição de cinco anos. Todavia, como esse ilícito corresponde ao crime de emprego irregular de verbas ou rendas públicas, tipificado no art. 315 do Código Penal, o prazo de prescrição aplicável será o da lei penal, que é de dois anos, e não o prazo de cinco anos da Lei nº 8.112/90.

A abertura de sindicância ou a instauração de processo disciplinar **interrompem** a prescrição, até a decisão final proferida por autoridade competente (art. 142, § 3º). Interrompido o curso da prescrição, o prazo começará a correr a partir do dia em que cessar a interrupção (§ 4º).

É interessante lembrar que, concluído o processo administrativo disciplinar, sem que haja punição do servidor, o prazo prescricional recomeça desde o início. A funcionalidade deste dispositivo reside na hipótese de, uma vez concluído o processo pelo arquivamento, surgir prova que possa causar a responsabilização do servidor. Essa prova poderá ser ainda utilizada, posto que a infração ainda não prescreveu.

Imagine, como exemplo, o caso de um servidor que praticou falta punível com demissão em 10.03.2005. A Administração teve conhecimento do fato na mesma data em que este foi praticado. Em 10.01.2010 foi instaurado

---

[36] STJ, RMS 38.992/RS, Rel. Min. HUMBERTO MARTINS, julg.: 21.11.2013; REsp 1.116.477-DF, Rel. Min. TEORI ALBINO ZAVASCKI, julg.: 16.08.2012; MS 12.666/DF, Rel.ª Min.ª MARIA THEREZA DE ASSIS MOURA, julg.: 23.03.2011.

processo administrativo disciplinar (PAD) para apurar o ilícito, e este foi concluído em 10.05.2010, com a absolvição do servidor. Como a instauração do processo interrompe a prescrição, esta volta a fluir a partir do momento em que for proferida a decisão. Isto é, em 10.05.2010, com a conclusão do processo, o prazo de prescrição de cinco anos voltará a correr desde o início, fazendo com que a prescrição ocorra somente em 10.05.2015. Assim, a Administração terá mais cinco anos para, eventualmente, tomar conhecimento de alguma prova que responsabilize o servidor.

Para concluirmos o assunto, é interessante examinarmos uma questão interessante sobre o tema: como fica o prazo de prescrição no caso de, uma vez aberto o processo, a Administração por inércia não concluir o PAD no prazo máximo definido para tanto? Voltará a fluir o prazo de prescrição ou ficará o servidor público indefinidamente aguardando decisão sobre o caso?

O STF já teve oportunidade de se manifestar sobre o tema. Na ocasião, a Corte entendeu que a prescrição interrompida pela instauração de processo administrativo disciplinar (PAD) recomeça a correr, por completo, imediatamente após o término do prazo que a Lei nº 8.112/90 estabelece para que seja proferida a decisão no processo – caso esta não ocorra dentro desse prazo, evidentemente. Vejamos o acórdão:

> EMENTA; PRESCRIÇÃO. PROCESSO ADMINISTRATIVO. INTERRUPÇÃO. A interrupção prevista no § 3º do artigo 142 da Lei nº 8.112, de 11 de dezembro de 1990, cessa uma vez ultrapassado o período de 140 dias alusivo à conclusão do processo disciplinar e à imposição de pena – artigos 152 e 167 da referida Lei – voltando a ter curso, na integralidade, o prazo prescricional. Precedente: Mandado de Segurança nº 22.728-1/PR, Pleno, Relator Ministro Moreira Alves, acórdão publicado no Diário da Justiça de 13 de novembro de 1998.[37]

---

[37] RMS 23.436/DF, Rel. Min. MARCO AURÉLIO, julg.: 24.08.1999 e MS 23.299, Rel. Min. SEPÚLVEDA PERTENCE, DJ 12.04.2002. No mesmo sentido: STJ, MS 12.735/DF, Rel. Min. OG FERNANDES, julg.: 09.06.2010.

Advertência

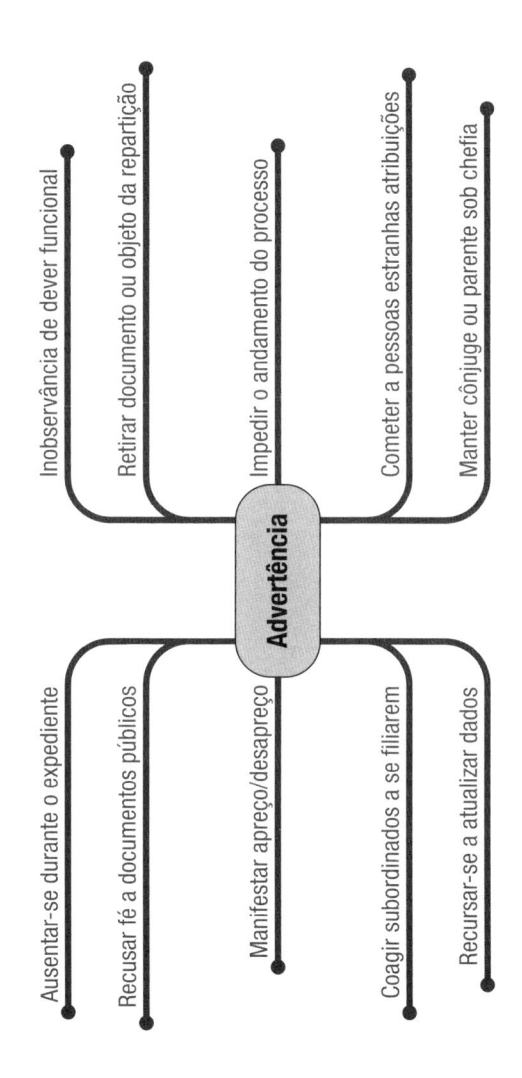

- Inobservância de dever funcional
- Retirar documento ou objeto da repartição
- Impedir o andamento do processo
- Cometer a pessoas estranhas atribuições
- Manter cônjuge ou parente sob chefia
- Ausentar-se durante o expediente
- Recusar fé a documentos públicos
- Manifestar apreço/desapreço
- Coagir subordinados a se filiarem
- Recursar-se a atualizar dados

Suspensão

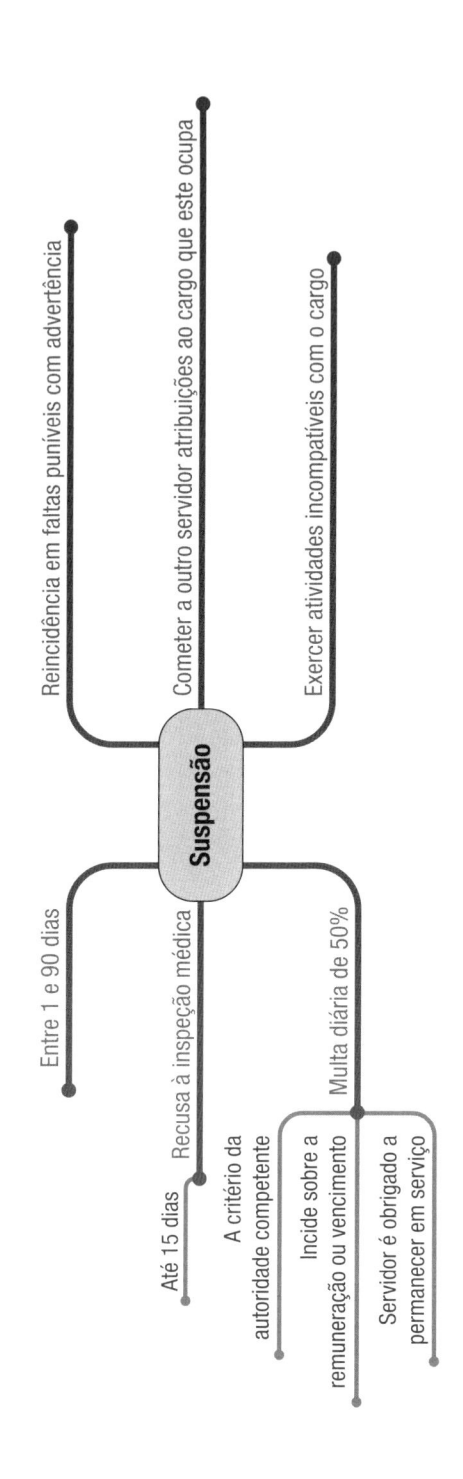

- Reincidência em faltas puníveis com advertência
- Cometer a outro servidor atribuições ao cargo que este ocupa
- Exercer atividades incompatíveis com o cargo
- Entre 1 e 90 dias
- Recusa à inspeção médica
  - Até 15 dias
  - A critério da autoridade competente
- Multa diária de 50%
  - Incide sobre a remuneração ou vencimento
  - Servidor é obrigado a permanecer em serviço

Demissão

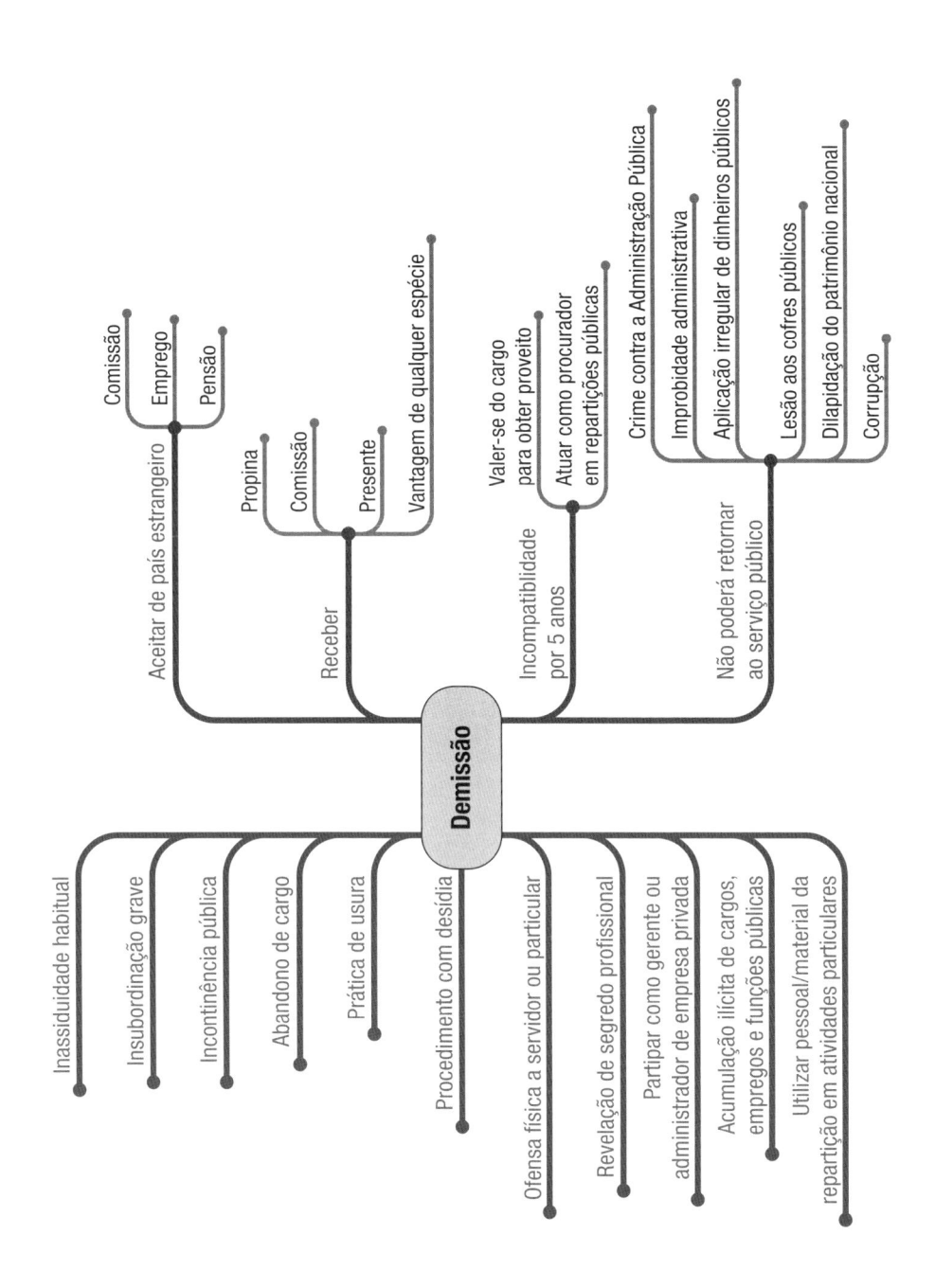

- Aceitar de país estrangeiro
  - Comissão
  - Emprego
  - Pensão
- Receber
  - Propina
  - Comissão
  - Presente
  - Vantagem de qualquer espécie
- Incompatibilidade por 5 anos
  - Valer-se do cargo para obter proveito
  - Atuar como procurador em repartições públicas
- Não poderá retornar ao serviço público
  - Crime contra a Administração Pública
  - Improbidade administrativa
  - Aplicação irregular de dinheiros públicos
  - Lesão aos cofres públicos
  - Dilapidação do patrimônio nacional
  - Corrupção
- Inassiduidade habitual
- Insubordinação grave
- Incontinência pública
- Abandono de cargo
- Prática de usura
- Procedimento com desídia
- Ofensa física a servidor ou particular
- Revelação de segredo profissional
- Partipar como gerente ou administrador de empresa privada
- Acumulação ilícita de cargos, empregos e funções públicas
- Utilizar pessoal/material da repartição em atividades particulares

Outras penalidades

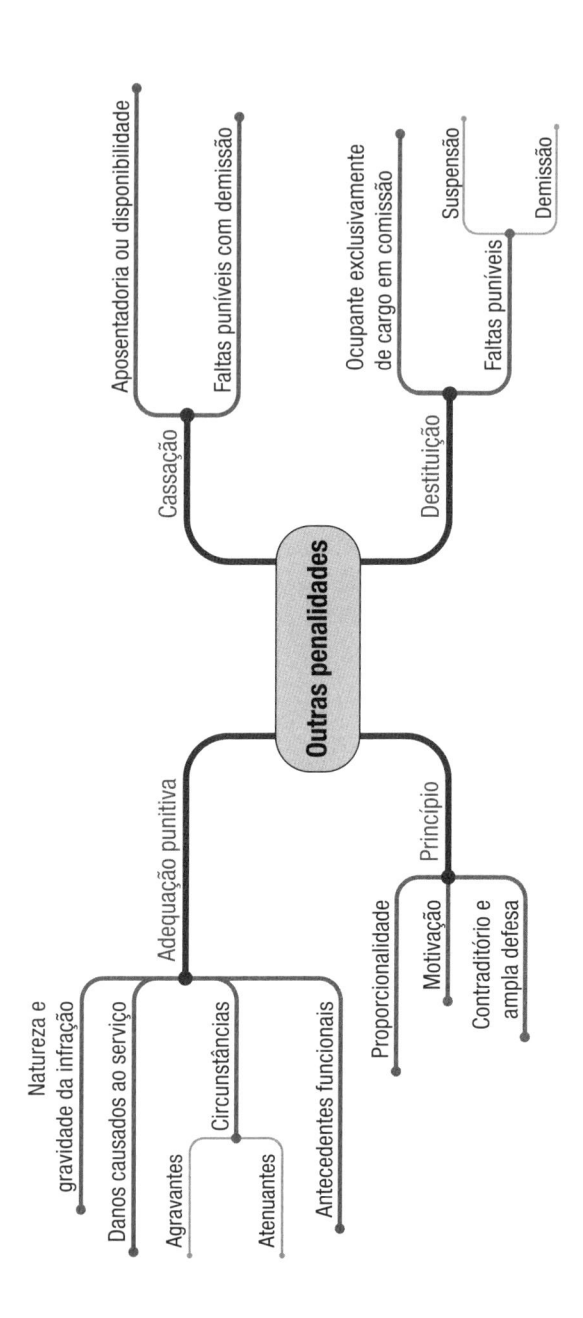

- **Cassação**
  - Aposentadoria ou disponibilidade
  - Faltas puníveis com demissão
- **Destituição**
  - Ocupante exclusivamente de cargo em comissão
  - Faltas puníveis
    - Suspensão
    - Demissão
- **Adequação punitiva**
  - Natureza e gravidade da infração
  - Danos causados ao serviço
  - Circunstâncias
    - Agravantes
    - Atenuantes
  - Antecedentes funcionais
- **Princípio**
  - Proporcionalidade
  - Motivação
  - Contraditório e ampla defesa

Capítulo 5
Processo Administrativo Disciplinar

1. DISPOSIÇÕES GERAIS

O presente capítulo versa sobre o modo peculiar de a Administração Pública apurar irregularidades no serviço público e punir os eventuais infratores. Anteriormente, estudamos os deveres e proibições a que se submetem os servidores públicos, assim como as penalidades aplicáveis. Neste passo, trataremos sobre como tais infrações são apuradas e as sanções cabíveis aplicadas.

O fundamento e a importância de se estudar acerca do processo administrativo residem na circunstância de que o direito não disciplina apenas as sanções a que se submetem os agentes públicos que praticarem ilícitos de cunho administrativo, mas também prevê o meio pelo qual tais sanções são aplicadas.

Analisando mais a fundo o tema, veremos que se trata da aplicação do **princípio do devido processo legal** (art. 5º, LIV, CF) pelo qual nenhum indivíduo pode ter a sua esfera jurídica diminuída, restringida, condicionada, sem que para isso o Estado se valha de um procedimento previamente estabelecido por lei e que evite arbitrariedades por parte do próprio Poder Público.

Feitas essas breves, mas relevantes, considerações iniciais, passemos à apreciação dos dispositivos legais sobre processo administrativo disciplinar (PAD). Contudo, desde logo, é imperioso destacarmos que o processo administrativo disciplinar é espécie do gênero processo administrativo, cujas normas gerais estão disciplinadas na Lei nº 9.784, de 29 de janeiro de 1999. O Estatuto dos servidores federais (Lei nº 8.112/90), ao dispor sobre o processo disciplinar, exerce o papel de norma específica.

A relevância dessas afirmações encontra guarida na constatação de que, em se tratando de processo administrativo disciplinar, o diploma legal que deve ser aplicado inicialmente é a Lei nº 8.112/90. Isso porque a Lei nº 9.784/99, no seu art. 69 estatui que os processos administrativos específicos continuarão a reger-se por lei própria, aplicando-se-lhes apenas **subsidiariamente** os preceitos dessa lei. Dessa maneira, resta claro que se houver conflito entre a norma geral (Lei nº 9.784/99) e a norma específica (Lei nº 8.112/90), esta última deve prevalecer.

O art. 143 do Estatuto trata sobre o **dever de apurar imediatamente indícios de irregularidade** de que a autoridade competente venha a ter conhecimento. A omissão na observância desse dever submete o agente público à responsabilização criminal por cometimento de condescendência criminosa, na forma do art. 320 do Código Penal. A sindicância e o processo administrativo disciplinar são os instrumentos previstos na lei como aptos a apurar adequadamente esses indícios, com a observância contínua do contraditório e da ampla defesa.

Não raro as denúncias de irregularidade envolvem como suspeitos até mesmo as autoridades máximas dos órgãos e entidades da Administração Pública. Nesses casos, a apuração de irregularidade, por solicitação da autoridade competente, poderá ser promovida por autoridade de **órgão ou entidade diverso daquele em que tenha ocorrido a irregularidade**, mediante competência específica para tal finalidade, delegada em caráter permanente ou temporário pelo Presidente da República, pelos presidentes das Casas do Poder Legislativo e dos Tribunais Federais e pelo Procurador-Geral da República, no âmbito do respectivo Poder, órgão ou entidade, preservadas as competências para o julgamento que se seguir à apuração (art. 143, § 3º).

As denúncias sobre irregularidades serão objeto de apuração, desde que contenham a **identificação** e o **endereço do denunciante** e sejam formuladas por escrito, confirmada a sua autenticidade (art. 144).

Ao estabelecer a obrigatoriedade de identificação do denunciante o legislador, por um lado, visou a proteger os servidores públicos de denúncias infundadas que, muitas vezes, acabam redundando em condenação prévia sem que o processo tenha sido concluído e a culpa provada, mas por outro, inibiu a iniciativa daqueles que, ao tomarem conhecimento de irregularidades cometidas no serviço público, se verão diante da obrigação de se identificarem para, logo mais adiante, correrem o risco de sofrerem sérias retaliações, a depender da gravidade do fato objeto da denúncia.

O STJ, sensível à problemática, pronunciou-se no sentido de que a denúncia anônima não acarreta a nulidade do processo, posto que a Administração tem o dever de controlar os atos que pratica (autotutela). A seguir transcrevemos a ementa de um dos acórdãos que tratam sobre o tema (destaque nosso):

> EMENTA: ADMINISTRATIVO. MANDADO DE SEGURANÇA. SERVIDOR PÚBLICO FEDERAL. CASSAÇÃO DE APOSENTADORIA. PROCESSO ADMINISTRATIVO DISCIPLINAR INSTAURADO COM BASE EM INVESTIGAÇÃO PROVOCADA POR **DENÚNCIA ANÔNIMA**. ADMISSIBILIDADE. PRECEDENTES. INEXISTÊNCIA DE AFRONTA AOS PRINCÍPIOS DO CONTRADITÓRIO, DA AMPLA DEFESA E DO DEVIDO PROCESSO LEGAL. DILAÇÃO PROBATÓRIA. INADEQUAÇÃO DA VIA ELEITA.
>
> 1. **Ainda que com reservas, a denúncia anônima é admitida em nosso ordenamento jurídico, sendo considerada apta a deflagrar procedimentos de averiguação, como o processo administrativo disciplinar, conforme contenha ou não elementos informativos idôneos suficientes, e desde que observadas as devidas cautelas no que diz respeito à identidade do investigado**. Precedentes desta Corte.
>
> 2. As acusações que resultaram da apreensão de documentos feita pela Comissão de Sindicância, sem a presença do indiciado, não foram consideradas para a convicção acerca da responsabilização do servidor, pois restaram afastados os enquadramentos das condutas resultantes das provas produzidas na mencionada diligência.
>
> 3. Eventual nulidade no Processo Administrativo exige a respectiva comprovação do prejuízo sofrido, o que não restou configurado na espécie, sendo, pois, aplicável o princípio *pas de nullité sans grief*. Precedentes.
>
> 4. Em sede de ação mandamental, a prova do direito líquido e certo deve ser pré-constituída, não se admitindo a dilação probatória. Precedentes.
>
> 5. Segurança denegada.[1]

Outro ponto é que, caso o denunciante seja autoridade pública, esta não poderá atuar no processo disciplinar em que ofereceu a denúncia.

---
1 MS 13348/DF, Rel.ª Min.ª LAURITA VAZ, DJe 16.09.2009. Na mesma esteira, MS 12385/DF, Rel. Min. PAULO GALLOTTI, DJe 05.09.2008.

Isto porque restará configurada situação de impedimento, nos termos do art. 18, I, da Lei nº 9.784/99 (É impedido de atuar em processo administrativo o servidor ou autoridade que: I – tenha interesse direto ou indireto na matéria).[2]

Uma vez recebida a denúncia, se ficar comprovado que o fato narrado pelo denunciante não constitui infração administrativa nem ilícito penal, a denúncia será arquivada, por falta de objeto (art. 144, parágrafo único).

2. AFASTAMENTO PREVENTIVO

Como medida cautelar e a fim de que o servidor não venha a influir na apuração da irregularidade, a autoridade instauradora do processo disciplinar poderá determinar o seu **afastamento** do exercício do cargo, pelo prazo de **até 60 dias**, sem prejuízo da remuneração (art. 147).

Outra não poderia ser a solução adotada nos processos administrativos disciplinares, mormente aqueles em que figuram como acusadas altas figuras da Administração Pública, pessoas que, estando no exercício do cargo, provavelmente abusariam de seus poderes e influência para manejar o resultado do processo disciplinar ao seu bel prazer, visando a livrar-se da devida penalização.

Como nessa fase temos meramente acusados, e não culpados, não poderá o afastamento preventivo ocorrer **com prejuízo da remuneração** do servidor. Assim, enquanto o servidor estiver afastado preventivamente, continuará recebendo normalmente sua remuneração, como se em exercício estivesse.

O parágrafo único do art. 147 esclarece que o prazo de até 60 dias de afastamento **poderá ser prorrogado por igual prazo** (isto é, até mais 60 dias), findo o qual cessarão os seus efeitos, **ainda que não concluído o processo**. Fica claro, portanto, que independentemente da fase em que o processo se encontre, decorrido o prazo de prorrogação do afastamento, o servidor deverá retornar ao exercício de seus cargo.

---

2 Com base nesse entendimento, o STJ determinou a reintegração de servidor público demitido pela mesma autoridade, no caso Ministro de Estado, que ofereceu a denúncia. Nesses casos, fica configurado o interesse pessoal no ato de demissão (MS 14.959/DF, Rel. Min. HAROLDO RODRIGUES, julg.: 23.03.2011).

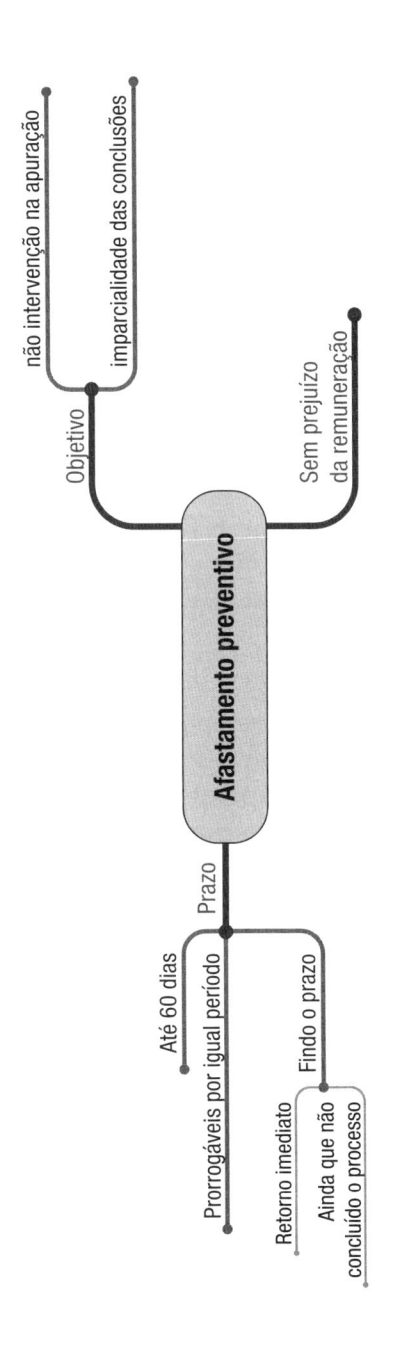

Afastamento preventivo

- **Objetivo**
  - não intervenção na apuração
  - imparcialidade das conclusões
- **Sem prejuízo da remuneração**
- **Prazo**
  - Até 60 dias
  - Prorrogáveis por igual período
  - Findo o prazo
    - Retorno imediato
    - Ainda que não concluído o processo

3. SINDICÂNCIA

Sindicância nada mais é que o procedimento administrativo desenvolvido com a finalidade de apurar e colher provas de indícios de irregularidades cometidas no serviço público, e quem seja o seu possível autor.

Na lição de José Maria Pinheiro Madeira,

> "a sindicância pode ser comparada ao inquérito policial, que é a peça utilizada pela Polícia Judiciária para fins semelhantes ao seu, qual seja, apuração de fato delituoso e de sua respectiva autoria para embasar a instauração de processo judicial. Então, fazendo-se uma relação, pode-se afirmar que a sindicância está para o inquérito policial da mesma forma que o processo administrativo está para o processo judicial penal".[3-4]

A Lei nº 8.112/90, ao tratar sobre a sindicância, indica implicitamente a existência de duas espécies de sindicância: a **investigativa** e a **punitiva**.[5] Aquela visa tão somente a apurar os fatos narrados na denúncia e fornecer insumos para a instauração do processo administrativo disciplinar, se for o caso. Esta última, além de apurar, também aplica penalidades de menor potencial ofensivo, tais como advertência e suspensão de até 30 dias.

Para Cretella Junior, sindicância investigativa

> "é o meio sumário de que se utiliza a Administração Pública, no Brasil, para, sigilosa ou publicamente, com indiciados ou não, proceder à apuração de ocorrências anômalas no serviço público, as quais, confirmadas, fornecerão elementos concretos para a imediata abertura de processo administrativo contra o funcionário público responsável".[6]

O art. 145 do regime estatutário prevê que da sindicância poderá haver três resultados:

> a) arquivamento do processo;
> b) aplicação de penalidade de advertência ou suspensão de até 30 dias, caso em que é punitiva;
> c) instauração de processo disciplinar.

---

3 *O servidor público na atualidade.* 6ª ed. Rio de Janeiro: Lumen Juris, 2007, p. 174.
4 No mesmo diapasão, STF, MS 22.888/PR, Rel. Min. NELSON JOBIM, DJ 20.02.2004.
5 A doutrina costuma criticar a sindicância punitiva, argumentando que, se há aplicação de penalidades e garantia de defesa, tem-se um verdadeiro processo administrativo disciplinar. Segundo essa corrente de pensamento, a sindicância terá sempre cunho investigatório, jamais punitivo. Advogam este entendimento, entre outros, Ivan Barbosa Rigolin (*Comentários ao regime único dos servidores públicos civis.* 5ª ed. São Paulo: Saraiva, 2007, p. 299) e José dos Santos Carvalho Filho (*Manual de Direito Administrativo.* 20ª ed. Rio de Janeiro: Lumen Juris, 2008, p. 923).
6 JOSÉ CRETELLA JÚNIOR, *Dicionário de Direito Administrativo.* Rio de Janeiro: Forense, 1978, p. 494.

Neste ponto, é preciso esclarecer uma questão de extrema importância: na sindicância, é necessária a observância dos princípios constitucionais do contraditório e da ampla defesa? Somente haverá contraditório e ampla defesa na sindicância se dela resultar a aplicação de penalidades como advertência ou suspensão de até 30 dias. Caso contrário, quando dela simplesmente resultar a instauração do PAD, não há obrigatoriedade de contraditório e ampla defesa, pois, **neste caso específico**, a sindicância constituir-se-á mera fase preparatória do PAD.[7, 8] Neste, sim, haverá **sempre** contraditório e ampla defesa (art. 153).

Ainda sobre os resultados da sindicância, é útil salientar que a última hipótese tem por fundamento o art. 146, que determina que sempre que o ilícito praticado pelo servidor ensejar a imposição de penalidade de suspensão por mais de 30 dias, de demissão, de cassação de aposentadoria ou disponibilidade, ou de destituição de cargo em comissão, será obrigatória a instauração de processo disciplinar. Assim, percebe-se que as penalidades mais brandas podem ser aplicadas mediante sindicância (desde que fiquem assegurados os direitos de contraditório e de ampla defesa). Já as penalidades que impõem maior gravame ao servidor público somente podem ser aplicadas mediante instauração de processo administrativo disciplinar (PAD).

Não obstante tenhamos afirmado que o PAD se presta a apurar e aplicar penalidades de maior monta, não é verdade que este mesmo procedimento não possa resultar na aplicação de penalidades mais brandas, como advertência ou suspensão de até 30 dias. O que o Estatuto procurou foi a garantia de que penalidades mais graves sejam aplicadas mediante um processo mais complexo e criterioso que a sindicância, e em que se garanta o acesso a todos os meios e recursos inerentes à ampla defesa do acusado.

Interessante é notar que a sindicância **não é antecedente obrigatório do PAD**, pois pode o órgão ou entidade competente instaurar diretamente o PAD. Basta que estejam presentes os elementos probatórios que permitam apontar acusados no processo.[9]

---

[7] O STF, no MS 23.261-RJ, Rel.ª Min.ª ELLEN GRACIE, DJ 18.02.2002, rejeitou pedido de servidor que requeria anulação da penalidade sofrida por não ter sido ouvido previamente na sindicância, ainda que tenha tido contraditório e ampla defesa no processo administrativo disciplinar que redundou na sua penalização. No mesmo diapasão, STJ, MS 13.861-DF, Rel. Min. ARNALDO ESTEVES LIMA, julg.: 09.12.2009.
[8] STF, MS 25.910/DF, Rel. Min. JOAQUIM BARBOSA, julg.: 17.04.2012: "O suposto vício na sindicância não contamina o processo administrativo disciplinar, desde que seja garantida oportunidade de apresentação de defesa com relação aos fatos descritos no relatório final da comissão."
[9] É esse o entendimento do STJ (MS 12.935/DF, Rel.ª Min.ª MARIA THEREZA DE ASSIS MOURA, julg.: 24.11.2010; MS 8.030/DF, Rel.ª Min.ª LAURITA VAZ, DJ 01.06.2007).

Sobre o prazo de duração da sindicância, o parágrafo único do art. 145 afirma que este será de 30 dias, podendo ser prorrogado por igual período, a critério da autoridade superior.

Ainda sobre o tema, o Decreto nº 5.483, de 30 de junho de 2005, preceitua que ao tomar conhecimento de fundada notícia ou de indícios de enriquecimento ilícito, inclusive evolução patrimonial incompatível com os recursos e disponibilidades do agente público, a autoridade competente determinará a instauração de **sindicância patrimonial**, destinada à apuração dos fatos (art. 8º).

Essa sindicância será instaurada, mediante portaria, pela autoridade competente ou pela Controladoria-Geral da União. Reza o art. 9º do mesmo ato normativo que a sindicância patrimonial constituir-se-á em procedimento sigiloso e meramente investigatório, não tendo caráter punitivo.

Os trabalhos investigativos serão conduzidos por Comissão de Sindicância, composta de três servidores estáveis, designados pela autoridade competente, que indicará, dentre estes o presidente do colegiado (art. 149).

O presidente deverá ser ocupante de cargo efetivo superior ou do mesmo nível do iniciado. Não sendo isso possível, em razão de não haver servidor com este perfil, o presidente deverá ter nível de escolaridade igual ou superior ao do indiciado.

A comissão terá como secretário, incumbido dos trâmites burocáticos dos trabalhadores, servidor designado pelo presidente podendo a indicação recair em um dos membros do colegiado.

Para garantir a impessoalidade na condução das atividades instrutórias, reza o § 2º do art. 149 que não poderá participar da comissão cônjuge, companheiro ou parente do acusado, consanguineo ou afim, em linha reta ou colateral, até o terceiro grau.

Por fim, vale pontuar que a Comissão de Sindicância segue a mesma disciplina legal que a Comissão de Inquérito do Processo Administrativo Disciplinar.

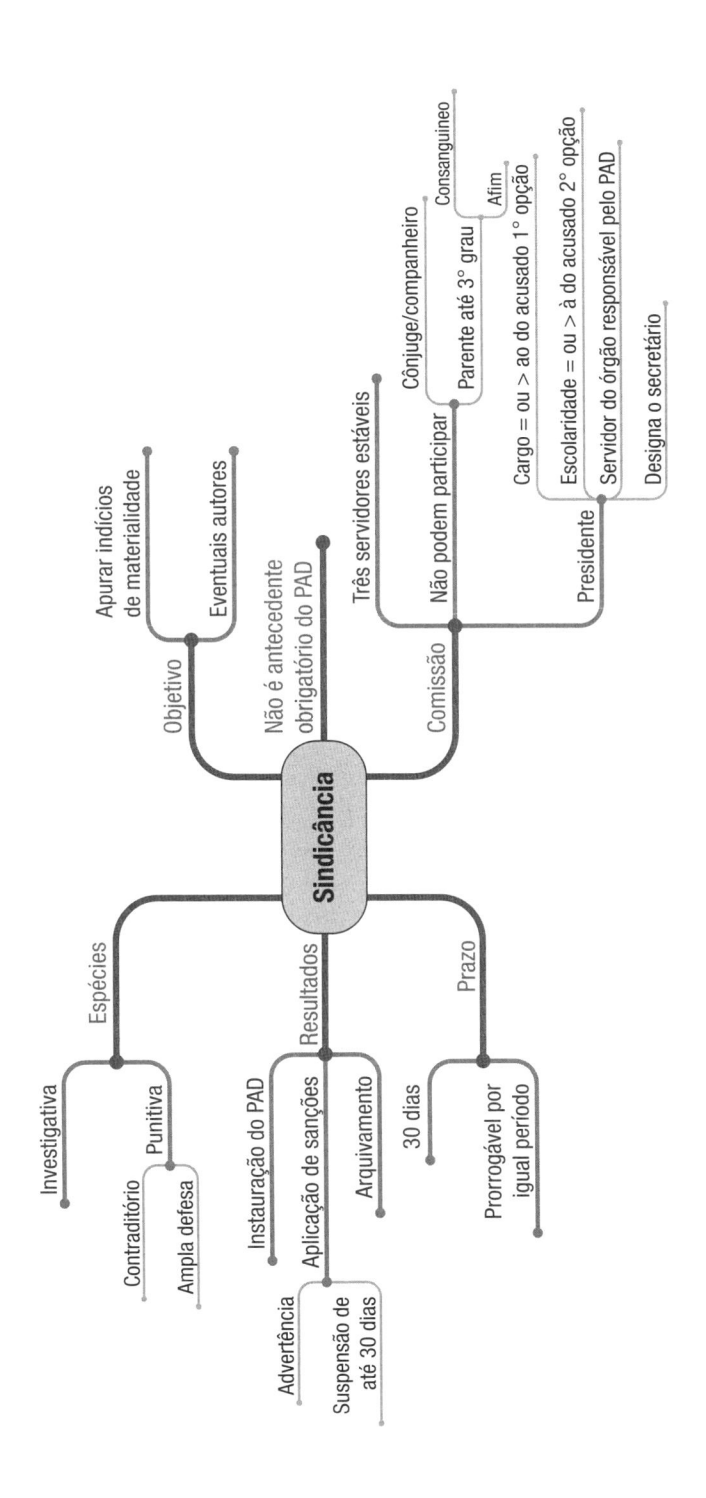

Sindicância

Objetivo
- Apurar indícios de materialidade
- Eventuais autores

Não é antecedente obrigatório do PAD

Comissão
- Três servidores estáveis
- Não podem participar
  - Cônjuge/companheiro
  - Parente até 3º grau
    - Consanguíneo
    - Afim
- Presidente
  - Cargo = ou > ao do acusado 1ª opção
  - Escolaridade = ou > à do acusado 2ª opção
  - Servidor do órgão responsável pelo PAD
  - Designa o secretário

Espécies
- Investigativa
- Punitiva
  - Contraditório
  - Ampla defesa

Resultados
- Instauração do PAD
- Aplicação de sanções
  - Advertência
  - Suspensão de até 30 dias
- Arquivamento

Prazo
- 30 dias
- Prorrogável por igual período

4. PROCESSO ADMINISTRATIVO DISCIPLINAR

O Processo Administrativo Disciplinar (PAD) visa a apurar fatos ilícitos e fornecer os dados necessários à tomada de decisão da autoridade competente. Dessa forma, fica patente a dupla finalidade do PAD: apurar infrações cometidas por servidor e garantir a este contraditório e ampla defesa.

Em outros termos, o processo administrativo disciplinar é o instrumento de que dispõe a Administração para apurar a responsabilidade administrativa do servidor por infração cometida no exercício de suas atribuições, ou que tenha relação com as atribuições do cargo em que se encontre investido (art. 148).

Como o próprio nome já está a indicar, o PAD ocorre no âmbito interno da Administração, sem interferência necessária do Poder Judiciário, e não faz coisa julgada (isto é, não produz decisão em que não há possibilidade de recurso). Vale dizer, as decisões prolatadas em sede de processo administrativo disciplinar podem ser objeto de processo judicial, pois não decidem conclusivamente o assunto. Quando levada ao Poder Judiciário, a questão, aí sim, será decidida com força definitiva.

Muitos autores têm utilizado a locução "coisa julgada administrativa" como designativa de decisão administrativa que não pode ser mais discutida no próprio âmbito administrativo, seja porque todas as instâncias já foram percorridas, seja porque o prazo prescricional tenha escoado sem que houvesse manifestação do servidor. Se pensarmos essa questão em uma perspectiva estritamente interna, podemos, sim, falar em coisa julgada. Todavia, se considerarmos as três funções do Estado (legislativa, judiciária e administrativa), veremos que as decisões administrativas, por si só, não fazem coisa julgada em hipótese alguma.

Diferentemente da sindicância investigativa, o PAD **sempre** será conduzido à luz dos princípios constitucionais do **contraditório** e da **ampla defesa** (art. 5º, LV, CF/88). Não é demais repisar: no processo administrativo disciplinar, haverá sempre contraditório e ampla defesa, sob pena de nulidade da penalidade que venha a ser aplicada.

Impende comentarmos brevemente o antigo instituto da **verdade sabida**, por meio do qual a própria autoridade que presenciara o cometimento da infração disciplinar poderia aplicar de ofício a penalidade ao servidor. Isto é, pela verdade sabida, a autoridade poderia **de ofício** aplicar a penalidade, sem abertura de processo administrativo ou mesmo sindicância, pois tratava-se de fato público e notório, incontestável.

O máximo que se garantia ao servidor era a oportunidade de sumariamente apresentar as suas alegações, o que acabava por gerar insegurança quanto à legitimidade das penalidades, deixando os servidores à mercê da vontade dos superiores hierárquicos. Todavia, atualmente, com a promulgação da Constituição de 1988, restou ampliada a garantia de contraditório e ampla defesa aos litigantes em processo judicial ou **administrativo** (art. 5º, LV, CF/88). Isto é, a todo aquele que seja parte em processo judicial ou administrativo deverá ser dada garantia de defesa, sob pena de nulidade da decisão. Com isso, a verdade sabida não pode, felizmente, subsistir à nova ordem constitucional brasileira.[10]

Quanto ao prazo de conclusão do PAD, o art. 152 da Lei nº 8.112/90 estabelece que **não excederá 60 dias**, contados da data de publicação do ato que constituir a comissão, admitida a sua **prorrogação por igual prazo**, quando as circunstâncias o exigirem. Ou seja, o prazo máximo de duração do PAD é de 120 dias.

Sobre o prazo de conclusão do processo administrativo disciplinar, o STF já teve a oportunidade de se manifestar no sentido de que é de 140 dias. É que a Corte entende que o prazo para julgamento, que é de 20 dias, não está incluído nos 120 dias que a lei estabelece para a conclusão do processo. Isto é, a Suprema Corte entende que a fase de julgamento (20 dias) ocorre após a conclusão do processo administrativo disciplinar (120 dias), perfazendo, no total, **140 dias** de duração máxima do PAD.[11]

O servidor que responder a processo disciplinar só poderá ser **exonerado a pedido**, ou **aposentado voluntariamente**, após a conclusão do processo e o cumprimento da penalidade, acaso aplicada (art. 172).

Com o intuito de a comissão concluir seus trabalhos no prazo legal estabelecido para tanto, o § 1º do art. 152 dispõe que sempre que necessário a comissão dedicará **tempo integral** aos seus trabalhos, ficando seus membros **dispensados do ponto**, até a entrega do relatório final.

O processo administrativo disciplinar é desenvolvido em três fases: instauração, inquérito administrativo e julgamento (art. 151). Sobre estas passamos a tratar nos próximos tópicos.

---

10 Não confunda verdade sabida com **verdade material**. Aquela, como já dissemos, é incompatível com o sistema jurídico brasileiro, enquanto esta é exatamente um dos princípios do processo administrativo, significando que a Administração deve sempre buscar a verdade, não se atendo exclusivamente às provas dos autos, podendo se valer de outros elementos como provas produzidas por terceiros, ainda que o acusado não as tenha requerido.

11 RMS 23.436/DF, Rel. Min. MARCO AURÉLIO, julg.: 24.08.1999 e MS 23.299, Rel. Min. SEPÚLVEDA PERTENCE, DJ 12.04.2002. No mesmo sentido, STJ, MS 13.161/DF, Rel.ª Min.ª MARIA THEREZA DE ASSIS MOURA, julg.: 23.03.2011 e EDcl no REsp 1.106.657/SC, Rel. Min. MAURO CAMPBELL MARQUES, DJe 14.12.2010.

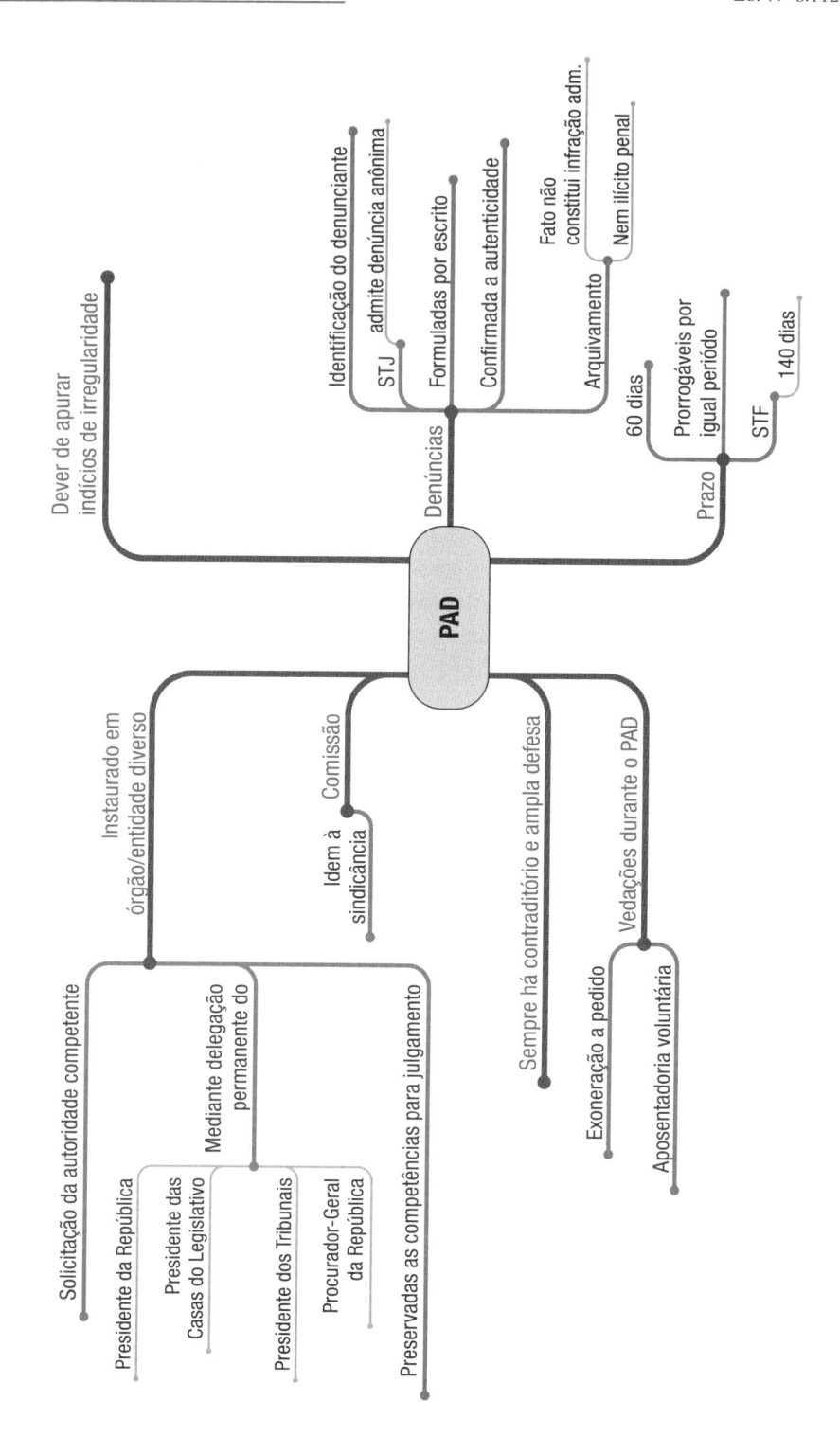

PAD

Dever de apurar indícios de irregularidade

Denúncias
- Identificação do denunciante
  - STJ admite denúncia anônima
- Formuladas por escrito
- Confirmada a autenticidade
- Arquivamento
  - Fato não constitui infração adm.
  - Nem ilícito penal

Prazo
- 60 dias
- Prorrogáveis por igual período
- STF 140 dias

Instaurado em órgão/entidade diverso
- Solicitação da autoridade competente
  - Presidente da República
  - Presidente das Casas do Legislativo
  - Presidente dos Tribunais
  - Procurador-Geral da República
- Mediante delegação permanente do
- Preservadas as competências para julgamento

Comissão
- Idem à sindicância

Sempre há contraditório e ampla defesa

Vedações durante o PAD
- Exoneração a pedido
- Aposentadoria voluntária

4.1. Instauração

A instauração é a fase em que o processo administrativo disciplinar se inicia e é feita por meio da publicação do ato, normalmente uma portaria, que constituir a comissão responsável pela condução dos trabalhos. Além disso, a portaria deverá fazer menção aos nomes dos servidores acusados, às infrações em que porventura incorreram,[12] aos dispositivos legais fundamentadores e à descrição sucinta dos fatos.

Acerca da comissão de inquérito, temos que será composta por **três servidores estáveis** designados, em caráter permanente ou temporário,[13] pela autoridade competente, que indicará, dentre eles, o seu presidente, que deverá ser ocupante de cargo efetivo superior ou de mesmo nível, ou ter nível de escolaridade igual ou superior ao do indiciado (art. 149). Note que a obrigatoriedade de ocupar cargo de nível igual ou superior ou ter escolaridade igual ou superior à do acusado é exigência que alcança somente o presidente da comissão de inquérito.[14] Sendo assim, os demais membros da comissão podem ocupar cargo inferior ou ter escolaridade inferior à do acusado.

Além de estáveis, a Segunda Turma do STJ perfilha a tese de que os membros da Comissão devem ser servidores aprovados em estágio probatório, pois a estabilidade no serviço público (que pode ter sido adquirida em cargo anterior e que não dispensa a submissão do servidor a segundo estágio probatório no novo cargo) não é suficiente para garantir, *de per si,* a independência total do servidor, livre de eventuais ingerências da chefia.[15]

Um mês após o julgamento da ação supramencionada, a Primeira Seção do mesmo Tribunal[16] adotou posicionamento exatamente oposto: não é nulo o PAD conduzido por servidores ainda não aprovados no estágio

---

12 O STJ entende que "não é obrigatória a indicação de todos os ilícitos imputados ao servidor, pois, somente após a instrução, momento no qual a Administração coligirá todos os elementos probatórios aptos a comprovar possível conduta delitiva do investigado, a comissão processante será capaz de produzir um relato circunstanciado dos ilícitos supostamente praticados" (MS 12.935/DF, Rel.ª Min.ª MARIA THEREZA DE ASSIS MOURA, julg.: 24.11.2010). No mesmo sentido, entende o STF que "não há ilegalidade na ampliação da acusação a servidor público, se durante o processo administrativo forem apurados fatos novos que constituam infração disciplinar." (RMS Nº 24.526/DF, Rel. Min. EROS GRAU, DJe 14.08.2008 e MS 23.201/RJ, Rel.ª Min.ª ELLEN GRACIE, DJ 19.08.2005).

13 Acerca do tema, o STJ reconheceu a nulidade da demissão de servidor cuja composição da Comissão de inquérito se deu em caráter temporário, ao passo que a Lei n. 4.878/1965, art. 53, § 1º, que dispõe sobre as peculiaridades do regime jurídico dos agentes policiais, determina que seja o procedimento conduzido por comissão permanente de disciplina. Para tanto, o Tribunal da Cidadania se arrimou nos princípios do juiz natural e da legalidade (MS 13.821-DF, Rel. Min. Arnaldo Esteves Lima, julgado em 14.12.2009).

14 O STF entendeu que promotor de justiça pode ser presidente de Comissão de Inquérito, argumentando que os membros do Ministério Público são servidores públicos *lato sensu* e estariam cumpridos os requisitos exigidos pelo art. 149 da Lei nº 8.112/90 (MS 23.474/PR, Rel. Min. GILMAR MENDES, DJ 22.09.2006).

15 AgRg no REsp 1.317.278-PE, Rel. Min. HUMBERTO MARTINS, julg.: 28.08.2012.

16 MS 17.583-DF, Rel. Min. NAPOLEÃO NUNES MAIA FILHO, Rel. para acórdão Min. MAURO CAMPBELL MARQUES, julg.: 12.09.2012.

probatório, desde que já tenham adquirido a estabilidade no serviço público relativa à investidura anterior. Para tanto, consignou-se que a Lei nº 8.112/1990 não veda a participação em comissão de inquérito do servidor em estágio probatório (art. 20, §§ 3º, 4º e 5º).

Como se percebe o assunto encontra-se em funda controvérsia no STJ. É preciso aguardar os próximos casos idênticos a fim de identificar qual entendimento irá prevalecer. De nossa parte, estamos com a primeira tese: proibição de servidores em estágio probatório compor Comissão de Inquérito. A razão é simples: o desiderato do legislador ao estabelecer as já mencionadas regras para composição do colegiado é proteger o processo disciplinar de eventuais interferências pessoais ou "políticas", que impedem o normal e lícito transcurso das investigações. Nessa linha, não se pode conceber que o servidor em estágio probatório, via de regra, procederá com o mesmo destemor que um servidor que já não mais se encontra em fase de avaliação e que, portanto, está confirmado no cargo público. Desse modo, a composição da Comissão de Inquérito deve ser reservada a servidores estáveis e aprovados no estágio probatório relativo ao cargo que ocupam.

Tem entendido o STF que o Presidente da Comissão não necessariamente deverá pertencer aos quadros do órgão ou entidade que estiver responsável pela realização do PAD (destaque nosso):

> EMENTA: RECURSO ORDINÁRIO EM MANDADO DE SEGURANÇA. INCRA. PROCESSO ADMINISTRATIVO. PORTARIA DE INSTAURAÇÃO. REQUISITOS. COMISSÃO DISCIPLINAR. INTEGRANTE DE OUTRA ENTIDADE DA ADMINISTRAÇÃO. Não se exige, na portaria de instauração de processo disciplinar, descrição detalhada dos fatos investigados, sendo considerada suficiente a delimitação do objeto do processo pela referência a categorias de atos possivelmente relacionados a irregularidades. Entende-se que, para os efeitos do art. 143 da Lei 8.112/1990, insere-se na competência da autoridade responsável pela instauração do processo a **indicação de integrantes da comissão disciplinar, ainda que um deles integre o quadro de um outro órgão da Administração Federal, desde que essa indicação tenha tido a anuência do órgão de origem do servidor**. Recurso conhecido, mas a que se nega provimento.[17]

---

17 STF, MS 23.474/DF, Rel. Min. GILMAR MENDES, DJ 22.09.2006. Na mesma esteira: STJ, MS 14.827-DF, Rel. Min. MARCO AURÉLIO BELLIZZE, julg.: 24.10.2012.

O § 1º do dispositivo supracitado prevê que cabe ao presidente da Comissão designar o secretário, que poderá ser inclusive um dos membros da própria comissão.

A fim de efetivar o princípio da impessoalidade e garantir a segurança e lisura dos trabalhos da comissão, o § 2º veda que sejam membros da comissão o cônjuge, companheiro ou parente consanguíneo ou afim, em linha reta ou colateral, até o terceiro grau, do acusado.

A Comissão exercerá suas atividades com independência e imparcialidade, assegurado o sigilo necessário à elucidação do fato ou exigido pelo interesse da Administração (art. 150). Assim deve ser feito para que qualquer ingerência hierárquica ou política nas deliberações sejam peremptoriamente rechaçadas, com o fim de garantir a justa e impessoal condução dos trabalhos.

Em complemento, o parágrafo único acresce que as reuniões e as audiências das comissões terão caráter reservado e serão registradas em atas que deverão detalhar as deliberações adotadas.

4.2. Inquérito Administrativo

A segunda fase do processo disciplinar é o inquérito administrativo. Este, por sua vez, subdivide-se em: instrução, defesa e relatório.

O inquérito administrativo obedecerá ao princípio do contraditório, assegurada ao acusado ampla defesa, com a utilização dos meios e recursos admitidos em direito (art. 153).

É nessa fase que os autos da sindicância, caso tenha havido, serão juntados ao processo disciplinar, como peça informativa da instrução (art. 154). Na hipótese de o relatório da sindicância concluir que a infração está capitulada como ilícito penal, a autoridade competente encaminhará cópia dos autos ao Ministério Público, independentemente da imediata instauração do processo disciplinar, sob pena de prevaricação – crime contra Administração Pública, previsto no art. 319 do Código Penal.

4.2.1. Instrução

A subfase de instrução é a que se incumbirá de fazer o levantamento de todos os dados possíveis e conhecidos, a fim de que a decisão da autoridade seja justa. Dessa forma, é nessa subfase que a comissão promoverá a tomada de depoimentos, acareações, investigações e diligências cabíveis, objetivando a coleta de prova, recorrendo, quando necessário, a técnicos e peritos, de modo a permitir a completa elucidação dos fatos (art. 155).

O art. 156, aplicando o princípio da **ampla defesa**, dispõe que é assegurado ao servidor o direito de acompanhar o processo pessoalmente ou por intermédio de procurador, arrolar (escolher, indicar o rol) e reinquirir (reinterrogar) testemunhas, produzir provas e contraprovas e formular quesitos (perguntas), quando se tratar de prova pericial.

É também direito do acusado fazer-se assistir, **facultativamente**, por advogado. Sobre a defesa técnica, o Superior Tribunal de Justiça, segundo orientação firmada na Súmula nº 343, entendia ser obrigatória a presença de advogado em todas as fases do processo administrativo disciplinar: "É obrigatória a presença de advogado em todas as fases do processo administrativo disciplinar."

Contudo, em 16.5.2008, o STF editou a Súmula Vinculante nº 5, segundo a qual "**a falta de defesa técnica por advogado no processo administrativo disciplinar não ofende a Constituição**". Como se trata de súmula vinculante, resta prejudicada a orientação firmada anteriormente pelo STJ. Prevalece a tese de que a defesa por advogado é facultativa ao acusado.

O presidente da comissão poderá denegar pedidos considerados impertinentes, meramente protelatórios, ou de nenhum interesse para o esclarecimento dos fatos (§ 1º). Será indeferido o pedido de prova pericial, quando a comprovação do fato independer de conhecimento especial de perito (§ 2º).

Nesse ponto, vale trazer à baila o tema acerca da possibilidade de utilização, no processo administrativo, de **prova emprestada do processo penal**.[18] De maneira geral, a doutrina e a jurisprudência têm admitido essa hipótese desde que isso não apresente qualquer óbice à defesa do servidor. Isto é, se a prova emprestada não importa em diminuição da garantia de defesa do servidor, poderá ser utilizada no processo administrativo. Nesse sentido, vale citar o entendimento do STF (destaque nosso):

> EMENTA: ADMINISTRATIVO. RECURSO ORDINÁRIO EM MANDADO DE SEGURANÇA. AGENTE POLICIAL FEDERAL. PROCESSO DISCIPLINAR. PROVA EMPRESTADA. DEMISSÃO. CONTRADITÓRIO. LEIS Nº. 4.878/65 E 8.112/90.
>
> I – Embora a Comissão Processante tenha proposto a suspensão do servidor, respondeu ele por fatos que induzem, também, à pena de demissão, aplicada motivadamente pela autoridade julgadora (parágrafo único do art. 168 da Lei nº 8.112/90).

---

18 Prova emprestada é aquela que advém de outro processo, qualquer que seja a natureza, e é transposta para o processo em curso.

II – Além de **peças extraídas de inquérito policial**, o processo disciplinar contém provas produzidas no âmbito da própria Administração, com o exercício do contraditório.

III – A Lei nº 4.878/65 (Estatuto dos Policiais Civis da União e do Distrito Federal) prevê a aplicação subsidiária da "legislação relativa ao funcionalismo civil da União" (art. 62).

IV – Recurso ordinário a que se nega provimento.[19]

As testemunhas serão intimadas a depor mediante mandado expedido pelo presidente da comissão, devendo a segunda via, com o ciente do interessado, ser anexada aos autos (art. 157). Em se tratando de servidor público, a expedição do mandado será imediatamente comunicada ao chefe da repartição onde serve, com a indicação do dia e hora marcados para inquirição (parágrafo único).

Ainda sobre a oitiva das testemunhas, tem-se que o depoimento será **individual** e prestado **oralmente** e reduzido a termo, **não sendo lícito à testemunha trazê-lo por escrito** (art. 158).[20] Na hipótese de depoimentos contraditórios, ou que se infirmem, proceder-se-á à **acareação** entre os depoentes (§ 2º). Antes de se iniciarem os depoimentos, os depoentes cujos depoimentos se contradisserem serão alertados pelo Presidente da Comissão de que a afirmação falsa, negar ou calar a verdade configura prática de crime de falso testemunho, tipificado no art. 342 do Código Penal.

Uma vez concluída a inquirição das testemunhas, a comissão promoverá a oitiva do acusado, observadas as mesmas disposições atinentes à oitiva das testemunhas: individual e oralmente, sendo vedada a prestação de depoimento por escrito (art. 159). É nesse sentido a redação do § 1º, que determina que no caso de mais de um acusado cada um deles será ouvido separadamente, e sempre que divergirem em suas declarações sobre fatos ou circunstâncias, será promovida a acareação entre eles.

No caso de o acusado ter constituído procurador, o § 2º do mesmo artigo faculta a este assistir ao interrogatório, bem como à inquirição das testemunhas, sendo-lhe **vedado interferir nas perguntas e respostas**, facultando-se-lhe, porém, reinquiri-las, por intermédio do presidente da comissão.

---

19 STF, RMS 28.774/DF, Rel. Orig. Min. MARCO AURÉLIO, red. p/ acórdão Min. ROBERTO BARROSO, julg.: 09/08/2016. Nesse mesmo sentido, STF, RMS 25.485/DF, Rel. Min. CARLOS BRITTO, julg.: 17/03/2006; QO-Inq. 2.424-RJ, Rel. Min. CEZAR PELUSO, DJ 24/08/2007. O STJ também advoga esse mesmo entendimento: Súmula nº 591; MS 14.405/DF, Rel. Min. NAPOLEÃO NUNES MAIA FILHO, julg.: 26/05/2010.

20 O STJ entende que "a notificação para a audiência de oitiva de testemunha no processo administrativo disciplinar deve ser realizada com antecedência mínima de três dias", na forma do art. 41 da Lei nº 9.784/1999, aplicada subsidiariamente a Lei nº 8.112/1990 (MS 12.895-DF, Rel. Min. OG FERNANDES, julg.: 11.11.2009).

Quando houver dúvida sobre a sanidade mental do acusado, a comissão proporá à autoridade competente que ele seja submetido a exame por junta médica oficial, da qual participe pelo menos um médico psiquiatra (art. 160). O incidente de sanidade mental será processado em auto apartado e apenso ao processo principal, após a expedição do laudo pericial (parágrafo único).

Serão assegurados transporte e diárias (art. 173):

> I – ao servidor convocado para prestar depoimento fora da sede de sua repartição, na condição de testemunha, denunciado ou indiciado;
>
> II – aos membros da comissão e ao secretário, quando obrigados a se deslocarem da sede dos trabalhos para realização de missão essencial ao esclarecimento dos fatos.

4.2.2. Defesa

Com a tipificação da infração, segue-se a **indiciação** do servidor para defesa, com a especificação dos fatos e acusações a ele imputadas e das respectivas provas (art. 161). Até que haja a citação, o servidor é chamado de acusado. Após ela, o termo a se utilizar é "indiciado".

O presidente da comissão determinará a citação do servidor indiciado para que este apresente **defesa por escrito**. Note que, enquanto a oitiva dos acusados ocorre por depoimento (obviamente verbal), sendo vedado que a trouxesse por escrito, no caso da defesa, é obrigatória a sua apresentação na forma escrita.

O prazo para defesa varia conforme o número de indiciados. Assim, havendo apenas **um indiciado**, o prazo será de **10 dias**, prorrogável pelo dobro para diligências reputadas indispensáveis. No caso de **dois ou mais indiciados**, o prazo será de **20 dias** para todos, podendo ser prorrogado pelo dobro.

O § 4º do art. 161 prevê que no caso de recusa do indiciado em apor o ciente na cópia da citação o prazo para defesa contar-se-á da data declarada, em termo próprio, pelo membro da comissão que fez a citação, com a assinatura de duas testemunhas.

O indiciado que mudar de residência fica obrigado a comunicar à comissão o lugar onde poderá ser encontrado (art. 162). Achando-se o indiciado em lugar incerto e não sabido, será citado por edital, publicado no Diário Oficial da União e em jornal de grande circulação na localidade do último domicílio conhecido, para apresentar defesa (art. 163). É importante notar que essa citação por edital somente poderá ser utilizada após sucessivas tentativas malogradas de citação pessoal do(s) indiciado(s). O prazo para defesa no caso de citação por **edital** será de **15 dias** a partir da última publicação do edital.[21]

Pela regra do art. 164, considerar-se-á **revel** o indiciado que, regularmente citado, não apresentar defesa no prazo legal. Ao contrário do que ocorre no Direito Processual Civil, em que a revelia tem o condão de permitir que as alegações feitas pela parte autora da ação reputem-se verdadeiras (art. 319, CPC), no Direito Administrativo, a revelia acarreta a devolução do prazo de defesa para que possa ser exercida por defensor dativo, que é um servidor designado pela autoridade competente para elaborar a defesa do indiciado. Em suma, os efeitos da revelia são a declaração desta nos autos e a devolução do prazo para a defesa do indiciado.

O § 2º preceitua que o defensor dativo deve ser ocupante de cargo efetivo superior ou de mesmo nível, ou ter nível de escolaridade igual ou superior ao do indiciado (mesma sistemática do presidente da Comissão de Inquérito).

4.2.3. Relatório

Apresentada a defesa do servidor, a comissão elaborará relatório minucioso, onde resumirá as peças principais dos autos e mencionará as provas em que se baseou para formar a sua convicção (art. 165).

Para Hely Lopes Meirelles o relatório

> "é a síntese do apurado no processo, feita por quem o presidiu individualmente ou pela comissão processante, com apreciação das provas, dos fatos apurados, do direito debatido e proposta conclusiva para a decisão da autoridade julgadora competente".[22]

Consoante o § 1º do art. 165, o relatório será **sempre conclusivo** quanto à inocência ou à responsabilidade do servidor. Em caso de opinar pela responsabilização do servidor, a comissão indicará o dispositivo legal ou regulamentar transgredido, bem como as circunstâncias agravantes ou atenuantes (§ 2º).

---

21 STF, RE 266.397/PR, Rel. Min. SEPÚLVEDA PERTENCE, DJ 07.05.2004.
22 *Direito Administrativo Brasileiro*. 34ª ed. São Paulo: Malheiros. 2007, p. 699.

4.3. Julgamento

Com a feitura do relatório, encerram-se os trabalhos da Comissão e a peça é enviada à autoridade que determinou a instauração do processo, para julgamento (art. 166).

Se a penalidade a ser aplicada exceder a alçada da autoridade instauradora do processo, os autos serão encaminhados à autoridade competente, que decidirá em igual prazo (art. 167, § 1º).

Ao receber o processo com parecer da Comissão, a autoridade julgadora deve fazer minuciosa análise de sua legalidade, podendo **declarar-lhe a nulidade**, determinar a **convalidação de eventuais falhas sanáveis** ou requerer a realização de **novas diligências essenciais à prova dos fatos**.

O art. 169 prevê que, verificada a ocorrência de vício insanável, a autoridade que determinou a instauração do processo ou outra de hierarquia superior declarará a sua nulidade, total ou parcial, e ordenará, no mesmo ato, a constituição de outra comissão para instauração de novo processo. Entretanto, conforme reconhece o STJ, é impossível o agravamento da sanção imposta a servidor público após a conclusão do processo disciplinar, mesmo que a sanção anteriormente aplicada não esteja em conformidade com a lei ou ato normativo interno. Proceder de modo contrário (rejulgamento do processo para nova punição do servidor) importaria em violação da Súmula nº 19 do STF, segundo a qual "É inadmissível segunda punição de servidor público baseada no mesmo processo em que se fundou a primeira".[23]

Preceitua o art. 168 da lei e o respectivo parágrafo único que o julgamento acatará o relatório da comissão, salvo quando contrário às provas dos autos, situação em que a autoridade julgadora poderá, motivadamente, agravar a penalidade proposta, abrandá-la ou isentar o servidor de responsabilidade. Isto é, o relatório **não vincula a decisão da autoridade**, podendo esta discordar e decidir em contrário conforme o seu livre convencimento, desde que por motivos devidamente justificados.[24]

Conforme a doutrina de Hely Lopes Meirelles, independentemente do teor,

---

[23] MS 10.950-DF, Rel. Min. OG FERNANDES, julg.: 23.05,2012; MS 13.341-DF, Rel.ª Min.ª ASSUSETE MAGALHÃES, DJe 04.08.2011; MS 13.523-DF, Rel. Min. ARNALDO ESTEVES LIMA, DJe 04.06.2009.

[24] Sobre o tema, o STJ já firmou entendimento no sentido de que "é lícito a autoridade administrativa competente divergir e aplicar penalidade mais grave que a sugerida no relatório da comissão disciplinar. A autoridade não se vincula à capitulação proposta, mas aos fatos" (MS 8.184-DF, Rel. Min. PAULO MEDINA, DJ 10.03.2004). *Vide* também STF, RMS 25.736-DF, Rel. Min. RICARDO LEWANSOWSKI, DJ 11.03.2008.

"o essencial é que a decisão seja motivada com base na acusação, na defesa e na prova, não sendo lícito à autoridade julgadora argumentar com fatos estranhos ao processo ou silenciar sobre as razões do acusado, porque isto equivale a cerceamento de defesa e conduzirá à nulidade do julgamento, que não é discricionário, mas vinculado ao devido procedimento legal. Realmente, se o julgamento do processo fosse discricionário, não haveria necessidade de procedimento, justificando-se a decisão como ato isolado de conveniência e oportunidade administrativa, alheio à prova e refratário a qualquer defesa do interessado".[25]

Acerca da anulação do PAD, o STF[26] e o STJ[27] adotam a tese de que "não há qualquer impedimento ou prejuízo material na convocação dos mesmos servidores que anteriormente tenham integrado Comissão Processante, cujo relatório conclusivo foi posteriormente anulado (por cerceamento de defesa), para comporem a Segunda Comissão de Inquérito", uma vez que não resta configurada causa de suspeição ou impedimento descrita nos artigos 18 e 19 da Lei nº 9.784/99.

Prescreve o art. 167 que a decisão deverá ser proferida no prazo de **20 dias**, contados do recebimento do processo. Havendo mais de um indiciado e diversidade de sanções, o julgamento caberá à autoridade competente para a imposição da pena **mais grave** (§ 2º). Reconhecida pela comissão a inocência do servidor, a autoridade instauradora do processo determinará o seu **arquivamento**, salvo se flagrantemente contrário à prova dos autos (§ 4º).

O prazo para decisão não é peremptório, isto é, em caso de não observância, não acarreta, por si mesmo, a nulidade do processo. A consequência do julgamento intempestivo é a punição da autoridade que lhe deu causa. Além disso, conforme demonstrado alhures, o prazo de prescrição, pelos termos do § 3º do art. 142, ficará interrompido com a abertura do processo disciplinar e voltará a correr a partir do dia em que cessar a interrupção.[28, 29]

---

25 *Direito Administrativo Brasileiro*. 34ª ed. São Paulo: Malheiros, 2007, p. 699.
26 RMS 28.774/DF, Rel. Orig. Min. MARCO AURÉLIO, red. p/ o acórdão Min. ROBERTO BARROSO, julg.: 09/08/2016.
27 MS 16.192/DF, Rel. Min. MAURO CAMPBELL MARQUES, julg.: 10/04/2013.
28 Sobre o tema, o STJ já asseverou que "o excesso de prazo para a conclusão do processo administrativo disciplinar não é causa de sua nulidade quando não demonstrado prejuízo à defesa do servidor" (Súmula nº 592; MS 12.895-DF, Rel. Min. OG Fernandes, julg.: 11/11/2009).
29 A respeito, consulte o tópico 5 (Penalidades) do capítulo IV (Regime Disciplinar) desta obra.

Prevê o art. 170 que, extinta a punibilidade pela prescrição, a autoridade julgadora determinará o registro do fato nos assentamentos individuais do servidor. A ideia do dispositivo seria fazer com que, mesmo a falta estando prescrita, a autoridade ordenasse o registro da prescrição nos assentamentos individuais do servidor. Todavia, o **STF**[30] **e o STJ**[31] **julgaram inconstitucional** o referido artigo por violar o princípio da presunção de inocência e também o princípio da razoabilidade.

A eventual decisão condenatória à demissão pode ser **imediatamente executada** com o consequente desligamento do servidor e cessação de pagamento da remuneração, ainda que pendente julgamento de recurso interposto pelo servidor punido recebido com efeito devolutivo. Por óbvio, que isso não será possível se a autoridade receber o recurso com efeito suspensivo, ocasião excepcional em que os efeitos da pena devem aguardar até a decisão final. Em outras palavras, de modo geral, o cumprimento da demissão não depende do trânsito em julgado administrativo.[32]

Vale repisar que a autoridade competente para aplicação da penalidade será:

a) demissão e cassação de aposentadoria ou disponibilidade: o Presidente da República (Poder Executivo), o Presidente da Casa legislativa (Poder Legislativo), o Presidente do Tribunal (Poder Judiciário) e o Procurador-Geral da República (Ministério Público da União);

b) suspensão de mais de 30 dias: as autoridades imediatamente inferiores às mencionadas acima;

c) advertência e suspensão de até 30 dias: o chefe da repartição ou outras autoridades na forma dos respectivos regimentos ou regulamentos; e

d) destituição do cargo em comissão e da função comissionada: a mesma autoridade que nomeou ou designou o servidor.

A seguir, fluxograma contendo o resumo do processo administrativo disciplinar em rito ordinário:

---

30 MS 23.262/DF, Rel. Min. DIAS TOFFOLI, julg.: 23/04/2014.
31 MS 21.598/DF, Rel. Min. OG FERNANDES, julg.: 10/06/2015.
32 É a jurisprudência do STJ: MS 19.488/DF, Rel. Min. MAURO CAMPBELL MARQUES, julg.: 25/03/2015.

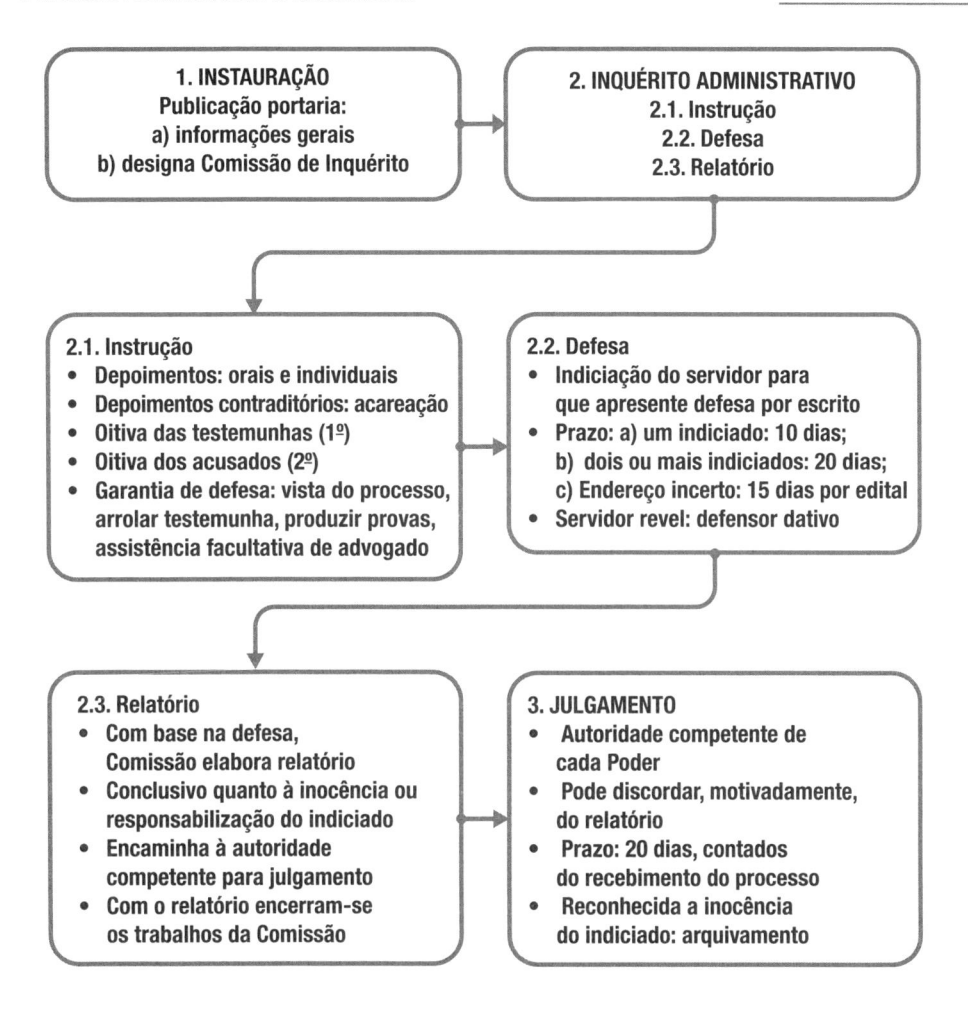

```
┌─────────────────────────────────┐     ┌─────────────────────────────────┐
│ 1. INSTAURAÇÃO                  │     │ 2. INQUÉRITO ADMINISTRATIVO     │
│ Publicação portaria:            │ ──▶ │ 2.1. Instrução                  │
│ a) informações gerais           │     │ 2.2. Defesa                     │
│ b) designa Comissão de Inquérito│     │ 2.3. Relatório                  │
└─────────────────────────────────┘     └─────────────────────────────────┘
```

```
┌──────────────────────────────────────┐     ┌──────────────────────────────────────┐
│ 2.1. Instrução                       │     │ 2.2. Defesa                          │
│ • Depoimentos: orais e individuais   │     │ • Indiciação do servidor para        │
│ • Depoimentos contraditórios:        │     │   que apresente defesa por escrito   │
│   acareação                          │ ──▶ │ • Prazo: a) um indiciado: 10 dias;   │
│ • Oitiva das testemunhas (1º)        │     │   b) dois ou mais indiciados: 20 dias;│
│ • Oitiva dos acusados (2º)           │     │   c) Endereço incerto: 15 dias por edital│
│ • Garantia de defesa: vista do       │     │ • Servidor revel: defensor dativo    │
│   processo, arrolar testemunha,      │     │                                      │
│   produzir provas, assistência       │     │                                      │
│   facultativa de advogado            │     │                                      │
└──────────────────────────────────────┘     └──────────────────────────────────────┘
```

```
┌──────────────────────────────────────┐     ┌──────────────────────────────────────┐
│ 2.3. Relatório                       │     │ 3. JULGAMENTO                        │
│ • Com base na defesa,                │     │ • Autoridade competente de           │
│   Comissão elabora relatório         │     │   cada Poder                         │
│ • Conclusivo quanto à inocência ou   │ ──▶ │ • Pode discordar, motivadamente,     │
│   responsabilização do indiciado     │     │   do relatório                       │
│ • Encaminha à autoridade             │     │ • Prazo: 20 dias, contados           │
│   competente para julgamento         │     │   do recebimento do processo         │
│ • Com o relatório encerram-se        │     │ • Reconhecida a inocência            │
│   os trabalhos da Comissão           │     │   do indiciado: arquivamento         │
└──────────────────────────────────────┘     └──────────────────────────────────────┘
```

5. PROCESSO ADMINISTRATIVO DISCIPLINAR EM RITO SUMÁRIO

O processo administrativo disciplinar em rito sumário é destinado a apurar infrações cuja materialidade e autoria são facilmente verificáveis e, portanto, requerem menos complexidade procedimental na sua apuração. Logo, o PAD Sumário é marcado por um **rito simplificado** que, por seus **prazos mais curtos**, confere **celeridade** à apuração da penalidade.

São três as infrações que podem ser apuradas por PAD Sumário:

a) acumulação ilícita de cargos, empregos e funções públicas;

b) abandono de cargo; e

c) inassiduidade habitual.

É de fácil apreensão que tais infrações, pela sua natureza objetiva, não requerem tanta complexidade em sua apuração, vez que sua autoria e materialidade são facilmente detectadas pelos mecanismos de gestão de pessoas corriqueiramente utilizados no cotidiano das repartições públicas (sistemas de cadastro de pessoal, sistema integrado de administração de recursos humanos, registro de ponto eletrônico, biometria, entre outros tantos). Bem por isso, o processo disciplinar que visa a aferir tais condutas é mais simples e mais rápido que o processo ordinário, anteriormente estudado.

A matéria está tratada nos arts. 133 e 140, com seus respectivos incisos, mas isso não impede que sejam aplicadas, **subsidiariamente**, as regras relativas ao PAD ordinário (art. 133, § 8º).

Reza o art. 133 que, detectada a qualquer tempo a acumulação ilegal de cargos, empregos ou funções públicas, a autoridade competente para aplicação da penalidade (que no caso é de demissão, destituição ou cassação) notificará o servidor, por intermédio de sua chefia imediata, para apresentar opção no **prazo improrrogável de 10 dias**, contados da data da ciência. Findo este prazo e não havendo opção por parte do servidor, a mesma autoridade já mencionada adotará procedimento sumário para a sua apuração e regularização imediata.

Verifique que o processo disciplinar sumário só será instaurado diante da omissão do servidor em optar por um dos cargos, empregos e funções públicas, no prazo improrrogável de 10 dias. Havendo opção, o servidor ocupará somente o cargo, emprego ou função pelo qual optou e, consequentemente, será exonerado do(a) outro(a) cuja acumulação era ilícita.

Interessante ainda notar que, mesmo havendo acumulação ilícita, o servidor não será obrigado a devolver as remunerações ou salários que recebeu durante o período em que acumulou os cargos, empregos ou funções. Pois, não obstante a situação irregular, o servidor efetivamente trabalhou, e o Estado não poderá valer-se da força laboral do agente público sem que lhe faça os devidos pagamentos. Trata-se do **princípio da vedação ao enriquecimento ilícito do Estado**, por meio do qual, mesmo sendo irregular a investidura do agente público, o Estado não poderá requerer a devolução de pagamentos recebidos por serviços efetivamente prestados.

Em outras palavras, se o Estado não pode devolver a força de trabalho empregada pelo agente durante a sua investidura (o que é óbvio), também não poderá requerer a devolução da contraprestação pecuniária por este recebida. Para arrematar, o art. 4º do regime estatutário federal preceitua que, ressalvados os casos previstos em lei, é **vedada a prestação de serviços gratuitos**.

Retomando o tema inicial, não havendo opção por parte do servidor, o processo disciplinar sumário será instaurado e percorrerá as seguintes fases: instauração, instrução sumária e julgamento.

A **instauração** ocorrerá com a publicação do ato que constituir a comissão (em regra, mediante portaria), a ser composta por **dois servidores estáveis**. Em seguida, deverá ser indicada a autoria e a materialidade da transgressão objeto da apuração.

É importante lembrar que as regras relativas à Comissão do PAD ordinário são aplicáveis ao procedimento sumário, principalmente a que veda a participação como membro da comissão ao cônjuge, companheiro ou parente do acusado, consaguineo ou colateral, em linha reta ou colateral, até terceiro grau.

Dispõe o § 1º do art. 133 que a indicação da autoria dar-se-á pelo nome e matrícula do servidor, e a materialidade pela descrição dos cargos, empregos ou funções públicas em situação de acumulação ilegal, dos órgãos ou entidades de vinculação, das datas de ingresso, do horário de trabalho e do correspondente regime jurídico.

No PAD sumário para apuração de abandono de cargo e inassiduidade habitual, a indicação da materialidade dar-se-á (art. 149, I):

a) na hipótese de abandono de cargo, pela indicação precisa do período de ausência intencional do servidor ao serviço, superior a 30 dias; e

b) no caso de inassiduidade habitual, pela indicação dos dias de falta ao serviço sem causa justificada, por período igual ou superior a 60 dias interpoladamente, durante o período de 12 meses.

Uma vez instaurado o processo, passa-se à fase de **instrução sumária**, que compreende indiciação, defesa e relatório. A **indiciação** será lavrada pela Comissão em até **três dias** após a publicação do ato de instauração do processo, e deverá, além de conter as informações sobre a autoria e materialidade das infrações, promover a citação pessoal do servidor indiciado, ou por intermédio de sua chefia imediata, para, no prazo de **cinco dias**, apresentar **defesa escrita**, assegurando-se-lhe vista do processo na repartição, conforme os postulados do contraditório e da ampla defesa.

Imbuído de extrema benevolência e passividade diante de situação irregular de acumulação, o § 5º do art. 133 da lei prevê que a opção pelo servidor **até o último dia de prazo para defesa** configurará sua **boa-fé**, hipótese em que se converterá automaticamente em pedido de exoneração do outro cargo. Isto é, ao ser surpreendido em hipótese ilícita de acumulação cargos, empregos e funções públicas, o servidor poderá fazer opção por um deles: a) no prazo de 10 dias a partir de ser notificado da situação pela chefia imediata sem que haja, nesse período, instauração de processo disciplinar; e b) não havendo opção e sendo instaurado o processo disciplinar, poderá a qualquer momento antes do prazo final para a defesa fazer opção pelo vínculo funcional que repute mais vantajoso. Além disso, a opção em quaisquer desses momentos será considerada como boa-fé por parte do servidor.

Por tudo o que foi dito concluímos que, no mínimo, andou muito mal o legislador ao dispor sobre o assunto, consignando verdadeiro incentivo para os servidores que, de má-fé (diga-se de passagem), queiram acumular ilicitamente vínculos funcionais com o Estado.

Em prosseguimento prescreve o § 3º do art. 133 que, apresentada a defesa, a comissão elaborará **relatório** conclusivo quanto à inocência ou à responsabilidade do servidor, em que resumirá as peças principais dos autos, opinará sobre a licitude da acumulação em exame, indicará o respectivo dispositivo legal e remeterá o processo à autoridade instauradora, para julgamento.

No rito sumário para apuração de abandono de cargo e inassiduidade habitual, após a apresentação da defesa, a comissão elaborará relatório conclusivo quanto à inocência ou à responsabilidade do servidor, em que resumirá as peças principais dos autos, indicará o respectivo dispositivo legal, opinará, na hipótese de abandono de cargo, sobre a intencionalidade da ausência ao serviço superior a trinta dias, e remeterá o processo à autoridade instauradora para julgamento (art. 140, II).

Passada a fase de instrução sumária, segue-se o **julgamento** da autoridade competente para aplicar a penalidade. **A contar do recebimento do processo com relatório da comissão, a autoridade julgadora terá** cinco dias **para proferir a sua decisão.** Caracterizada a acumulação ilegal e provada a má-fé, aplicar-se-á a pena de **demissão**, **destituição** ou **cassação** de aposentadoria ou disponibilidade em relação aos cargos, empregos ou funções públicas em regime de acumulação ilegal, hipótese em que os órgãos ou entidades envolvidos serão comunicados.

O prazo para a conclusão do processo administrativo disciplinar submetido ao rito sumário não excederá **30 dias**, contados da data de publicação do ato que constituir a comissão, admitida a sua prorrogação por até **15 dias**, quando as circunstâncias o exigirem. Isto é, o prazo máximo do PAD sumário será de 45 dias.

A seguir, fluxograma que resume o processo administrativo disciplinar em rito sumário:

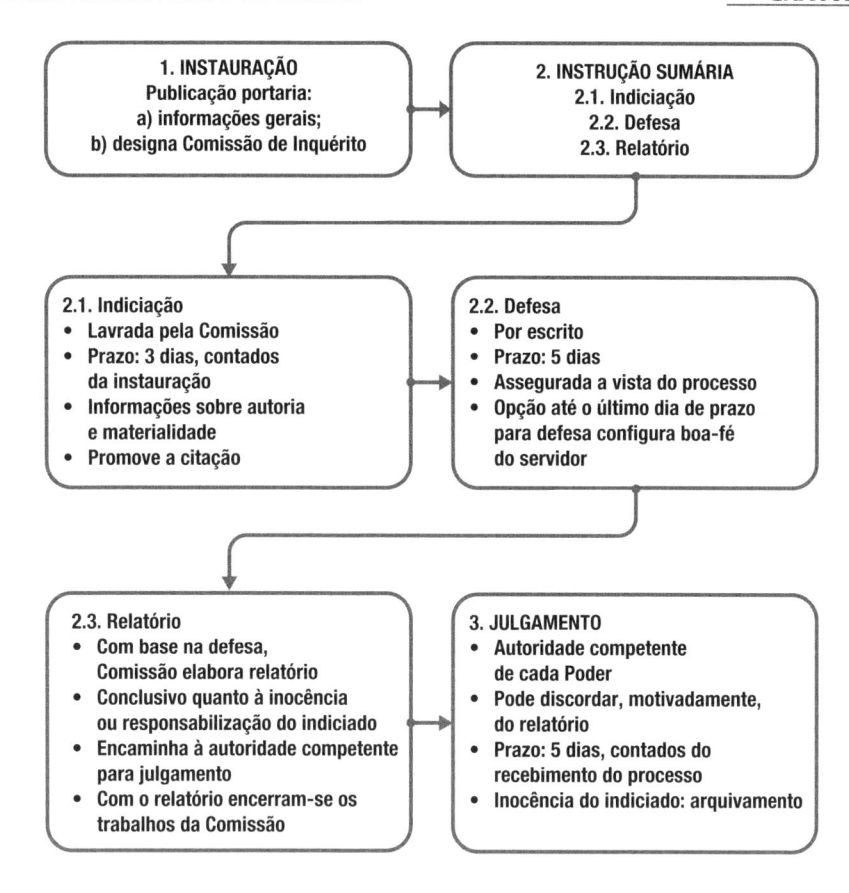

PROCESSO ADMINISTRATIVO DISCIPLINAR   CAPÍTULO 5

```
┌─────────────────────────────┐      ┌─────────────────────────────┐
│ 1. INSTAURAÇÃO              │      │ 2. INSTRUÇÃO SUMÁRIA        │
│ Publicação portaria:        │ ───▶ │ 2.1. Indiciação             │
│ a) informações gerais;      │      │ 2.2. Defesa                 │
│ b) designa Comissão de      │      │ 2.3. Relatório              │
│    Inquérito                │      │                             │
└─────────────────────────────┘      └─────────────────────────────┘
```

- **2.1. Indiciação**
  - Lavrada pela Comissão
  - Prazo: 3 dias, contados da instauração
  - Informações sobre autoria e materialidade
  - Promove a citação

- **2.2. Defesa**
  - Por escrito
  - Prazo: 5 dias
  - Assegurada a vista do processo
  - Opção até o último dia de prazo para defesa configura boa-fé do servidor

- **2.3. Relatório**
  - Com base na defesa, Comissão elabora relatório
  - Conclusivo quanto à inocência ou responsabilização do indiciado
  - Encaminha à autoridade competente para julgamento
  - Com o relatório encerram-se os trabalhos da Comissão

- **3. JULGAMENTO**
  - Autoridade competente de cada Poder
  - Pode discordar, motivadamente, do relatório
  - Prazo: 5 dias, contados do recebimento do processo
  - Inocência do indiciado: arquivamento

5.1. Diferenças entre o PAD ordinário e o PAD sumário

	Prescrição	
Fases	Instauração, inquérito (instrução, defesa e relatório) e julgamento	Instauração, instrução sumária (indiciação, defesa e relatório) e julgamento
Comissão	Três servidores estáveis	Dois servidores estáveis
Indicação de autoria e materialidade	Ocorrerá na fase do inquérito administrativo	Dá-se na instauração do processo
Prazo para indiciação e citação	Não há	Três dias
Citação	Poderá ser pessoal ou por meio da imprensa oficial (quando o incidiciado tiver endereço incerto ou insabido)	Será sempre pessoal
Prazo para defesa	10 (um acusado), 20 (dois ou mais acusados) ou 15 (quando a citação é feita pela imprensa oficial)	5 dias
Prazo para julgamento	20 dias	5 dias
Prazo para conclusão	60 + 60 + 20 dias	30 + 15 + 5 dias

6. REVISÃO

O processo disciplinar poderá ser revisto, a qualquer tempo, a pedido ou de ofício, quando se aduzirem **fatos novos** ou **circunstâncias suscetíveis de justificar a inocência do punido ou a inadequação da penalidade aplicada** (art. 174).

Como se vê, somente diante de fatos novos, não conhecidos à época do processo, é que poderá ser desencadeada a revisão do processo. Inclusive, o art. 176 prevê que a **simples alegação de injustiça** da penalidade **não constitui fundamento para a revisão**, que requer elementos novos, ainda não apreciados no processo originário. Ressalte-se que o fato de a injustiça da penalidade não poder ser invocada em sede de revisão não significa que isso não possa ser arguido na via judicial, ou mesmo por recurso administrativo. Afinal, somente o Poder Judiciário é competente para fazer coisa julgada de suas decisões. Ademais, se for julgada improcedente a revisão, não caberá recurso algum na esfera administrativa, mas tão somente na via judicial.

Outro ponto a ser destacado é que a revisão não representa uma segunda instância administrativa de discussão de decisões, mas mero instrumento processual que visa a reparar o resultado danoso de uma penalidade que o servidor injustamente sofreu e que agora poderá ser excluída ou atenuada mediante a apreciação de elemento novo no processo.

A revisão correrá em apenso ao processo originário. Na petição inicial, o requerente pedirá dia e hora para a produção de provas e inquirição das testemunhas que arrolar (art. 178 e parágrafo único).

A revisão poderá ser realizada **de ofício ou a pedido** do servidor penalizado. Pelo § 1º do art. 174, temos que, em caso de falecimento, ausência ou desaparecimento do servidor, **qualquer pessoa da família** poderá requerer a revisão do processo. No caso de incapacidade mental do servidor, a revisão será requerida pelo respectivo **curador** (§ 2º). De qualquer forma, no processo revisional, o **ônus da prova** cabe ao **requerente**.

O requerimento de revisão do processo será dirigido ao **Ministro de Estado ou autoridade equivalente**, que, se autorizar a revisão, encaminhará o pedido ao **dirigente** do órgão ou entidade onde se originou o processo disciplinar (art. 177). Deferida a petição, a autoridade competente providenciará a constituição de comissão revisora que, sempre que possível, não será a mesma que procedeu aos trabalhos quando da aplicação da penalidade do servidor no processo originário. É assim porque os membros da comissão originária tendem a apreciar o pedido de revisão imbuídos dos fatos constantes do processo originário, o que poderia comprometer a imparcialidade na apreciação do pedido de revisão.

A **comissão revisora** terá **60 dias** para a conclusão dos trabalhos (art. 179). O **julgamento** deverá ocorrer em **20 dias**, contados do recebimento do processo, e caberá à autoridade que aplicou a penalidade no processo disciplinar (art. 181).

Pelo art. 182, julgada procedente a revisão, será declarada sem efeito a penalidade aplicada, restabelecendo-se todos os direitos do servidor, exceto em relação à **destituição do cargo em comissão**, que será **convertida em exoneração**. Como se pode perceber, diverso do que ocorreria com o servidor efetivo, não ocorrerá a reintegração do servidor ocupante de cargo em comissão, pois se trata de cargo em que se pressupõe um vínculo de confiança (livre nomeação e exoneração) entre a autoridade nomeante e o servidor comissionado, logo, a Administração não poderá obrigar o retorno deste ao cargo. Sendo assim, o efeito prático da conversão da destituição em exoneração é manter o comissionado com a "ficha limpa" diante da Administração, para efeitos futuros.

O parágrafo único do art. 182 estabelece que da revisão do processo **não poderá resultar agravamento de penalidade**. Isto é, na revisão do processo administrativo disciplinar, não será possível aplicar a *reformatio in pejus* (reforma em prejuízo da parte), mediante a qual poderia ser aplicada penalidade mais grave que a anterior – objeto de revisão.

A seguir, resumo do rito do processo de revisão:

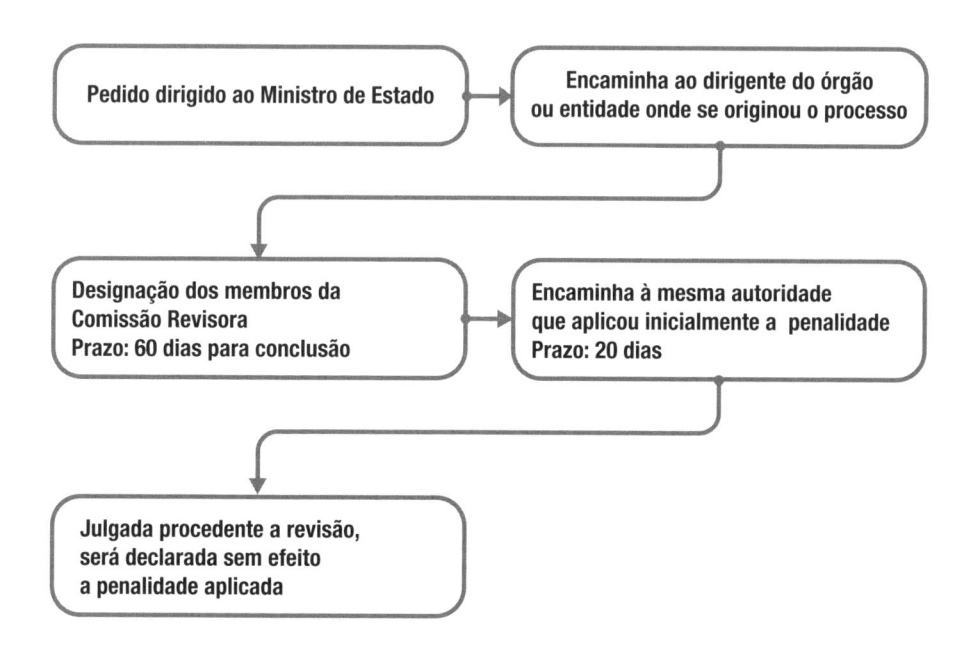

```
┌─────────────────────────────────┐      ┌─────────────────────────────────────┐
│ Pedido dirigido ao Ministro de  │─────▶│ Encaminha ao dirigente do órgão     │
│ Estado                          │      │ ou entidade onde se originou o      │
│                                 │      │ processo                            │
└─────────────────────────────────┘      └─────────────────────────────────────┘
                                                          │
                         ┌────────────────────────────────┘
                         ▼
┌─────────────────────────────────┐      ┌─────────────────────────────────────┐
│ Designação dos membros da       │─────▶│ Encaminha à mesma autoridade        │
│ Comissão Revisora               │      │ que aplicou inicialmente a          │
│ Prazo: 60 dias para conclusão   │      │ penalidade                          │
│                                 │      │ Prazo: 20 dias                      │
└─────────────────────────────────┘      └─────────────────────────────────────┘
           │
           ▼
┌─────────────────────────────────┐
│ Julgada procedente a revisão,   │
│ será declarada sem efeito       │
│ a penalidade aplicada           │
└─────────────────────────────────┘
```

Revisão

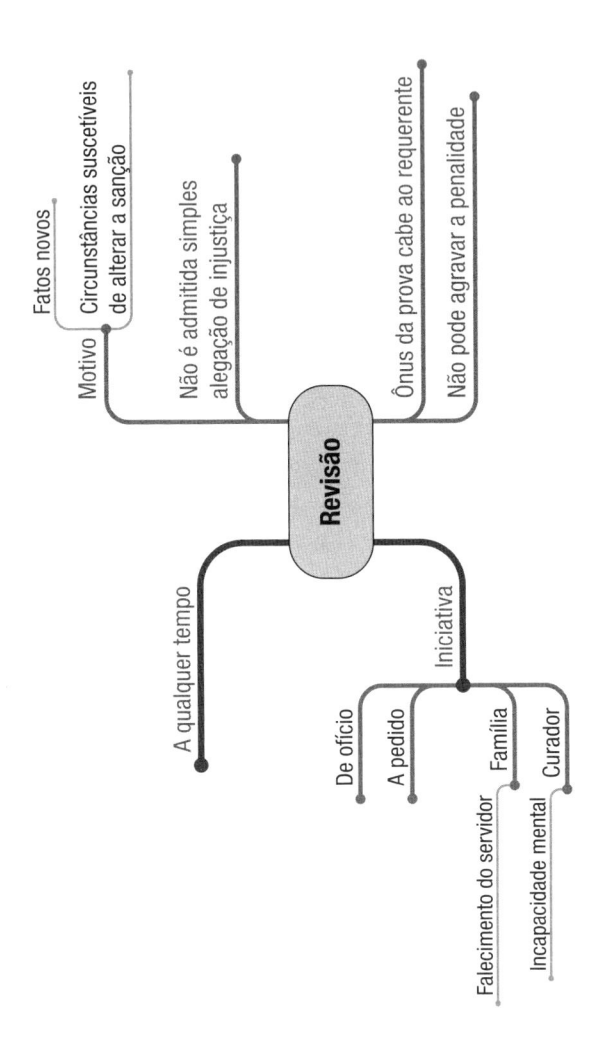

- A qualquer tempo
- Motivo
  - Fatos novos
  - Circunstâncias suscetíveis de alterar a sanção
- Não é admitida simples alegação de injustiça
- Ônus da prova cabe ao requerente
- Não pode agravar a penalidade
- Iniciativa
  - De ofício
  - A pedido
  - Família
    - Falecimento do servidor
  - Curador
    - Incapacidade mental

Capítulo 6
Seguridade Social

1. DISPOSIÇÕES GERAIS

A seguridade social compreende um conjunto integrado de ações de iniciativa dos Poderes Públicos e da sociedade, destinadas a assegurar os direitos relativos à saúde, à previdência e à assistência social (art. 194, CF/88).

O art. 183 da Lei nº 8.112/90 afirma que compete à União manter o Plano de Seguridade Social para o **servidor** e sua **família**. No caso de servidor ocupante de **cargo em comissão** que não seja, simultaneamente, ocupante de cargo ou emprego efetivo na Administração Pública direta, autárquica e fundacional, reza o § 1º do mesmo artigo que **não terá direito aos benefícios do Plano de Seguridade Social, com exceção da assistência à saúde**.

O § 2º do art. 183, por sua vez, prevê que o servidor afastado ou licenciado do cargo efetivo, sem direito à remuneração, inclusive para servir em organismo oficial internacional do qual o Brasil seja membro efetivo ou com o qual coopere, ainda que **contribua para regime de previdência social no exterior**, terá **suspenso o seu vínculo** com o regime do Plano de Seguridade Social do Servidor Público enquanto durar o afastamento ou a licença, não lhe assistindo, neste período, os benefícios do mencionado regime de previdência.

Já o § 3º dispõe que será assegurada ao servidor licenciado ou afastado sem remuneração a **manutenção da vinculação** ao regime do Plano de Seguridade Social do Servidor Público, mediante o **recolhimento mensal da respectiva contribuição**, no mesmo percentual devido pelos servidores em atividade, incidente sobre a remuneração total do cargo a que faz jus no exercício de suas atribuições, computando-se, para esse efeito, inclusive, as vantagens pessoais.

O Plano de Seguridade Social visa a dar cobertura aos riscos a que estão sujeitos o servidor e sua família, e compreende um conjunto de benefícios e ações que atendam às seguintes finalidades (art. 184):

> a) garantir meios de subsistência nos eventos de doença, invalidez, velhice, acidente em serviço, inatividade, falecimento e reclusão;
>
> b) proteção à maternidade, à adoção e à paternidade;
>
> c) assistência à saúde.

O art. 185 do Estatuto dispõe que os benefícios do Plano de Seguridade Social do servidor compreendem:

> I – quanto ao servidor:
>
> a) aposentadoria;
>
> b) auxílio-natalidade;
>
> c) salário-família;
>
> d) licença para tratamento de saúde;
>
> e) licença à gestante, à adotante e licença-paternidade;
>
> f) licença por acidente em serviço;
>
> g) assistência à saúde;
>
> h) garantia de condições individuais e ambientais de trabalho satisfatórias;
>
> II – quanto ao dependente:
>
> a) pensão vitalícia e temporária;
>
> b) auxílio-funeral;
>
> c) auxílio-reclusão;
>
> d) assistência à saúde.

Reza o § 2º do art. 185 que o recebimento indevido de benefícios havidos por **fraude**, dolo ou má-fé, implicará **devolução** ao erário do total auferido, sem prejuízo da ação penal cabível.

2. APOSENTADORIA

Aposentadoria é o direito atribuído a alguém mediante o atendimento de certos requisitos legais e constitucionais, e que consiste em receber do Poder Público determinada retribuição pecuniária mensal, mesmo depois de findado o vínculo laboral com o Estado. Em outros termos, é o direito à inatividade remunerada. Provento é a denominação técnica dada a essa retribuição pecuniária devida aos aposentados, pensionistas e disponíveis.

Há duas espécies de regimes de previdência: o regime geral (RGPS) e o regime próprio (RPPS).

O **Regime Geral** de Previdência Social (RGPS) é objeto de estudo do Direito Previdenciário (administrado pelo Ministério da Previdência Social com o auxílio do Instituto Nacional do Seguro Social – INSS), está disciplinado nos arts. 201 e 202 da Constituição Federal e abrange os servidores ocupantes exclusivamente de cargo em comissão, os empregados públicos, os servidores temporários e, sobretudo, os trabalhadores da iniciativa privada, empregados domésticos e autônomos.

O **Regime Próprio** de Previdência Social (RPPS) é objeto de estudo do Direito Administrativo, está disciplinado no art. 40 da Constituição Federal e alcança os agentes vitalícios, parlamentares e os servidores estatutários efetivos da Administração Direta, autárquica e fundacional da União, dos Estados, do Distrito Federal e dos Municípios. Ao contrário do Regime Geral de Previdência Social (RGPS), cuja gestão é feita pelo Instituto Nacional de Seguridade Social (INSS), as aposentadorias e pensões serão **concedidas e mantidas** pelos **órgãos e entidades aos quais se encontram vinculados** os servidores (art. 185, § 1º).

Como é de se perceber, o objeto do nosso estudo nessa obra é o Regime Próprio de Previdência Social (RPPS) e é sobre este regime que passamos a tecer nossos comentários doravante.[1]

O art. 40 estabelece o regime de previdência de caráter contributivo e solidário, mantido mediante contribuição do respectivo ente público, dos servidores ativos e inativos e dos pensionistas, observados critérios que preservem o equilíbrio financeiro e atuarial. Da leitura do dispositivo podemos extrair algumas características do RPPS:

a) **caráter contributivo**: alterando a sistemática anterior, segundo a qual se exigia tempo de serviço como requisito para aposentação, a EC nº 20/98 passou a prever tempo de contribuição, reforçando o

---
1 A Lei nº 9.717, de 27 de novembro de 1998, dispõe sobre regras gerais para a organização e o funcionamento dos regimes próprios de previdência social dos servidores públicos da União, Estados, Distrito Federal e Municípios, dos militares dos Estados e do Distrito Federal.

caráter contributivo do sistema. Fica clara a necessidade inafastável de efetivo recolhimento da contribuição para fins de concessão de aposentadoria. Nesse sentido, o § 10 do art. 40 dispõe que "a lei não poderá estabelecer qualquer forma de contagem de tempo de contribuição fictício"; [2, 3]

b) **caráter solidário**: ao prever que tanto o ente público e o servidor ativo quanto o inativo e o pensionista contribuem para a previdência reforçou-se o caráter solidário do sistema, cuja viga mestra encontra-se na ideia de que cada servidor contribui para si e para as gerações futuras que hão de gozar dos benefícios da previdência;

c) **equilíbrio financeiro e atuarial**: por meio dessa característica, exige-se que o regime de previdência se autossustente, sem necessidade de aporte de recursos oriundos de fontes de natureza não previdenciária. O valor da contribuição deve ser suficiente para o custeio integral do sistema, o que será obtido por meio da adequada definição deste valor.

Neste ponto, façamos um esclarecimento necessário: o servidor ativo recebe uma contraprestação pecuniária a que chamamos de **remuneração** ou **vencimentos**. Porém o servidor inativo não recebe remuneração nem vencimentos: recebe **proventos de aposentadoria**.

O § 20 do art. 40 da Carta Magna **veda a existência** de **mais de um Regime Próprio de Previdência Social** para os servidores efetivos, e de **mais de uma unidade gestora** do respectivo em cada ente estatal. O objetivo da norma é evitar desvirtuamento das regras constitucionais do regime próprio, posto vez que obsta que categorias com maior poder de barganha no serviço público exerçam pressões no sentido da criação de um regime previdenciário com regras mais flexíveis em relação às do art. 40 da Constituição. Trata-se, como ensina Carvalho Filho, do **princípio da unicidade de regime e gestão do sistema previdenciário** em que se atribui competência específica a determinado órgão ou entidade

---

[2] Sobre esse tema, José Maria Pinheiro Madeira (*O servidor público na atualidade*. 6ª ed. Rio de Janeiro: Lumen Juirs, 2007, p. 400) ressalta que "ficam excluídos para cômputo de aposentadoria os períodos conhecidos como *tempo presumido*, adotados em casos de licenças e afastamentos em que o servidor efetivamente não contribuiu para o regime previdenciário, aqui incluídos os casos de contagem em dobro de tempo de férias, licenças especiais não gozadas etc. Esse período de afastamento só será computado para a aquisição do direito à aposentação caso o servidor comprove a correspondente contribuição deste período". O parágrafo único do art. 2º da Instrução Normativa nº 5/99 da Secretaria de Estado de Administração e do Patrimônio (SEAP) define tempo de contribuição fictício como "todo aquele considerado em lei como tempo de serviço público para fins de concessão de aposentadoria sem que haja, por parte do servidor, a prestação de serviço e a correspondente contribuição social, cumulativamente".

[3] O § 2º do art. 103 da Lei nº 8.112/90 estabelece situação de contagem de tempo de contribuição fictício ao dispor que "será contado em dobro o tempo de serviço prestado às Forças Armadas em operações de guerra". Obviamente, o referido dispositivo é flagrantemente inconstitucional.

administrativa para efetuar a gestão dos diversos componentes do regime, como arrecadação das contribuições, aporte de recursos financeiros, análise de pedidos de aposentadoria etc.[4]

Nas últimas décadas, assistiu-se a um acelerado *deficit* no sistema previdenciário brasileiro. Como causas desse "rombo" nas contas previdenciárias podemos apontar o aumento da expectativa de vida do brasileiro (o que acarreta o aumento do número de aposentados e pensionistas), a diminuição da taxa de natalidade e o aumento do mercado informal (que diminuiu a arrecadação previdenciária por escassez de trabalhadores ativos para custear o sistema), o aumento dos gastos públicos (construção de Brasília, Ponte Rio-Niterói, Transamazônica, Itaipu, Belém--Brasília) e consequente desvio de verbas da Previdência Social, que gerou a inadimplência dos entes estatais em custear e manter o sistema.

Diante dessa conjuntura, notou-se que a manutenção das regras previdenciárias vigentes poderia ocasionar a total insustentabilidade do sistema. Era necessário que se alterasse as regras sobre sistema previdenciário. Dá-se o nome de reformas previdenciárias ao conjunto de Emendas à Constituição editadas com o fito de alterar as regras previdenciárias. Desde a Constituição de 1988, a primeira reforma previdenciária ocorreu com a EC nº 20/98. A segunda, em 2003, com a EC nº 41. E a última, a EC nº 47/2005, também chamada de "PEC Paralela".

Antes de iniciarmos os comentários acerca das alterações produzidas pelas referidas emendas, é útil demonstrar que, apesar de nenhuma delas ter conseguido unificar o sistema previdenciário (RGPS e RPPS), a EC nº 20/98 e a EC nº 41/2003 em muito aproximaram as regras do RPPS às regras do RGPS. Essa intenção restou clara com a redação do § 12 do art. 40, que prevê a aplicação ao regime próprio, no que couber, dos **requisitos e critérios fixados para o Regime Geral de Previdência Social**.

A primeira reforma da previdência, a EC nº 20, de 15 de dezembro de 1998, teve como uma das suas principais justificativas a manutenção do equilíbrio financeiro do sistema previdenciário. Nesse sentido, as suas principais alterações foram:

a) a aposentadoria fundada no tempo de serviço passou a ser baseada no tempo de contribuição;[5]

b) passou-se a exigir tempo mínimo de exercício no serviço público e no cargo em que se deu a aposentadoria voluntária;

---

[4] CARVALHO FILHO, José dos Santos. *Manual de Direito Administrativo*. 20ª ed. Rio de Janeiro: Lumen Juris, 2008, p. 634.

[5] O § 9º do art. 40 da Constituição dispõe que o tempo de contribuição federal, estadual ou municipal será contado para efeito de aposentadoria, e o tempo de serviço correspondente para efeito de disponibilidade.

c) retirada da expressão proventos integrais do texto constitucional;

d) ocupantes exclusivamente de cargo em comissão e de cargo temporário passaram a ser beneficiários do Regime Geral de Previdência Social (RGPS), e não do RPPS.

A segunda reforma da previdência ocorreu em 2003, e surtiu efeitos devastadores sobre o plano de previdência dos servidores públicos. As principais alterações inseridas pela EC nº 41, de 19 de dezembro de 2003, foram as seguintes:

a) extinção da aposentadoria voluntária com proventos integrais;

b) menção expressa ao caráter solidário do regime de previdência;

c) inativos e pensionistas passaram a contribuir para o sistema;

d) fim da paridade entre ativos e inativos;

e) pensões que ultrapassarem determinado limite passam a sofrer um redutor;

f) criação do regime de previdência complementar; e

g) instituição do abono de permanência.

A terceira, e por enquanto a última, reforma da previdência foi introduzida pela EC nº 47, de 5 de julho de 2005, apelidada popularmente de "PEC Paralela". Esta emenda, ao contrário de suas antecessoras, não trouxe nenhuma profunda alteração ao texto constitucional. É por esse motivo que alguns autores afirmam que a PEC Paralela não foi uma reforma constitucional propriamente dita. Na verdade, o intuito principal da EC nº 47/2005 foi atenuar as perdas sofridas pelos servidores com as regras da EC nº 41/2003. Sem embargo do que foi dito, a principal alteração ao texto constitucional produzida pela EC em comento foi a ampliação dos casos de concessão de aposentadoria especial com critérios diferenciados, nos termos a serem estabelecidos em lei complementar.

Os servidores públicos efetivos da União poderão se aposentar pelas seguintes modalidades: por invalidez permanente, compulsoriamente e voluntariamente. O art. 186 da Lei nº 8.112/90 dispõe sobre essas modalidades, nos seguintes termos:

> O servidor será aposentado:
>
> I – por invalidez permanente, sendo os proventos integrais quando decorrente de acidente em serviço, moléstia profissional ou doença grave, contagiosa ou incurável, especificada em lei, e proporcionais nos demais casos;

> II – compulsoriamente, aos setenta anos de idade, com proventos proporcionais ao tempo de serviço;
>
> III – voluntariamente:
>
> a) aos 35 (trinta e cinco) anos de serviço, se homem, e aos 30 (trinta), se mulher, com proventos integrais;
>
> b) aos 30 (trinta) anos de efetivo exercício em funções de magistério, se professor, e 25 (vinte e cinco), se professora, com proventos integrais;
>
> c) aos 30 (trinta) anos de serviço, se homem, e aos 25 (vinte e cinco), se mulher, com proventos proporcionais a esse tempo;
>
> d) aos 65 (sessenta e cinco) anos de idade, se homem, e aos 60 (sessenta), se mulher, com proventos proporcionais ao tempo de serviço.

É sobremodo importante frisarmos que esse dispositivo do Estatuto foi concebido quando da publicação de Lei nº 8.112, de 11 de dezembro de 1990, em consonância com as regras constitucionais sobre aposentadoria vigentes à época. Entretanto, como vimos precedentemente, desde então houve sucessivas emendas constitucionais que alteraram as regras previdenciárias. Assim, devemos considerar o art. 186 supratranscrito apenas pelo fato de ainda constar no texto original do Estatuto, mas devemos nos focar firmemente nas regras atuais plasmadas no art. 40 da Constituição Federal.

Isso posto, atualmente as modalidades de aposentadoria estão expressas no § 1º do art. 40 da CF, vazado nos seguintes termos (destaque nosso):

> Os servidores abrangidos pelo regime de previdência de que trata este artigo serão aposentados, calculados os seus proventos a partir dos valores fixados na forma dos §§ 3º e 17:
>
> I – por **invalidez permanente**, sendo os **proventos proporcionais** ao tempo de contribuição, exceto se decorrente de **acidente em serviço**, **moléstia profissional** ou **doença grave, contagiosa ou incurável**, na forma da lei;
>
> II – **compulsoriamente**, aos **setenta anos** de idade, com **proventos proporcionais** ao tempo de contribuição;

III – **voluntariamente**, desde que cumprido tempo mínimo de **dez anos** de efetivo exercício no serviço público e **cinco anos** no cargo efetivo em que se dará a aposentadoria, observadas as seguintes condições:

a) sessenta anos de idade e trinta e cinco de contribuição, se homem, e cinquenta e cinco anos de idade e trinta de contribuição, se mulher;

b) sessenta e cinco anos de idade, se homem, e sessenta anos de idade, se mulher, com proventos proporcionais ao tempo de contribuição.

A aposentadoria por **invalidez permanente** é a que decorre de limitação física ou mental que incapacita o servidor para o exercício do cargo e dar-se-á com proventos proporcionais ao tempo de contribuição, salvo se a aposentadoria decorrer de acidente em serviço, moléstia profissional ou doença grave, contagiosa ou incurável, na forma da lei.

Embora a aposentadoria por invalidez permanente, via de regra, confira proventos proporcionais ao inativo, nada impede que a lei garanta um piso mínimo de proventos a fim de proteger os servidores com pouco tempo de contribuição que foram acometidos de limitação física ou mental ensejadora de invalidez. Exemplo disso é o art. 191 da Lei nº 8.112/90, que assegura provento em **valor não inferior a 1/3 da remuneração da atividade** ao aposentado com proventos proporcionais ao tempo de contribuição.

Para efeito de aposentadoria por invalidez permanente, o § 1º do art. 186 da Lei nº 8.112/90 reza que consideram-se doenças graves, contagiosas ou incuráveis, a que se refere o inciso I deste artigo, tuberculose ativa, alienação mental, esclerose múltipla, neoplasia maligna, cegueira posterior ao ingresso no serviço público, hanseníase, cardiopatia grave, doença de Parkinson, paralisia irreversível e incapacitante, espondiloartrose anquilosante, nefropatia grave, estados avançados do mal de Paget (osteíte deformante), Síndrome de Imunodeficiência Adquirida – AIDS, e outras que a lei indicar, com base na medicina especializada.[6]

---

6   A jurisprudência do STJ orienta-se no sentido de que o rol descrito no art. 186, § 1º, da Lei nº 8.112/1990 é exemplificativo, e não taxativo, haja vista a impossibilidade de a norma conseguir prever todas as doenças consideradas pela medicina como graves, contagiosas e incuráveis (AgRg no AREsp 179.447-RS, Rel. Min. HUMBERTO MARTINS, DJe 20.08.2012; AgRg no REsp 1.294.095-GO, Rel. Min. BENEDITO GONÇALVES, DJe 02.04.2012; REsp 1.322.927-DF, Rel.ª Min.ª DIVA MALERBI (Desembargadora convocada do TRF da 3ª Região), julg.: 13.11.2012.

O servidor aposentado com provento proporcional ao tempo de serviço, se acometido de qualquer das moléstias especificadas no § 1º do art. 186 dessa lei e, por esse motivo, for considerado inválido por junta médica oficial, passará a perceber provento integral, calculado com base no fundamento legal de concessão da aposentadoria (art. 190, Lei nº 8.112/90). Repise-se que a EC nº 41/2003 extinguiu a aposentadoria com proventos integrais.

Em seguida, o § 3º determina que, no caso de invalidez permanente, o servidor será submetido à **junta médica oficial**, que atestará a invalidez quando caracterizada a incapacidade para o desempenho das atribuições do cargo ou a impossibilidade de haver readaptação do servidor. A partir disso é que será concedida aposentadoria por invalidez permanente.

A aposentadoria por invalidez será precedida de licença para tratamento de saúde, por período não excedente a 24 meses. Para esse fim, serão consideradas apenas as licenças motivadas pela enfermidade ensejadora da invalidez, ou doenças correlacionadas. Expirado o período de licença, e não estando em condições de reassumir o cargo ou de ser readaptado, o servidor será aposentado (art. 188, §§ 1º e 2º). O lapso de tempo compreendido entre o término da licença e a publicação do ato da aposentadoria será considerado como de prorrogação da licença (§ 3º).

Para concluir essa modalidade, o § 5º, com redação dada pela Lei nº 11.907/2009, prevê que, a critério da Administração, o servidor em licença para tratamento de saúde ou aposentado por invalidez poderá ser convocado a qualquer momento, para avaliação das condições que ensejaram o afastamento ou a aposentadoria.

A aposentadoria **compulsória** é aquela decorrente do advento da idade de 70 anos do servidor, seja homem ou mulher, e dá-se com proventos proporcionais ao tempo de serviço. Essa modalidade, vulgarmente apelidada de "expulsória", vincula tanto a Administração quanto o servidor, pois dar-se-á automaticamente na data em que o servidor completa 70 anos de idade.[7] É exatamente essa a previsão do art. 187 da Lei nº 8.112/90, quando afirma que a aposentadoria compulsória será automática, e declarada por ato, com vigência a partir do dia imediato àquele em que o servidor atingir a idade-limite de permanência no serviço ativo.

---
7   Na visão do STF (ADI 4.696/DF, Rel. Min. RICARDO LEWANDOWSKI, julg.: 01.12.2011; ADI 4.698/MA, Rel. Min. JOAQUIM BARBOSA, julg.: 01.12.2011), as normas constitucionais que dispõem a respeito do Regime Próprio de Previdência Social (RPPS) dos servidores públicos estatutários são de observância obrigatória pelos demais entes federativos, não havendo espaço para inovação quanto ao ponto nas respectivas constituições estaduais e leis orgânicas. Assim, exemplificativa-mente, não podem os Estados, o DF ou os Municípios ampliar para 75 anos a idade para implementação da aposentadoria compulsória.

Apesar de o regime próprio se aplicar somente aos servidores efetivos, aos agentes vitalícios e aos parlamentares, é bom destacar que a aposentadoria compulsória a que estamos aludindo não se aplica aos detentores de mandato eletivo no Legislativo (parlamentares) e no Executivo, assim como aos servidores ocupantes de cargo em comissão.[8] Dessa maneira, um deputado federal, um governador e um secretário de Estado podem continuar exercendo seus mandatos e cargos mesmo após completarem 70 anos de idade, pois a eles não se aplica a aposentadoria compulsória.

Para elucidar o que vem sendo exposto, o professor José Maria Pinheiro Madeira esclarece que

> "compelir o servidor ocupante de cargo em comissão a aposentar-se aos 70 anos vai contra a essência da natureza dessa peculiar forma de provimento, calcada, principalmente, no liame de confiança que junge o servidor à autoridade que o investe no cargo. Hipótese proibitiva seria a acumulação de proventos de aposentadoria por invalidez com a remuneração do exercício do cargo em comissão, pois aí estaria ferindo a moralidade pública, porque a aposentadoria por invalidez, no tocante ao fato motivador, é o impedimento ao trabalho, ligado à saúde do servidor, enquanto que os demais tipos de aposentadoria têm, como motivação, o tempo".[9]

Cabe agora tratarmos da aposentadoria voluntária, que se subdivide em duas espécies:

a) **aposentadoria voluntária por tempo de contribuição**, aos sessenta (60) anos de idade e trinta e cinco (35) de contribuição, se homem, e aos cinquenta e cinco (55) anos de idade e trinta (30) de contribuição, se mulher. De início, essa modalidade de aposentadoria conferia direito a proventos integrais, mas a EC 41/2003 alterou o § 3º do art. 40, passando a prescrever que para efeito do cálculo dos proventos é levada em consideração a média das remunerações do servidor durante certo período de sua carreira profissional. No passado, o cálculo tinha por base a última remuneração do servidor.

---

8 No entender da Corte Suprema, os titulares das serventias de notas e registros públicos, sujeitos à obrigatoriedade de aprovação em concurso público, são agentes públicos em sentido amplo. Todavia, tais agentes não ocupam cargos efetivos. Tendo em consideração que o art. 40, § 1º, II, da Constituição aplica-se somente aos servidores titulares de cargo efetivo, entende o STF que os notários e registradores não estão sujeitos à limitação de idade de 70 anos relativa à aposentadoria compulsória (ADI 2.602/MG, Rel. Min. JOAQUIM BARBOSA, DJ 31.3.2006).

9 *O servidor público na atualidade*. 6ª ed. Rio de Janeiro: Lumen Juris, 2007, p. 207.

É por esse motivo que diz-se que foram extintos os proventos integrais. Isso posto, devemos concluir que nessa modalidade os proventos são **proporcionais** ao tempo de contribuição, **mas em valor superior ao da segunda modalidade de aposentadoria voluntária**. Em outras palavras, quando se trata de aposentadoria voluntária com proventos proporcionais ao tempo de contribuição, os proventos são quase integrais;[10]

b) **aposentadoria voluntária por idade**, aos sessenta e cinco (65) anos de idade, se homem, e aos sessenta anos (60) de idade, se mulher, com proventos proporcionais ao tempo de contribuição.

Em ambos os casos, exige-se tempo mínimo de 10 anos de efetivo exercício no serviço público e cinco anos no cargo efetivo em que se dará a aposentadoria (art. 40, III, CF/88).

Ainda sobre o tema da aposentadoria voluntária tem o STF entendido que o servidor público em estágio probatório não poderá valer-se de tal benefício, pois etapa final do processo seletivo para o aperfeiçoamento da titularidade do cargo público ainda não foi concluída.[11]

O § 5º do art. 40 da Carta Política dispõe que os requisitos de idade e de tempo de contribuição serão reduzidos em **cinco anos**, para o **professor** que comprove **exclusivamente** tempo de efetivo exercício das funções de magistério na **educação infantil** e no **ensino fundamental e médio**.

Inicialmente, cabe mencionar que a EC nº 20/98 extinguiu a aposentadoria especial para o professor universitário. O atual texto somente concede aposentadoria especial aos professores de educação infantil (pré-escola), ensino fundamental e médio (antigos 1º e 2º graus, respectivamente).

Para que a redução em cinco anos do tempo de contribuição e idade seja gozada pelo professor, este deverá comprovar tempo de efetivo exercício exclusivo da função de magistério. Com a exclusão dos professores universitários desse benefício, a função de magistério, para efeito de aposentadoria especial, deve ser entendida como atividade desenvolvida em sala de aula. Desse modo, se alguém é titular de um cargo de professor, mas exerce funções diversas (de direção, supervisão ou administrativas), o tempo respectivo não é considerado para fins de aposentadoria especial.

---

10 Repita-se que, embora sejam estas as regras vigentes atualmente, o texto expresso da Lei nº 8.112/90, em franca desatualização, continua fazendo menção à aposentadoria com proventos integrais.
11 MS 24744/DF, Rel. Min. CARLOS VELLOSO, julg.: 19.05.2004; MS 22947/BA, Rel. Min. OCTAVIO GALLOTTI, julg.: 11.11.1998. Na mesma esteira: STJ, RMS 23.689/RS, Rel.ª Min.ª MARIA THEREZA DE ASSIS MOURA, julg.: 18.05.2010.

Nesse esteio, vale citar a Súmula nº 726 do STF, segundo a qual "**para efeito de aposentadoria especial de professores, não se computa o tempo de serviço prestado fora da sala de aula**".[12]

Sobre o tema, o próprio STF abriu precedente ao entender que "a função de magistério não se circunscreve apenas ao trabalho em sala de aula, abrangendo também as funções de preparação de aulas, a correção de provas, o atendimento aos pais e alunos, a coordenação e o assessoramento pedagógico e, ainda, a direção da unidade escolar. As funções de direção, coordenação e assessoramento integram a carreira do magistério, desde que exercidos em estabelecimentos de ensino básico, por professores de carreira, excluídos os especialistas em educação, fazendo jus aqueles que as desempenham ao regime especial de aposentadoria" previsto na Constituição Federal.[13]

Ainda sobre o tema da aposentadoria voluntária, tem o STF entendido que o servidor público em estágio probatório não poderá valer-se de tal benefício, pois a etapa final do processo seletivo para o aperfeiçoamento da titularidade do cargo público ainda não foi concluída.[14]

Reza o art. 188 do Estatuto que a aposentadoria voluntária ou por invalidez vigorará a partir da data da publicação do respectivo ato.

O art. 189 estabelece que o provento da aposentadoria será calculado com observância do disposto no § 3º do art. 41, e revisto na mesma data e proporção sempre que se modificar a remuneração dos servidores em atividade. Em complemento, o parágrafo único estatui que são estendidos aos inativos quaisquer benefícios ou vantagens posteriormente concedidas aos servidores em atividade, inclusive quando decorrentes de transformação ou reclassificação do cargo ou função em que se deu a aposentadoria.

Diante das diversas alterações nas regras constitucionais previdenciárias, precisamos fazer algumas observações a respeito dos dispositivos em tela.

Em primeiro lugar, devemos esclarecer que o § 3º do art. 40, alterado pela EC nº 41/2003, prescreve que para o cálculo dos proventos de aposentadoria, por ocasião da sua concessão, serão consideradas as remunerações utilizadas como base para as contribuições do servidor aos regimes de previdência geral e próprio, na forma da lei.

---
12 No mesmo sentido, STF, ADI 856 MC/RS, Rel. Min. CELSO DE MELLO, DJ 19.12.2006 e STJ, RMS 20.304/SC, Rel. Min. ARNALDO ESTEVES LIMA, DJ 19.03.2007.
13 STF, ADI 3.772/DF, Rel. p/ o Acórdão Min. RICARDO LEWANDOWSKI, DJe 10.11.2008.
14 MS 22.947/BA, Rel. Min. OCTAVIO GALLOTTI, julg.: 11.11.1998.

Como se vê, a EC nº 41/2003 alterou sobremodo a sistemática de cálculo dos proventos de aposentadoria. Anteriormente, havia o **princípio da integralidade**, segundo o valor do provento de inatividade era definido com base no valor integral da última remuneração do servidor no cargo em que se deu a aposentação. Com a reforma, o valor dos proventos do servidor é fixado a partir da média aritmética simples de 80% das melhores remunerações percebidas pelo servidor ao longo de sua carreira no serviço público (art. 1º, Lei 10.887/2004). A nova regra do § 3º significou a extinção da aposentadoria com proventos integrais.

Uma segunda afirmação é a que a paridade plena entre ativos e inativos foi extinta pelo § 8º do art. 40, CF, que assegura o reajustamento dos benefícios em caráter permanente, para preservar-lhes o valor real. Não há mais a garantia de que os proventos de aposentadoria sejam revistos na mesma data e proporção, sempre que se modificar a remuneração dos servidores em atividade (paridade).

Ao servidor aposentado, será paga a gratificação natalina, até o dia vinte do mês de dezembro, em valor equivalente ao respectivo provento, deduzido o adiantamento recebido (art. 194).

Em conclusão, o art. 195, com redação idêntica ao art. 53, V, da ADCT, prevê situação especial em relação ao ex-combatente que tenha efetivamente participado de operações bélicas, durante a Segunda Guerra Mundial, nos termos da Lei nº 5.315, de 12 de setembro de 1967, pois a ele será concedida aposentadoria com provento integral, aos 25 (vinte e cinco) anos de serviço efetivo.

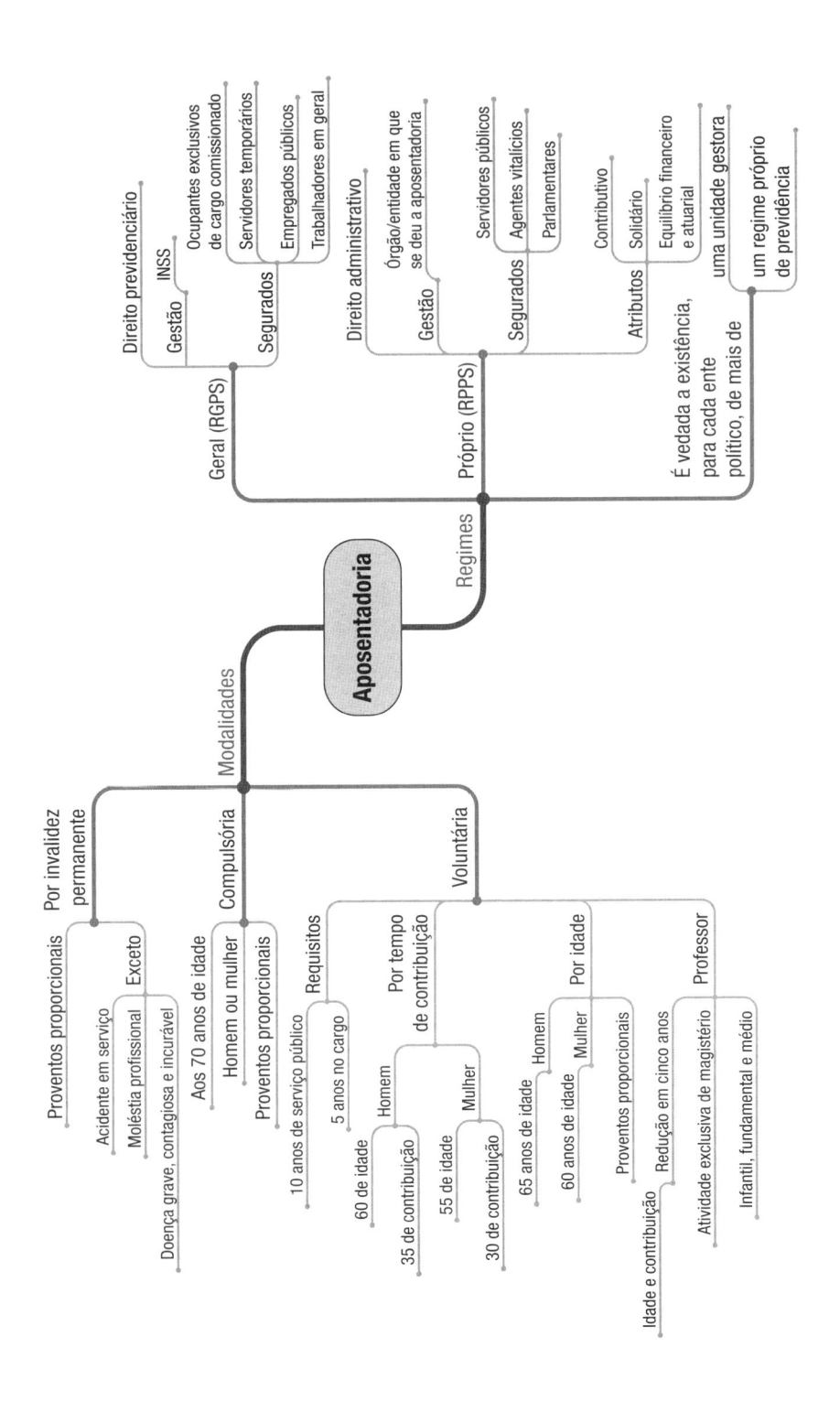

Aposentadoria

Regimes

Geral (RGPS)
- Direito previdenciário
- Gestão
  - INSS
- Segurados
  - Ocupantes exclusivos de cargo comissionado
  - Servidores temporários
  - Empregados públicos
  - Trabalhadores em geral

Próprio (RPPS)
- Direito administrativo
- Gestão
  - Órgão/entidade em que se deu a aposentadoria
- Segurados
  - Servidores públicos
  - Agentes vitalícios
  - Parlamentares
- Atributos
  - Contributivo
  - Solidário
  - Equilíbrio financeiro e atuarial
  - uma unidade gestora
- É vedada a existência, para cada ente político, de mais de um regime próprio de previdência

Modalidades

Por invalidez permanente
- Proventos proporcionais
  - Exceto
    - Acidente em serviço
    - Moléstia profissional
    - Doença grave, contagiosa e incurável

Compulsória
- Aos 70 anos de idade
  - Homem ou mulher
- Proventos proporcionais

Voluntária
- Requisitos
  - 10 anos de serviço público
  - 5 anos no cargo
- Por tempo de contribuição
  - Homem
    - 60 de idade
    - 35 de contribuição
  - Mulher
    - 55 de idade
    - 30 de contribuição
- Por idade
  - Homem
    - 65 anos de idade
  - Mulher
    - 60 anos de idade
  - Proventos proporcionais
- Professor
  - Idade e contribuição
  - Redução em cinco anos
  - Atividade exclusiva de magistério
  - Infantil, fundamental e médio

3. PENSÃO POR MORTE

Por morte do servidor, os dependentes, nas hipóteses legais, fazem jus a uma **pensão a partir da data do óbito**, observado o **limite do teto remuneratório** do subsídio dos ministros do Supremo Tribunal Federal (art. 215).

É útil salientar que as pensões dos beneficiários de servidores públicos também fazem parte do Regime Próprio de Previdência Social e, por conseguinte, são regidas pelo art. 40 da Constituição, com as alterações produzidas pelas reformas previdenciárias (EC 20/98, EC 41/2003 e EC 47/2005).

Desde logo, é importante observar que uma importante modificação introduzida pelas reformas é que os proventos de pensão não mais correspondem à integralidade da remuneração ou provento, conforme o caso, pois com as reformas previdenciárias o cálculo passa a ser feito na forma do § 18 do art. 40 da Constituição. Logo adiante, trataremos deste assunto.

A Lei nº 13.135, de 17 de junho de 2015, alterou drasticamente o regramento das pensões no âmbito do regime estatutário. Os comentários abaixo serão feitos à luz das novas regras instituídas pelo referido diploma normativo.

Anteriormente, havia duas modalidades de pensão: vitalícia ou temporária. A pensão vitalícia é composta de cota ou cotas permanentes, que somente se extinguem ou revertem com a morte de seus beneficiários (art. 216, § 1º). A pensão temporária é composta de cota ou cotas que podem se extinguir ou reverter por motivo de morte, cessação de invalidez ou maioridade do beneficiário (art. 216, § 2º). Contudo, **a Lei nº 13.135 revogou integralmente essa sistemática, estabelecendo o termo "pensão por morte" para designar todos os casos.**

São beneficiários de pensão (art. 217 – grifamos):

> I – o cônjuge;
>
> II – o cônjuge divorciado ou separado judicialmente ou de fato, com percepção de pensão alimentícia **estabelecida judicialmente**;
>
> III – o companheiro ou companheira que comprove união estável como entidade familiar;

IV – o filho de qualquer condição que atenda a um dos seguintes requisitos:[15]

a) seja menor de 21 (vinte e um) anos;

b) seja inválido;

c) tenha deficiência grave; ou

d) tenha deficiência intelectual ou mental, nos termos do regulamento.

V – a mãe e o pai que comprovem dependência econômica do servidor; e

VI – o irmão de qualquer condição que comprove dependência econômica do servidor e atenda a um dos requisitos previstos no inciso IV.

Se a pensão for concedida a cônjuge, companheiro ou filho, **não poderá mais ser concedida** aos pais ou irmão que também sejam dependentes do servidor. E mais: a concessão de pensão aos pais dependentes **exclui o pagamento de pensão** ao irmão também dependente.

Importante destacar que, nos termos do § 3º do art. 217, **o enteado e o menor tutelado equiparam-se a filho mediante declaração do servidor** e desde que comprovada dependência econômica, na forma estabelecida em regulamento.

Ocorrendo habilitação de vários titulares à pensão, o seu valor será **distribuído em partes iguais** entre os beneficiários habilitados (art. 218).

Conforme o art. 219, a pensão poderá ser **requerida a qualquer tempo**, prescrevendo tão somente as **prestações exigíveis há mais de 5 anos**. Contudo, concedida a pensão, qualquer prova posterior ou habilitação tardia que implique exclusão de beneficiário ou redução de pensão só produzirá efeitos a partir da data em que for oferecida.

Será concedida **pensão provisória por morte presumida** do servidor, nos seguintes casos (art. 221):

---

15 Conforme o § 1º do art. 222, a critério da administração, o beneficiário de pensão cuja preservação seja motivada por invalidez, por incapacidade ou por deficiência poderá ser convocado a qualquer momento para avaliação das referidas condições.

> I – declaração de ausência, pela autoridade judiciária competente;
>
> II – desaparecimento em desabamento, inundação, incêndio ou acidente não caracterizado como em serviço;
>
> III – desaparecimento no desempenho das atribuições do cargo ou em missão de segurança.

São causas de **perda de pensão por morte** (art. 220):

> I – após o trânsito em julgado, o beneficiário condenado pela prática de crime de que tenha dolosamente resultado a morte do servidor;[16]
>
> II – o cônjuge, o companheiro ou a companheira se comprovada, a qualquer tempo, simulação ou fraude no casamento ou na união estável, ou a formalização desses com o fim exclusivo de constituir benefício previdenciário, apuradas em processo judicial no qual será assegurado o direito ao contraditório e à ampla defesa.

De outro giro, acarreta **perda da qualidade de beneficiário** (art. 222):

> I – o seu falecimento;
>
> II – a anulação do casamento, quando a decisão ocorrer após a concessão da pensão ao cônjuge;
>
> III – a cessação da invalidez, em se tratando de beneficiário inválido, o afastamento da deficiência, em se tratando de beneficiário com deficiência, ou o levantamento da interdição, em se tratando de beneficiário com deficiência intelectual ou mental que o torne absoluta ou relativamente incapaz, respeitados os períodos mínimos decorrentes da aplicação das alíneas "a" e "b" do inciso VII;
>
> IV – o implemento da idade de 21 (vinte e um) anos, pelo filho ou irmão;

---

16 Note que o condenado pela prática de crime culposo por negligência, imprudência ou imperícia, que tenha resultado no falecimento do servidor, poderá perceber a pensão.

V – a acumulação de pensão na forma do art. 225;

VI – a renúncia expressa;[17] e

VII – em relação aos beneficiários de que tratam os incisos I a III do *caput* do art. 217 (**isto é, cônjuge e companheiro**):

a) o decurso de 4 (quatro) meses, se o óbito ocorrer sem que o servidor tenha vertido 18 (dezoito) contribuições mensais ou se o casamento ou a união estável tiverem sido iniciados em menos de 2 (dois) anos antes do óbito do servidor;

b) o decurso dos seguintes períodos, estabelecidos de acordo com a idade do pensionista na data de óbito do servidor, depois de vertidas 18 (dezoito) contribuições mensais e pelo menos 2 (dois) anos após o início do casamento ou da união estável:

1) 3 (três) anos, com menos de 21 (vinte e um) anos de idade;

2) 6 (seis) anos, entre 21 (vinte e um) e 26 (vinte e seis) anos de idade;

3) 10 (dez) anos, entre 27 (vinte e sete) e 29 (vinte e nove) anos de idade;

4) 15 (quinze) anos, entre 30 (trinta) e 40 (quarenta) anos de idade;

5) 20 (vinte) anos, entre 41 (quarenta e um) e 43 (quarenta e três) anos de idade;

6) vitalícia, com 44 (quarenta e quatro) ou mais anos de idade.

---

17 Sobre esta hipótese, acentua Ivan Barbosa Rigolin (*Comentários ao regime único dos servidores públicos civis*. 5ª ed. São Paulo: Saraiva, 2007, p. 395.) que "sendo a pensão um direito e não uma obrigação, como qualquer direito pode ser renunciada, não tendo o menor sentido lógico, nem portanto jurídico, conceber algum direito irrenunciável, imposto, que precisa forçosamente ser fruído. Tal, se existir, direito não será, e sim obrigação. A principal característica do direito é a voluntariedade de seu exercício; suprindo-se essa voluntariedade, para obrigar a alguém a obter algum direito, converte-se nesse passo aquele direito em autêntica obrigação, ou dever."

A tabela abaixo sintetiza a nova regra nos seguintes termos:

Idade do cônjuge/companheiro	Duração da pensão
Menos de 21 anos	3 anos
Entre 21 e 26 anos	6 anos
Entre 27 e 29 anos	10 anos
Entre 30 e 40 anos	15 anos
Entre 41 e 43 anos	20 anos
44 anos ou mais	Vitalícia

A Lei nº 13.135/2016 **não estabeleceu período de carência para pagamento de pensão por morte**. Com efeito, não há tempo mínimo de casamento ou união estável para que o cônjuge ou companheiro tenha direito à pensão por morte.

Contudo, vale destacar que a pensão irá durar **apenas 4 meses** se o servidor tiver pago **menos de 18 contribuições mensais** para o regime previdenciário. O mesmo período de 4 meses se aplica se o servidor era casado ou vivia em união estável **há menos de 2 anos** quando morreu, mas neste caso independentemente do número de contribuições.

Veja, portanto, que a nova sistemática criada pela Lei nº 13.135/2016 **extinguiu o instituto da pensão vitalícia para cônjuge ou companheiro com menos de 44 anos de idade**, estabelecendo, nesse caso, prazo variável entre 4 meses e 20 anos para pagamento de pensão. Essa medida procura evitar que beneficiários de pensão economicamente ativos e potencialmente aptos ao mercado de trabalho recebam o benefício por tempo indeterminado.

Importante lembrar que, por morte ou perda da qualidade de beneficiário, a respectiva cota reverterá para os cobeneficiários (art. 223).

Muita atenção para a regra do art. 225, segundo o qual ressalvado o direito de opção, é **vedada a percepção cumulativa de pensão** deixada por mais de um cônjuge ou companheiro ou companheira e de mais de 2 (duas) pensões.

Aproveitando o ensejo, tratemos sumariamente da forma de cálculo dos proventos de pensão, matéria que encontra previsão constitucional. A EC nº 41, de 19 de dezembro de 2003, alterou a matéria, passando a fixar no § 7º do art. 40 da Lei Maior a seguinte regra (destaque nosso):[18]

---

18 É importante lembrar que ao servidor público cujo falecimento tenha ocorrido antes da promulgação das referidas regras constitucionais é assegurado o cálculo dos proventos de pensão de acordo com a disciplina anterior. Entretanto, o servidor que tenha falecido na vigência da EC nº 41/2003 o respectivo benefício da pensão devido aos seus beneficiários está sujeito a esses regramentos (STJ, MS 14.743/DF, Rel. Min. TEORI ALBINO ZAVASCKI, julg.: 11.06.2010).

> Lei disporá sobre a concessão do benefício de pensão por morte, que será igual:
>
> I – ao valor da **totalidade dos proventos** do servidor falecido, **até o limite máximo** estabelecido para os benefícios do regime geral de previdência social de que trata o art. 201, acrescido de **setenta por cento da parcela excedente** a este limite, caso **aposentado** à data do óbito; ou
>
> II – ao valor da **totalidade da remuneração** do servidor no cargo efetivo em que se deu o falecimento, **até o limite máximo** estabelecido para os benefícios do regime geral de previdência social de que trata o art. 201, acrescido de **setenta por cento da parcela excedente** a este limite, caso em **atividade** na data do óbito.

Em outros termos, a pensão corresponderá à totalidade dos proventos ou da remuneração, até o limite do RGPS, acrescida de 70% do valor que ultrapassar esse limite. No exemplo que segue, utilizamos como limite do RGPS o valor de R$ 5.500,00, para facilitar a compreensão dos cálculos. Um servidor recebe remuneração mensal de R$ 10.000,00. No caso de esse servidor vir a falecer, o cálculo dos proventos de pensão dos dependentes será realizado em duas etapas: uma primeira parte, que se refere a 100% do valor estabelecido como limite do RGPS, o que resulta na quantia aproximada de R$ 5.500,00; e uma segunda parte, que corresponde a 70% do valor que superar o limite do RGPS (ou seja, o que sobrar do primeiro cálculo, que, no caso, é R$ 7.000,00), resultando no valor de 3.150,00. Assim, o valor dos proventos de pensão será correspondente à soma dos dois resultados: R$ 5.500,00 (100% do limite do RGPS) + R$ 3.150,00 (70% do valor que superar o limite do RGPS) – totalizando R$ 8.650,00, que corresponderá ao valor da pensão dos dependentes.

De outra forma, se a remuneração do servidor falecido em atividade fosse de R$ 1.000,00. Como esse valor é inferior ao limite do RGPS, então, nesse caso, o valor do provento de pensão seria equivalente a 100% da remuneração, até o teto do RGPS. Ou seja, os dependentes receberiam os mesmos R$ 1.000,00 a título de pensão.

É imperioso notar que, além da forma de cálculo já apresentada, incidirá contribuição previdenciária sobre o valor do provento de pensão em igual percentual estabelecido para os servidores ativos. Uma das principais, e mais criticadas, alterações trazidas pela EC nº 41/2003 foi a denominada taxação dos inativos. Por ela, além do ente público e do servidor ativo, contribuirão para o sistema os aposentados e pensionistas.[19] Os §§ 18 e 21 do art. 40 da Carta Magna dispõem sobre o assunto nos seguintes termos (destaque nosso):

> Incidirá contribuição sobre os proventos de aposentadorias e pensões concedidas pelo regime de que trata este artigo que superem o limite máximo estabelecido para os benefícios do regime geral de previdência social de que trata o art. 201, com **percentual igual ao estabelecido para os servidores titulares de cargos efetivos**.
>
> A contribuição prevista no § 18 deste artigo incidirá apenas sobre as parcelas de proventos de aposentadoria e de pensão que **superem o dobro do limite** máximo estabelecido para os benefícios do regime geral de previdência social de que trata o art. 201 desta Constituição, quando o beneficiário, na forma da lei, for **portador de doença incapacitante**.

O fundamento de se instituir contribuição para os servidores inativos está no caráter solidário do sistema previdenciário, segundo o qual o inativo contribuiria não mais para si mesmo, mas para as gerações futuras que eventualmente gozarão dos benefícios previdenciários.

É imperioso destacar que a Constituição, no dispositivo supramencionado, determina que a alíquota de contribuição será a mesma para ativos, aposentados e pensionistas. Todavia, o texto constitucional não define a base de cálculo da contribuição previdenciária para os servidores da ativa, que incide sobre a totalidade de sua remuneração, deixando o assunto à disciplina da legislação ordinária. Por isso, o art. 5º da Lei nº 10.887/2004 fixa a alíquota de contribuição dos servidores inativos em 11%, incidentes sobre o valor dos proventos e pensões que superem o limite máximo dos proventos que podem perceber os filiados ao RGPS. Nesse contexto, o § 1º do art. 149 da Constituição estabelece que **as alíquotas instituídas pelos**

---

19 Preliminarmente, o STF foi provocado a se manifestar sobre dispositivo da Lei nº 9.783/99, que estabelecia a contribuição dos servidores inativos. Naquele momento, a Corte suspendeu a eficácia do referido dispositivo por entender que lhe faltava "a necessária matriz constitucional" capaz de instituir essa "exação tributária sobre o valor das aposentadorias e pensões". A este respeito, vide ADI nº 2.010-2, Rel. Min. CELSO DE MELLO, DJ 30.09.99. Todavia, a EC 41/2003 supriu a ausência da previsão constitucional da contribuição dos inativos, passando a Corte a reputá-la como válida (Vide ADIs 3.105-DF e 3.128-DF, Rel. Min. JOAQUIM BARBOSA, DJ 18.08.2004).

Estados, pelo Distrito Federal e pelos Municípios não poderão ser inferiores às que a União cobra dos seus servidores.

Embora as alíquotas de contribuição sejam idênticas para ativos, aposentados e pensionistas, o valor da contribuição será distinto em face de a base de cálculo ser alterada em cada caso. Vejamos:

a) **ativos**: a base de cálculo é a totalidade das remunerações auferidas pelo servidor ao longo de sua carreira;

b) **aposentados e pensionistas**: a base de cálculo é o valor dos proventos que superar o limite do RGPS;

c) **aposentados e pensionistas portadores de doença incapacitante**: a base de cálculo é o valor dos proventos que superar o dobro do teto do RGPS (o que totalizaria R$ 7.397,32).

Para ilustrar o sobredito, e considerando o limite do RGPS como R$ 5.500,00, imaginemos que um servidor receba remuneração bruta de R$ 10.000,00 mensais. Como a base de cálculo de sua contribuição previdenciária é a totalidade de sua remuneração, o valor da contribuição deste servidor será de **R$ 1.100,00** (basta multiplicar o valor de sua remuneração por 11%). Logo, o valor da remuneração líquida deste servidor, desprezados outros descontos, será de R$ 8.900,00.

Em se tratando de um aposentado ou pensionista cujo provento fosse de R$ 8.650,00 (aproveitando o exemplo anterior), a base de cálculo seria outra: incidiria sobre o valor dos proventos que excedessem o limite do RGPS. Assim, o valor de sua contribuição seria de **R$ 346,00** (inicialmente diminui-se o valor de sua remuneração, R$ 8.650,00, do valor do limite do RGPS, R$ 5.500,00, do resultado dessa subtração, R$ 3.150,00, extrai-se o percentual de 11%, totalizando R$ 346,00). Dessa forma, o valor do provento de pensão ou de aposentadoria será de R$ 8.304,00.

Por sua vez, se fosse o caso de um aposentado ou pensionista portador de doença incapacitante, cujo provento fosse de R$ 18.000,00, a base de cálculo seria o dobro do limite do RGPS (nesse caso, R$ 11.000,00). Primeiro subtrai-se o dobro do limite do RGPS dos proventos do inativo (R$ 18.000,00). Depois, multiplica-se o resultado dessa subtração (R$ 7.000,00) por 11%, obtendo-se **R$ 770,00**, que será o valor da contribuição mensal desse aposentado ao sistema previdenciário. Por fim, este servidor receberá provento no valor de R$ 17.230,00.

Nesse passo, reflitamos sobre a amplitude dos cortes efetuados pela EC nº 41/2003. Por tudo o que foi exposto e para demonstrarmos a magnitude dos prejuízos pecuniários sofridos, vejamos o caso de um servidor público que se aposentou e posteriormente faleceu, deixando pensão aos seus dependentes. Em um primeiro momento, quando de sua aposentadoria, foi realizada média aritmética simples de 80% das melhores remunerações percebidas pelo servidor ao longo de sua carreira no serviço público. Aqui, provavelmente, o servidor já sofreu considerável decréscimo em relação à última remuneração que percebeu no cargo em que se deu a aposentadoria.

A partir dessa média aritmética, suponhamos que o valor do provento tenha sido fixado em R$ 10.000,00. Quando esse servidor falecer, será feito o cálculo do provento de pensão, na forma do § 7º do art. 40 da CF. Pelos exemplos dados, sabemos que, após esses cálculos, o valor da pensão cai para R$ 8.650,00. Mas isso não é tudo, para aumentar o decréscimo, pois incidirá ainda a contribuição previdenciária de 11%, consoante o § 18 do art. 40 da CF, totalizando R$ 7.698,00. Em suma, os beneficiários de um servidor, após sofrer supressão em sua renda, em virtude da aposentadoria, assistirão a um encolhimento na renda familiar de, aproximadamente, R$ 2.300,00. Esse é o legado deixado pelas reformas à previdência que, diga-se de passagem, em um futuro próximo, ressurgirão causando ainda mais reduções.

Dispõe o art. 224 que as pensões serão automaticamente atualizadas na mesma data e na mesma proporção dos reajustes dos vencimentos dos servidores, aplicando-se o disposto no parágrafo único do art. 189. Todavia, o referido dispositivo restou tacitamente revogado, haja vista que a paridade entre ativos e inativos foi extinta pelo § 8º do art. 40 da CF, que assegura o reajustamento dos benefícios em caráter permanente, para preservar-lhes o valor real, sem vincular esse reajuste aos dos servidores ativos.

Pensão por morte

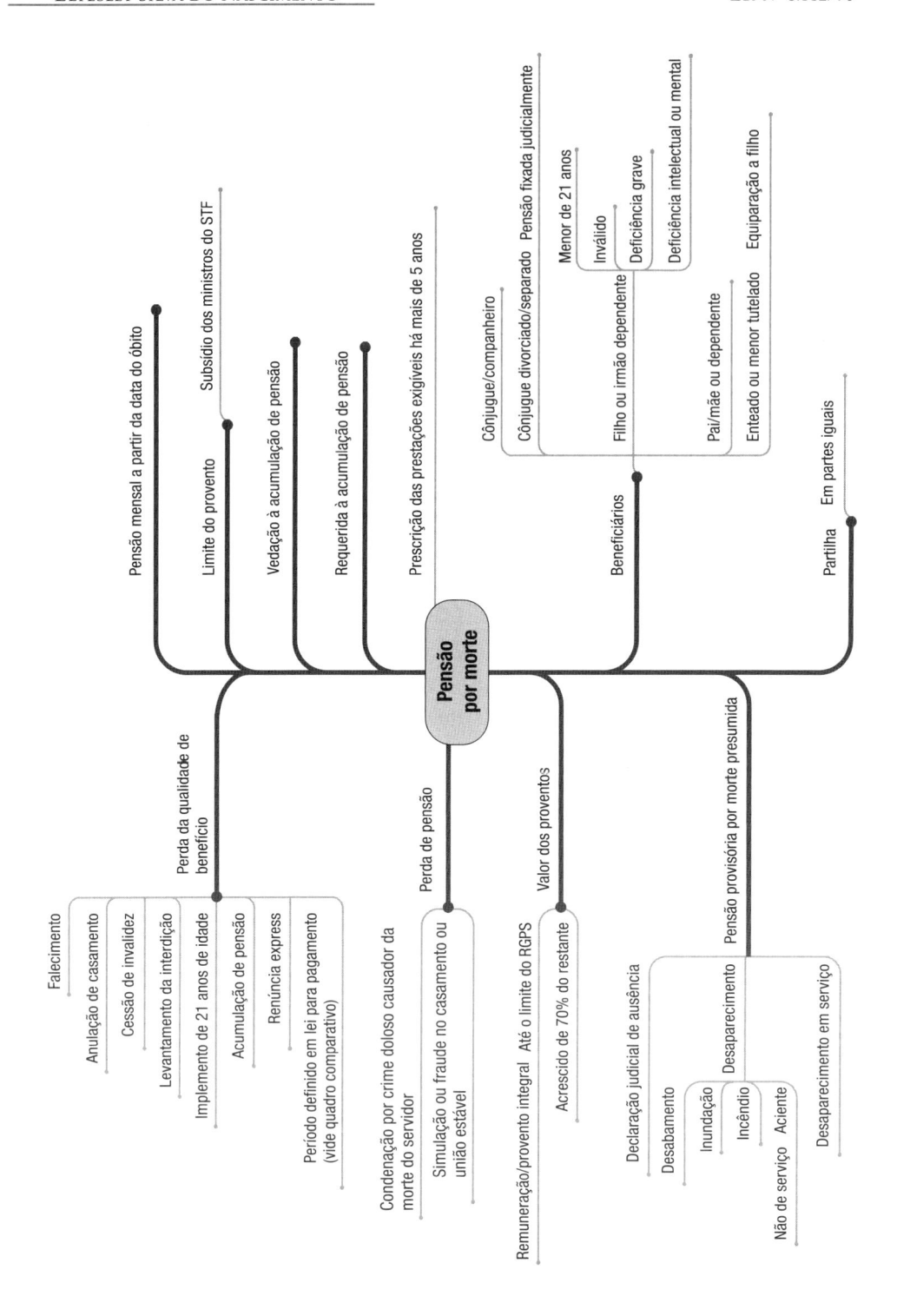

- **Pensão mensal a partir da data do óbito**
- **Limite do provento**
  - Subsídio dos ministros do STF
- **Vedação à acumulação de pensão**
- **Requerida à acumulação de pensão**
- **Prescrição das prestações exigíveis há mais de 5 anos**
- **Beneficiários**
  - Cônjuge/companheiro
  - Cônjuge divorciado/separado — Pensão fixada judicialmente
  - Filho ou irmão dependente
    - Menor de 21 anos
    - Inválido
    - Deficiência grave
    - Deficiência intelectual ou mental
  - Pai/mãe ou dependente
  - Enteado ou menor tutelado — Equiparação a filho
- **Partilha**
  - Em partes iguais
- **Pensão provisória por morte presumida**
  - Declaração judicial de ausência
  - Desaparecimento
    - Desabamento
    - Inundação
    - Incêndio
    - Acidente
    - Não de serviço
    - Desaparecimento em serviço
- **Valor dos proventos**
  - Remuneração/provento integral — Até o limite do RGPS
  - Acrescido de 70% do restante
- **Perda de pensão**
  - Simulação ou fraude no casamento ou união estável
  - Condenação por crime doloso causador da morte do servidor
- **Perda da qualidade de beneficio**
  - Falecimento
  - Anulação de casamento
  - Cessão de invalidez
  - Levantamento da interdição
  - Implemento de 21 anos de idade
  - Acumulação de pensão
  - Renuncia express
  - Período definido em lei para pagamento (vide quadro comparativo)

4. LICENÇA PARA TRATAMENTO DA PRÓPRIA SAÚDE

Será concedida ao servidor licença para tratamento de saúde, a **pedido ou de ofício**, com base em **perícia médica, sem prejuízo da remuneração** a que fizer jus (art. 202).

O art. 203, com redação dada pela Lei nº 11.907, de 2 de fevereiro de 2009, afirma que a referida licença será concedida com base em perícia oficial. Sempre que necessário, a inspeção médica será realizada na **residência do servidor** ou no **estabelecimento hospitalar** onde se encontrar internado (§ 1º). Inexistindo médico no órgão ou entidade no local onde se encontra ou tenha exercício em caráter permanente o servidor, e não se configurando as hipóteses de prestação de serviço de saúde pelo Sistema Único de Saúde (SUS), será aceito atestado passado por médico particular, que somente produzirá efeitos depois de recepcionado pela unidade de recursos humanos do órgão ou entidade (§§ 2º e 3º).

Pela regra do § 4º, com redação dada pela Lei nº 11.907/2009, a licença que exceder o prazo de **120 dias no período de 12 meses** a contar do primeiro dia de afastamento será concedida mediante avaliação por junta médica oficial.

A licença para tratamento de saúde **inferior a 15 dias**, dentro de um ano, poderá ser **dispensada de perícia oficial**, na forma definida em regulamento (art. 204).

O atestado e o laudo da junta médica não se referirão ao nome ou à natureza da doença, salvo quando se tratar de lesões produzidas por acidente em serviço, doença profissional ou qualquer das doenças que geram aposentadoria por invalidez (art. 205). O servidor que apresentar indícios de lesões orgânicas ou funcionais será submetido a inspeção médica (art. 206). O servidor será submetido a exames médicos periódicos, nos termos e condições definidos em regulamento (art. 206-A).

Nos termos do art. 103, VII, do Estatuto, o tempo de licença para tratamento da própria saúde que **exceder o período de 24 meses**, cumulativo ao longo do tempo de serviço prestado à União, em cargo de provimento efetivo, será contado **apenas para efeito de aposentadoria e disponibilidade**. Nos primeiros 24 meses, conta-se o tempo de serviço para todos os efeitos.

5. LICENÇA POR ACIDENTE EM SERVIÇO

Será licenciado, com **remuneração integral**, o servidor acidentado em serviço (art. 211). Configura acidente em serviço o dano físico ou mental sofrido pelo servidor, que se relacione, mediata ou imediatamente, com as atribuições do cargo exercido (212).

> **Parágrafo único.** Equipara-se ao acidente em serviço o dano:
>
> I – decorrente de agressão sofrida e não provocada pelo servidor no exercício do cargo;
>
> II – sofrido no percurso da residência para o trabalho e vice-versa.

O servidor acidentado em serviço que necessite de tratamento especializado poderá ser tratado em **instituição privada**, à conta de **recursos públicos**, desde que o tratamento seja recomendado por junta médica oficial e não existirem meios e recursos adequados em instituição pública (art. 213).

A prova do acidente será feita no prazo de **10 dias**, prorrogável quando as circunstâncias o exigirem (art. 214).

6. AUXÍLIO-NATALIDADE

O auxílio-natalidade é devido à servidora por motivo de nascimento de filho, em quantia equivalente ao **menor vencimento do serviço público**, inclusive no caso de **natimorto** (art. 196). Na hipótese de parto múltiplo, o valor será **acrescido de 50%,** por nascituro (§ 1º). Quando a parturiente não for servidora, o auxílio será pago ao **cônjuge ou companheiro** do servidor público (§ 2º).

À servidora que ocupar exclusivamente cargo em comissão não será devido esse auxílio, pelo fato de que durante esse período ficará sob a responsabilidade de Previdência Social.

7. SALÁRIO-FAMÍLIA

O art. 197 da lei dispõe que o salário-família é devido ao servidor **ativo** ou ao **inativo**, por **dependente econômico**.

> **Parágrafo único.** Consideram-se dependentes econômicos para efeito de percepção do salário-família:
>
> I – o cônjuge ou companheiro e os filhos, inclusive os enteados até 21 anos de idade ou, se estudantes, até 24 anos ou, se inválidos, de qualquer idade;

II – o menor de 21 anos que, mediante autorização judicial, viver na companhia e às expensas do servidor, ou do inativo;

III – a mãe e o pai sem economia própria.

Não se configura a dependência econômica quando o beneficiário do salário-família perceber rendimento do trabalho ou de qualquer outra fonte, inclusive pensão ou provento da aposentadoria, em valor igual ou superior ao salário-mínimo (art. 198).

Quando o pai e a mãe forem servidores públicos, e viverem em comum, o salário-família será pago a um deles; quando separados, será pago a um e outro, de acordo com a distribuição dos dependentes (art. 199). Ao pai e à mãe equiparam-se o padrasto, a madrasta e, na falta desses, os representantes legais dos incapazes.

O salário-família não está sujeito a **qualquer tributo**, nem servirá de base para qualquer **contribuição**, inclusive para a Previdência Social (art. 200).

O afastamento do cargo efetivo, sem remuneração, **não** acarreta a **suspensão** do pagamento do salário-família (art. 201).

O art. 13 da EC nº 20/98 estatuiu que até que a lei discipline o acesso ao salário-família para os servidores, segurados e seus dependentes, esse benefício será apenas àqueles que tenham renda bruta mensal igual ou inferior a R$ 360,00, que, até a publicação da lei, serão corrigidos pelos mesmos índices aplicados aos benefícios do Regime Geral de Previdência Social.

8. LICENÇA À GESTANTE, ADOTANTE E LICENÇA-PATERNIDADE

Será concedida licença à servidora gestante por **120 dias consecutivos**, sem prejuízo da remuneração (art. 202).

O Decreto nº 6.690, de 11 de dezembro de 2008, regulamenta a Lei nº 11.770/2008, que dispõe acerca da **prorrogação da licença** à gestante por **60 dias**, totalizando 180 dias de licença. Essa prorrogação, é bom que se destaque, dependerá de **expressa solicitação** da servidora.[20]

---

20 Impende destacar que a prorrogação da licença à gestante por 60 dias não é automática e autoaplicável, estando condicionada à edição de ato regulamentar (ex.: decreto) pelo ente administrativo a que se encontra vinculada a servidora pública (EDcl no REsp 1.333.646-BA, Rel. Min. CASTRO MEIRA, julg.: 18.10.2012).

Além disso, as adotantes também terão direito à prorrogação nos prazos de licença da seguinte forma: a) mais 60 dias para crianças com até um ano de idade (totalizando 150 dias); b) mais 30 dias para criança com mais de um e menos de quatro anos de idade (totalizando 60 dias); e c) mais 15 dias para crianças de quatro a oito anos de idade (totalizando 45 dias). Dispõe, ainda, o mesmo diploma normativo, que durante o período de licença a servidora não poderá exercer qualquer atividade remunerada, ou manter a criança em creche ou qualquer organização similar, sob pena de perda do direito à prorrogação.

A licença poderá ter início no primeiro dia do **nono mês** de gestação, salvo **antecipação** por prescrição médica (§ 1º).

No caso de nascimento **prematuro**, a licença terá início a partir do parto (§ 2º). No caso de **natimorto**, decorridos 30 dias do evento, a servidora será submetida a exame médico, e, se julgada apta, reassumirá o exercício (§ 3º). No caso de **aborto** atestado por médico oficial, a servidora terá direito a 30 dias de repouso remunerado (§ 4º).

Pelo nascimento ou adoção de filhos, o servidor terá direito à licença--paternidade de **cinco dias** consecutivos (art. 208).

Para amamentar o próprio filho, até a idade de **seis meses**, a servidora lactante terá direito, durante a jornada de trabalho, a **uma hora de descanso**, que poderá ser parcelada em **dois períodos** de meia hora (art. 209).

À servidora que adotar ou obtiver guarda judicial de criança até **um ano** de idade, serão concedidos **90 dias** de licença remunerada (art. 210).

No caso de adoção ou guarda judicial de criança com mais de **um ano** de idade, o prazo de que trata este artigo será de **30 dias**.

9. AUXÍLIO FUNERAL

O auxílio-funeral é devido à **família** do servidor falecido na atividade ou aposentado, em valor equivalente a **um mês** da remuneração ou provento (art. 226).

No caso de acumulação legal de cargos, o auxílio será pago somente em razão do cargo de **maior** remuneração (§ 1º).

O auxílio será pago no prazo de **48 horas**, por meio de procedimento sumaríssimo, à pessoa da família que houver custeado o funeral (§ 3º). O mesmo se aplica se o funeral for custeado por terceiro (art. 227).

Em caso de falecimento de servidor, em serviço fora do local de trabalho, inclusive no exterior, as despesas de transporte do corpo correrão à conta de **recursos da União**, autarquia ou fundação pública (art. 228).

10. AUXÍLIO-RECLUSÃO

O art. 92 prevê as hipóteses em que o servidor **perderá** o cargo em virtude de sentença judicial, a saber:

> I – aplicada pena privativa de liberdade por tempo igual ou superior a **um ano**, nos crimes praticados com abuso de poder ou violação de dever para com a Administração Pública;
>
> II – quando for aplicada pena privativa de liberdade por tempo superior a **quatro anos**, nos demais casos.

Não ocorrendo alguma dessas hipóteses, o servidor fará jus ao auxílio--reclusão. O art. 229 prevê que à família do servidor ativo é devido o auxílio-reclusão, nos seguintes valores:

> I – **dois terços** da remuneração, quando afastado por motivo de prisão, em flagrante ou preventiva, determinada pela autoridade competente, enquanto perdurar a prisão. Se absolvido, o servidor terá direito à integralização da remuneração que deixou de receber em decorrência da prisão;
>
> II – **metade** da remuneração, durante o afastamento, em virtude de condenação, por sentença definitiva, a pena que não determine a perda de cargo.

O pagamento do auxílio-reclusão cessará a partir do dia imediato àquele em que o servidor for posto em liberdade, ainda que condicional (§ 2º).

O art. 13 da EC nº 20/98 estatuiu que até que a lei discipline o acesso ao auxílio-reclusão para os servidores, segurados e seus dependentes, esse benefício será apenas àqueles que tenham renda bruta mensal igual ou inferior a R$ 360,00, que, até a publicação da lei, serão corrigidos pelos mesmos índices aplicados aos benefícios do regime geral de previdência social. Embora a referida lei até hoje não tenha sido editada, para o STJ[21], essa

---

21 AgRg no REsp 1.510.425-RJ, Rel. Min. HUMBERTO MARTINS, julg.: 16/04/2015.

regra da emenda só se aplica aos servidores públicos vinculados ao RGPS, situação muito comum nos Municípios que não possuem regime próprio de previdência social. Desse modo, a exigência de baixa renda não alcançaria os servidores efetivos vinculados ao RPPS.

11. ASSISTÊNCIA À SAÚDE

A assistência à saúde do servidor, ativo ou inativo, e de sua família, compreende assistência médica, hospitalar, odontológica, psicológica e farmacêutica, terá como diretriz básica o implemento de ações preventivas voltadas para a promoção da saúde e será prestada pelo Sistema Único de Saúde – SUS, diretamente pelo órgão ou entidade ao qual estiver vinculado o servidor, ou mediante convênio ou contrato, ou ainda na forma de auxílio, mediante ressarcimento parcial do valor despendido pelo servidor, ativo ou inativo, e seus dependentes ou pensionistas, com planos ou seguros privados de assistência à saúde, na forma estabelecida em regulamento (art. 230).

Prevê o § 1º que sempre que for exigida perícia, avaliação ou inspeção médica, na ausência de médico ou junta médica oficial, para a sua realização o órgão ou entidade celebrará, preferencialmente, convênio com unidades de atendimento do sistema público de saúde, entidades sem fins lucrativos declaradas de utilidade pública, ou com o Instituto Nacional do Seguro Social – INSS. Não sendo isso possível, o órgão ou entidade promoverá a contratação da prestação de serviços por pessoa jurídica, que constituirá junta médica especificamente para esses fins, indicando os nomes e especialidades dos seus integrantes, com a comprovação de suas habilitações e de que não estejam respondendo a processo disciplinar junto à entidade fiscalizadora da profissão (§ 2º).

Ficam a União e suas entidades autárquicas e fundacionais autorizadas a (§ 3º):

> I – celebrar convênios exclusivamente para a prestação de serviços de assistência à saúde para os seus servidores ou empregados ativos, aposentados, pensionistas, bem como para seus respectivos grupos familiares definidos, com entidades de autogestão por elas patrocinadas por meio de instrumentos jurídicos efetivamente celebrados e publicados até 12 de fevereiro de 2006, e que

possuam autorização de funcionamento do órgão regulador, sendo certo que os convênios celebrados depois dessa data somente poderão sê-lo na forma da regulamentação específica sobre patrocínio de autogestões, a ser publicada pelo mesmo órgão regulador, no prazo de 180 (cento e oitenta) dias da vigência desta Lei, normas essas também aplicáveis aos convênios existentes até 12 de fevereiro de 2006; e

II – contratar, mediante licitação, na forma da Lei nº 8.666, de 21 de junho de 1993, operadoras de planos e seguros privados de assistência à saúde que possuam autorização de funcionamento do órgão regulador.

O valor do ressarcimento fica limitado ao total despendido pelo servidor ou pensionista civil com plano ou seguro privado de assistência à saúde (§ 5º).

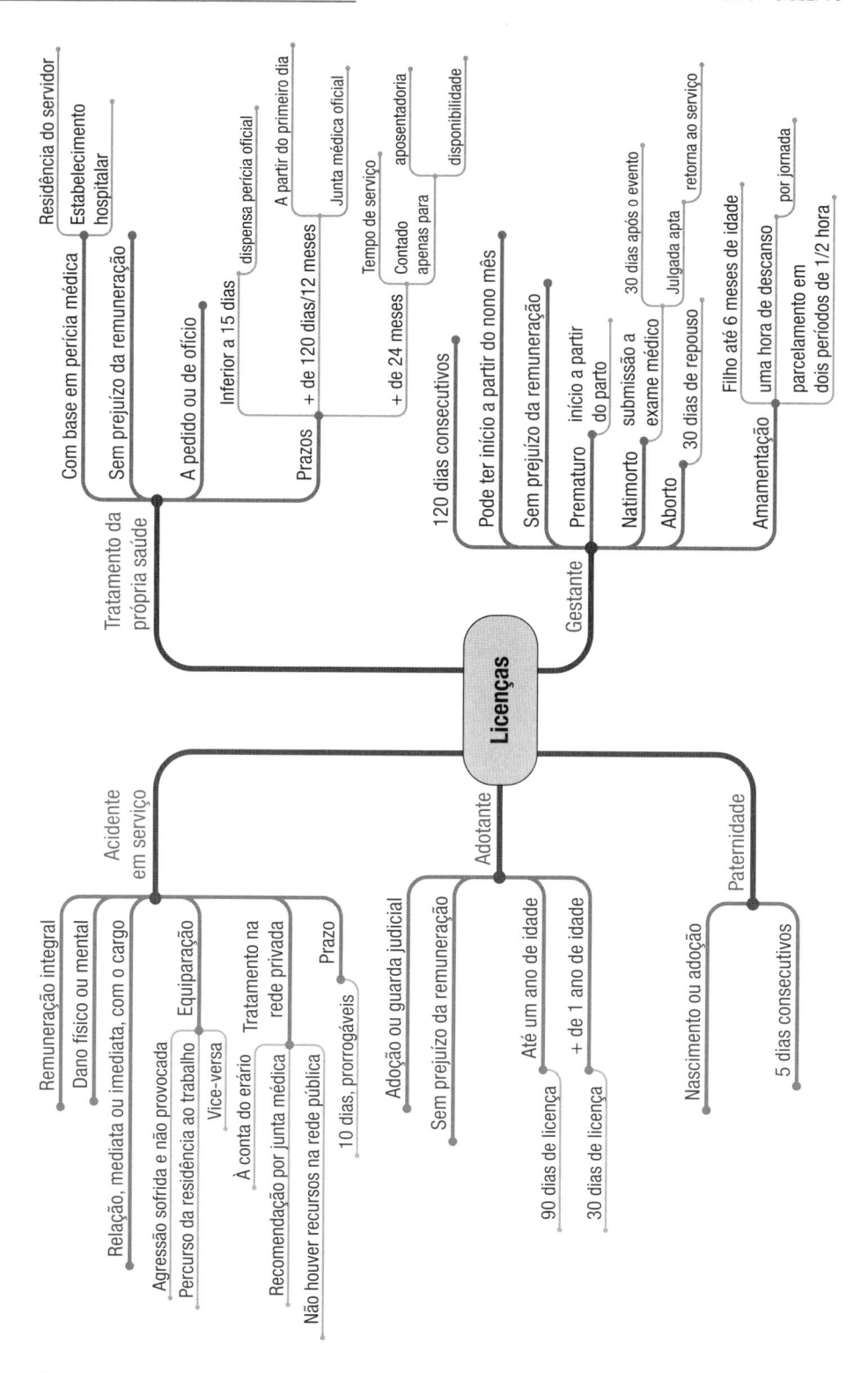

Licenças

Tratamento da própria saúde
- Com base em perícia médica
  - Residência do servidor
  - Estabelecimento hospitalar
- Sem prejuízo da remuneração
- A pedido ou de ofício
- Prazos
  - Inferior a 15 dias — dispensa perícia oficial
  - + de 120 dias/12 meses
    - A partir do primeiro dia
    - Junta médica oficial
  - + de 24 meses — Tempo de serviço Contado apenas para
    - aposentadoria
    - disponibilidade

Gestante
- 120 dias consecutivos
- Pode ter início a partir do nono mês
- Sem prejuízo da remuneração
- Prematuro — início a partir do parto
- Natimorto — submissão a exame médico
  - 30 dias após o evento
  - Julgada apta — retorna ao serviço
- Aborto — 30 dias de repouso
- Amamentação
  - Filho até 6 meses de idade
  - uma hora de descanso por jornada
  - parcelamento em dois períodos de 1/2 hora

Acidente em serviço
- Remuneração integral
- Dano físico ou mental
- Relação, mediata ou imediata, com o cargo
- Agressão sofrida e não provocada
- Percurso da residência ao trabalho
  - Equiparação
  - Vice-versa
- À conta do erário
- Tratamento na rede privada
- Recomendação por junta médica
- Não houver recursos na rede pública
- Prazo — 10 dias, prorrogáveis

Adotante
- Adoção ou guarda judicial
- Sem prejuízo da remuneração
- Até um ano de idade — 90 dias de licença
- + de 1 ano de idade — 30 dias de licença

Paternidade
- Nascimento ou adoção
- 5 dias consecutivos

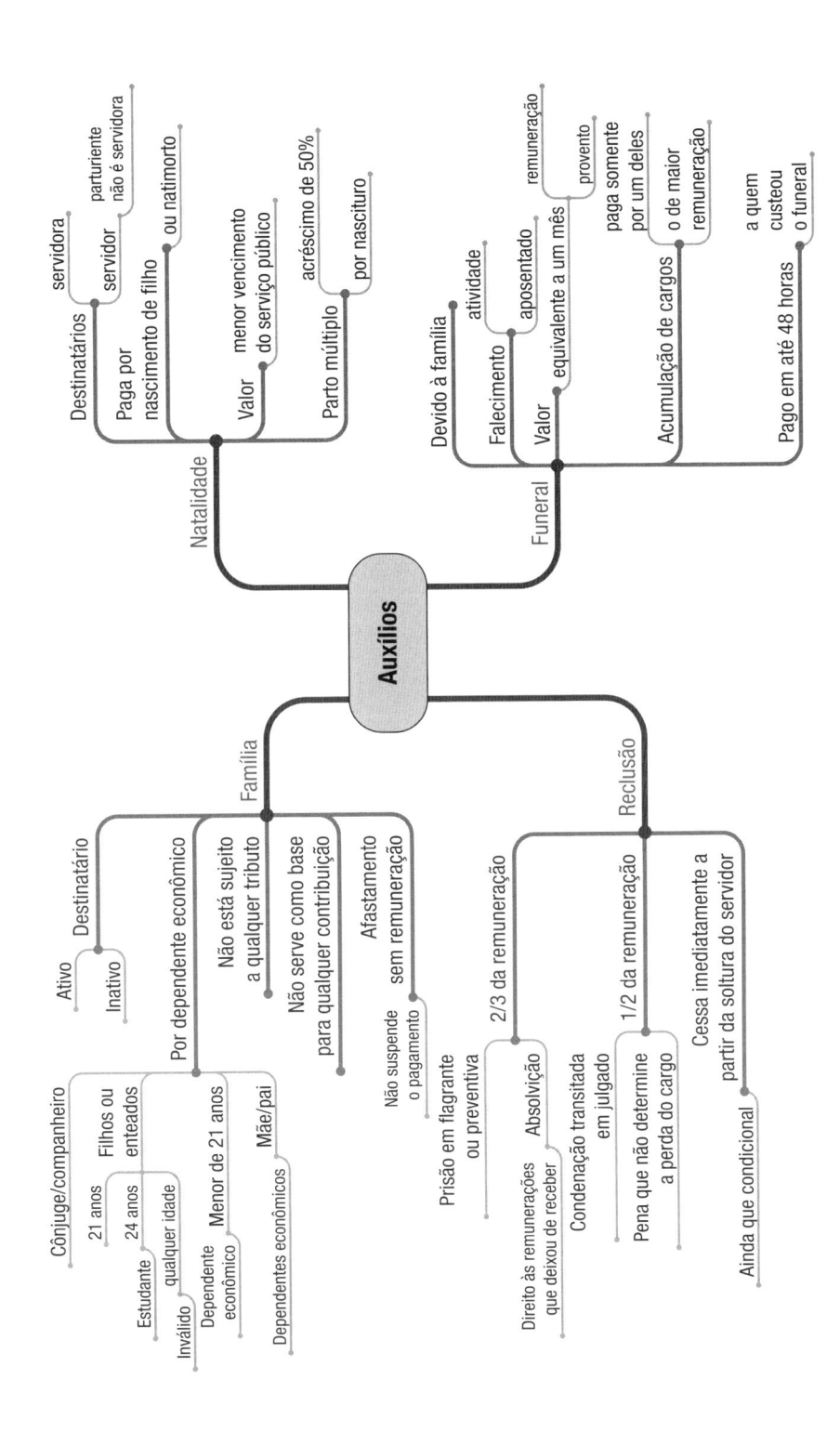

Seguridade Social — Capítulo 6

Auxílios

Natalidade
- **Destinatários**
  - servidora
  - servidor
    - parturiente não é servidora
    - ou natimorto
- **Paga por nascimento de filho**
- **Valor**: menor vencimento do serviço público
- **Parto múltiplo**
  - acréscimo de 50%
  - por nascituro

Funeral
- Devido à família
- Falecimento
  - atividade
  - aposentado
- **Valor**: equivalente a um mês
  - remuneração
  - provento
- **Acumulação de cargos**
  - paga somente por um deles
  - o de maior remuneração
- **Pago em até 48 horas**
  - a quem custeou o funeral

Família
- **Destinatário**
  - Ativo
  - Inativo
- Por dependente econômico
- Não está sujeito a qualquer tributo
- Não serve como base para qualquer contribuição
- Afastamento sem remuneração
- Não suspende o pagamento

Dependentes:
- Cônjuge/companheiro
- Filhos ou enteados
  - 21 anos
  - 24 anos — Estudante
  - qualquer idade — Inválido
- Dependente econômico — Menor de 21 anos
- Mãe/pai — Dependentes econômicos

Reclusão
- 2/3 da remuneração
  - Prisão em flagrante ou preventiva
- Direito às remunerações que deixou de receber
  - Absolvição
- 1/2 da remuneração
  - Condenação transitada em julgado
  - Pena que não determine a perda do cargo
- Cessa imediatamente a partir da soltura do servidor
  - Ainda que condicional

Capítulo 7
Disposições Gerais, Transitórias e Finais

Os títulos VIII e IX da Lei nº 8.112/90 ocupam-se de estabelecer disposições gerais, transitórias e finais aplicáveis aos servidores públicos federais. Como tratam-se de regras gerais e transitórias, e tendo em vista a finalidade desta obra, nos limitaremos a reproduzir o texto literal dos dispositivos, fazendo um ou outro comentário, quando isso for necessário.

O art. 236, inaugurando as disposições gerais, dispõe que o Dia do Servidor Público será comemorado a **28 de outubro**, exatamente como previa o antigo Estatuto dos servidores federais (Lei nº 1.711/52).

Pela regra do art. 237, poderão ser instituídos, no âmbito dos Poderes Executivo, Legislativo e Judiciário, os seguintes **incentivos funcionais**, além daqueles já previstos nos respectivos planos de carreira:

> I – prêmios pela apresentação de ideias, inventos ou trabalhos que favoreçam o aumento de produtividade e a redução dos custos operacionais;
>
> II – concessão de medalhas, diplomas de honra ao mérito, condecoração e elogio.

Os prazos previstos no regime estatutário serão contados em **dias corridos**, **excluindo**-se o dia do começo e **incluindo**-se o do vencimento, ficando prorrogado, para o primeiro dia útil seguinte, o prazo vencido em dia em que não haja expediente (art. 238).

Por motivo de crença religiosa ou de convicção filosófica ou política, o servidor não poderá ser privado de quaisquer dos seus direitos, sofrer discriminação em sua vida funcional, nem eximir-se do cumprimento de seus deveres (art. 239).

O art. 240 determina que ao servidor público civil é assegurado, nos termos da Constituição Federal (art. 37, VI), o direito à **livre associação sindical** e aos seguintes direitos, entre outros, dela decorrentes:

> a) de ser representado pelo sindicato, inclusive como substituto processual;
>
> b) de inamovibilidade do dirigente sindical, até um ano após o final do mandato, exceto se a pedido;
>
> c) de descontar em folha, sem ônus para a entidade sindical a que for filiado, o valor das mensalidades e contribuições definidas em assembleia geral da categoria.

Quanto ao direito de associação sindical, o art. 37, VI, da Constituição prevê que é garantido ao servidor público civil o direito à livre associação sindical. A norma em apreço é autoaplicável, garantido por si só o direito de associação sindical aos servidores públicos por meio de entidades representativas (sindicatos, federações e confederações). Os empregados públicos têm esse direito por força do art. 8º da Constituição – dispositivo também autoaplicável.

Conforme advertência de José Maria Pinheiro Madeira, "considerando-se que a sindicalização vocaciona-se à permanência, não se permite a associação sindical de servidor público contratado temporariamente, pois que sua contratação é precária e visa a atender necessidade pública de curta duração, não dispondo, portanto, da condição que o habilita a manter-se como servidor público".[1] Em suma, o direito à associação sindical não alcança servidores temporários.

O foro judicial competente para conhecer lides que envolvam servidores públicos e as respectivas pessoas jurídicas onde desempenham suas atividades é a **Justiça Federal**, e não a Justiça do Trabalho. Já em se tratando de litígios entre os empregados públicos e as entidades de direito privado da Administração Indireta, compete a **Justiça do Trabalho** dirimir as controvérsias trabalhistas.[2]

Consideram-se da família do servidor, além do cônjuge e filhos, quaisquer pessoas que vivam às suas expensas e constem do seu assentamento individual, equiparando-se ao cônjuge a companheira ou companheiro,

---

[1] *O servidor público na atualidade*. 6ª ed. Rio de Janeiro: Lumen Juris, 2007, p. 338.
[2] STF, Rcl 8107 AgR/GO, Rel. Min. MARCO AURÉLIO, DJe 27.11.2009.

que comprove união estável como entidade familiar (art. 241 e parágrafo único).

Para os fins dessa lei, considera-se sede o município onde a repartição estiver instalada e onde o servidor tiver exercício, em caráter permanente.

O título IX, que trata das disposições preliminares, é iniciado pelo longo e polêmico art. 243 e seus nove parágrafos.

Ficam submetidos ao regime jurídico instituído por essa lei, na qualidade de servidores públicos, os servidores dos Poderes da União, dos ex-Territórios, das autarquias, inclusive as de regime especial, e das fundações públicas, regidos pelo antigo Estatuto (Lei nº 1.711/52), ou pela CLT, exceto os contratados por prazo determinado, cujos contratos não poderão ser prorrogados após o vencimento do prazo de prorrogação (art. 243).

Os empregos ocupados pelos servidores incluídos no regime instituído por essa lei ficam transformados em cargos, na data de sua publicação (§ 1º).

As funções de confiança exercidas por pessoas não integrantes de tabela permanente do órgão ou entidade onde têm exercício ficam transformadas em cargos em comissão, e mantidas enquanto não for implantado o plano de cargos dos órgãos ou entidades na forma da lei (§ 2º).

As Funções de Assessoramento Superior – FAS, exercidas por servidor integrante de quadro ou tabela de pessoal, ficam extintas na data da vigência dessa lei (§ 3º).

O regime jurídico dessa lei é extensivo aos serventuários da Justiça, remunerados com recursos da União, no que couber (§ 5º).

Os empregos dos servidores estrangeiros com estabilidade no serviço público, enquanto não adquirirem a nacionalidade brasileira, passarão a integrar tabela em extinção, do respectivo órgão ou entidade, sem prejuízo dos direitos inerentes aos planos de carreira aos quais se encontrem vinculados os empregos (§ 6º).

Os servidores públicos de que trata o *caput* deste artigo, não amparados pelo art. 19 do Ato das Disposições Constitucionais Transitórias, poderão, no interesse da Administração e conforme critérios estabelecidos em regulamento, ser exonerados mediante indenização de um mês de remuneração por ano de efetivo exercício no serviço público federal (§ 7º).

Para fins de incidência do imposto de renda na fonte e na declaração de rendimentos, serão considerados como indenizações isentas os pagamentos efetuados a título de indenização prevista no parágrafo anterior (§ 8º).

Os cargos vagos em decorrência da aplicação do disposto no § 7º poderão ser extintos pelo Poder Executivo, quando considerados desnecessários (§ 9º).

Reza o art. 247 que, para efeito de seguridade social, haverá ajuste de contas com a Previdência Social correspondente ao período de contribuição por parte dos servidores celetistas abrangidos pelo art. 243.

Continuando o título das disposições finais e transitórias, o art. 244 dispõe que os adicionais por tempo de serviço, já concedidos aos servidores abrangidos por essa lei, ficam transformados em anuênio. Em seguida, o art. 245 prevê que a licença especial disciplinada pelo art. 116 da Lei nº 1.711, de 1952, ou por outro diploma legal, fica transformada em licença-prêmio por assiduidade, na forma prevista na Lei nº 8.112. Ambos os dispositivos tornam-se inaplicáveis atualmente face à extinção do adicional por tempo de serviço e da licença prêmio por assiduidade.

As pensões estatutárias, concedidas até a vigência dessa lei, passam a ser mantidas pelo órgão ou entidade de origem do servidor (art. 248).

O servidor que já tiver satisfeito ou vier a satisfazer, dentro de um ano, as condições necessárias para a aposentadoria nos termos do inciso II do art. 184 do antigo Estatuto dos Funcionários Públicos Civis da União, Lei nº 1.711, de 28 de outubro de 1952, aposentar-se-á com a vantagem prevista naquele dispositivo (art. 250).

Essa lei entra em vigor na data de sua publicação, com efeitos financeiros a partir do primeiro dia do mês subsequente (art. 252).

Por fim, encerrando as regras do Estatuto, estabelece o art. 253 que ficam revogadas a Lei nº 1.711, de 28 de outubro de 1952, e respectiva legislação complementar, bem como as demais disposições em contrário.

A Lei nº 8.112/90 entrou em vigor na data de sua publicação, 12 de dezembro de 1990, e foi republicada em 18.03.1998.

Referências Bibliográficas

BARBOSA, Ingrid dos Santos Figueira. *Lei nº 8.112/90 Aplicada ao DF*. Brasília: Obcursos, 2009.

BACELLAR FILHO, Romeu Filipe. *Processo Administrativo Disciplinar,* 2º ed. São Paulo: Max Limonard, 2003, p. 133.

BRASIL. *Código Civil*. 60ª ed. São Paulo: Saraiva, 2009.

_____. *Código Penal*. 47ª ed. São Paulo: Saraiva, 2009.

_____. *Consolidação das Leis do Trabalho*. 36ª ed. São Paulo: Saraiva, 2009.

_____. *Constituição (1988)*. Constituição da República Federativa do Brasil. 42ª ed. São Paulo: Saraiva. 2009.

_____. *Presidência da República Federativa do Brasil*. Disponível em: <http://www.presidencia.gov.br/legislacao/>.

_____. *Superior Tribunal de Justiça*. Disponível em: <http://www.stj.jus.br>.

_____. *Supremo Tribunal Federal*. Disponível em: <http://www.stf.jus.br>.

_____. *Tribunal Superior Eleitoral*. Disponível em: <http://www.tse.jus.br>.

_____. *Tribunal Superior do Trabalho*. Disponível em: <http://www.tst.jus.br>.

CARVALHO FILHO, José dos Santos. *Manual de Direito Administrativo*. 20ª ed. Rio de Janeiro: Lumen Juris, 2008.

DELL'ISOLLA, Alberto. *Técnicas profissionais para Memorização*. São Paulo: Universo dos Livros, 2009.

DI PIETRO, Maria Sylvia Zanella. *Direito Administrativo*. 20ª ed. São Paulo: Atlas, 2006.

MADEIRA, José Maria Pinheiro. *O servidor público na atualidade*. 6ª ed. Rio de Janeiro: Lumen Juris, 2007.

MAXIMILIANO, Carlos. *Hermenêutica e Aplicação do Direito*, 18ª ed., Rio de Janeiro: Forense, 1999.

MEIRELLES, Hely Lopes. *Direito Administrativo Brasileiro*, 34ª ed. São Paulo: Malheiros, 2007.

MELLO, Celso Antônio Bandeira de. *Curso de Direito Administrativo.* 25ª ed. São Paulo, Malheiros, 2007.

NASCIMENTO, Elyesley Silva do. *Curso de Direito Administrativo.* Rio de Janeiro: Impetus, 2013.

ONTORIA, A., Luque, A. de & Gómez, J.P.R. *Aprender com Mapas Mentais: uma estratégia para pensar e estudar.* São Paulo: Madras, 2004.

PRADO, Leandro Cadenas. *Servidores Públicos Federais – Lei nº 8.112/90.* 8ª ed. Rio de Janeiro: Impetus, 2008.

RIGOLIN, Ivan Barbosa. *O servidor público nas reformas constitucionais.* 2ª ed. Belo Horizonte: Fórum, 2006.

_____. *Comentários ao regime único dos servidores públicos civis.* 5ª ed. São Paulo: Saraiva, 2007.

ROCHA, Francisco Lobello de Oliveira. *Regime Jurídico dos Concursos Públicos.* São Paulo: Dialética, 2006.

SAYD, Jamile (org.). *Servidor público: questões polêmicas.* Belo Horizonte: Fórum, 2006.

DE PLÁCIDO E SILVA. *Vocabulário Jurídico.* 20ª ed. Rio de Janeiro: Forense, 2002.

TAVARES, Marcelo Leonardo; IBRAHIM, Fábio Zambitte & VIEIRA, Marco André Ramos. *Comentários à Reforma da Previdência – EC nº 41/03*, Rio de Janeiro: Impetus, 2004.

ÍNDICE REMISSIVO

A

abandono de cargo 212, 249
abertura de novo concurso 44
acareação 241
acumulação de cargos 61, 196
acumulação ilegal 248
adicional noturno 151
adicional por tempo de serviço 143
advertência 210
advogado 240
afastamento para estudo ou missão no exterior 168
afastamento para servir em outro órgão ou entidade 165
afastamento preventivo 228
ajuda de custo 131
ampla defesa 216
aposentadoria 257
aposentadoria compulsória 263
aposentadoria especial 265
aposentadoria por invalidez permanente 262
aposentadoria voluntária 264
aproveitamento 93
ascensão funcional 86
assistência à saúde 284
atividades penosas 149
auxílio-funeral 282
auxílio-moradia 138
auxílio-natalidade 280
auxílio-reclusão 283

B

brasileiros 15

C

cargo efetivo 16
cargo em comissão 16, 52
cargos de natureza especial 19
cassação de aposentadoria ou disponibilidade 214
cessão 166
coisa julgada administrativa 234
comissão de inquérito 237
comissão de sindicância 232
comissão revisora 253
compensação de horários 172
contraditório 216
crimes contra a Administração Pública 204
curso de formação 145

D

de cargos 61
declaração 62

declaração de bens e valores 62
defesa 242
demissão 102, 212
denúncias 226
desconto em folha 202
destituição de cargo em comissão 214
desvio de função 195
deveres 185
dia do Servidor Público 289
diárias 135
direito adquirido 10
direito de petição 179
direitos políticos 60
disponibilidade 93, 118
doutorado 169

E

efeito suspensivo 180
efetividade 71
estabilidade 68
estabilidade provisória 71
estágio probatório 76
estrangeiros 15
excedente 88, 118
excesso de despesa 69
exercício 65
exercício provisório 119, 161
exoneração 102

F

férias 153
função de confiança 65
função de confiança é 52
funções de confiança 18

G

gratificação por encargo de curso ou concurso 145

H

hora-extra 150
horário especial 172

I

inassiduidade habitual 212, 249
incorporação 129
indenizações 127, 131
inquérito administrativo 239
insalubridade 149
inspeção médica 211
instauração 237
instrução 239
integralidade 267
interino 197
investidura 57
isonomia de vencimentos 125

J

jornada de trabalho 66

L

licença à gestante 281
licença para atividade política 162
licença para capacitação 163
licença para desempenho de mandato classista 164
licença para serviço militar 162
Licença por motivo de afastamento do cônjuge ou companheiro 159
licença por motivo de doença em pessoa da família 158

M

mandato eletivo 167
mestrado 169
motivação 216
multa 211

N

nepotismo 192
nomeação 52

O

organismo internacional 169

P

paridade 267
pedido de reconsideração 179
penalidades 210
periculosidade 149
pós-doutorado 169
pós-graduação 169
posse 55
prescrição 218
princípio da atipicidade 216
princípio da proporcionalidade 216
princípio do devido processo legal 225
processo administrativo disciplinar 234
prova emprestada 240
provimento 84

R

readaptação 88
recurso 179
redistribuição 112
regime celetista 6
regime disciplinar 185
regime estatutário 5
regime geral de previdência social 257
regime jurídico 1
regime próprio de previdência social 257
regimes de previdência 257
relatório 243

remoção 107
reposições 127
requerimentos 179
requisição 166
reserva de vagas para deficientes 45
responsabilidade administrativa 206
responsabilidade civil 201
responsabilidades 201
revelia 243
reversão 90
revisão 252
rito sumário 247

S

salário 121
salário-família 280
salário mínimo 123
serviço extraordinário 150
servidor estudante 172
Sindicância 230
subsídio 122
substituição 115
suspensão 211

T

tempo de serviço 176
testemunhas 241
testes psicotécnicos 28
teto remuneratório 124
transferência 86

V

vantagens pecuniárias 129
vencimentos 121
verdade sabida 234
vitaliciedade 72

Editora Impetus

Rua Alexandre Moura, 51
24210-200 – Gragoatá – Niterói – RJ
Telefax: (21) 2621-7007
www.impetus.com.br

Esta obra foi impressa em papel offset 75 grs./m^2